창발의
시대

창발의 시대

—

2022년 11월 2일 초판 1쇄 발행
2023년 2월 13일 초판 14쇄 발행

—

지은이 패트릭 와이먼
옮긴이 장영재
펴낸이 강준규
책임편집 유형일
마케팅 추영대
마케팅지원 배진경, 임혜솔, 송지유, 이원선

—

펴낸곳 (주)로크미디어
출판등록 2003년 3월 24일
주소 서울시 마포구 마포대로 45 일진빌딩 6층
전화 02-3273-5135
팩스 02-3273-5134
편집 02-6356-5188
홈페이지 http://rokmedia.com
이메일 rokmedia@empas.com

—

ISBN 979-11-408-0258-6 (03900)
책값은 표지 뒷면에 적혀 있습니다.

—

커넥팅은 로크미디어의 인문, 역사 도서 브랜드입니다.
잘못 만들어진 책은 구입하신 서점에서 교환해 드립니다.

★★★★

THE VERGE

창발의
시대

패트릭 와이먼 지음 · **장영재** 옮김

경제혁명, 종교개혁, 르네상스,
그리고 세계를 뒤흔든 40년의 역사

Connecting

저자 · 패트릭 와이먼 Patrick Wyman

패트릭 와이먼은 유명 역사 팟캐스트 제작자이자 작가이다. 서던캘리포니아대학에서 역사학을 전공했고 최우등 졸업했으며, 아일랜드국립대학에서 중세 연구로 석사 학위를, 서던캘리포니아대학에서 역사학으로 석사, 박사 학위를 받았다. 그는 대학원에서 조교로 활동하며 유전학과 법의학적 분석, 동위원소 분석, 전염병 연구 등의 과학적 분석법을 통해 역사를 연구하는 방법론을 가르치기도 했다. 로마 제국의 몰락에 관해 유전학, 기후과학, 법과학, 네트워크 모델을 통해 로마 제국의 멸망을 다룬 역사 팟캐스트 '로마의 몰락The Fall of Rome'의 제작과 진행을 맡았으며, 우리가 사는 세계 모든 곳에 숨어 있는 역사의 흔적을 찾아내 오늘날 세계와 우리의 일상이 어떤 역사적 발전과 흐름에 따라 형성됐는지 소개하는 인기 역사 팟캐스트 '역사의 조류Tides of History'의 제작과 진행을 맡고 있다.

3장 **야코프 푸거와 은행업** · 1508년 2월   131

중세의 은행과 고리대금 136 · 남부 독일의 부상 140 · 푸거 가족 144 · 베네치아와 중세기 말의 상업적 지리학 146 · 국가 재정 151 · 광업 157 · 다각화된 관심사 162 · 합스부르크의 미래 168 · 야코프 푸거의 최후 172

4장 **괴츠 폰 베를리힝엔과 군사 혁명** · 1504년 6월 바바리아의 란츠후트   175

군사 혁명 179 · 물결을 거슬러 헤엄치기 183 · 귀족의 삶 185 · 계약 전쟁 189 · 란츠크네히트와 스위스 194 · 화약 201 · 큰 전쟁, 작은 전쟁; 오래된 전쟁, 새로운 전쟁 205 · 마지막 전투: 생디지에, 1544년 210

5장 **알두스 마누티우스와 인쇄술** · 1508년 9월 베네치아   215

구텐베르크와 책 220 · 베네치아와 인쇄술의 확산 225 · 알두스 마누티우스와 학문 229 · 새로운 지식 234 · 인쇄업이라는 지저분한 사업 238 · 알디네 인쇄소 242 · 도서 시장에서 사업하기 246 · 정보 혁명 251

6장 **존 헤리티지와 일상의 자본주의** · 1512년 4월 17일 영국의 모턴-인-마시   255

중세 후기의 시골과 봉건제의 종말 260 · 존 헤리티지와 가족 263 · 인클로저와 자본주의 266 · 회계 장부 270 · 양털 장사 276 · 상인과 상업사회의 운영 281 · 신용과 돈 285 · 존 헤리티지의 최후 287

THE VERGE

차례

돈과 화폐에 관한 메모 010

서론 · 1527년 5월 6일   015

대분기 026 · 경제적 관행 030 · 왜 그때인가? 033 · 특별한 시기 037

1장 크리스토퍼 콜럼버스와 탐험 · 1493년 3월 4일   041

대서양 팽창의 뿌리 045 · 페르낭 고메스와 대서양 항해 051 · 초기의 상인투자자들 051 · 크리스토퍼 콜럼버스의 부상 056 · 콜럼버스의 계획 061 · 포르투갈의 대서양 064 · 후원자 찾기 066 · 콜럼버스의 항해 072 · 포르투갈의 인도 진출 074 · 콜럼버스의 최후 079

2장 카스티야의 이사벨라와 국가의 부상 · 1466년 4월   087

국가의 부상 091 · 이사벨라와 왕조의 통합 096 · 아라곤의 페르디난드 100 · 왕권의 흥망성쇠 103 · 레콩키스타와 그라나다 109 · 여왕의 전쟁 115 · 국가 재정 117 · 그라나다의 최후와 내면을 들여다보기 123 · 왕조의 얽힘 126

부모님에게

또한 스포츠 저널리스트로서 종합격투기와 복싱을 전문적으로 취재하여 〈워싱턴 포스트〉, 〈블리처 리포트〉, 〈SB 네이션〉 등에 글을 기고하고 있다.

그의 데뷔작인 《창발의 시대》는 스티븐 그린블랫의 《1417년, 근대의 탄생》, 바바라 터크먼의 《희미한 거울A Distant Mirror》처럼 세계 역사의 결정적인 전환점이 된 시기를 다룬 역사학 명저들을 이어받는 작품이라는 호평을 받았다. 이 책은 '낙후된 변두리였던 서양이 어떻게 세계의 중심이 될 수 있었는가', '오늘날 우리가 사는 세계는 어떤 역사 과정을 통해 형성됐는가?' 같은 질문에 1490년에서 1530년까지 40년 동안 경제, 정치, 기술, 문화, 사회의 동시다발적인 발전과 변화가 충돌하고 연결하면서 창발을 일으켰기에 현대 세계의 토대가 형성되었음을 제시한다. 우리가 잘 아는 역사 속 실제 인물의 삶과 그 당시 시대적 배경과 맥락을 절묘하게 혼합해 들려주는 쉽고 재미있는 역사 이야기 속에서 놀라운 통찰을 얻을 수 있을 것이다.

역자 · 장영재

서울대학교 원자핵공학과를 졸업하고 충남대학교에서 물리학 석사 학위를 받은 후 국방 과학 연구소 연구원으로 일했다. 글밥 아카데미 수료 후 〈하버드 비즈니스 리뷰〉 및 〈스켑틱〉 번역에 참여하고 있으며 현재 바른번역 소속 번역가로 활동하고 있다. 옮긴 책으로 《슈퍼매스》, 《신도 주사위 놀이를 한다》, 《워터 4.0》 등이 있다.

7장 **마르틴 루터, 인쇄술, 그리고 교회의 분열** · 1517년 10월 31일 비텐베르크   291

95개 논제 296 · 광부의 아들 298 · 마르틴 수사와 교회 303 · 개혁 307 · 면죄부 309 · 레오, 알브레히트, 그리고 야코프 312 · 인쇄술, 루터, 그리고 종교개혁 317 · 반격 320 · 루터의 베스트셀러 323 · 보름스 회의 328 · 마르틴 루터의 최후 334

8장 **쉴레이만 대제와 오스만 제국** · 1526년 8월 31일 헝가리 왕국의 모하치   341

거친 변경 345 · 떠오르는 오스만의 물결 349 · 두 세계와 맞서다 353 · 베오그라드와 로도스 359 · 모하치 364 · 비엔나 370 · 오스만 방식 374

9장 **카를 5세와 보편적 통치** · 1517년 9월 20일   383

상당히 평범한 젊은이 387 · 스페인으로 오다 392 · 왕좌를 사기 399 · 지나친 욕심 404 · 전쟁과 평화 408 · 뭉치고 흩어지고 413 · 글로벌 제국 418 · 튀니스 421 · 카를의 최후 426

결론   429

감사의 글 436 · 참고 문헌 438 · 주 456

이 시대의 유럽인은 매우 다양한 동전과 화폐를 사용했다. 다양한
종류와 액면가의 금, 은, 구리가 사실상 회계사의 장부에만 존재하
는 '계정 단위units of account'와 함께 일상적 경제 활동에서 사용되었다.
단기적으로 이들 화폐의 가치는 끊임없이 변동했고, 지역에 따라 변
하는 환율을 조정하는 일이 은행 및 금융업의 중심 업무였다. 그러
나 이 책에서 다루는 기간에는 이들 화폐의 가치가 상대적 가치를
파악할 수 있을 정도로 안정적이었다.

중세 후기부터 근대 초기까지 화폐의 (말 그대로) 황금 표준은 무
게가 3.56그램이고 명목상 24캐럿carat의 순금인 베네치아 두카트
Venetian ducat 금화였다. 1490년대에는 베네치아 두카트가 서유럽의 다
른 모든 주요 금화의 기준이었다. 무게가 3.54그램인 피렌체의 플로
린florin, 포르투갈의 순금 동전 크루자두cruzado, 23.75캐럿이고 무게가
3.74그램인 카스티야Castile와 아라곤Aragón의 엑셀렌떼excelente, 3.5그

램인 영국의 해프 노블half noble과 프랑스의 에퀴écu 금화도 기본적으로 두카트와 동등했다. 북부 및 중부 유럽 여러 지역에서 대체 표준이었던 19캐럿의 약간 가벼운 금화 라인굴덴Rhenish gulden은 예외였는데, 1두카트가 약 1.82라인굴덴에 해당했다.

이 책에서 채택한 주요 화폐는 두카트와 플로린 금화지만, 여러 다른 화폐도 언급할 필요가 있다. 첫 번째는 스페인에서 사용된 마라베디maravedis 은화로 약 375마라베디가 1두카트의 가치였다. 또 하나는 은본위 제도인 영국의 실링shilling과 파운드pound다. 1500년경에는 1두카트의 가치가 4실링 7펜스(1파운드는 20실링, 1실링은 12펜스)였다. 마지막으로, 역시 은화인 오스만 제국의 아케akçe(복수형 아카akça)는 60개가 1두카트에 해당했다.[1]

　　1두카트 = 1플로린

　　　　　　1.82라인굴덴

　　　　　　375마라베디

　　　　　　4실링 7펜스(4s/7d)

　　　　　　60아카

1500년경의 상대 가치

1　이 시기에 브뤼허Bruges의 숙련된 석공은 하루에 약 11플랑드르 그로텐Flemish groten을 벌었다. 1두카트가 65~75그로텐인 환율에 따르면, 그 석공이 1두카트를 버는 데는 6~7일이 걸렸다.[2]

2 1500년과 1530년 사이에 스페인 상비군에서 복무한 화승총병 arquebusier의 하루 평균 급료는 40마라베디였다. 따라서 375마라베디에 해당하는 1두카트를 버는 데 열흘이 걸렸다. 장창병 pikeman의 급료는 30마라베디, 또는 25일에 2두카트였다.[3]

3 1529년 비엔나 포위전에서 쉴레이만 대제Suleiman the Magnificent는 성공적인 공격을 위한 유인책으로 친위보병 한 사람당 거의 17두카트에 해당하는 1,000아카를 지급했다. 정규 급료에 추가된 금액이었다.

4 1500년경 피렌체의 미숙련 일용 노동자는 하루에 10솔디slodi를 벌었다. 1플로린이 140솔디에 해당하므로 일용 노동자가 1플로린 또는 두카트를 벌려면 꼬박 14일 동안 일해야 했다.

5 1505년에 존 헤리티지John Heritige라는 영국 상인은 총중량이 1,176파운드인 양모 42토드tods를 23파운드 2실링에 구입했다. 약 64두카트에 해당하는 금액이었다.[4]

6 1508년에 베네치아의 알두스 마누티우스Aldus Manutius라는 인쇄업자는 약 15명의 직원이 일하는 자신의 인쇄소를 운영하기 위하여 매달 200두카트 이상을 썼다.

7 슈바벤Swabian의 용병인 괴츠 폰 베를리힝엔Götz von Berlichingen과 그의 동생은 브란덴부르크의 프리드리히 후작Margrave Friedrich으로부터, 부하들과 함께 중기병으로 오랜 전투를 치른 대가로 2,000라인굴덴을 받았다. 약 1,100두카트에 해당하는 금액이다.

8 1492년 크리스토퍼 콜럼버스의 탐험에 들어간 비용 총액은 200만 마라베디였다. 이는 약 5,300두카트에 해당한다.

9   1519~20년에 야코프 푸거Jacob Fugger는 개인적으로 카를 5세Charles
    V에게 신성로마제국 제위에 오르기 위한 뇌물로 사용할 54만
    3,585플로린을 빌려주었다. 다른 대출을 포함한 총비용은 85만
    플로린에 달했다.

Deus enim et proficuum

(신과 이익을 위하여)

중세 상인의 장부에 흔히 기록된 문구

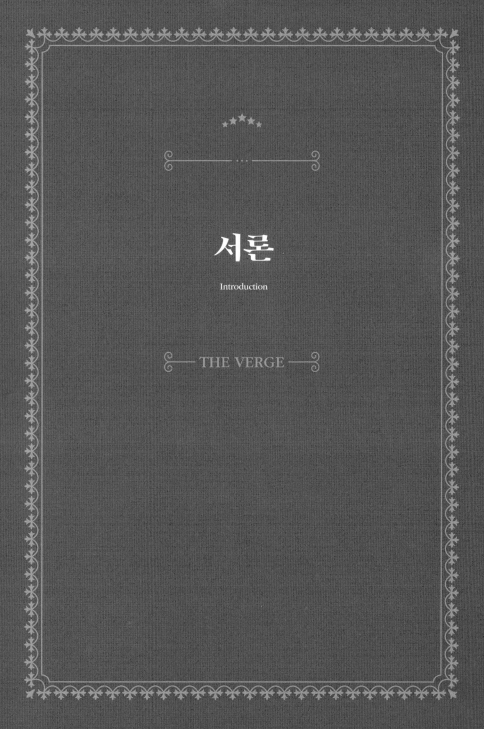

서론

Introduction

THE VERGE

이른 새벽의 어두움을 뚫고 멀리서 울리는 종소리가 애절하게 들렸다. 멀리 있는 언덕을 비춰줄 태양은 아직 지평선 위로 떠 오르지 않았고, 언덕 사이로 구불구불한 티베르Tiber강이 고대 도시 로마를 향하여 흐르고 있었다. 그치지 않는 종소리와 함께 끊임없는 소음이 캄피돌리오 언덕Capitoline Hill 높은 곳에서 들려왔다.

소음은 고요하고 평온해야 할 새벽을 깨뜨렸다. 평소와는 전혀 다른 아침이었다. 종소리는 평화를 깨뜨리는 소음 중 하나일 뿐이었다. 도시 안에서는 수많은 사람의 발소리를 따라 화약통, 철제 포탄 무더기, 석궁 화살, 화승총 탄환 자루를 가득 실은 수레가 덜그럭거리면서 굴러가는 소리가 들렸다. 그 소음은 로마의 오래되고 빛나는 과거의 유산인 목욕장, 사원, 경기장, 서커스장의 절반쯤 파묻힌 잔해에서 메아리쳤다. 억지로 잠자리에서 일어난 피곤한 눈으로 옷도 변변히 걸치지 못한 로마인 수천 명이 다양한 무기를 들고 거리를 따라 비틀거리면서 성벽으로 향했다.

성벽 밖에서는 낡은 군홧발이 방목지와 비옥한 대지에서 솟아나는 봄철 곡식의 푸른 새싹을 짓밟았다. 새벽의 어두움 속에서 비틀거리는 병사들의 칼자루가 강철 흉갑을 긁고 가죽 칼집이 허벅지를 때렸다. 장창을 든 병사들이 대형을 형성하려고 모여들면서 긴 나무 창대들이 서로 부딪혔다. 화승총병이 총을 발사하여 무거운 납 탄환을 목표물로 날려 보내기 위하여, 화학물질에 적신 천천히 연소하는 도화선에 불을 붙이려고 부싯돌을 치는 작은 불꽃이 보였다.

그들은 모두 여위고 지저분했다. 롬바르디아에서 남쪽으로 수백 마일을 이동한 여러 달의 행군으로 볼이 움푹 팬 병사들이었다. 배고픔의 괴로움도 마찬가지였다. 비, 진흙, 그리고 작열하는 태양이 그들의 화려했던 복장에 흔적을 남겨서, 셔츠의 밝은 줄무늬가 바래고 찢어진 바지에 구멍이 생겼다.

더럽고 움푹 팬 그들의 얼굴에 두려움과 흥분이 교차했다. 로마에서 어떤 보물이 그들을 기다리고 있을까? 금, 은, 귀중한 보석 등 유럽 전역에서 교황, 추기경, 주교들의 금고로 빨아들인 기독교 세계의 축적된 부. 성벽을 넘고 수비군을 지나 도시로 진입할 수 있다면, 그 모두를 얻을 수 있다. 포탄이나 납 탄환이 그들의 연약한 육체를 찢어놓지만 않는다면. 칼이나 창 또는 석궁 화살이 그들의 목숨을 끝장내지 않는다면. 병사들은 너무도 많은 가정 속에 끓어오르는 흥분을 가라앉히려고 다양한 언어로 수다를 떨었다. 나지막한 웅성거림 속에는 카스티야어, 카탈루냐어, 슈바벤어, 밀라노와 제노바의 이탈리아 방언을 비롯한 여러 가지 언어가 섞여 있었다.

짓밟힌 대지 위로 말발굽 소리가 울렸다. 판금 갑옷 위에 흰색 코트를 걸친, 새벽의 어두움 속에서 밝고 두드러지는 모습의 남자가 말을 타고 달려왔다. 야위었지만 잘생긴 얼굴이었다. 투구 밑으로 드러난 턱수염은 깔끔하게 정돈되어 있었다. 남자는 대열을 따라 달리면서 안면이 있는 병사들을 격려하려고 소리쳤다. 스페인 병사 중에는 여러 해 동안 알고 지낸 용사들이 있었다. 2년 전에 파비아의 끔찍한 살육전에서 함께 싸웠던 그는 그때의 위대한 승리를 상기시켰다. 독일 병사 대부분은 슈바벤과 티롤에서 모집한 란츠크네히트 Landsknecht 용병으로 작년 가을에 알프스를 넘어 남쪽으로 행군해온 새내기들이었지만, 흰옷의 남자는 그들 또한 잘 이해했다.

이론적으로, 이 군대는 신성로마제국 황제 카를 5세Charles V에게 충성했다. 흰옷을 입은 남자는 황제의 편으로 돌아선 프랑스 귀족인 부르봉 공작Duke of Bourbon 샤를Charles 이었다. 그가 이 군대를 지휘했다. 다시 말하지만, 적어도 이론상으로는.

현실은 달랐다. 카를 5세는 이미 이탈리아에 주둔하고 있던 무시무시한 테르시오Tercios(모집되어 훈련을 받고 상비군으로 유지되는 스페인 정규병)를 주축으로 삼고, 단기적으로 대단히 유능한 독일 및 이탈리아 병사로 구색을 갖춘 군대를 모집할 것을 명령했다. 사실상 그들 모두는 돈을 위해서 싸우는 전문가이자 앞선 전투의 참전용사로서, 전쟁이라는 사업을 매우 잘 아는 병사들이었다. 문제는 그들이 몇 년은 아니더라도, 몇 달 동안 아무도 급료를 받지 못했다는 것이었다. 급료를 받지 못함에 따라 황제에 대한 충성심도 사라져갔다. 그들에 대한 부르봉의 통제력도 마찬가지였다. 독일 병사를 모집하여 알프스를 넘어오도록 한, 존경받던 연로한 티롤의 귀족 게오르크 폰 프룬츠베르크Georg von Frunzberg는 급료를 받지 못한 란츠크네히트 병사들의 반란에 뇌졸중 발작을 일으켰다. 로마의 재화에 대한 약탈의 기대만이 지금까지 용병들을 지탱한 힘이었다.

부르봉 공작은 이중 어떤 문제에 대해서도 환상을 품지 않았다. 로마의 위풍당당한 성벽 밖에 모인 군대는 수십 년 동안의 끊임없는 전쟁을 통해서 연마된 첨단의 군사 기술과 전술을 확보하고 있었다. 지난 수십 년 동안 화약을 사용하는 총기, 장창병의 밀집 대형, 대포, 그리고 어렵게 얻은 피비린내 나는 경험이 전투의 기술을 변화시켰지만, 그 무엇보다도 크게 바뀐 것은 규모였다. 이 군대는 대략 2만 5,000명으로 구성된 대군이었으나 당시의 위풍당당한 군대와는 거리가 멀었다. 모두가 경쟁이 치열하고 수익성이 높은 시장에서 모집된 병사들이었다.

군대를 모으는 것은 문제가 아니었다. 그들에게 급료를 지급하는 것이 문제였다. 이제 고도로 숙련된 수만 명의 분노하고 굶주린 병사가 서구 기독교 세계에서 가장 성스러운 도시의 외곽에서 안달하면서 기다리고 있었다.

부르봉 공작은 한 독일 병사를 알아보고 멈춰 섰다. 마르틴 루터의 추종자인 그 병사에게는 지금 로마에 숨어 있는 클레멘트 7세Clement VII 교황에 대한 동정심이 거의 없었다. 공작이 성직자들의 재산과 그에게 돌아올 보상에 관한 농담을 하자 란츠크네히트 병사가 웃음을 터뜨렸다. 독일 병사의 대다수는 루터교에 동조했다. 그들은 생존을 위한 약탈과 더불어 자격 없는 성직자들이 부당하게 획득한 재산을 그들과 분리할 기회를 즐길 것이었다. 그들의 장창 위에서 까딱거리는 임시 사다리가 부의 공정한 재분배로 가는 길을 열 것이다.

부르봉 공작은 말에 박차를 가하면서 다양한 언어를 사용하는 병사 모두가 들을 수 있도록 목소리를 높였다. 자신이 성벽을 기어오르는 선봉이 될 것이다. 그의 말을 의심하는 병사는 아무도 없었다. 공작의 용맹함은 이 군대가 이렇게 오래도록 버틸 수 있었던 유일한 이유였다.

총성과 포성이 울리고 폭발적인 소음이 성벽을 따라 내려왔다. 이미 한 무리의 스페인 병사가 조금 떨어진 곳에서 공격을 시작했고, 곧 부르봉 공작과 나머지 병사들이 합류했다. 방어망에서 세 군데가 특히 유망해 보였는데, 공격군에는 세 군데 모두를 시도해보기에 충분한 병력이 있었다. 그러나 잠시 동안은 로마의 시민이 우위를 지켰다. 대포와 화승총에서 피어오른 하얀 연기가 난간을 따라 거대한 구름을 만들면서 새벽의 어두움을 밝히는 불꽃의 섬광을 가렸다. 전쟁터에 스며드는 유황 냄새는 신앙심이 깊은 사람들에게 지옥의 악취를 상기시켰다.[1]

밀려드는 공격군 위로 포탄과 화승총탄이 쏟아지고 벌판과 요새 밑에 시체가 쌓이는 가운데 스페인과 독일 병사들은 성벽에 기댄 사다리를 타고 올라 도시로 진입하려 애썼다. 로마 시민과 스위스 용병이 주축인 방어군은 그들에게 돌을 던지고 총격을 가했다. "유대인, 이교도, 반 잡종half-caste, 루터교도." 로마군은 우박처럼 퍼붓는 총탄에 더하여 모욕적인 말들을 외쳤다.[2]

티베르강 주변 습지에서 피어오른 짙은 안개가 성벽을 뒤덮었다. 로마의 포병은 란츠크네히트 용병과 스페인 정규병의 모습을 볼 수 없었다. 부르봉 공작은 결정적 순간이 왔음을 감지했다. 눈에 잘 띄는 흰색 코트를 입고 한 손으로 사다리를 잡은 그가 다른 손을 흔들면서 독일 병사들에게 전진하라고 외쳤을 때, 갑옷을 뚫고 들어온 화승총탄이 몸통에 박혔다. 사다리에서 떨어진 공작의 흰색 코트는 핏빛으로 물들기 시작했다. 병사들에게서 비통한 외침이 터져 나왔다. 병사 한 명, 이어서 란츠크네히트 병사 전체가 성벽에서 후퇴하기 시작할 때 흉벽에서 들려오는 "승리!"의 외침이 그들을 뒤따랐다.

잠시 수비군의 판단이 옳은 것 같았다. 그러나 공작의 병사들은 전문가였다. 그리고 절망적인 상태였다. 그들을 멈추려면 사랑하는 지휘관의 죽음보다 더한 것이 필요했다. 그들이 다시 한번 성벽으로 돌진할 때 대포의 발사를 막았던 안개 사이로 겨우 새벽빛이 비치기 시작했다. 독일과 스페인 병사들은 날아오는 총탄을 견뎌내고 급조된 사다리를 올라 난간을 넘어섰다. 방어망은 무너졌다. 로마는 몇 시간 만에 함락되었다.

성벽에서의 학살도 참혹했지만, 아침이 지나고 오후로 접어들면서 더욱 끔찍한 대학살이 기다리고 있었다. 침략자들은 로마인의 저항 거점 몇 군데를 신속하게 제압하고 맞서 싸운 민병대를 학살했다. 나머지 스위스인들은 바티칸 근처의 고대 오벨리스크 그늘에서 마지막 저항을 시도했다. 살아남은 사람은 거의 없었다. 몇몇 생존자가 현장에서 죽을 뻔했던 지휘관 로이스트Roist를 집으로 옮겼으나 그들을 뒤따른 공격자들은 로이스트의 집에 난입하여 아내가 보는 앞에서 그를 죽였다.

스위스 병사들과는 달리 수비병의 대부분은 머뭇거리지 않고 안전한 산탄젤로성으로 피신했다. 그중에는 클레멘트 7세 교황도 있었다. 공격이 진행되던 오전에 바티칸에서 기도하고 있었던 그는 적군이 난입하기 전에 교황궁과 성을 연결하는 덮개 다리를 통하여 간신히 탈출했다. 수천 명의 난민이 성문을 두들기면서, 약탈의 공포가 그들을 집어삼키기 전에 들여보내 줄 것을 탄원했다. 나이 든 추기경 한 사람은 창문을 통해서 성으로 들어왔다. 다른 추기경은 밧줄에 매달린 바구니에 담겨서 끌어 올려졌다. 그들은 운이 좋은 소수였다. 쇠창살 성문이 내려가고 나머지 사람들은 성 밖에 남겨졌다. 지휘관을 잃은 부르봉 공작의 병사들은 마지막 저항 거점을 포위했다.

클레멘트 교황은 산탄젤로성에서 자신의 도시 위로 피어오르는 연기를 볼 수 있었다. 깨지는 유리, 부서지는 나무, 치솟는 화염, 산발적 총성—그리고 무엇보다 도망치는 시민들의 처절한 비명 소리—이 저녁으로 접어드는 로마의 거리와 골목을 가득 채웠다.

황제의 군대는 상황을 장악하면서 무차별적 학살을 자행했다. 산토 스피리토Santo Spirito 병원에서는 고아가 된 아이들과 환자와 노약자들을 죽였다. 이들은 수많은 비무장 민간인 희생자 중 일부에 불과했다. 지금 로마의 거리를 배회하고 있는 제국의 병사들에게는 첫 번째 약탈도 아니었다. 머지않아 살인이 훨씬 더 계획적이고 체계적인 방식으로 이어졌다. 어쨌든 죽어버린 포로는 막다른 골목이나 마찬가지였다. 살아 있는 포로가 더 가치가 있었다. 그리고 나중에 언제라도 죽일 수 있었다.

저녁이 되자 타오르는 화염이 도시를 비추면서 끔찍한 폭력의 현장을 조명했다. 성 베드로 대성당의 높은 제단 주변에 시체 무더기가 쌓였다. 도시에 거주하는 베네치아인을 붙잡은 일단의 스페인 병사는 귀중품의 위치를 실토하게 하려고 손톱을 하나씩 뽑기 시작했다. 집에 난입한 공격자를 피하려는 사람들이 창문 밖으로 몸을 던졌다. 다른 스페인 병사의 무리는 버려진 가게에서 찾아낸 전리품을 독일 용병들과 나누기를 거부했다. 그러자 독일 병사들은 스페인 병사들을 안에 가둔 채로 가게에 불을 질렀다. 도랑에는 피와 진흙이 뒤섞였고 약탈하는 병사들은 한 목표물에서 다음 목표물로 이동하면서 시체를 짓밟았다.

마침내 찾아온 새벽이 참혹하고 피비린내 나는 도시의 참상에 빛을 비췄다.

란츠크네히트 독일 용병 중에 루터교 동조자들은 종교적 보복 행위를 수행할 기회를 놓치지 않았다. 한 무리의 병사는 나귀에게 영성체 주기를 거부한 나이 든 사제를 학살했다. 또 다른 무리는, 교황과의 계속된 다툼에서 (명목상 그들의 고용주인) 황제를 지지한 성직자임에도 불구하고, 그를 거리로 끌고 가면서 두들겨 팼다. 다른 병사들은 성찬식에 사용하는 빵을 발로 짓밟았다. 루터교도 화승총병은 성스러운 유물을 표적으로 삼아, 화려한 성물함과 미라가 된 성인의 신성한 머리에 납 탄환을 쏘아 넣었다. 그들은 수많은 교회의 재산을 약탈하고 오래된 뼈 무더기를 거리에 버렸다. 성 베드로 대성당의 교황 무덤이 파헤쳐지고 무덤 주인의 부패하는 시신은, 기독교 세계에서 가장 신성한 장소의 타일 바닥 위로 아직도 피가 넘쳐흐르는, 더 근래에 사망한 시신들 위로 던져졌다. 대성당은 결국 기병의 말을 위한 마구간이 되었다. 기독교 세계에서 가장 성스러운 유물인 안드레아 성인Saint Andrew의 머리와 베로니카 성녀Saint Veronica의 면사포가 시궁창에 처박혔다. 란츠크네히트 병사들은 여러 세기에 걸친 경건한 기부를 통하여 축적된 보화가 있는 수많은 수도원을 약탈했다.

평화적 항복 협상을 위하여 클레멘트가 파견한 포르투갈 대사는 약탈당한 자신의 궁정 밖 거리에서 속바지만 남기고 발가벗겨졌다. 서원 수녀들은 동전 한 닢의 값으로 팔려나갔다. 약탈자들은 몸값을 치러야 하는 죄수에게 대출을 주선할 은행업자, 특히 독일인들을 살려두었다. 약탈의 혼돈 속에서도, 돈의 이동과 손바뀜이 여전히 필요했다.

사흘 동안의 혼란스러운 폭력 사태가 지나간 뒤에 남아 있는 지휘관들이 부하들에 대한 통제력을 회복하기 시작했다. 사망자 추정치는 4천에서 4만 명에 달했는데, 실제 숫자는 그 중간 어디쯤이었을 것이다. 그보다 더 많은 사람이 부상을 당했다. 성폭력이 로마의 상류층까지 포함하여, 사실상 도시의 모든 가구를 덮쳤다.

"지옥 자체가 더 아름다운 광경이었다." 한 기록자는 말했다. 기독교 세계의 모든 부가 이제 더럽고, 굶주리고, 만족할 줄 모르는 강력한 용병 집단의 손으로 들어갔다. 클레멘트 교황은 산탄젤로의 은신처에서 자신의 몰락을 바라보며 한탄할 수밖에 없었다. 이제 그는

기독교 세계에서 가장 힘 있는 권력자가 아니었고, 곧 포로가 되어 황제의 꼭두각시가 될 운명이었다.[3]

어떻게 이토록 가차 없는 공포의 홍수가 일어났을까? 수천 명의 병사가, 자신의 세계에서 가장 거룩하고 부유한 도시의 몰락을 초래하기 위하여, 교회를 약탈하고, 포로를 잡아 고문하고, 가정과 궁전을 약탈하고, 강간과 살인을 비롯한 엄청난 규모의 범죄를 저지르도록 몰아간 것은 무엇이었을까?

로마의 약탈은 외견상으로는 상상할 수 없는 사건이었고, 세계가 거꾸로 뒤집힌, 현실의 완전한 반전이었다. 로마는 서구 기독교 세계의 심장이고, 문화적·종교적으로 유럽이라는 우주의 중심이었다. 대륙 전역에서 돈이 교황의 금고로 흘러들어왔다. 스칸디나비아의 소박한 목조 예배당과 프랑스의 하늘로 치솟은 고딕 양식 대성당에서 바쳐진 십일조가 결국에는 모두 로마로 향했다. 이제 교황은 몰락하고, 비천한 병사들이 그의 재산을 차지했으며, 그의 도시는 모든 고귀한 위엄을 박탈당하고 시체가 널려 있는 난장판이 되었다.

로마의 약탈은 극도로 파괴적인 여러 과정의 융합에 따라 몰아친 격변의 해일에서 정점을 이루었다. 포르투갈 대사는 탐사 항해에 힘입어 부유한 왕의 대리인이 되었고, 카를 5세는 신세계에서 얻은 수입으로 군대를 모을 수 있었다. 국가 역량의 확대가 전쟁으로 이어졌고, 돈과 화약의 확산에 따라 전쟁의 잠재력, 규모, 기간이 훨씬 더 파괴적으로 바뀌었다. 인쇄술은 정보의 세계를 뒤집었고, 공교롭게도 그토록 많은 독일 병사를 자극한 루터교 사상을 전파했다.

불과 40년—눈 깜빡할 사이나 다름없는—동안에 유럽이 폭발했다. 로마가 약탈당하기 40년 전인 1490년경의 유럽은 후미진 곳이었다. 파리, 런던, 바르셀로나, 그리고 베네치아 모두 유럽의 기준으로는 충분히 인상적인 도시였지만, 당시 인류 최고의 성취를 찾는 외계인 방문자가 있었다면 이스탄불이나 베이징으로의 여행을 훨씬 더 선호했을 것이다. 견해가 다른 방문자라면 테노치티틀란Tenochtitlan(아즈텍 왕국의 수도-옮긴이), 델리, 카이로, 또는 사마르칸드를 선택했을지도 모른다.

그동안에 유럽은 유라시아의 변두리에 있는 전초기지로 떨어져 있었다. 유럽은 경제적·정치적 변방이었고, 역동적으로 팽창하는 오스만 제국이나 중국의 안정된 명 왕조와 비교할 수 없는 낙오자였다. 제정신인 도박꾼이라면 전 세계에 식민지를 개척한 제국의 창시자로, 더 나아가 산업화의 본고장이 되고 수백 년 후에 세계의 경제를 완전히 탈바꿈시키는 주체로서, 유럽에 돈을 걸지는 않았을 것이다. 그렇지만 20세기가 시작될 무렵에 유럽과 유럽의 직계 후손 미국은 이전에 다른 어떤 지역도 해보지 못한 방식으로 세계를 지배했다. 1527년에, 제국의 병사들이 약탈을 위하여 로마에 진입하면서, 그러한 미래가 형태를 갖추기 시작했다.[4]

대분기

대분기Great Divergence로 알려진 이 현상은 서부 유럽을 변방의 전초기지에서 세계 질서의 절대적 중심지로 바꿔 놓았다. 네덜란드와 영국을 시작으로—대분기에 앞선 이른바 소분기Little Divergence—유럽은 기술적 성취, 정치적 파워, 그리고 경제적 산출물에서 처음에는 서서히 고통스럽게, 나중에는 매우 급격하게 공격적인 경쟁자들 대부분을 뛰어넘었다. 유럽의 지속적인 성장과 그 영향은 지난 밀레니엄 후반기를 지배한 역사적 과정이었다. 우리의 세계에 대하여 이러한 역사적 과정을 고려하지 않으면 어떤 이해라도 불완전하다. 식민주의와 유럽의 지배가 남긴 유산은, 교역의 패턴과 경제 개발에서 스포츠와 엔터테인먼트에 이르기까지, 21세기 삶의 모든 측면에서 볼 수 있다.

1490년의 세계를 바라본 사람이라면 아무도 이런 미래가 가능하다고 생각하지 않았을 것이다. 당시의 유럽을 생각해보자. 크리스토퍼 콜럼버스는 경험이 많은 선원이었지만, 대서양을 서쪽으로 항해하려는 여러 해에 걸친 노력이 수포로 돌아갔다. 마르틴 루터는 일곱 살이었고, 기독교 세계의 근본적인 변혁 가능성은 상상할 수도 없었다. 서유럽 전역에 인쇄기가 나타나기 시작했을 때도 전문 필경사들이 인쇄기에 못지않은 양의 필사본 책을 만들어내고 있었다. 화약이 공성전을 다시 정의하고 여러 세기 동안 선호되었던 성벽이 얇은 성이 점점 더 시대착오적인 존재가 되었지만, 갑옷을 입고 말을 탄 중기병은 여전히 전장을 지배했다. 1494년에 이탈리아로 진군한 프랑스 왕 샤를 8세Charles VIII의 군대는 규모 면에서 한 세기 전의 백년전쟁Hundred Year's War에서 벌어진 전투에 동원된 군대와 크게 다르지 않았다.

로마의 약탈에 앞선 40년 동안에 규모와 강도가 극적으로 증가하는 양상이 나타났다. 전쟁은 더 길어지고 파괴적으로 되었다. 로마가 약탈당한 1527년은 거의 멈춤이 없이 이탈리아반도와 그 너머의 유럽 대륙을 고통 속으로 몰아넣은 전쟁의 33년째 되는 해였다. 군대는 점점 더 커지고 정교해졌고, 훨씬 더 비싸졌다. 이에 대응하여, 군대를 고용하는 국가는 자원을 조달하기 위한 더욱 복잡하고 효과적인 도구를 개발했다. 대서양으로 나선 초기의 시험적 항해―몇 척의 작은 선박이 금, 상아, 그리고 노예로 삼을 인간을 찾아서 서아프리카 해안을 따라 내려간―는 인도양으로 향하는 대규모 선단과 최근에 마주친 아메리카 대륙의 정복에 혈안이 된 군대로 바뀌었다. 75년 전에 요하네스 구텐베르크Johannes Gutenberg가 개발한 인쇄기는 어디서나 볼 수 있게 되었고 온갖 종류의 인쇄물, 특히 종교적 선전물을 대량으로 쏟아냈다.

1527년에는 대분기로 이어지는 길을 상상할 수 있게 되었다. 비록 멀리 있는 희미한 윤곽에 불과할지라도, 그러한 미래의 모습이 보이기 시작했다.

왜 유럽이었을까? 그리고 언제의 유럽이었을까? 이 두 질문은 여러 세대의 역사학자, 정치학자, 사회학자, 그리고 경제학자들을 사로잡았다. 진정한 변화는 오직 19세기 초의 산업혁명과 함께 왔다고 말하는 사람도 있다. 그전에는 중국과 유럽이, 모든 의미 있는 척도에서 막상막하였다. 다른 사람들은 서부 유럽에서 쉽게 구할 수 있는 석탄의 이용과 해외에서의 탐욕스러운 약탈이 나머지 세계의 희생을 바탕으로 유럽의 급속한 성장을 촉진했다고 주장한다.

더 멀리 17세기와 18세기로 거슬러 올라가, 군사 기술과 전쟁을 수행할 수 있었던 국가들의 경제적 역량 같은 것을 유럽의 폭발적 부상의 요인으로 지적하는 사람도 있다. 다른 설명에는 서유럽, 특히 영국과 네덜란드에서 두드러진 제도적, 정치적, 그리고 기술적 혁신의 문화가 포함된다. 또 다른 관찰자들은 대분기의 시작을 중세의 깊숙한 곳이나 심지어 그 이전의, 비정형적인 문화적 특성, 원시 자본주의의 태동, 또는 자원의 분배에서 찾는다. 대분기를 연구하는 학계에서 더욱 설득력 있는 설명은 세계 어느 곳에서도 찾아볼 수 없었던 다극적 국가 체제, 즉 이 시기의 모든 발전을 위한 분위기를 조성한 경쟁의 지속적인 배경음이었고 유럽 내부에서 끊임없는 갈등을 초래한 분열적 정치 환경을 강조한다.[5]

이 모든 설명과 주장에는 나름의 타당성이 있다. 산업혁명이 시작되기 전에는 영국의 생활 수준과 임금에서, 인도와 중국의 비슷하게 발전된 지역과 비교하여, 진정한 분기가 일어나지 않았다. 그러나 역으로, 산업혁명은 어느 날 갑자기 느닷없이 나타난 것이 아니다. 그러한 발전에는 더 깊은 뿌리가 있어야 했고, 문제는 그 뿌리가 역사 속에 얼마나 깊이 박혀 있는가다.[6]

이 책은 앞의 두 질문에 대한 한 가지 대답, 또는 그들을 정의하고 이해하는 약간 다른 방법을 제시한다. 특정한 혁신이나 자원 같은 단일한 변수에 초점을 맞추기보다, 특별히 파란만장했던 시기인 1490년에서 1530년까지의 40년을 가리킨다. 한 사람의 일생에도 미치지 못하는 짧은 기간에 이어진 중요한 변화들에 힘입어 서유럽이 세계의 변방에서 초강대국으로 변모하는 미래가 가능하게 되었다.

이렇게 강력하고 파괴적인 변화를 초래한 것은 단일한 과정이나 변수가 아니라 복합된 여러 가지 요소였다. 탐사를 위한 항해, 국가의 팽창, 화약이 사용된 전쟁, 인쇄술의 확산, 무역과 금융의 확대, 그리고 그들의 누적된 결과—종교적 격변, 광범위한 폭력, 세계화를 향한 팽창—가 복잡하고 예측할 수 없는 방식으로 충돌하고 상호작용했다. 이는 개별적으로도 대단히 중요한 발전들의 폭발적 혼합이었다. 그들이 결합하고 영향력을 발휘한 이 짧고 강렬한 시기는 세계사의 진로를 바꾸고 놀라울 정도로 우리의 현실을 닮은 미래의 토대를 마련했다.

▮ 경제적 관행

▮ 이러한 이질적 추세들—인쇄술의 확산과 용병 군대의 활용같이 다양한—을 결합한 것은 신용, 부채, 대출, 그리고 투자에 관한 특별한 사고방식이었다. 그 사고방식은 유럽인이 자본과 자산을 이용하는 방식을 지배했다. 우리는 이를 경제적 관행으로 생각할 수 있다.

여기서 '관행'은 특정한 게임의 규칙에 관하여 가장 기본적인 수준에서 공유되는 이해를 말한다. 더 범위를 넓혀서, 관행은 사람들이 특정한 방식으로 행동하도록 하는 시스템의 규칙, 신념, 규범, 그리고 조직 너머로 확장된다. 관행은 사람들이 게임의 규칙을 따르도록 하고, 규칙을 영속화하며, 사용하는 사람들에게 유익하도록 규칙을 조정한다. 관행은 결과에 따라서 좋거나 나쁠 수 있고, 도움이 되거나 해로울 수도 있다. 정치적 충성심이 후원으로 보상받으리라는 기대—관행적 프레임이라는 것이 존재한다면 반드시 포함될—는 지속적인 유대관계 또는 무분별한 부패를 낳을 수 있다. 사람들이 시장에서 어떻게 행동하는지, 거래할 때 무슨 가정을 하는지, 사업과 가족의 역학이 어떻게 상호작용하는지, 관행이 그 모든 것을 결정한다.[7]

이 시기의 초기에 서유럽은, 광범위한 유라시아의 기준으로 볼 때, 특별히 부유한 지역이 아니었다. 인구는 14세기 초에 정점에 달한 후에, 흑사병(14세기 중반에 발발하고 이후에도 계속 재발한)과 춥고 예측하기 어려운 기후가 결합한 재앙으로 인하여 절반까지 줄어들었다. 금괴의 공급도 부족했다. 파괴적인 분쟁은 한 번에 수십 년씩 대륙을 황폐화했다. 영국과 프랑스의 백년전쟁은 그 한 예에 불과했다. 15세기 후반에는 사실상 모든 주요 왕국이 내부적 분쟁에 시달렸다. 이 모든 요소가 100년 넘게 계속된 심각한 경제적 불안에 힘을 보탰다.[8]

16세기로 접어들면서 모든 것이 바뀌기 시작했으나 변화의 규모는 크지 않았다. 모든 전근대적 경제성장의 기초가 되는 인구가 대부분 지역에서 늘어나기 시작했고 교역도 다시 확대되었다. 하지만 이중 어떤 것도, 미래의 세계적 지배력을 가리키기는 고사하고, 경제적 이점이 실현되는 데까지 이르지 못했다.

정확히 이 시점에 유럽에 있었던 것은 탐험, 국가의 팽창, 화약과 전쟁, 인쇄술 같이 다가오는 시대를 정의하는 중요한 과정과 그들이 결합한 결과를 발전시키기에 매우 적합한 경제적 관행의 집합이었다. 이 모두는 값비싸고 자본 집약적인 과정과 기술이었다. 초기 자금을 조달하는 데만 상당한 금액이 필요했고, 계속해서 유지하는 데는 더 많은 돈이 들었다.

대서양으로 항해하는 선박이나 선단에는 선박, 공급 물자, 승선할 선원의 노동력에 대한 대규모 선행투자가 필요했다. 당시의 국가들은 야망을 실현할 자금 전부를 국민에게서 짜낼 역량이 부족했으므로 미래의 수익에 의존하는 대출과 선수금이 필요했다. 그러한 대출의 주된 목적은 점점 더 거대해지는 규모의 전쟁을 위한 화약 값을 치르는 것이었다. 전쟁은 신용에 의존하는 민간업자가 모병과 군수지원에 필요한 선행비용 대부분을 부담하는 사업이었다. 인쇄업 또한, 화약을 사용하는 군사작전이나 인도로 향하는 항해에 비하면 소박한 벤처사업이었지만, 단 1페니의 수익도 발생하기 전에 활자, 인쇄기, 종이, 그리고 인쇄기 운영을 위한 대규모 자본 지출이 필요했다.

인쇄업에 투자하는 부유한 베네치아 상인이든, 형식적인 계약금만으로 양모를 위탁 구입하는 영국 상인이든, 장창병으로 고용한 용병의 상여금을 지급하기 위하여 땅을 담보로 잡히는 티롤의 귀족이든, 미지의 세계로 항해하는 야심 찬 제노바 탐험가를 지원하기 위한 자금을 분담하는 스페인의 귀족과 투기꾼의 컨소시엄이든, 아니면 신성로마제국 황제로 선출되기 위하여 아우크스부르크의 은행업자로부터 눈물이 나올 정도의 거액을 빌리는 왕이든, 모든 상황이 동일한 메커니즘과 가정에 지배되었다. 채권자는 거래의 유형에 따라 투자에 대한 수익이나 대출금의 이자를 돌려받을 것을 기대하고 돈을 내주었다.

겉보기에는 당연하게 보이지만, 여기에는 실제로 돈과 신용에 관한 일련의 맞물린 가정, 거래 당사자 모두의 확고한 믿음, 그리고 계약조건이 유지될 수 있는 더 넓은 틀이 요구되었다. 공식적 계약이나 비공식적 합의를 실행할 수 있는, 채권자와 채무자 또는 투자자 사이의 신뢰, 당사자와 당국 간의 신뢰가 필요했다. 유럽인은 이러한 결과의 신뢰성에 대한 믿음을 통해서 값비싼 프로세스에 점점 더 많은 자본을 쏟아부을 수 있었다. 이는 보장된 이익을 믿는 것과 같지 않다. 대출은 본질적으로 위험을 내포하고, 새로운 기술과 벤처사업에 대한 투기적 투자는 항상 실패할 수 있다. 그러나 이 경우에는, 충분한 수의 사람이 공유된 가정을 신뢰하고 성공적인 결과를 믿었으며, 자본이 흐르는 수도꼭지의 역할을 했다.

이 시기에 그토록 중요했던 경제적 관행은 오늘날의 우리가 이해하는 관행과 같지 않았다. 신용은 대체로 개인적이었고, 신용도의 객관적 또는 산술적 평가보다는, 평판에 훨씬 더 크게 의존했다. 몇 가지만 말하자면, 혈연관계, 결혼, 민족, 같은 출신지 같은 요인이 신용에 대한 개인적 접근을 결정했다. 공식적 제도와 공권력의 강제적 집행방식이, 훨씬 더 친밀하고 사적인 의무의 개념과 깊이 얽혀 있었고 돈은 그중 일부에 불과했다. 그러한 관행은 개인, 기업, 심지어 공동체 전체의 가치에 대한 도덕적 판단과 마찬가지였다. 그 역도 사실이었다. 돈을 지불하는 능력이 도덕적·사회적 가치를 대변했다.[9]

▌왜 그때인가?

이러한 관행은 15세기 말의 유럽에서 전적으로 새로운 혁신이 아니었다. 실제로, 상업적으로 더 발전한 지역과 도시—북부 이탈리아와 저지대 국가Low Countries(오늘날의 벨기에, 네덜란드, 룩셈부르크, 프랑스 북부 지역 일부, 독일 서부 지역 일부가 포함된 지역-옮긴이)의 대규모 교역 센터 같은 곳—에는, 바로 이러한 토대에 기초한, 신용과 투자에 관한 세련된 이해가 있었다. 유럽인은 세계에서 유일하게 자본을 분담하고, 비즈니스를 위하여 복잡한 조직 형태를 이용하고, 다양한 목적을 위해서 돈을 빌려준 사람들이 아니었다. 과거 천 년 동안 이 모든 것이 나타났다가 사라졌다가 다시 나타나면서, 여러 세기 동안 존재했다. 로마에서 중국까지, 기원전 1세기에서 중세 말까지, 사람들은 생산적인 방식으로 자본을 투입하여 사업을 하는 방법을 찾았다. 그런 의미에서, 15세기의 유럽인이 특별하다고 할 수는 없었다.[10]

그러나 몇 가지 다른 점이 있었다. 첫째로, 이러한 경제적 관행이 사실상 서유럽 전역에 존재했다. 다수의 잘 다듬어진 통신, 이동성, 교역의 축이 지역을 하나로 묶었다. 상품, 사람, 그리고 아이디어—신용의 가용성을 결정하는 경제적 관행을 포함하여—가 광범위한 네트워크를 따라 이동할 수 있었고 실제로 이동했다.

이러한 관행이 실제로 지역을 따라 확산했는지, 아니면 같은 문제에 대하여 같은 해결책을 찾아내도록 상황이 충분히 유사했을 뿐이었는지를 말하기는 어렵다. 용어와 세부사항은 지역과 부문에 따라 크게 달랐다. 가치가 낮은 동전이 다른 곳보다 대량으로 유통되는 지역도 있었다. 이는 보통 사람들의 일상사에서 신용이 덜 사용되었음을 의미했다. 그런 차이는 사회적 스펙트럼으로까지 확대되었다. 중세 피렌체 메디치Medici가의 은행업자들은 자신의 기업, 곧 자본을 발트Baltic 지역의 한자동맹Hanseatic League 상인이나 아우크스부르크의 푸거Fugger 집안 상인자본가와는 매우 다른 방식으로 조직했다. 왕관의 보석을 담보로 카스티야Castile 여왕에게 돈을 빌려준 제노바의 금융업자 집단은 신용을 기반으로 소박한 창병대를 창설하려는 독일의 귀족과 같은 규모로 운영되지 않았다.

하지만 그들 모두―맥주와 빵을 구입하는 소박한 농부에서 국가의 재정을 인수하는 은행업자까지―가 대출과 투자에 관한 원칙을 이해했다. 안전성, 담보물, 위험, 그리고 보상에 대한 가장 기본적인 가정이 일치했고, 관행의 틀이 서부 유럽 전역에서 비슷하게 작동했다. 그런 관행이 여러 세기 동안 지역을 가로지르고 사회 계층을 오르내리는 경로를 따라 소리 없이 이동했기 때문이었다.[11]

둘째로, 그러한 관행이 유럽 전역으로 확산한 (또는 개별적으로 생겨난) 데는 충분한 이유가 있었다. 16세기 초에 폭발적인 발전이 시작되기 전의 중요한 시기인 14세기 말과 15세기의 유럽에는 화폐가 크게 부족했다. 조폐국이 문을 닫고, 환전상이 사업을 접었으며, 단지 동전이 부족하다는 이유로 상품이 팔리지 못했다.

이는 단기적인 문제가 아니었다. 가장 극심했던 시기는 15세기 중반의 '귀금속 대기근Great Bullion Famine'이었지만, 화폐의 부족이 수십 년 동안 계속되었다. 특히 유럽의 상거래 대부분의 매개체였던 은이 부족했다. 광산의 고갈과 동방과의 무역에서 발생한 막대한 적자 때문이었다. 금과 은 같은 귀금속이 있어야만 유럽의 상류층이 원하는 향신료, 비단을 비롯한 사치품을 살 수 있었다. 유럽의 수출품―주로 의류―은 수입품보다 가치가 훨씬 떨어졌다. 단기적으로 화폐의 부족은, 특히 경제의 상층부에서 신용에 대한 접근을 급격하게 축소했다. 동전이 없이는 아무도 자신의 투자가 결실을 보거나 대출금이 상환될 것을 확신할 수 없었다. 결과적으로 15세기 중반 내내 심각한 불경기가 계속되었다.

그러나 장기적으로는 비즈니스가 계속될 수 있었다. 돈과 신용에 관한 유럽인의 생각은 화폐의 부족에 대응하여 진화했다. 사람들은, 여러 세기 동안 어느 정도 적응해오면서 동전을 거의 또는 전혀 사용하지 않고 거래하는 방법을 찾았다. 15세기 말에 더 많은 동전이 가용하게 되었을 때도 그런 관행은 사라지지 않았다. 대신에 서부 유럽의 경제를 통해 흐르도록 더 많은 신용을 창출하면서, 새롭게 풍부해진 금과 은의 효과를 증폭했다.[12]

셋째로, 타이밍이 중요했다. 이들 관행은, 예를 들어, 구자라트 Gujarat의 인도 상인들이 자본을 분담하거나 푸젠Fujian의 중국 농부가 자신의 땅을 소중하게 여기는 방식보다 크게 우월한 것은 아니었지만, 당시의 특별한 시기에 매우 적합했고 다양한 자본 집약적 과정에 효과적으로 자본이 투입되도록 했다. 각각의 과정이 진행되는 동안에, 투입되는 자본의 양은 매우 짧은 기간에 수십 배, 수백 배, 수천 배로 늘어났다. 투자자들이 수익을 낼 수 있다고 생각할 때 돈이 돈을 따라갔다. 국가의 재정이 채권자들에게 수익성이 있는 것으로 판명되면서 통치자는 더 많은 돈을 빌릴 수 있었고, 다른 통치자도 그 뒤를 따를 수밖에 없었다. 서부 아프리카 해안을 따라 항해한 선박이 금과 노예를 싣고 돌아왔을 때, 더욱 야심 찬 모험에 더 많은 돈이 퍼부어졌다. 인쇄업이 수익을 내는 길을 찾았을 때, 더 많은 자금이 인쇄업으로 유입되었다.

특별한 시기

이 책이 초점을 맞추는 1490년에서 1530년까지의 40년 동안에 이러한 경제적 관행의 틀을 통해서 점점 더 많은 자본이 유입되었다. 이들 과정 모두가 그 자체로도 중요한 발전이었다. 학자들은 수십 년, 심지어 수 세기 동안 그에 관한 글을 쓰고 논쟁을 벌였다. 예를 들어, 인쇄술의 출현은 정보 유통의 본격적인 혁명으로 가장 잘 이해될 수 있다. 인류 역사상 최초로 진정한 글로벌 세계를 꿰맞추는 데 아메리카 대륙이 포함된 것은 사소한 일이 아니다. 이런 모든 과정이 1500년을 전후한 수십 년 동안의 짧은 기간에 충돌한 것은 우연이 아니었다. 자본의 가용성이 그 모두에 강력한 원동력을 제공했다.

각각의 과정은 대단히 파괴적이었다. 번갯불처럼 빠르게 확산한 마르틴 루터의 사상은 몇 년 만에 유럽의 변두리까지 종교개혁을 전파했다. 전쟁은 어디에나 있었다. 이탈리아 전쟁이 시작된 1494년과 로마의 약탈 직후인 1528년 사이에 이탈리아 민간인의 대규모 학살이 32건 이상 일어났다. 그중에는 수천 명의 희생자를 낸 사례도 있었다. 그리고 이탈리아는 분쟁이 진행되는 여러 지역 중 하나에 불과했다. 1492년에 콜럼버스가 출항한 지 한 세대 만에 아즈텍 Aztec과 잉카Inca의 신세계 황제들이 몰락하고 아메리카 대륙의 보화가 유럽으로 쏟아져 들어왔으며, 그 과정에서 수많은 사람이 목숨

을 잃었다.[13]

이러한 발전 중 어느 하나만으로도 기존의 세계 질서를 뒤집기에 충분했는데, 그 모두가 매우 집중된 기간에 동시다발적으로 일어났다. 그들은 별개의 현상이 아니라 동일한 메커니즘에 기초하여 추진되고 서로를 강화하는 과정이었으며, 일련의 우발적이고 예기치 못한 사건—출생과 사망의 우연성, 결정의 타이밍 등—과 충돌하여 전례 없는 세계적 반작용을 초래했다.

그 반작용은 전환의 시대, 유럽인의 삶과 사회에 광범위한 영향을 미친 놀라운 변화의 시기였다. 우리는 그 시기를 임계 시점, 즉 다양한 변화가 집중되어 이어지는 사건들의 경로를 근본적으로 변경한 수십 년 동안의 특별한 시기라 부를 수 있다. 이 임계 시점은 경로 의존성을 만들어냈다. 아직 멀리 있는, 유럽이 세계를 지배하게 되는 미래는 이 강렬한 변화의 시기가 지난 후에야 상상할 수 있었다. 증가하는 수익은, 이 40년의 기간을 정의하는 규모의 엄청난 확대를 동반했다. 물론 이후 3세기 동안에도, 결국 산업혁명으로 이어지는 중요한 고비들이 많았지만, 그 모두가 이 최초로 그리고 동시대적으로 일어난 일련의 근본적 변화에 의존했다.[14]

그런 이유로 역사의 큰 그림에서 이 40년의 기간이 중요하다. 그러나 이는 이야기의 절반에 불과하다. 나머지 절반은 이 시대의 사람들이 얼마나 당혹스럽고, 불안하고, 다사다난한 삶을 살았는지에 대한 이야기다. 실제 사람들은 자신의 얼굴에서 울부짖는 대서양의 바람을 느꼈고, 북적이는 항구의 시끌벅적한 소음을 들었고, 광란의 전쟁터에서 화약이 타는 냄새를 맡았다. 그들은 주변의 세계가 돌이킬 수 없이 변화하는 동안에 싸우고, 고통받고, 물건을 사고팔고, 쟁기질하고, 물레를 돌리고, 성공하고 실패했다.

이렇게 세계를 변화시킨 중요한 사건들이, 일상사의 구조 속에 녹아들지 않는다면, 특정한 개인과는 상관이 없는 것처럼 보일 수도 있다. 그런 뜻에서, 나는 이야기를 들여다보는 창문 역할을 할 아홉 사람을 선택했다. 자본, 국가, 전쟁, 인쇄술이라는 중요한 주제를 일상생활에서 구현하면서 능동적으로 추진하거나 수동적으로 경험한 실존 인물이다. 그중에 크리스토퍼 콜럼버스, 카스티야의 이사벨라 여왕, 오스만 제국의 술탄 쉴레이만 대제 같은 사람들은 잘 알려진 인물이다. 외팔의 독일 귀족 괴츠 폰 베를리힝엔이나 영국의 냉철한 양모 상인 존 헤리티지 같은 사람들은 덜 알려졌다. 그들 모두가 우리에게 이 시대를―무엇이 걸려 있었고, 무엇을 잃고 무엇을 얻었는지를―더 잘 이해하도록 도움을 준다.

이러한 변화를 긍정적인 것으로, 더 큰 영웅적 이야기의 중요한 클라이맥스로 여기기는 어렵지 않다. 어쨌든 그들은 직접적으로 산업혁명을, 우리가 살아가는 오늘의 세계를 이끌었다. 우리가 모든 가능한 세상 중에 최선의 세상, 아니면 적어도 상당히 좋은 세상에서 살고 있다는 믿음은 항상 유혹적이지만, 위대하든 평범하든 실제 사람들의 삶에 접목해보면, 적어도 당시에는 반드시―또는 일반적으로도―유익한 변화는 아니었다는 사실이 분명해진다. 탐사 항해는 대규모의 노예화, 대량 학살을 수반한 정복, 대륙 전체의 약탈을 초래했다. 부상하는 국가는 더 길고 파괴적인 전쟁 비용을 치르려고 세금으로 국민을 쥐어짜서 수많은 사람을 궁핍 상태에 빠뜨렸다. 인쇄술은 정보 혁명을 유발했지만, 인쇄술의 도움을 입은 종교개혁은 여러 세대에 걸친 격렬한 종교 전쟁과 헤아릴 수 없이 많은 죽음으로 이어졌다. 설사 혁신과 진보를 위하여 어느 정도의 파괴가 필요함을 인정하더라도, 파괴의 본질은 변하지 않는다.

그런 비용을 잊어서는 안 된다. 대차대조표에는 자산과 부채가 모두 포함된다. 이 세계사의 중요한 시기, 긍정적이든 부정적이든, 그토록 다양한 방식으로 오늘의 우리가 살아가는 세계의 토대를 마련한 시기에 관한 판단도 마찬가지다.

1

크리스토퍼 콜럼버스와 탐험

Christopher Columbus and Exploration

THE VERGE

칼날 같은 바람이 작은 선박의 삭구를 갈랐다. 삼각형 돛 가득히 남남동풍을 받은 낡은 선체가 동대서양의 거친 파도를 헤치며 나아갔다. 3월 초, 특히 선원들이 기억하는 가장 가혹하고 위험했던 겨울의 끝은 대양으로 나갈만한 계절이 아니었다. 여러 척의 배가 이베리아반도 주변의 거친 바다에서 연달아 침몰했다. 그러나 몇 주 동안 사나운 바람과 싸운 끝에 니나Nina는 마침내 고향의 끝자락에 다가섰다.

분주한 항구가 바로 앞에 감질날 정도로 가까이 있었다. 후미의 갑판에서 선장의 기진맥진하고 움푹 들어간 눈이 다가오는 도시의 모습을 응시했다. 마흔 살쯤 된 듯한 남자였다. 서아프리카의 불타는 적도 해안선에서 아이슬란드와 북대서양의 얼음같이 차가운 해역까지 수많은 바다에서 따가운 햇볕과 해수의 염분에 노출된 얼굴에는 주름이 깊게 패어 있었다. 남자의 이름은 그 순간에 정확히 어디에 있는가에 따라 달라졌다. 고향인 제노바에서는 크리스토포로 콜롬보Christoforo Colombo 또는 크리스토파 코롬보Christoffa Corombo였고, 스페인과 포르투갈에서는 크리스토발 콜론Cristóbal Colón이었다. 교양 있는 사람들이 선호하는 라틴어로는 크리스토포러스 콜럼버스Christophorus Columbus로 알려졌다.

콜럼버스가 세 척의 배를 이끌고 스페인 안달루시아의 팔로스Palos라는 작은 항구에서 출항한 이후로 길고도 힘든 7개월이 지나갔다. 그들은 먼저 아프리카 해안을 따라 카나리아제도까지 남쪽으로 항해했다. 콜럼버스가 꽤 잘 알고 있는 바다였다. 그는 이전에 적어도 한 번 이상 남쪽으로 항해한 경험이 있었고, 지역의 바람과 해류에 익숙했다. 그리고 이들 항로는 카나리아제도와 아프리카의 큰 강에서 귀중한 화물—그리고 인간—을 싣고 오는 스페인과 포르투갈 선박의 항해가 점점 더 빈번해지고 있었다.

이러한 친숙함이 콜럼버스의 획기적인 발견의 원천이었으며, 이는 상당히 실용적인 항해 기술에서 비롯된 것이었다. 대서양을 가로질러 서쪽으로 가려면 서쪽으로 부는 바람을 찾아야 했다. 콜럼버스는 카나리아제도 부근에서 가장 확실하게 부는 바람이 아시아의 풍요로 자신을 데려갈 지름길을 제공하리라고 확신했다.

이 허술한 이론을 바탕으로 콜럼버스와 부하 선원들은 유럽의 항해 지식의 한계를 넘어서 미지의 서쪽으로 향했다. 6주 후인 1492년 10월 12일에 육지가 보였다. 그들은 카리브해의 바하마 아니면 터크스 케이커스 제도 어딘가에 상륙했다. 콜럼버스는 3개월 동안 신세계의 해안을 따라 돌아다니면서 쿠바와 히스파니올라Hispaniola섬의 해안선을 기록하고 나서, 자신이 정말로 아시아 해안에 도달했다고 확신하면서, 대서양을 가로질러 고향으로 돌아가려고 동쪽으로 방향을 틀었다.

물론 그는 완전히 틀렸지만, 그의 항해는 역사의 흐름을 바꾸었다. 수십 년 안에 구세계의 질병이 신세계 주민을 황폐화하게 된다. 스페인의 정복자들이 잉카와 멕시코 제국을 무너뜨리고, 스페인 왕의 금고로 흘러 들어간 보화는 4개 대륙에 대한 제국주의 프로젝트에 자금을 제공할 것이었다.

그 모든 것이, 리스본 바로 외곽 레스텔로Restelo 지역의 항구로 힘겹게 들어가던 니나의 선원들은 알 수 없는 미래 속에 있었다. 니나는 한 달 전에 아조레스제도 근처에서 만난 폭풍우 때문에 또 한 척 남은 배인 핀타Pinta와 헤어졌었다. 콜럼버스의 일기에 따르면 "범선을 공중으로 들어 올리는 것 같았던", 또 하나의 무시무시한 폭풍우가 니나를 이곳 항구로 몰아넣었다. 여기는 스페인의 군주인 이사벨라Isabella와 페르디난드Ferdinand에 속한 도시가 아니라 포르투갈의 리스본으로 가는 관문인 타구스Tagus강의 하구였다. 그러나 이 포르투갈의 항구는 세비야나 바르셀로나보다도 급속하게 외부를 향하여 확장되는 유럽의 심장부에 자리 잡고 있었다.[1]

그들의 현 고용주가 누구였든 간에 콜럼버스와 선원들은 리스본으로 대표되는 끊임없이 성장하는 세계의 전형적인 대표자였다. 그들의 포르투갈 동료들과 마찬가지로, 제노바의 선원을 대서양의 위험한 바람과 복잡한 해류 속으로 내몬 것은 환상적인 모험정신이 아니었다. 오히려, 이익에 대한 만족할 줄 모르는 굶주림이 그를 영원한 오명의 길로 인도했다.

콜럼버스와 동료들의 항해가 가능했던 것은 국가를 건설하는 군주와 손을 잡은 상인투자자들 덕분이었다. 니나와 같은 배는 허공에서 생겨나지 않았다. 숙련된 선원들의 급료나 갑판에 설치된 값비싼 대포도 마찬가지였다. 그 모든 것에는 돈이 들었고, 그 돈은 공동의 이익을 추구하는 왕실과 금융업자들의 제휴에서 나왔다. 상인투자자만이 이런 항해에 자금을 댈 자본이 있었고, 왕실 당국만이 금융업자가 요구하는 독점권을 보장하는 국가적 권위의 우산을 제공할수 있었다.

2세기 동안 진행된 이 시대는 인류 역사상 최초로 진정한 세계화의 시작을 알렸다. 그러한 변화의 이야기는 미지의 세계를 응시하는 유명한 탐험가들의 영웅적인 시선보다는 거래 장부를 기록하는 깃펜의 움직임, 왕실 권력자와 이탈리아 금융업자 사이의 진지한 대화, 그리고 신용장과 거래계약서의 이야기다. 1490년대에 유입된 막대한 신규 투자는 시험적 항해를 하룻밤 사이에 글로벌 비즈니스로 바꾸어놓았다.

▌대서양 팽창의 뿌리

소금기를 머금은 바다 냄새와 중세 후기 도시의 인간과 동물 배설물 냄새가 혼합된 악취가 항구로 들어가는 선원들을 덮쳤다. 분주한 조선소에서 목재를 망치질하고 톱질하는 소리, 말라게타malagueta 고추와 갓 잡은 생선을 파는 장사꾼들의 외침이 뒤섞인 바람 속에 교회의 종이 울렸다. 대포 포신을 주조하는 독일인 야금술사는, 기니Guinea 해안에서 잡아온 노예들과 손가락이 잉크로 얼룩진 피렌체의 금융업자 옆에서, 늦겨울의 차가운 바람에 몸서리를 쳤다. 모두가 자발적이든 아니든, 이익 지향적 금융 네트워크의 중력에 의하여 리스본으로 끌려온 사람들이었다.

150년이 넘는 동안 이 도시는 거의 또는 전혀 알려지지 않은 육지를 향하여 남쪽으로 항해하는 탐험의 중요한 출발지 역할을 했다. 느리지만 확실하게, 카탈루냐, 제노바, 그리고 포르투갈 선원들의 배가 모로코의 번영하는 해안 지역을 따라 내려갔다. 이베리아반도에서 남서쪽으로 약 1,200마일 떨어진 곳에는 카나리아제도가 있다. 로마인은 알았지만 중세의 후계자들은 카나리아제도의 존재를 알지 못했다. 1330년대에 카나리아제도를 다시 발견한 제노바 탐험대와 그 소식을 접한 유럽인에게는 새롭고 흥미진진한 곳이었다. 이발견에 따라 새로운 시도가 봇물 터지듯 시작되었고 그 대부분이, 마요르카 섬에서 출발하여 미지의 세계를 찾는, 아프리카 해안을 따라 남쪽으로 향하는 항해였다. 카탈루냐의 지도 제작 전문가와 숙련된 지중해 선원들은 신중하게 항로를 그리고, 위험한 여울을 표시하고, 바람과 해류의 도표를 만들었다. 14세기 중반에 휴지기가 있은 뒤에, 카스티야 왕의 인가를 받고 카나리아제도 정복을 시도한 프랑스 원정대가 처음으로 성공을 거두면서, 1400년 이후에 비즈니스가 다시 활력을 회복했다.[2]

포르투갈인은 15세기의 가장 적극적인 탐험가였다. 그 이후로 '항해왕자the Navigator'로 알려진 엔리케Henry 왕자(1394-1460년)는 '대발견의 시대Age of Discovery'에 관한 대중적 이야기에서 과도한 관심을 받아왔다. 엔리케는 후미진 유럽을 글로벌한 원형 근대성으로 이끈 미래지향적 인물이 아니었다. 실제로, 대서양의 모험에 대한 포르투갈의 관심은 엔리케의 시대보다 오래되었다. 서유럽과 북유럽의 북적거리는 항구에서 이미 포르투갈의 선원과 선박을 흔하게 볼 수 있었다. 그렇지만 대서양 탐사라는 영역에서 엔리케의 광범위한 활동은 수십 년 뒤에 콜럼버스를 낳은 해양 활동의 기초를 마련했다.

이 상황에서 한 가지 두드러진 점은 기꺼이 폭력을 행사하려는 의지와 결합한 이익 추구의 뚜렷한 지향성이다. 강렬한 종교적 정서와 기사도의 이상, 즉 십자군 전쟁의 개념이 수익성이 좋은 유혈 사태에 녹아들었다. 엔리케 왕자의 후원을 받은 초기 대서양 탐험가들이나 후일의 콜럼버스는 멀리 있는 미지의 바다에서 새로운 지식을 추구한 대담하고 이타적인 탐험가가 아니었다. 그들은 종교 전쟁과 이윤의 추구가 손을 맞잡고 진행된 상업적 기업의 세계에서 활동했다.

이것이 결국 콜럼버스를 낳은 대서양의 모험 세계를 정의하는 특징의 하나였다. 엔리케 왕자는 자신이, 십자군의 열정으로 무슬림과 싸우는 기사도를 실천하는 기사라고 생각했다. 동시에 그는 이익을 얻을 가능성이 있는 다양한 파이에 손가락을 대는 예리한 투자자였다. 대서양의 해양 벤처사업에 대한 그의 뜨거운 관심은 이윤을 추구하는 욕망과 잘 어울렸다. 엔리케의 개인 궁정—직계 가족은 아니지만, 폭넓은 유대로 왕자와 연결된 광범위한 부하 조직—은 이런 유형의 뒤얽힌 활동이 수행되는 벌집이었다. 그의 궁정은 상인, 선주, 금융업자, 그리고 귀족들에게까지 뻗어 나가는 이윤 지향적 투자

그물망의 중심이었다.[3]

명목상으로는 무슬림 표적을 겨냥한 해적 행위가 그런 수익성 있는 활동의 하나였다. 엔리케의 궁정에 있는 기사들과 더 넓게는 포르투갈의 귀족들에게 폭력의 배출구였던 해적질은 또한 수익성이 꽤 짭짤했다. '코르세어링corsairing'으로 알려진 해적 사업은 서부 지중해에서 소규모 전투가 끊임없이 일어나도록 한 원천이었다. 해적은 목표물을 까다롭게 고르지 않았다. 기독교도의 선박도, 무슬림과 교역한다고 주장할 수만 있다면 훌륭한 사냥감이었다.

그러한 구별에는 상당한 융통성이 있었다. 예를 들면, 1426년에 프레이 곤살루 벨류Fray Gonçalo Velho라는 선장이 지휘하는 엔리케 왕자 소유의 선박이 기독교도임이 분명한 상인의 선박을 공격하려 했다. 곤살루 벨류는 기독교도일 뿐만 아니라 그리스도 기사단Order of Christ 이라는 군사종교조직의 일원이기도 했다. 벨류의 공격은 실패했고, 그와 선원들은 붙잡혀서 발렌시아Valencia 항구로 끌려갔다. 이 사건은 벨류와 엔리케 왕자가 분노한 아라곤Aragon 왕의 질책 서한을 받는 것으로 끝났다. 이렇게 수익을 기대할 수 있다면, 공해상에서 어떤 종류의 폭력이든 쉽사리 저지르는 성향은 대서양의 해양 역사 초기에 되풀이하여 나타났고, 당시의 불안정한 세계에서 빼놓을 수 없는 요소였다.[4]

같은 맥락에서, 무슬림과 맞서면서 연마된 기사도와 십자군의 언어가 카나리아제도를 점령하려는 시도를 정당화하는 역할을 했다. 헨리의 기사들이 이끄는 중무장 원정대는 이교도인 카나리아제도 주민을 기독교도로 '개종'시키려 했다. 엔리케 왕자의 전기를 집

필한 피터 러셀Peter Russel은 "엔리케에게는 개종과 노예화가 서로 바꿔쓸 수 있는 용어였다"고 말했다. 새로 마주친 비기독교도를 종교적 개종의 대상임과 동시에 수익의 원천으로 취급하는 능력은 대서양의 신흥 시장에서 오래도록 비극적인 결과를 낳았고, 70년 뒤에는 신세계 원주민에 대한 콜럼버스의 초기 평가에서 다시 나타났다.[5]

엔리케의 후원하에 카나리아제도를 점령하려는 시도는 참담한 실패로 돌아갔지만, 그의 해적 활동은 계속되었고, 왕자의 깃발을 올린 다른 선박들이 서부 아프리카 해안을 따라 항해하고 있었다. 끝이 없어 보이는 북서부 아프리카 사하라 사막의 해안은 엄청난 장벽이었다. 남부 모로코 지역에 흩어져 있는 집들과 바위투성이의 포구들이 사라지고 나면 아무것도 없었다. 사하라 사막의 모래 언덕이 해변까지 뻗어 있었다. 강력하고 예측할 수 없는 불길 같은 돌풍이 작은 범선을 노출된 바위와 거친 암초로 끌어당겨서, 선수에서 선미까지 선체를 찢어발기고, 고향에서 1,000마일 떨어진 곳에 죽은 사람들을 남겨놓았다.

엔리케와 신하들의 직접적 후원하에 1435년과 1436년에 이어진 항해는, 수익을 찾고 황량한 해안선의 지도를 제작하는 두 가지 임무를 맡았다. 이들 항해에서는 무슬림 중개인을 통해서 사들인 노예 말고는 즉각적인 수익이 거의 없었다. 그들이 멈추지 않은 것은 금에 대한 영원한 기대 때문이었다.

그 당시 유럽인에게는 아프리카 멀리 남쪽에서 오는 금에 대해 모호하지만 기본적으로 정확한 이해가 있었다. 모호한 것은 아프리카가 어떻게 생겼는지를 전혀 몰랐기 때문이고, 정확한 것은 유럽에

도착한 금이 대부분 서부 아프리카에서 사하라 사막을 넘어오기 때문이었다. 금은 어느 시대에나 귀중했지만, 유럽이 장기적인 귀금속 기근을 겪었던 15세기 전반기에는 특히 가치가 높았다. 한동안 금과 은이 모두 부족했다. 유럽 광산의 고갈과 동양과의 무역에서 지속적으로 발생한 대규모 적자가 급격하게 귀금속이 부족해진 상황을 초래했다.[6]

서유럽은 중앙아시아와 지중해의 교역로를 통해서 아프리카, 인도양, 그리고 동아시아로 연결되는 장거리 무역 네트워크의 변방이었다. 유럽에는 수출할 수 있는 귀금속이나 귀중한 향신료가 없었다. 대량으로 생산되는 직물 제품은 세계의 다른 지역에서 수요가 크지 않았다. 런던과 파리는 캘리컷Calicut과 사마르칸트Samarkand에서 온 상인들로 붐비지 않았다. 이것이 유럽의 범선은 미지의 (그들에게는) 바다로 나갔고,―더 낮지는 않을지라도―유능했던 중국의 정크선junks이나 인도의 다우선dhows은 그렇지 않았던 중요한 이유였다.

금을 찾아내어 벼락부자가 되는 것은 엔리케의 비호 아래 남쪽으로 탐험 길에 오른 포르투갈인을 부추긴 원동력의 하나였다. 해안선을 따라 서서히 내려간 포르투갈인들은 이미 지중해 지역과 밀접하게 연결된 세련되고 복잡한 상업의 세계, 특히 무슬림 국가인 마그렙Maghreb(오늘날 북아프리카의 모로코, 튀니지, 알제리를 아우르는 지역-옮긴이)과 이집트로 들어서고 있었다. 현지의 상인들은 말리에서 모로코를 거쳐서 카이로 너머까지 이르는 교역로를 통하여 거래되는 다양한 상품―의류, 철, 구리, 그리고 조개껍데기를 포함하는―중 하나인 귀금속에 대한 포르투갈인의 접근을 막았다. 노예는 수 세기 동안 두드러진 상품이었고, 포르투갈인은 금이 아니라 인간이 가장 빠르게 구할 수 있는 상품이라는 사실을 재빨리 깨달았다.[7]

이렇게 노예 무역의 초기에 얻은 수익에 따라, 1440년대와 이후에 엔리케가 사하라 해안의 유명한 곳인 보자도르곶Cape Bojador 남쪽 지역의 무역에 관한 상업적 독점권을 얻을 때까지, 지속적인 투자가 이루어졌다. 엔리케의 부하들이 이끄는 공격적인 원정대는 아프리카인을 노예로 잡으려고 세네갈강 하구를 가로질렀다. 1450년대에는 주로 베네치아와 제노바의 상인모험가로 구성된 더 많은 원정대가, 오늘날의 기니비사우까지 도달할 정도로, 남쪽으로의 항해를 계속했다.[8]

이후 몇 세기 동안의 엔리케에 관한 거창한 이야기는, 그가 1450년대에 편찬하도록 한 거의 성인전이나 다름없는 연대기의 결과다. "오, 신보다 작지 않은 왕자시여! 그토록 큰 영광을 누릴 자격이 있는 그대의 고결한 행위를 이야기하려는 나의 너무도 대담한 펜을 모든 인내심으로 참아주실 신성한 덕목을 간청하나이다." 연대기의 전반적인 분위기를 설정하는 저자의 탄원이다. 아이러니하게도, 포르투갈인의 항해 규모와 야망은 1460년대에 엔리케가 사망한 뒤에 가장 두드러지게 늘어났다.[9]

페르낭 고메스와 대서양 항해 초기의 상인투자자들

엔리케가 소유했던 왕실 독점권은 1469년에 페르낭 고메스Fernão

Gomes라는 인맥이 든든한 리스본 상인에게 임대되었다. 고메스는 손에 넣은 독점권을 거침없이 활용했다. 그의 정치적 유대와 자본 접근성의 결합은 초기 대서양 시대의 분위기를 설정했다.

대서양 팽창 초기 핵심적 단계에서 중요한 역할을 했음에도 불구하고 고메스는 그림자 같은 인물이다. 그의 무역 활동과 관련해서는 단편적인 것 외에는 남아 있는 기록이 거의 없다. 그렇지만 그는 콜럼버스를 낳은 대서양 세계의 이익 지향성과 15세기 말의 금융 네트워크가 어떻게 수익을 추구하는 항해에 자금과 인센티브를 제공했는지를 분명하게 보여주는 인물이다.

고메스는 아폰수 5세Afonso V의 왕실과 긴밀한 유대관계를 맺은 포르투갈인이었다. 아프리카 무역은 자유시장이 아니었다. 지체 낮은 귀족이자 신사상인이었던 고메스는 끊임없는 재정난에 시달리는 왕에게 손쉬운 현금의 원천이었던 독점권을 사들이기 위하여 왕실의 인맥을 거침없이 활용했다. 그는 독점권의 대가로 겨우 20만 레이스reis를 지불했는데, 이는 대략 노예 25명의 가격이었고, 세금을 감면받았음에도 불구하고 그조차 종종 체납되었다. 그럼에도 불구하고 포르투갈 왕실은 1473년에 다시 한 번 그에게 푼돈이나 다름없는 금액으로 또 다른 독점권—이번에는 말라게타 고추 무역—을 임대했다. 고메스의 인맥은 왕실 너머까지 뻗어 있었다. 리스본의 여러 부유한 상업 공동체에서도 고메스는 두드러진 인물이었다. 그는 마르틴 렘Martin Lem 또는 레미Leme라는 플랑드르 출신의 영향력 있는 외국 상인의 딸과 결혼했고, 리스본의 상인 공동체 전체와 재정적 유대관계가 있었던 것으로 보인다.[10]

고메스와 마찬가지로 리스본의 상인과 금융업자의 일부는 포르투갈인이었다. 고메스의 플랑드르 장인처럼 다른 나라에서 온 사람들도 있었다. 피렌체, 베네치아, 제노바 등 이탈리아의 모든 주요 도시를 대표하는 지점이 있었다. 이들 외국 상인 집단은 각각 가족과 출신 도시에 대한 충성심으로 단단히 뭉친 단위로, 자기들끼리 사업을 하면서 멀리 있는 고향 도시와의 유대를 유지했다. 그러나 확장된 네트워크를 통해서, 수익을 추구하는 다양한 벤처사업을 위한 자금을 분담하면서 서로 협력하는 사업도 있었다. 신용, 투자, 그리고 위험성에 관한 그들의 생각은 협력을 위한 실질적 장벽이 없을 정도로 비슷했고, 모든 당사자가 자신의 사업을 가능케 하는 관행적 틀을 신뢰했다. 고메스의 플랑드르 장인인 렘은 1456년에, 포르투갈과 제노바 상인들과 협력하여, 코르크 무역의 독점권을 확보하려 했다.[11]

이들 리스본에 거주하는 외국 상인은 대부분 상인모험가가 아니라 정착한 금융업자였다. 투자할 돈이 있었던 그들은 항상 이익의 최대화를 목표로 삼아 정기적으로 투자했으며, 자본을 분담하고 점점 규모가 커지는 프로젝트를 위하여 협력했다. 서아프리카를 향한 고메스의 항해가 대표적인 예였다. 상아, 금, 그리고 노예를 거래하기 위하여 한 번에 20척에 달하는 배가 리스본 항구에서 출항했다. 다른 배들은, 지도를 작성하고 계약에 따른 새로운 상업적 기회를 찾으면서, 더 멀리 남쪽으로 내려가는 항해를 계속했다. 고메스의 선단은 기니만Gulf of Guinea 깊숙한 곳에 도착한 후에 적도를 지나 남쪽으로 내려가면서 2,000마일 이상의 항로에 관한 상세한 지식을 추가했다. 1469년부터 1475년까지 독점권을 소유했던 6년 동안, 고메스와 계약을 맺은 배들은 항해왕자 엔리케 휘하에 있던 때보다 훨씬 더 빠르게 새로운 지식을 축적했다.

이런 종류의 항해는 엄청나게 비싼 프로젝트였다. 전체 선단은 말할 것도 없고 배 한 척이 리스본에서 기니만까지 왕복 6,000마일에 달하는, 여러 달이 걸리는 항해를 준비하는 데도 막대한 비용이 필요했다. 튼튼한 유대를 갖춘 국제적 금융 네트워크가 이런 활동을 위한 필수적 전제조건이었다. 그리고 후원자들은 수익을 기대했다. 고메스와 리스본 동료들도 이 점에서 예외일 수 없었다. 런던에서 세비야까지, 서부 지중해와 대서양의 모든 중요한 해양 중심지에 동일한 상업과 금융의 그물망이 존재했다.

이러한 금융 네트워크에서 이탈리아인, 특히 제노바 출신 외국 상인들이 두드러졌다. 그들은 고메스와 콜럼버스를 포함한 수많은 모험가에게 자본을 제공한 동반자 관계의 초석이었다. 제노바는 이탈리아가 서부 유럽과 만나는 반도의 겨드랑이에 있었고, 지중해의 중요한 상업 및 금융 중심지의 하나였다. 제노바의 선박들은 연결된 바다를 항해했고, 흑해Black Sea의 대초원 가장자리부터 레반트Levant, 런던, 그리고 브뤼허까지 모든 곳에서 모습을 나타냈다. 12세기부터 제노바로 흘러들어온 부는 복잡한 금융 수단과 관행에 힘입어 점점 더 수익성이 좋아진 장거리 무역의 산물이었다. 철통같은 상업 계약, 환어음, 보험 계약 등 모두가 유럽 전역의 상술이 뛰어나고 부유한 제노바 상인의 탈중앙화된 네트워크를 형성하는 데 도움이 되었다.[12]

그러나 15세기 후반에 베네치아가 해외에 그리고 결국에는 이탈리아에 제국을 건설하고, 피렌체가 토스카나의 내륙 지역을 지배하고, 밀라노가 북부 이탈리아의 지역적 패권을 확보하면서 제노바의 정치적 영향력은 보잘것없게 되었다. 제노바의 내부 정치는 너무 무정부적·폭력적이었고 과두정치는 지나치게 경쟁적·비협력적이었다. 1378년부터 1381년까지 베네치아를 상대로 벌인 마지막 전쟁에서는 베네치아를 거의 정복할 뻔했지만, 베네치아가 해양 지배권을 회복하는 동안에 제노바는 정치적 안정 비슷한 것을 얻기 위해서 주권을 프랑스의 군주에게 넘겨주었다. 이후에는 밀라노의 강력한 비스콘티Visconti 가문의 공작들이 그 자리를 이어받았고, 제노바가 소유했던 식민지는 여러 경쟁자의 손으로 들어갔다.[13]

제노바가 지중해의 중요한 정치적 주체가 되는 데 실패를 겪는 동안에도, 지역의 상업과 금융 네트워크에서는 제노바인의 역할이 더욱 중요해졌다. 그들은 이미 동부 및 서부 지중해 지역으로 널리 퍼져 나가, 다른 정치체제 안에서 자치 식민지와 거주 공동체를 형성하고 있었다. 튀니스에서 리스본까지 서부 지중해의 모든 주요 도시에 제노바 상인이 있었다. 이베리아반도에 정착한 제노바인은 카스티야, 아라곤, 그리고 포르투갈을 거점으로 활동했고, 특히 안달루시아의 항구 도시 세비야에서 두각을 나타냈다. 그들은 현지 상류층과의 결혼을 통하여 현지인에 섞여 들려 애쓴 카멜레온이었다. 대서양 항해 초기에는 자금을 제공할 사람들이 필요했고, 이들 제노바인은 탁월한 금융업자였다. 서쪽과 대서양보다는 주로 동부 지중해에 초점을 맞춘 베네치아인을 제외하면, 유럽에서 해양 무역과 거기에 비용을 대는 방법을 제노바인보다 더 잘 이해하는 사람들은 아무도 없었다. 그들의 금융 활동은 탐험의 시대를 열어젖힌 열쇠 중 하나였다.[14]

▌크리스토퍼 콜럼버스의 부상

위험을 감수하는 상인과 금융업자가 제노바의 유일한 자원은 아니었다. 제노바의 깊고 잘 보호된 항구 또한 당시의 가장 숙련된 선원과 항해사들을 길러냈다. 그중 한 사람이 1450년대 초반 제노바의 번성하는 섬유업계에서 일하는 가난한 직조공의 아들로 태어난 크리스토퍼 콜롬보였다. 그는 자신의 출신지에서 도망치면서 파란만장한 여생을 보내게 된다.

콜럼버스는 생애의 모든 단계에서 불타는 야망으로 정의되는 인물이었다. 그는 자신의 미천한 출신 배경을 매우 부끄럽게 생각하여 가능하면 적극적으로 감추려 했고, 이는 적대적인 사람들이나 오늘날의 음모론자들이 그를 카스티야인, 포르투갈인, 심지어 유대인이라고 주장하는 여지를 마련했다. 그는 이중 아무것도 아니었고, 단지 출신 배경을 멀리 뒤에 남겨두기로 한 사람일 뿐이었다.

성공을 향한 콜럼버스의 압도적인 추진력은 종종 자신의 권력을 확대하는 데 쏟아부어졌다. 그는 참아주기 어렵고, 허풍스럽고, 천박한 인물이었으며 자신의 수많은 결점과 약점을 거의 인식하지 못했다. 더욱 우려스러운 것은, 실제로 그런 결점이나 약점을 인식했을 때조차도 폭력적으로 과도한 보상을 꾀하는 성향이었다. 그가 카리브해의 새로운 스페인 영토의 총독으로 재직하는 동안에 그런 성향이 비극적으로 드러나게 된다.

그러나 동시에 콜럼버스는 고도로 숙련된 선원이었고, 적어도 어느 정도의 실제적 카리스마를 소유했다. 그의 친구이자 연대기 작가인 안드레스 베르날데스Andrés Bernaldéz는 그를 "지능은 뛰어나나 교육을 거의 받지 못한" 사람으로 묘사했다. 콜럼버스의 야망은 자신의 위대함을 말하는 오만하고 장황한 독백—1493년에 귀환한 그는 포르투갈 왕에게 특히 성가신 이야기를 했다—에서 드러나기도 했지만, 무엇이 되었든 지칠 줄 모르고 추구하는 목표 속에도 있었다.[15]

콜럼버스의 초기 생애에 관한 다른 정보와 마찬가지로, 그가 정확히 언제 지중해를 항해하는 선원의 삶을 선택했는지는 불분명하다. 과거의 성취에 관한 영광스러운 기록을 만들어내곤 한 그의 습관은 이 시기에 관한 많은 사실을 모호하게 만든다. 콜럼버스가 언급된 한 희귀한 제노바 문서는 그가 1472년까지 부친과 함께 모직 업계에서 일했다고 말한다. 그러나 콜럼버스는 10대 소년이었던 1460년대에 처음으로 바다로 나갔을 수도 있고, 1470년대 중반에는 많은 경험을 쌓은 전업 선원이 된 것으로 보인다. 거짓말하고 과장하는 성향을 생각하면, 그의 행로에 관한 정확한 패턴이나 연대기를 재구성하기가 쉽지 않다. 그러나 다음 10년 동안의 행로는 지중해와 대서양의 가장 멀리 떨어진 한계점까지 그를 데려간 것 같다.

그는 영국과 아일랜드, 어쩌면 그 너머 아이슬란드까지 가는 항해에서 북대서양의 요동치는 바다를 견뎌냈다. 정서 방향으로 향한 항해는 근래에 발견된 설탕 생산의 중심지로 엄청난 부의 원천이 되었던 아조레스제도로 그를 데려갔다. 거대한 섬유 산업에 필요한 염salt인 명반의 거래를 위하여 동쪽 멀리 에게해의 키오스Chios 섬으로 가기도 했다. 남쪽을 향하여, 당시에 알려진 세계의 끝단이었던, 무더운 기니만으로 가는 항해에서는 사하라에서 불어오는 가혹하고 얼얼한 사막의 바람을 느꼈다.

1480년대 중반까지, 이 제노바 선원은 동시대인 중 극히 일부만이 맞설 수 있는 폭넓은 경험을 쌓았다. 콜럼버스의 항해 중에 제노바 선원으로서 특별하다고 할만한 항해는 없었다. 제노바의 선박과 제노바 선원이 승선한 외국 선박들은 북유럽, 대서양의 섬들, 남쪽의 서아프리카로 가는 분주한 항로를 정기적으로 왕래했다. 그러나 한 사람이, 아이슬란드에서 키오스와 기니까지 모든 곳을 가보았다는 것은 전례가 없는 일이었다. 습관적인 자만심을 일정 부분 고려하더라도, 자신에 대한 콜럼버스의 평가는 유효하다. 후일의 기록에서 그는 말했다. "신은 내가 지금까지 항해한 모든 바다에서 풍부한 항해 기술을 베풀어 주셨다." 이런 항해를 통해서 콜럼버스는 대서양의 조류와 바람에 관한 엄청난 양의 실용적 지식을 축적했다. 그는 또한 이런 장거리 항해—일상적이지만 자금의 조달과 물자의 준비 모두가 엄청나게 복잡한—를 조직하고 자금을 조달하는 방법을 배웠다.[16]

1470년대 말로 추정되는 어느 시점에 콜럼버스는 포르투갈로 영구 이주했다. 리스본에 새집을 마련한 제노바 출신 선원은 팽창하면서 점점 더 복잡해지는 세계의 최첨단과 마주 서게 되었다.

1475년에 포르투갈 국왕은 리스본의 상인 페르낭 고메스로부터 무역 독점권을 회수했다. 이유는 반도의 중요한 왕국 중 하나이며 알토란 같은 지역인 카스티야의 왕위를 놓고 이베리아반도에서 벌어진 내전이었음이 거의 확실하다. 다음 장에서 다시 이 주제를 상세하게 다루겠지만, 지금은 카스티야 여왕의 왕위 계승이 전혀 순조롭지 않았음을 말해두는 것으로 충분하다. 아폰수 5세 포르투갈 국왕은 조카딸이며 카스티야의 왕위를 계승할 또 다른 후보인 후아나 Juana와 결혼했다. 1475년에는 양측 사이에 전쟁이 발발하고, 곧 아라곤의 왕이 될 남편 페르디난드의 도움을 얻은 이사벨라가 승리하게 된다.[17]

이사벨라의 승리(그리고 아폰수 5세의 패배)는 스페인 국가 건설의 시동을 걸었을 뿐만 아니라 콜럼버스가 직면했던 초기 대서양 시대에도 큰 영향을 미쳤다. 포르투갈은 아프리카 무역의 완전한 독점권을 누린 적이 없었다. 프랑스, 플랑드르, 그리고 특히 카스티야인이 포르투갈의 패권에 되풀이하여 도전했고 카나리아제도에서 가장 큰 성공을 거두었다. 포르투갈인은, 요구되는 면허 비용을 지불하는 한, 이러한 투기적 항해에 나서는 데 아무런 문제도 없었다. 카스티야의 왕위를 놓고 벌어진 전쟁은 이 대서양의 가장자리 지역 전체를 전면적인 전쟁터로 바꿔 놓았다. 1475년과 1478년 사이에 카스티야 선단은 노예와 무역을 위하여 서아프리카로 항해하고 케이프 버드 제도의 여러 섬을 점령했다. 그러나 해상에서의 전투는 전반적으로 포르투갈에 유리하게 전개되었다. 1478년에 기니 연안에서 벌어진 중요한 해전은 포르투갈의 완벽한 승리로 끝났다. 1479년에 체결된 알카소바스 조약Alcáçovas Treaty에 따라 카나리아제도는 카스티야에, 대서양의 다른 섬들은 포르투갈에 양도되었다. 서아프리카 무역은 포르투갈에 귀속되고, 당시에 알려진 그 너머 모든 지역도 마찬가지일 것이었다.[18]

이 분쟁에서 해양과 관련된 상황에는 두 가지 주목할만한 측면이 있다. 첫째는 카스티야와 포르투갈 왕실의 개입 정도였다. 이전의 포르투갈 왕들은 항해의 면허와 독점권의 대가로 자기 몫의 이익을 챙기는 것에 만족했다. 그러나 아폰수 5세는 아프리카 무역의 통제권을 왕실의 핵심적인 사업이자 수입의 원천으로 보호해야 한다고 생각했다. 반면에 카스티야의 왕실은 개입이 덜했다. 카스티야는 전쟁이 진행되는 동안에 인가한 원정에 대하여 20퍼센트의 재정적 지분과 아조레스, 마데이라Madeira, 카나리아, 케이프 버드 제도를 비롯한 대서양의 모든 섬을 원했다. 이사벨라는 그중에서 카나리아제도만을 얻었지만, 이러한 욕구는 여전히 대서양 벤처사업에 대한 이전보다 더 크고 직접적인 관심을 나타내는 표지였다.

두 번째 측면은 규모다. 1478년에 포르투갈이 격파한 카스티야의 함대는 35척의 선박으로 구성되었고, 모두가 귀중한 상아, 금, 그리고 화물을 가득 싣고 있었다. 그 35척의 배는 카스티야 왕실을 비롯한 여러 상인자본가의 막대한 투자를 대표했고, 무사히 귀환했다면 투자에 따른 수익 또한 엄청날 것이었다. 처음에는 고메스, 다음으로 포르투갈 왕실, 그리고 이제 카스티야인이 이런 벤처사업에서 얼마나 많은 돈을 벌 수 있는지를 깨닫고 있었다. 그러한 수익 덕분에 콜럼버스는 이 분쟁의 직접적 수혜자가 되었다.[19]

콜럼버스의 계획

콜럼버스는 1480년대까지도 이런 항해에 대하여 증가하는 관심의 물결에 올라타고 있었다. 그는 1478년에, 제노바의 영향력 있는 설탕 구매 컨소시엄인 켄투리온Centurione의 대리인으로, 거친 바람을 뚫고 동쪽의 마데이라로 항해했다. 엄청나게 수익성이 높은 (그리고 성장하는) 설탕 사업은 또한 아조레스와 카나리아제도를 향한 그의 항해도 설명한다. 콜럼버스는 더 멀리까지 나아갔다. 1482년과 1484년 사이의 언젠가, 아마도 상아, 금, 그리고 노예를 거래하면서, 포르투갈의 새로운 무역 기지가 된 상 호르혜 다 미나São Jorge da Mina로 향한 항해에서는 기니 해안의 가혹하고 습한 열기를 느꼈다. 이런 항해의 규모는 해마다 증가했고, 그에 따른 상인자본가와 포르투갈 왕실의 투자 수익도 늘어났다. 대서양이 열리고 돈이 흐르면서, 콜럼버스는 평범한 신분에서 권력자로 가는 길을 닦았다. 그는 가난한 포르투갈 귀족 여성 필리파 모니스 페리스트렐로Filipa Moniz Perestrelo와 결혼했고, 그녀가 낳은 아들 디에고Diego는 왕조적 야망의 중심이 되었다.

콜럼버스는 1480년대 중반에 결국 자신을 유명인으로 만들게 되는 계획을 공식화하기 시작했다. 축적된 경험은 그를 대서양 전문가로 만들었다. 콜럼버스는 힘들게 얻은 실용적 지식의 기반에 지리학과 지도 제작에 관한 이론적 지식을 추가하기 시작했다. 인쇄술이라는 새로운 기술이 그의 교육에서 핵심적인 역할을 했다. 인쇄술의 확산에 따라, 정규 교육을 받지 못하더라도 보다 높은 수준의 독학이 가능해졌다. 콜럼버스가 읽고 또 읽은 책들은, 이전 시대의 표준이었던 필사본이 아니고, 루뱅Louvain, 안트베르펜Antwerp, 세비야, 베네치아 등지에서 발간되어 자신의 작은 서재를 채운 인쇄본이었다.

실용적·이론적 지리학은 콜럼버스의 초기 대서양 세계에서 널리 토론되고 저술된 주제였다. 곧 살펴보겠지만, 주앙 2세João II 포르투갈 국왕 주변에는 항상 박식한 조언자들이 있었다. 지리학이라는 주제의 근본적 이해를 위해서는 프톨레마이오스Ptolemy 같은 사람들이 저술한 고대의 책이 필요했고, 콜럼버스는 그런 문헌에 매우 능통했다. 또한 그는 보다 최근에 나온 책, 특히 프랑스의 피에르 다이Pierre d'Ailly 추기경이 저술한 《이마고 문디Imago Mundi》 같은 책도 읽었다. 콜럼버스는 적극적으로 책을 탐독했고, 공부하는 학생처럼 책에 주석을 달았다. 그가 소장한 《마르코 폴로 견문록》에는 자바Java의 향료와 일본의 진주에서 몽고 황제의 사냥용 독수리 훈련시설까지 366건에 달하는 메모가 기록되어 있었다. 콜럼버스의 독서는, 특별히 중요한 것은 아니었지만, 실용적 기술의 버팀목이 되어준 다양한 지식을 비축하도록 했다.[20]

앞서 언급된 피에르 다이 추기경은 단연코 콜럼버스의 교육에 가장 큰 영향을 미친 저자였다. 또한 그는 지구가 실제 크기보다 훨씬 작다는 콜럼버스의 잘못된 믿음에 직접적 책임이 있었다. 그러한 통찰은, 한발 더 나아가 작은 지구뿐만 아니라 더 좁은 대서양을 주장한, 피렌체의 천문학자 파올로 달 포초 토스카넬리Paolo dal Pozzo Toscanelli에 의하여 더욱 강화되었다. 콜럼버스는 토스카넬리의 주장, 즉 1474년에 토스카넬리가 포르투갈 국왕에게 보낸 자신의 견해를 요약한 편지를 잘 알고 있었다. 그의 독서가 특별히 비판적이지는 않았지만, 그런 주장을 믿은 사람이 콜럼버스만이 아니었다는 사실에 주목할 필요가 있다. 당시의 가장 영향력 있는 지리학자와 지도 제작자 중에도 똑같은 오류를 저지른 사람들이 있었다. 그러나 콜럼버스처럼 잘못된 대의를 위해서 열심히 싸운 사람은 아무도 없었다.[21]

1480년대의 어느 시점에서, 콜럼버스는 서쪽으로 향하는 대서양 항해를 위한 로비를 시작했다. 후일에 그는 잘못된 확신으로부터 나온 계획에 대해 이야기했다. 이는 당연하게도 사실과는 거리가 멀었다. 그가 나중에 주장한 대로 항해의 목적지가 인도였을 수도 있지만, 마찬가지로 그럴듯한 다른 목적지들도 있었다. 오랜 세월 동안 많은 사람이 유라시아의 대척점에 존재한다고 생각했으나 알려지지 않은 가상의 대륙, 또는 콜럼버스가 대리인이었던 제노바의 설탕 상인들과 포르투갈 왕실에 이미 막대한 수익을 안겨준 마데이라와 아조레스제도 같은 대서양의 다른 섬들이 그러한 목적지가 될 수 있었다.

콜럼버스의 계획이 추진되려면 왕실의 면허가 필요했다. 그리고 이베리아의 군주―포르투갈의 주앙 2세와 카스티야와 아라곤의 군주인 이사벨라와 페르디난드 부부―로부터 면허를 받는 것이 가장 유망한 방법이었다.

▎포르투갈의 대서양

콜럼버스가 처음으로 주앙 2세 국왕에 접근한 해는 아마도 1484년이었을 것이다. 포르투갈의 군주에게 장거리 탐사 항해를 제안하기에 적절한 시기였다. 주앙 2세는 명시적으로 포르투갈 중앙정부의 권력과 재정 안정성 강화에 착수한 중세기 말의 고전적 국가 건설자였다. 이 과정은 다음 장에서 다시 깊이 있게 살펴볼 것이다. 여기서 주목할 것은 주앙 2세의 국가 건설 과정이 어떻게 해외 무역과 탐사 항해의 통제에 관한 왕실의 구체적인 관심으로 나타났는가이다. 단순히 수익의 일부를 원했던 전임자들과 달리, 주앙 2세는 왕실을 통하여 아프리카의 모든 상업 활동을 지휘하기를 원했다. 콜럼버스가 기니만으로 향하는 항해 중에 방문했을 것으로 추정되는 골드코스트Gold Coast의 무역항 상 호르헤 다 미나를 건설한 것은 명백한 왕실의 프로젝트였다.[22]

주앙은 아프리카의 벤처사업에서 수익이 유입됨에 따라서 상인 고메스가 해안선을 따라가면서 시작한 남쪽으로의 탐사 항해를 확대했다. 1482년과 1486년 사이에 두 차례—세 번이었을 가능성이 더 크다—파견된 디에고 카오Diego Cão가 지휘한 원정대는 적도를 지나 콩고강에 이르렀고, 더 남쪽으로 오늘날의 앙골라와 나미비아 해안까지 내려갔다. 아프리카 무역의 수익성은 추가적인 탐사를 쉽사리 정당화했다. 기니에 금, 상아, 그리고 노예로 삼을 인간이 그렇게 많다면, 더 남쪽에는 얼마나 많을까?[23]

값비싼 탐사 항해에 자금을 지원하는 큰 이유는 무역의 기회였지만 다른 요인도 있었다. 하나는 북아프리카 이슬람 세계의 서부 전초기지에 맞서서 진행되는 전쟁이었다. 무슬림 영토의 반대편 어딘가에 여러 세기 동안 전해 내려온 전설이 있었다. 사제왕 요한Prester John이라는 막강한 권력과 부를 소유한 기독교도 왕에 대한 소문이었다. 만약 이 신화적 군주와 연결될 수 있다면, 이슬람 세력을 최종적으로 패퇴시키고 기독교의 성지를 되찾을 수 있을 것이었다. 이런 생각은 포르투갈 왕실, 특히 주앙의 후계자인 마누엘 1세 Manuel I의 메시아적 사명감과 부합했다. 두 번째는 더 솔직한 상업적 이유였다. 인도 제국은 특별히 귀중한 무역 상품의 원천이었다. 향신료는 항상 수요가 컸고, 모든 유능한 상인은 이집트와 오스만 제국이라는 무슬림 국가들이 이들 상품에 대한 직접적 접근을 차단하고 엄청난 중개 수수료를 부과한다는 사실을 알고 있었다. 그들을 우회하여 원산지에 직접 접근하는 것은 가치를 헤아릴 수 없는 상업적 기회였다.[24]

아프리카의 끝을 찾아 남쪽으로 향하면 결국 인도로 항해하게 되겠지만, 콜럼버스에게는 다른 선택지가 있었다. 대서양이 좁고 세계가 작다는 그의 생각이 옳다면, 서쪽으로 항해하는 것이 단지 실행 가능할 뿐만 아니라 더 바람직한 방법일 것이었다. 향신료의 원산지에 접근하기 위해서 길고 어려운 남쪽으로의 항해를 감수할 필요는 없었다. 해가 지는 쪽 수평선 너머 멀지 않은 곳에 인도가 숨어 있었다.

이것이 우리가 말할 수 있는, 콜럼버스가 주앙 2세에게 제안한 계획이었다. 포르투갈 국왕이 제안을 거부한 데는 두 가지 이유가 있었다. 첫째로, 주앙의 항해 및 지리 전문가들은 콜럼버스의 계획을 믿을 수 없다고 보았다. 둘째로, 주앙은 콜럼버스라는 인물, 특히 그의 과도한 보상 요구가 주제넘고 불쾌하다고 생각했다. 주앙은 이런 종류의 항해를 디에고 카오 같은 왕실 구성원에게 맡기는 편을 선호했으나 외부인과의 계약도 마다하지는 않았다. 실제로 그는 몇 년 뒤에 페르디난드 반 올멘Ferdinand van Olmen이라는 플랑드르 항해사에게 자금을 지원하지는 않았지만, 콜럼버스가 제안한 프로젝트와 매우 유사한 서쪽으로의 항해를 인가했다. 결론적으로 카오의 항해가 성공한 것과 콜럼버스에 대한 주앙의 반감이 결합하여 제노바 출신 탐험가에 대한 포르투갈의 지원을 무산시켰을 것으로 보인다. 어쨌든, 주앙은 곧 콜럼버스의 제안보다 더 야심 찬 계획을 추진했다. 바르톨로메우 디아스Bartholomeu Dias가 지휘한 원정대는 1487년과 1488년에 희망봉을 돌아 인도양 최남단에 진입하는 데 성공했다. 동방의 부가 손 닿는 곳에 있었다.[25]

후원자 찾기

그렇지만 콜럼버스에게는 다른 선택지가 있었다. 스페인의 가톨릭 군주, 카스티야의 이사벨라와 아라곤의 페르디난드도 해외 벤처 사업에 자금을 지원하는 시장을 바라보고 있었다. 그들은 1475~79년의 내전 기간에 수많은 원정대에 면허를 내주었고, 1480년대 말까지도 카나리아제도를 정복하려는 마지막 시도를 지원했다. 콜럼버스는 궁정에 자리를 잡고 자신과 자신의 프로젝트를 지원할 기반을 구축하기 시작했다. 좌절감에 시달리는 느린 과정이었지만, 콜럼버스는 자신이 결국 승리할 것을 의심하지 않았다. 그런 집요함을 통해서 그는, 아메리카 대륙의 발견으로 이어지는 항해 길로 나서는 데 가장 중요한 두 가지 요소, 후원과 자본 모두를 확보하게 된다. 결국 콜럼버스의 항해를 실현시킨 것은—그의 높이 평가받는 그의 지리학 지식이 아니라—정치적·재정적 지원이었다.[26]

콜럼버스의 프로젝트에 관한 이야기는 영웅적인 장면의 연속으로 묘사될 수 있고 실제로 그렇게 이야기되어왔다. 콜럼버스가 주앙 2세의 전문가들에게 당한 굴욕적 거부, 스페인의 가톨릭 군주와의 만남, 비천한 제노바 직조공의 아들이 유럽에서 가장 위대하고 고귀한 혈통을 지닌 사람들에게 자신의 탁월함과 대의의 올바름을 설득하는 기회를 얻은 일, 세계의 모습을 영구적으로 바꾸게 될 벤처사업의 가능성을 인식하고 지원한 미래를 생각하는 왕실, 새로 정복된 무어인의 이국적인 도시 그라나다Granada에서 이사벨라에게 최종적으로 거부당하고 낙담한 콜럼버스가 도시를 떠나 프랑스나 제노바로 향하려는데 이를 뒤쫓아온 왕실의 사자가 여왕의 마음이 바뀌었다는 소식을 전했다는 이야기. 그런 이야기는 훨씬 더 중요한 사업으로 바쁜 통치자들이 여기저기서 잠깐씩 자신의 제안에 귀를 기울이는 6~7년 동안, 찾아낼 수 있는 모든 정치적·재정적 연줄을 잡아당긴 집요하고 말 많은 출세주의자의 진실보다 듣기에는 훨씬 좋아도 정확성이 떨어지는 이야기다.

콜럼버스가 궁정에서 보낸 시간은 관료, 중요한 귀족, 그리고 이미 대서양의 다양한 벤처사업에 관심이 있었던 금융업자로 이루어진 네트워크에 서서히 자신을 밀어 넣는 과정이었다. 그들의 관심사 중 일부는 이슬람 세력을 궁극적으로 격파하고 예루살렘을 수복하려는 메시아적 또는 종말론적 추세에 뿌리를 두고 있었다. 여기에는 이교도의 강제적 개종이 수반되었다. 더 많은 사람들은 단순히 명예와 기사도를 추구할 새로운 장소를 찾고 있었다. 우리는 이러한 사고방식의 중요성을 무시하지 말아야 한다. 콜럼버스 자신도 그들을 진심으로 믿었고, 다른 사람들을 설득하는 그들의 능력을 잘 알고 있었다. 마지막 이익집단은 순수한 상업적 관심을 가지고 투자한 자본에 대한 수익을 추구하는 다양한 유형의 상인투자자였다. 이들은 우리가 살펴볼 것처럼, 상호 배타적이지 않았고, 페르디난드와 이사벨라의 궁정에만 국한되지도 않았다. 실제로 그들은, 대서양 팽창의 전반적 프로젝트를 밀고 나가기 위하여, 스페인과 포르투갈 양국에서 대체로 원활하게 협력했다.

콜럼버스가 1492년에 니나, 핀타, 그리고 산타 마리아와 함께 바다로 나가는 위치로 올라서는 데는 앞서 언급된 다양한 이해관계를 대표하는 여러 집단의 통합된 노력이 필요했다. 콜럼버스는 이사벨라의 궁정과, 페르디난드의 상속자이며 다소 둔하고 별로 인상적이지 못한 아들인 아스투리우스Asturius의 왕자 돈 후안Don Juan과 가까워졌다. 이는 콜럼버스에게 왕실에 접근하는 비공식 경로, 자신의 벤처사업을 지원하는 기반을 구축하기 위해서 잡아당길 수 있는 연줄을 제공했다. 그중에서 가장 중요한 연결고리는, 당시에 왕자의 가정교사였고, 나중에 주교가 되어 스페인의 종교재판을 이끈 뒤에 세비야의 대주교가 되는 프레이 디에고 데자Fray Diego Deza였다. 왕자의 궁정에는 그런 떠오르는 별들, 나중에 강력하고 영향력 있는 자리를 차지하게 되는 귀족과 성직자들이 가득했다. 고귀한 신분으로 올라서려는 콜럼버스 자신의 불타는 야망은 몇 해 동안에 더욱 강화되었다. 그는 자신을 데려갈 수 있는 데까지 그들의 옷자락에 올라타기로 결심했다.

안달루시아에 있는 작은 항구 팔로스가 중심이 된 데에는 또 다른 집단이 있었다. 팔로스는 역사의 대부분 기간에 인근의 세비야에 가려진 후미진 곳이었지만, 15세기의 마지막 4분기에는 떠오르는 대서양의 핵심적 중심지였다. 이 작은 항구의 선박과 선원들은 1475년과 1479년 사이의 카스티야 왕위계승전쟁 기간에, 불운한 결과로 끝난 무역, 노예, 그리고 해적 행위를 위한 카스티야 원정대에 깊이 관여했다. 그러한 벤처사업에서 성공을 거두지는 못했지만, 팔로스는 방대한 항해 관련 전문지식의 고향이었고 그런 이유로 콜럼버스의 첫 번째 운명적인 항해가 시작된 모항이 되었다.

콜럼버스를 지원한 마지막 핵심 그룹은 1480년에 카나리아제도의 최종적 정복을 감독한 금융업자와 귀족의 컨소시엄이었다. 카스티야의 재무관리 알론소 데 킨타니야Alonso de Qunitanilla가 중심에 있는 이 컨소시엄은 대서양의 벤처사업에서 이미 상당한 지분을 확보한 집단이었다. 킨타니야는 제노바의 상인 프란체스코 피넬리Francesco Pinelli와 프란체스코 다 리바롤로Francesco da Rivarolo, 피렌체의 지아노토 베라르디Gianotto Berardi, 그리고 메디나 시도니아Medina Sidonia의 안달루시아 공작을 포함한 신디케이트를 조직했다. 모두가 카나리아 모험의 출발지인 세비야나 그 인근 지역에서 활동하는 인물이었다. 이곳에는 돈이 있었고, 그들은 모두 노련한 투자자였다. 제노바 상인들은 긴밀한 유대관계를 형성한 부유한 집단으로, 서로뿐만 아니라 지중해 전역에 흩어진 제노바 상인, 그리고 왕실과도 연결되어 있었다. 자신의 사업 활동 외에도 메디치 은행 세비야 지점의 현지 대리인으로 일한 베라르디는, 서아프리카에서 리스본으로 인간 화물을 수입하여 판매했다. 킨타니야는 이 집단을 찾아내어 그들이 카나리 아제도 정복 사업에 참여하도록 했고, 콜럼버스를 위해서도 같은 집 단으로 같은 일을 하게 된다.[27]

앞선 카나리아 벤처사업과 연결되지 않는 또 다른 핵심적 기여 자는 아라곤의 재무관리인이며 금융의 마법사로 불린 루이스 데 산 탕겔Luis de Santángel이다. 산탕겔은 콜럼버스의 원정 비용을 마련하는 최종 단계에서 다양한 출처의 자금을 모두 끌어모은 인물이었다.

요구되는 비용—대략 중간 수준 지방 귀족의 연간 수입에 해당하 는 200만 마라베디—은 상당한 금액이었지만 충격적일 정도는 아니 었다. 비교하자면, 산탕겔은 1491년에 스페인 왕실의 다양한 비용을 충당하기 위하여 천만 마라베디의 대출을 주선한 적이 있었다. 무어 인을 상대로 그라나다에서 계속된 전투에는 그 16배에 달하는 대출 이 필요했다. 전해지는 이야기처럼 이사벨라 여왕이 자금을 마련하 기 위하여 귀중한 보석을 담보로 내놓을 필요가 없었던 것은 분명하 다. 해양 탐사의 맥락에서 보더라도, 리스본 상인 페르낭 고메스의 20척으로 이루어진 선단이나 1470년대 말 카스티야의 서아프리카 원정대에 비하면 가벼운 지출이었다. 그렇지만, 그런 규모의 자금이 마술처럼 허공에서 나타나지는 않았다. 가톨릭 군주들은 재정을 고 갈시키는 다른 프로젝트, 즉 그라나다의 최종적 정복에 묶여 있었 다. 실제로 그렇지도 않았지만, 설령 콜럼버스의 탐사에 대한 그들 의 관여가 그런 식이었더라도, 단순히 손가락을 튕겨서 돈이 나타나 도록 할 수는 없었다.[28]

자금이 모인 방식은 상업적 투자의 세계와 그것을 뒷받침한 사고방식을 들여다볼 수 있는 창문을 제공한다. 콜럼버스는 총비용의 4분의 1인 50만 마라베디를 부담해야 했다. 그의 수중에 현금이 없는 것은 분명했으므로 세비야의 신디케이트가 그 자금을 제공했다. 자본의 다른 4분의 1은 항해를 위한 선박 두 척도 제공한 팔로스에서 왔다. 팔로스의 어민과 상인들은 한동안 탈세를 저질렀고, 두 척의 작은 범선─핀타와 니나─은 그에 대한 현물 배상이었다. 페르디난드와 이사벨라는 총비용의 절반인 100만 마라베디와, 콜럼버스의 급료로 14만 마라베디를 부담해야 했다. 왕실에 그만한 유동성 자본이 없었으므로 산탕겔은 단기 대출로 킨타니야를 지원했던 세비야에 있는 제노바 금융업자의 네트워크로 눈을 돌렸다. 여기서는 프란체스코 피넬리가 핵심 인물이었다. 산탕겔은 대출금 상환을 위하여 에스트레마두라Extremadura 지역의 면죄부 판매 캠페인을 승인했다. 돈을 내고 면죄부를 사는 사람이 인쇄된 문서로 죄 사함을 확인받는 것이었다. 인쇄업자의 보수를 제한 면죄부 판매의 수익금이 왕실로 들어갔고 다시 제노바 금융업자들에게로 갔다. 그것은 산탕겔의 솜씨 좋은 작품이었고, 콜럼버스는 국가와 상업적 금융 사이에 존재하는 관계와 네트워크의 수혜자였다.[29]

　콜럼버스는 지나치게 책과 지도 그리고 이상적인 꿈에 코를 파묻은 나머지 관련된 금전적 현실을 이해하지 못하는 순진한 멍청이가 아니었다. 그는 바로 이런 종류의 투자 카르텔이 자금을 대는 벤처사업의 세계에서 태어난 제노바 선원이었고, 성인으로서의 전 생애를 이런 유형의 항해가 일반적이었던 대서양 시대의 맥락에서 보냈다. 그는 켄투리온의 설탕 벤처사업을 위하여 마데이라를 비롯한 대서양의 섬들과 기니만으로 가는 항해를 비롯하여 수많은 항해에 참여했다. 실제로, 투자자들이 기꺼이 그에게 돈을 건 정확한 이유가 그러한 배경이라고 생각하고 싶은 유혹도 있다. 그는 얼마나 많은 자본이 필요하고, 다양한 후원자들이 투자에 대하여 어떤 수익을 기대할지를 알았다. 콜럼버스는 이 특별한 게임의 규칙을 이해했다.

원정의 궁극적 운명은, 콜럼버스 자신보다는 덜 찬양받는 주인공들에 의하여 결정되었다. 정치적 술수의 달인으로 왕실과 세비야의 상인투자자 사이의 간극을 메워준 70대의 킨타니야, 투자자의 단기 대출을 상환하기 위한 수익을 창출하는 창조적인 방법을 찾아낸 금융의 천재 산탕겔, 그리고 수익성 있는 다양한 파이에 손가락을 담근 수많은 냉철한 이탈리아 금융업자들. 콜럼버스 원정의 성공은 결국 장부에 숫자를 기록하는 펜과 비좁은 회계실에서 사무원에게 지시하는 고함소리에 달려 있었다. 상업 계약서와 대출 서류, 손으로 쓴 신용장과 인쇄기에서 수천 장씩 쏟아져 나오는 면죄부, 궁정과 부유한 상인의 집 뒷방에서 이루어지는 영향력 있고 부유한 사람들의 대화. 이 모든 것이 콜럼버스의 항해를 가능하게 했다.

콜럼버스의 항해

콜럼버스의 첫 번째 항해는 비교적 짧았다. 팔로스에서 출발하여 리스본으로 귀환하기까지 7개월이 걸린, 1480년대 포르투갈 탐험가 디에고 카오와 바르톨로메우 디아스의 잔혹할 정도로 힘들었던 여정에 비하면 공원의 산책이나 다름없는 항해였다. 그러나 콜럼버스가 도착한 후에 벌어진 일이 항해 자체만큼이나 중요했다. 의기양양한 그는 주앙 2세 국왕에게 자신의 발견에 대하여 떠들어댔고, 왕은 그를 구금하고 팔로스로 돌려보내기를 거부할 뻔할 정도로 화가 났다. 자기만족이 강하고 자기인식은 별로였던 콜럼버스가 인도양의 동쪽 가장자리라고 확신했던 발견을 어떻게 설명했을지를 상상하기는 어렵지 않다. 훨씬 더 중요한 것은 콜럼버스가 스페인으로 보낸 편지였다. 그는 항해 중이던 2월 15일에 편지를 썼고, 리스본에 도착한 1493년 3월 4일에 추신을 덧붙였다.

콜럼버스와 그의 발견을 유명하게 만들고 오늘날까지 울려 퍼지는 신화가 시작되도록 한 것은, 이사벨라와 페르디난드 그리고 금융의 대가 루이스 데 산탕겔에게 보낸, 바로 이 편지였다. 편지는 빠르게 유포되고 여러 차례 인쇄되어 콜럼버스 자신과 그가 여행한 땅에 대한 영구적 인식을 형성했다. "우리 구세주께서 우리의 가장 걸출한 왕과 여왕, 그리고 그들의 유명한 왕국이 그토록 고귀한 업적을 성취하도록 허락하셨다. 모든 기독교인은 축제를 열고 성 삼위일체에 엄숙한 감사 기도를 바치면서, 그렇게 많은 사람을 우리의 거룩한 믿음으로 개종시킨 것과 우리에게 새로운 활력과 이익을 가져다줄 물질적 혜택에 대하여 기뻐하고 경축해야 할 것이다."[30]

떠오르는 대서양 탐사의 원동력이 된 힘과 역학을 이보다 더 잘 요약할 수는 없었을 것이다. 왕실은 이교도를 기독교도로 개종시킨 일이 원정을 정당화했다는, 막연하지만 그럴듯한 아이디어와 함께 공로를 차지했다. 그렇게 추진된 원정의 목표 가장자리에는 투자 수익에 대한 기대가 숨어 있었다. 실제로, 콜럼버스와 왕실 사이에 작성된 최초 계약은 종교적 개종의 임무가 아니라 무역의 권리와 지역의 통제권만을 다루고 있었다.[31]

콜럼버스가 소량의 금을 비롯한 귀중한 상품과 함께 돌아옴에 따라 후속 원정을 위한 자금이 쏟아져 들어왔다. 얼마 후에는 여름 동안에 준비를 마친 선박 17척이 아메리카 대륙으로 출발했다.

콜럼버스는 이 항해에서 처음으로 새로운 원정의 비용을 치르기 위하여, 포르투갈인이 서아프리카에서 그랬던 것처럼, 원주민을 대규모로 노예화하는 아이디어를 떠올렸다. 원주민의 대규모 착취를 비롯하여 콜럼버스와 부하들이 이 항해에서 채택한 전술은 이후에 스페인이 아메리카 대륙에서 벌인 모든 활동의 기조를 설정했다.

포르투갈의 인도 진출

1498년에 콜럼버스가 세 번째 항해에 나섰을 때, 포르투갈인은 마침내 10년 전에 카오와 디아스가 발견한 지점을 넘어서는 항해에 성공했다. 콜럼버스가 발견한 땅이 어디였든 간에 인도가 아닌 것은 분명했으며, 포르투갈인에게는 진짜 인도의 엄청난 수익이 눈앞에서 기다리고 있었다. 그들이 1488년에 아프리카 남단을 돌아서 항해한 디아스의 뒤를 따르는데 왜 그렇게 오랜 시간이 걸렸는지는 확실치 않다. 가장 그럴듯한 이론은 주앙 2세 국왕을 압박했던 문제들, 즉 왕위계승 문제, 카스티야 및 아라곤과의 긴장 상태, 그리고 포르투갈 귀족들과의 껄끄러운 관계 때문이었다는 것이다. 포르투갈인의 일부는 왕정의 강화에 반발하고 왕권을 억제하려 했다. 왕실의 확대되는 야망에 자금을 제공한 해외 진출과 그에 따른 수익은 그런 더 큰 문제에 대한 의견 충돌과 갈등의 초점이었다.[32]

그와 동시에, 아프리카에 대한 주앙 2세의 기존 관심은 막대한 수익을 창출했다. 1487년과 1489년 사이에 포르투갈 왕실은 해마다, 거의 6만 4,000베네치아 두카트에 해당하는 금화를 주조하기에 충분한, 8,000온스의 금을 들여왔다. 이미 상당했던 수입은 1494년과 1496년 사이에 2만 2,500온스(약 18만 두카트의 가치)로 늘어났다. 이는 1487년에 피렌체 상인 마르키오니Marchionni가 베냉Benin 무역 독점권의 대가로 지불한 110만 레이스를 계산하지 않은 금액이었다. 그 110만 레이스만 해도 1469년에 페르낭 고메스가 아프리카 무역의 독점권을 위해서 지불한 금액의 다섯 배였다. 그러나 숫자 자체보다 그 숫자가 이 시기에 엄청나게 증가한 포르투갈인의 활동에 관하여 그린 그림이 더 중요하다.[33]

주앙 2세는 1495년에 사망했다. 직계 상속자가 없었던 그의 왕좌는 사촌인 마누엘 1세가 승계했다. 마누엘은 이 시기 포르투갈의 그 어느 군주보다도 이슬람을 우회 공격하여 최종적으로 격파한다는 묵시론적·메시아적 아이디어에 심취했다. 인도로의 항해는 이 전쟁의 새로운 전선을 열어줄 것이고, 어쩌면 전설로 전해지는 가상의 기독교 국왕인 사제왕 요한이라는 동맹군을 찾을 수도 있었다. 마누엘과 측근들에게는 이런 생각이 허황된 공상이 아니라, 1495년 이후에 장거리 탐사를 재개한 강력한 이유였다. 그러나 포르투갈의 귀족들은 이 위험한 모험에 격렬하게 저항했다. 이 모험에 따른 수익은

자신들의 비용으로 왕권을 강화하게 할 것이었다.[34]

이러한 내분과 논쟁의 결과는, 강력한 귀족 파벌과 마누엘의 왕실에 모두 유대가 있는 바스코 다 가마Vasco da Gama라는 중도적 인물이 이끄는 소규모 원정이었다. 이 원정은 네 척의 배와 148~170명의 인원으로 구성되었다. 포르투갈의 상층부에서 계속된 분쟁을 고려하면, 이렇게 소박한 규모의 원정이 현실적으로 가능한 최선이었다. 네 척의 배에는 대서양 항해와 무역의 경험을 갖춘 사람들이 가득했다. 예를 들어, 한 배의 도선사는 1470년대 초 페르낭 고메스의 항해에 참여한 사람이었다. 이런 벤처사업의 관행에 따라 원정 비용의 일부는 이탈리아 상인들이 조달했다. 1487년에 베냉 무역 독점권을 샀던 바로 그 마르키오니는 네 척의 범선 중 하나인 베리오Berrio의 값을 치렀다. 마누엘과 조언자들이 이슬람을 우회 공격하는 것에 대하여 무슨 생각을 했든 간에, 원정의 자금을 지원하고 장비를 갖추도록 하는 데는 상업적 인센티브가 중요한 역할을 했다.

1497년 7월 8일, 리스본의 타구스강 어귀에서 다 가마의 작은 선단이 출발했다. 그들은 2년 이상 지난 1499년 9월에, 왕복 2만 마일의 항해를 마치고, 마침내 절뚝거리면서 고향으로 돌아왔다. 이 영웅적인 항해를 통한 다 가마와 동료들의 발견은 모든 면에서 콜럼버스의 원정만큼이나 놀라웠고, 단기적으로는 훨씬 더 중요한 결과를 낳았다. 다 가마는 인도로 가는 직항로, 세계에서 가장 부유한 무역 시스템으로 들어가는 진입구를 열었다.

인도양의 무역 네트워크는 서쪽의 동아프리카 해안, 중앙의 인도, 동쪽의 말레이반도로 형성되는 삼각형 모양이었고, 더 멀리 타일랜드만, 남중국해, 홍해, 그리고 아프리카와 아시아의 내륙 깊숙한 곳까지 뻗어 나갔다. 정향, 계피, 생강, 후추, 금, 진주, 비단 등 인도양이 제공한 엄청난 양의 사치품은 모두 상대적으로 빈곤한 유럽에서 이례적으로 수요가 큰 상품이었다. 유럽의 빈곤은 다 가마가 캘리컷에서 사치품과 교환하려 했던 교역 상품의 빈약한 품질에서 두드러졌다. 양모 직물, 코트 열두 벌, 모자 여섯 개, 설탕 한 자루, 대야 여섯 개, 변질한 버터 두 통, 벌꿀 두 통, 그리고 약간의 산호. 이는 감자한 자루와 한 움큼의 동전을 가지고 애플 스토어로 들어간 것과 비슷했다. 그렇지만 다 가마는 항해의 수지타산을 맞출 수 있는 충분한 향신료를 확보할 수 있었다. 추정치에 따르면, 그의 항해는 초기 투자금의 60배에 달하는 수익을 돌려주었다.[35]

이 벤처사업을 지원한 마르키오니도 상당한 이익을 얻었을 것이다. 다른 투자자들이 앞다투어 뛰어든 것은 다 가마를 뒤따른 원정의 규모가 훨씬 더 커진 이유를 설명한다. 다 가마가 돌아온 지 불과 6개월 뒤인 1500년 3월에 리스본을 떠난 원정대는 열세 척의 선박과 1,500명 이상의 인원으로 구성되었다. 마르키오니의 신디케이트는 이 항해에서 가장 크고 장비가 잘 갖추어진 배를 준비하는 자금을 지원했고, 이 배는 1501년에 후추, 정향을 비롯한 향신료의 무게로 신음하면서 귀환했다. 신디케이트는 즉시 다른 벤처사업의 지원에 나섰다. 이번에는 주앙 데 노바João de Nova가 이끄는 네 척의 선박으로 구성된 순수한 민간 원정대였다. 그들 역시 향신료를 가득 싣고 돌아왔고, 다시 한 번 투자자들에게 상당한 수익을 안겨주었다.[36]

포르투갈 왕실은 시계처럼 정확하게 해마다 규모가 확대되는 선단을 파견했다. 마르키오니를 비롯한 투자자들도 이들 항해에 대한 투자를 계속했다. 매우 부유하고 인맥이 좋은 리스본의 여성상인 카타리나 디아스 데 아귀아르Catarina Dias de Aguiar는, 1503년의 원정대를 포함하여 여러 인도양 선단의 중요한 투자자였다. 포르투갈 상류 귀족층의 다양한 구성원들도 마찬가지였다. 결혼과 장기적인 상업적 유대가, 특히 리스본에서 상인투자자와 귀족을 하나로 묶었다. 토지에 기초한 귀족의 부가 해외 항해를 지원하는 자본으로 손쉽게 전환되는 것은 16세기로 접어들면서 일상적인 일이 되었다. 이어진 항해는 더 먼 곳에서도 자금을 조달했다. 모두가 사업에 참여하기를 원했다. 유럽에서 가장 부유하고 영향력 있는 은행업자인 아우크스부르크의 푸거Fugger 집안은 1505년의 항해에 깊이 관여했다. 같은 해에 독일의 상인투자자 컨소시엄도 거액의 자금을 지원했다.

그러한 벤처사업으로 벌어들인 많은 돈에도 불구하고, 상업은 이들 시계장치 같은 원정을 뒷받침하는 근거의 일부에 불과했다. 마누엘 1세는 이슬람을 완전히 패퇴시킨다는 장기적 목표를 잊지 않았다. 이들 항해를 이끌면서 참여한 귀족들은 평화로운 상업 활동보다는, 주로 인도양의 무슬림 상인과 교역 도시를 겨냥한, 해적질─성전이라는 양념을 쳐서 정당화한 해적 행위─에 더 관심이 있었다. 특별히 잔혹했던 사건 하나가 이어지는 교전의 분위기를 설정했다. 다 가마는 바다에서 나포한 무력한 무슬림 상선에 불을 질렀다. "일말의 동정심도 없는 잔인함으로 제독(다 가마)은 배와 그 안의 모든 사람을 불태웠다"라고 한 목격자는 기록했다. 살이 타는 악취와 타고 남은 재는 포르투갈인의 도착을 알리는 불길한 신호였다. 1511

년까지, 포르투갈 선단은 서쪽의 홍해에서 동쪽의 말라카에 이르는 바다에서 야만적인 행위를 자행했다. 참수, 사지 절단, 교수, 그리고 대포의 굉음이 아프리카의 모잠비크에서 페르시아만의 호르무즈에 이르는 무역 세계에 포르투갈인이 진출했음을 알렸다.[37]

상인투자자 연합이 값을 치른 배들은 향신료 무역에서 수익을 찾아내는 것만큼이나, 충격적인 폭력행위를 저지르는 데도 효과적이었다. 1502년에 마르키오니를 비롯한 투자자들이 파견한 순수하게 상업적인 항해에서도 여전히 해적질과 습격을 위한 장소를 찾을 시간이 있었다. 이는 단지 항해왕자 엔리케의 시대에 아프리카 해안을 따라 내려간 포르투갈인의 탐사 초기부터 이익을 추구하는 전략의 중요한 부분일 뿐이었고, 16세기에도 중단 없이 계속되었다.

▌ 콜럼버스의 최후

▌ 포르투갈인은 곧 인도의 부富 속에 파묻혔지만, 자신이 감당하기 어려운 일임을 재빨리 깨달은 콜럼버스와 가톨릭 군주들은 그렇지 못했다. 항해 기술과 자기 홍보에 뛰어났던 그의 재능은 압박을 받는 상황에서의 지도력이나 의사결정 능력으로까지 확대되지 못했다.

콜럼버스의 서인도 제도 통치는 잔인성, 망상, 그리고 극심한 공포가 뒤섞인 재앙을 적나라하게 보여주었다. 1495년에 히스파니올라 섬의 심장부로 진입한 원정대는 수천 명의 원주민 사망자를 남겼다. 그보다 더 많은 포로는 스페인으로 끌려가 노예로 팔렸다. 인간을 걸어 다니는 이윤이자 노동의 주체로 보는 생각은 떠오르는 대서양 세계에서 이미 오랜 역사가 있었다. 중세기 말의 유럽에서는 드물게 노예가 표준적 관행이었던 제노바에서는 더욱 오래된 역사였다. 제노바와 대서양에서 성장한 콜럼버스의 배경을 생각하면, 경제 모델로서 노예의 가능성을 논의하는 것은 새로운 도약이 아니었다. 예를 들면, 1498년에 페르디난드와 이사벨라에게 보낸 편지에서 그는 세비야에서 4,000명 정도의 노예를 팔아서 2천만 마라베디의 이익을 얻을 것으로 판단했다. 그는 말했다. "지금은 그들이 수송 과정에서 많이 죽지만 항상 그렇지는 않을 것입니다. 깜둥이Negroes와 카나리아제도 원주민도 처음에는 같은 반응이었습니다."

수익성이 없는 벤처사업에서 수익을 창출하는 수단으로 손쉬운 노예에 의존한 것은 비극적인 미래의 토대를 마련하게 된다. 총독직에서 불명예스럽게 물러난 뒤에도, 콜럼버스의 사악함과 무능력은 이미 스페인의 식민지 프로젝트 전반에 스며 있었다.[38]

1498년과 1502-4년 두 번째와 세 번째 항해에 나선 콜럼버스는, 건강 악화와 고통스러운 질병에 시달리고 있었음에도 불구하고, 점점 더 필사적으로 아시아 본토를 찾으려 했다. 그는 이미 발견지에 대한 영구적 통치권을 잃었고, 가톨릭 군주들이 그의 독점권을 박탈한 지 오래였다. 서인도 제도의 부는, 인도의 무궁무진한 부와는 달리, 노예와 빈약한 금광의 형태로만 접근할 수 있었다. 그의 가장 큰 주장, 즉 동방으로 가는 새로운 길을 찾았다는 주장은 분명히 잘못된 것이었다. 콜럼버스는 1506년에, 그토록 오랫동안 성취하기를 소망했던 명예와 부를 대부분 박탈당하고, 불명예 속에서 사망했다.

상속자들—적법한 아들 디에고와 사생아 페르난도Fernando—의 형편은 더 나았다. 직위, 토지, 그리고 수입이 그들의 아버지가 기뻐했을 방식으로 그들에게 흘러 들어갔다. 그들은 심지어 대단한 발견을 하리라고는 전혀 기대하지 않았던 군주들이 콜럼버스에게 했던 약속이 이행되기를 바라면서, 왕실을 상대로 여러 해 동안 소송을 벌이기도 했다. 때로는 그들이 이런 소송에서 성공을 거두었다는 사실은 당시의 투자 환경의 강점을 말해준다. 왕권에 맞서면서까지 재산권이 주장될 수 있었다.

16세기 초의 대부분 기간에 스페인 왕실이 총독과 관리들을 파견했지만, 주된 관심사는 수입을 징수하고 면허를 관리하는 일이었다. 아메리카 대륙의 거대한 지역을 명목상 스페인의 지배를 받는 영토로 만든, 에르난 코르테스Hernán Cortés, 프란시스코 피사로Francisco Pizarro 등 정복자들도 마찬가지였다. 포르투갈 왕실은 항상 그랬듯이 더 직접적으로 관여했다.

대서양 팽창과 탐사의 이야기를 바스코 다 가마, 콜럼버스, 그리고 그들의 후계자 같은 사람들이 왕실 사업의 대리인으로 활동한, 왕실이 주도한 이야기로 말하기는 어렵지 않다. 그러면 더 이해하기 쉽겠지만 말이다. 그러나 스페인에 대해서는 완전히 잘못된 이야기다. 탐사 항해는 거의 전적으로 민간의 자금 지원을 받았고, 수익의 대부분이 투자자들(종종 제노바인)의 지갑으로 흘러 들어갔다. 15세기 말과 16세기 초에 대서양 팽창이 이루어진 방식을 더 정확하게 반영하는 포르투갈에서도 민간 자본이 중요한 역할을 했다. 포르투갈의 왕들은 처음부터 민간의 자금으로 마련한 선박을 기꺼이 자신의 선단에 포함시켰다. 1515년에 왕실은 리스본에서 자체적으로 향신료를 판매하려는 시도를 포기하고 사업 전체를, 저지대 국가의 핵심적 금융 중심지이자 오랫동안 글로벌 금융의 교점으로 남게 되는 안트베르펜의 민간 업자에게 넘겼다.[39]

대서양과 인도양을 향한 유럽의 팽창은 강력한 국가가 주도한 과정도 아니고, 자유시장을 활용한 선견지명 있는 기업가들의 문제도 아니었다. 참여자들은 왕실과 상인투자자 모두 그러한 구별을 인식하지 못했을 것이다. 양측은 유럽 팽창의 모든 단계에서 상인투자자들이 독점권의 활용, 투자에 대한 짭짤한 수익, 그리고 폭력적인 세력으로부터 보호받고 사업 역량을 확장하기 위한 왕실의 우산을 원하면서 밀접하게 얽혀 있었다. 현금에 굶주린 왕실은 점점 더 야심 찬 프로젝트에 자금을 대기 위한 수입원을 찾고 있었다. 십자군, 종교적 개종, 또는 본격적인 종말론 메시아 신앙에 대한 헌신이 어느 정도였든 간에, 자금에 대한 갈증이 왕실의 주요 활동을 주도했다. 실제로 충분히 큰 수입은 국가 건설자들이 어떤 대가를 치르더라도 보다 이념 지향적인 프로젝트를 추구할 수 있도록 했다,

왕실 권력―오늘의 우리가 이해하는 방식의 '공권력'과는 다른―의 행사와 그것이 제공하는 수입을 왕실의 금고로 빨아들이는 일은 자본을 제공하는 금융업자의 인센티브와 완벽하게 아귀가 맞았다. 투자자는 독점권을 원했고, 왕실의 자원과 권력은 독점권을 만들어낼 수 있었다. 이는 자본주의 전반의 역사에서 미래를 생각하는 방향으로 발전한 '국가자본주의'가 아니었고, 경제 현실을 고려하지 않고 이념적 풍차에 달려드는 돈키호테 같은 포르투갈의 군주들도 마찬가지였다. 그들은 순수하게 합리적인 경제적 의미의 이익을 극대

화하는 것이 아니라, 노골적으로 왕실의 이익 극대화를 겨냥했다.[40]

1490년대 이후에 과거 어느 때보다도 규모가 큰 투자가 이루어지고 많은 수익이 창출됨에 따라 이러한 과정이 더욱 활성화되었다. 국왕, 왕실 관리, 그리고 상인투자자들은 자유시장이나 경쟁적인 무역에는 관심이 없었다. 그들은 회계실과 장부에 나타나는 이익을 추구했고, 독과점은 허용될 뿐만 아니라 바람직한 관행이었다. 그들이 얻은 이익은 엄청난 규모였다. 모로코, 카나리아제도, 서아프리카, 그리고 신세계에서 배에 실려 와서 노예로 팔린 수만 명의 사람처럼, 다른 사람들의 자유가 그런 이익의 대가를 치렀다. 영광에 굶주린 포르투갈인들이 인도양에서 칼로 베고, 총으로 쏘고, 대포알로 날려 죽인 무슬림을 포함하여, 더 많은 사람은 목숨으로 대가를 치렀다. 머지않아 훨씬 더 많은 신세계 원주민이 정복과 질병으로 사망하게 된다. 추정치에 따르면, 1493년과 1518년 사이에 스페인의 통치를 받은 카리브제도의 가장 큰 섬 네 곳에서만 약 20만 명이 죽었다. 그러나 이는 앞으로 다가올 훨씬 더 나쁜 상황의 서막에 불과했다.[41]

이윤의 추구는 그런 문제에 대하여 감상적이지 않았다. 평화로운 무역을 통해서 향신료, 금, 기타 귀중한 상품을 얻을 수 있었다면, 더할 나위 없이 좋은 일이었을 것이다. 그러나 수익을 창출하는 유일한 수단이 노예이거나 투자 수익의 규모가 특별히 크다면, 도덕적 거리낌이 그런 과정을 멈추기는 어려웠다. 시체 더미를 남기는 해적질이 손쉽고 수익성이 높은 사업이라면, 그 또한 받아들일 수 있었다. 카리브해의 새로운 식민지에서 미미한 투자 수익을 얻기 위하여 토착 원주민 수만 명의 생명이 요구되었더라도, 그들은 멈추지 않았을 것이다. 이 최초의 거칠고 폭발적인 세계화 과정에서 인적 비용은 부수적 피해가 아니라 사실상 프로젝트 전체의 성공과 수익성의 중심이었다.

1493년 3월에 니나가 위험하고 매서운 늦겨울 바람을 안고 리스본 항구로 들어올 때는 이 모든 것이 미래의 일이었다. 그렇지만 리스본의 번잡함—제노바 금융업자의 회계실에서 순수한 서아프리카산 금화가 짤랑대는 소리, 주물 장인들이 대포를 주조하는 작업장 용광로의 굉음, 조선소의 톱과 망치 소리—은 이미 진행 중인 과정의 규모를 말해주었다.

처음에는 대서양, 이어서 인도양으로의 탐험과 팽창은 이 시대를 정의한 다른 프로세스들과 깊이 얽혀 있었고, 그 모두가 이익에 굶주려 위험성 높은 탐사 항해 같은 투기적 투자에 기꺼이 돈을 쏟아부은 금융업자들로 수렴했다. 1490년대에 이 모든 일이 동시에 일어났다. 인쇄술은 콜럼버스가 심각한 결함이 있는 세계관에 접근할 수 있게 했고, 그의 '발견'을 빠르게 전파했으며, 산탕겔이 원정 비용을 치르기 위한 면죄부를 무더기로 찍어낼 수 있게 했다. 대포는 포르투갈인의 인도양 식민지 벤처사업에서 중심적 역할을 했다. 콜럼버스에게도 대포가 있었다. 이탈리아, 플랑드르 또는 이베리아반도 출신 금융업자의 네트워크가 이 모든 값비싼 프로젝트의 비용을 치를 자본을 제공했다. 스페인과 포르투갈 군주들의 국가 건설 설계는 수입에 대한 갈증 및 역량 확대에 대한 굶주림과 함께 모든 것에 면허와 추진력을 제공했다. 자본, 투자, 신용에 대한 공통적 사고방

식과 틀을 만들고 지원하는 관행의 지속 가능성에 대한 공유된 믿음
이 금, 향신료, 그리고 노예를 가득 실은 범선의 돛이 부풀어 오르는
것을 가능하게 했다.

2

카스티야의 이사벨라와
국가의 부상

Isabella of Castile and the Rise of the State

THE VERGE

동이 트기 직전에 기도를 시작한 줄곧 무릎을 꿇은 채 여인은 끔찍한 운명에서 자신을 구원해줄 것을 기도하고, 기도하고, 또 기도했다. 두건 밑으로 갈색 생머리가 드리운 긴 얼굴 깊숙이 있는 그녀의 눈은 굳게 감겨 있었다. 얇은 입술이 소리 없이 움직였다. 그녀는 얼마 전 겨우 열다섯 번째 생일을 맞이한 소녀였다. 작은 창문을 통해서 들어오는 오후의 희미한 빛은, 방 주인을 비추는 깜박거리는 촛불과 함께 방 안의 어두움을 거의 밝혀주지 못했다.

그녀는 저린 무릎으로 불편하게 자세를 바꾸면서 마르고 갈라진 입술을 핥았다. 두꺼운 석벽이 주변의 성에서 들려오는 떠들썩한 소리를 줄여주었고 조용한 예배당으로 스며든 카스티야 중심부의 건조한 4월 추위가 그녀를 떨게 했다.

카스티야에서 가장 중요한 귀족의 한 사람인 권력자가 마드리드로 향하고 있었다. 페드로 히론_{Pedro Girón}은 소녀와 결혼할 작정이었고, 결혼식이 계획대로 치러지도록 3,000명의 병력을 데려오고 있었다.

소녀에게는 이 문제에 관한 아무런 상의도 없었다.

그러나 그녀는 장기판의 졸이 아니었다. 그녀의 이름은 이사벨 Ysabel—이사벨라—이고, 왕위계승 서열 3위인 카스티야의 공주이자 엔리케 4세Enrique IV 국왕의 이복 누이였다. 엔리케가 골치 아픈 내전에서 자신을 지원한 대가로 히론과 그녀의 결혼을 주선한 것은 우연이 아니었다. 하지만 그녀는 무책임한 이복 오빠 때문에 자신의 정치적 입지에 전혀 도움이 안 되는 동맹을 굳히는 회반죽 역할을 맡을 생각이 전혀 없었다. 그녀는 자력으로 카스티야의 왕좌에 앉는 것을 포함하여, 자신의 미래에 대한 가능성을 알고 있었다. 마드리드에는 이사벨라의 군대가 없었지만, 그렇다고 그녀에게 무기가 없는 것은 아니었다. 그녀의 기도는 그 어떤 용병 기사단 못지않게 위험한 무기였다. 그녀는 신이 히론을 쳐서 죽이기를 간청했다. 히론이 아니라면 자신을. 어느 쪽이 되었든, 그와는 결혼하지 않을 것이었다.

오후의 빛이 희미해졌다. 예배당에 어두움이 깔리고 천으로 덮인 제단과 성모 마리아의 조상이 짙어지는 그림자 속으로 들어갈 때, 이사벨라는 아픈 무릎을 펴고 일어섰다. 메세타meseta 고원의 차고 건조한 공기를 들이쉬면서, 그녀는 다시 한번 기도를 올렸다. 신이 자신의 기도를 들었기를 바라면서.

몇 주 후에 성의 정원에서 말발굽 소리를 울리면서 전령이 도착했다. 그는 히론이 죽었다는 소식을 전했다. 히론이 자신의 요새를

떠난 직후에 길에서 사망했다는 것이었다. 이사벨라는 기도했고, 신은 그녀의 기도를 들었다.[1]

카스티야의 공주이며 나중에 여왕이 되는 이사벨라에게 기도는 자신의 의지를 표현하는 수단이었고 "인내와 불굴의 의지에 따른 행운으로 쟁취된 승리"를 제공했다. 그녀는 성인이 될 때까지 정치적 목적을 위하여 자신을 이용하려는 남자들에 둘러싸여 성장했지만, 결국 그들 모두—엔리케 4세, 나중에 남편이 되는 아라곤의 페르디난드, 교황들, 그리고 헤아릴 수 없이 많은 하급자들—가 자신의 의지를 따르도록 했다. 영국과 프랑스에서 카스티야와 헝가리까지 모든 곳에서 점점 더 강력해지는 국가를 건설한 엄청나게 유능하고 무자비한 통치자들의 시대에, 가장 재능있고 가장 큰 업적을 성취한 사람은 이 예상 밖의 여왕이었다.[2]

30년의 통치 기간(1474~1504년)에 그녀는 이베리아반도에서 가장 큰 왕국 두 곳을 통합하여 근대국가 스페인의 기틀을 마련했다. 그녀의 군대는, 스페인에 남은 무슬림의 마지막 거점—그라나다 토후국—을 지도에서 지워버림으로써, 여러 세기 동안 이어진 재정복 운동, 레콩키스타Reconquista에 마침표를 찍었다. 그 과정에서 그녀는 더욱 광범위하고 파괴적인 전쟁을 지원할 수 있는 국가 기구를 건설했다. 악명 높고 파괴적인 스페인 종교재판은 이사벨라가 주의 깊게 지켜보는 가운데 시작되어, 국민 개개인의 삶에까지 교회와 국가의 영향력을 확대했다. 그녀의 승인을 받은 왕실의 관리들은 크리스토퍼 콜럼버스를 대서양으로 파견하여 중대하고도 재앙적인 결과를 초래했다. 그녀의 자녀들은 유럽 왕족의 최상층, 즉 합스부르크

Habsburg 왕가와 결혼하여, 새로운 세기에 고도의 정치적 아젠다를 설정한 일련의 왕조적 연결을 만들어냈다. 마지막으로, 그녀와 페르디난드의 리더십 하에 16세기의 가장 큰 분쟁—스페인, 합스부르크 제국, 그리고 프랑스의 발루아Valois 왕조 사이에서 벌어진 끝이 없는 전쟁—이 뿌리를 내렸다.

이 시기는 스페인과 그 너머에서 정치적 삶의 구조에 혁신적 변화가 일어난 시기였다. 이사벨라의 재능, 추진력, 그리고 무자비함은 그러한 변화를 만들어내는 데 핵심적인 역할을 했다.

국가의 부상

이사벨라는 중요한 시대의 모든 핵심적인 정치적 동향을 요약한다. 유능한 관료 집단의 도움을 받은 유럽 전역의 통치자들은 더 큰 권력을 쟁취하려고 노력했다. 점점 확대되는 법 해석에 따른 왕실의 정의royal justice가 통치자들을 이전에 거의 접근하지 못했던 삶의 영역으로 불러들였다. 중세기 내내 그랬던 것처럼 전쟁을 원한 그들은 이제 전쟁을 위하여 훨씬 더 많은 자원을 동원할 수 있었다. 용병—자유시장에서 능력을 살 수 있는—으로 충원된 크고 전문적인 군대가 값비싼 대포까지 갖추게 되었다. 이 모든 것으로 전쟁을 수행하는 일이 훨씬 더 비싸짐에 따라, 국가는 전쟁 비용을 치르기 위한 새롭고 창조적인 방법을 찾아낼 수밖에 없었다. 고등교육을 받은 유능한 관리들이, 포위전과 중요한 전투의 비용을 마련하기 위하여, 새로운 세금 수입원을 찾아내고 신용 거래를 주선하려 애쓰면서 국가의 재정이 엄청나게 복잡해졌다.

이것이 '국가의 부상the rise of the state'에 대한 유서 깊은 옛이야기다. 가장 극단적인 형태로는 승리의 서사다. 미래를 생각하는 군주와 관료 집단은 덩치만 크고 비효율적인 봉건시대 정부의 사체를 근대를 지향하는 효율적인 관료주의 기구로 바꿔 놓았다. 이들 새로운 국가는 근대 초기에 우뚝 솟은 절대군주제와 오늘날의 민족국가nation-state 체제의 전신이었다.[3]

선견지명 있는 통치자와 근대적인 것을 지향하는 일관된 상향 궤적과 함께 진보를 향한 느리고 꾸준한 행진이 시작되었다. 하지만 이는 그런 과정을 실제보다 훨씬 더 합리적, 직선적, 그리고 의도적으로 보이게 하는 이야기다. 당시의 통치자들은 근대를 지향하는 정부를 창조하려 한 것이 아니었다. 그들에게는 훨씬 더 긴박한 전혀 다른 목표가 있었다.

그러나 15세기 말경에는 실제로 무언가가 근본적으로 바뀌었다. 이사벨라와 같은 통치자들이 필연적으로 근대국가로 이어지게 될 청사진을 따르지 않았을 수도 있지만, 이 기간에 왕권이 확대되었다는 데는 의문의 여지가 없다. 통치자들은 의식적으로 자원과 역량을 증대하는 수단을 찾아 나섰고 대체로 성공했다. 그들 자신의 상당한 재능과 유리한 방향으로 작용했던 일련의 발전이 그 모든 것을 가능하게 했다.

그렇다면 이 시기에 정확하게 무엇이 확대되고 있었을까? 15세기 말 서유럽 왕국들은 18세기의 행정적 재정군사fiscal-military 국가나 19세기 이후의 관료적 민족국가가 아니었다. 그보다는 꾸준한 축적이 이루어진 여러 세기 동안에 통치를 담당한 왕조의 소유로 들어오게 된 영토가 뒤범벅된 국가였다.

더 정확하게 말해서, 통치자들은 특정한 지역에 대하여 특별한 권리의 주장을 보유했다. 프랑스의 국왕은 프랑스 왕국을 소유하는 대신에 왕국의 통치권을 주장했다. 다른 통치자들에게도 다수가 인정하거나 아니면 소수의 인정밖에 받지 못하는 크고 작은 가치의 권리가 있었고, 그런 권리─과세, 정의의 구현, 소금 판매의 독점권이나 관세─가 지역에 따라 크게 달라질 수 있었다. 예를 들어, 프랑스 국왕에게 부르고뉴 공국Duchy of Burgundy의 통치권이 있다는 주장은, 아키텐 공국Duchy of Aquitaine이나 아르투아 백국County of Artois에 대한 그의 권리와는 아무런 관련이 없었다. 권리는 통치자 개인에게 부여되고 구현되었으며, 적절하다고 생각하는 사람에게 물려줄 수 있었다. 보통 에스테이트estates라 불린 지역 귀족과 대표 집단은, 자신들을 위한 특권과 예외를 확보하려는 최선의 노력으로, 통치자의 주장에 맞서 싸울 수 있었고 실제로 싸웠다. 강력한 통치자라면 자신이 주장하는 권리의 가치를 극대화할 수 있었지만, 유약한 통치자는 수입과 권위에 대한 가장 기본적 권리를 행사하는 데도 애를 먹었다.

13세기와 14세기 유럽에서 정착된 정치 지형은 경쟁적으로 주장되는 권리들이 정교하게 짜여진 3차원 태피스트리였다. 귀족, 수도원, 주교 관할구, 자치 도시, 그리고 왕들 모두가 자기 몫을 확보하려고 노력함에 따른 끊임없는 마찰과 갈등으로 정의된 시스템이었다. 그들의 주장은 서로 간에 겹치고 충돌하고 대립했다. 특별한 가치가 있는 에스테이트의 수입은 유서 깊은 귀족 가문에 속할까, 아니면 왕에게 귀속될까? 소금에 대한 세금을 징수할 권리는 누구에게 있을까? 지역의 영주, 아니면 주교? 법정은 영주에게 속할까, 아니면 왕실 관료에 속할까? 이런 것들이 중세의 정치를 주도한 다툼의 핵심이었다.

역사학자 존 와츠John Watts의 정확하지만 다소 왜곡된 용어 '군주 정체regnal polity'는 이렇게 잡다한 분쟁이 진행된 중세기 정치의 큰 승자였다. 군주 정체는 일반적으로 왕국이었으나 반드시 그런 것은 아니고, 통치자도 대개는 왕이었으나 반드시 그렇지는 않았다. 정부의 기구는 정의, 수입, 그리고 무엇보다도 무력의 독점적 사용에 관한 주장을 관철하는 데 성공한 사람 주위로 모여들었다.[4]

군주 정체—영국, 프랑스, 카스티야, 아라곤 등의 왕국—는 유럽의 정치 지형에서 유일한 주체가 아니었고 정치적 조직의 기본 방식으로 떠오를 운명도 아니었다. 그들의 성공적인 경쟁자는 크게 두 부류로 나뉘었다. 도시국가city-states는 여러 지역에서 두드러졌고 상당한 영토를 소유할 수 있었다. 예를 들어, 베네치아는 해외에 제국이 있었지만, 라인란트Rheinland의 스트라스부르Strasbourg는 인접 지역만을 통제했다. 실제로 도시국가—종종 경제에 밝은 상인 엘리트 계층이 운영하는—는 시골 귀족의 신세를 지는 왕국보다 훨씬 더 발전한 정부 및 조세 기법을 활용할 가능성이 컸다. 베네치아는, 상대적으로 작은 영토와 프랑스나 심지어 아라곤보다도 적은 인구에도 불구하고, 오스만 제국을 비롯한 강대국들과 맞선 전쟁에서 체급 이상의 실력을 보여주었다. 도시동맹town-leagues이 지배하는 지역도 있었다. 한자동맹은 뤼벡Lübeck, 함부르크, 그단스크Gdansk, 그리고

리가Liga를 중심으로 수익성 높은 발트해 무역을 통제했다. 베른, 취리히, 그리고 슈비츠Schwyz를 중심으로 한 스위스 연방Swiss Confederation은 당시의 가장 진보한 군대를 격파하여 담대공 샤를 부르고뉴 공작의 야망을 분쇄하고 영토를 추가함으로써 두각을 나타냈다.[5]

실제로, 왕국뿐만 아니라 중세 후기의 모든 정부 형태는 공통적인 발전과 특성을 공유했다. 정부의 재정 운용이 더욱 집중적이고 복잡해졌고 인력의 수와 역량이 늘어났다. 이 시기에 도시국가와 도시동맹들이 경쟁자인 왕국에 추월당하게 된 것은 당연한 일이 아니었다.

그렇지만 결국 군주 정체가 승리했고, 이 시기가 근본적인 전환점이 되었다. 전체 과정을 주도한 것은 내부적·외부적 통합이었다. 내부적으로는, 통치자들이 자국 영토 안의 다른 세력들의 희생을 바탕으로 권위를 강화하고, 도시국가보다 덜 효율적으로 활용했을지라도, 더 많은 권력을 휘두르고 더 많은 자원에 접근했다. 외부적으로는, 이들 왕국의 통치자들이 서로 통합되었다. 때로는 피를 흘리는 정복을 꾀하기도 했지만, 일반적으로 결혼을 통해서 큰 나라가 작은 나라를 흡수했다.

군주 정체는 왕족 혈통의 구성원들에 의하여 통치되었다. 이들은 근본적으로 왕조 국가였다. 국가 전체가 오직 통치자가 주장하는 권리의 총합으로만 존재했고, 통치권에 대한 주장이 한 세대에서 다음 세대로 넘어갔다. 통치자가 더 많은 권리를 획득하는 가장 손쉬운 방법은 결혼이었다. 중세기 내내 계속되었던 그런 과정은 15세기 말에 급격히 가속되었다. 점점 더 넓은 영토가 점점 더 소수인의 손으로 넘어갔다. 이들 왕조 국가는 단지 내부적으로 통합되고, 더욱 효율적이고 복잡해진 것만이 아니었다. 그들은 또한 통치자와 권리 상속자의 전략적 결혼을 통하여 새로운 통치권이 획득됨에 따라 빠르게 덩치가 커졌다. 도시국가와 도시동맹은 이런 규모에 필적하는 통합과 확장에 어려움을 겪었다.

▌이사벨라와 왕조의 통합

이 시기에 이사벨라보다 더 직접적으로 왕조의 통합 과정에 관여한 통치자는 아무도 없었다. 그녀와 결혼하려는 히론의 시도는 무산되었지만, 같은 일을 다시 시도하려는 엔리케 4세를 막을 수는 없었다. 그러나 이사벨라는 자신의 운명을 통제하기로 결심했다. 결혼은 그녀의 가장 큰 문제였지만, 또한 1468년에 자신이 직면한 난제의 잠재적 해결책이기도 했다.

그 난제는 3년 전에, 마드리드에서 가까운 곳에 있는 아빌라라는 도시에서 나타났다. 도시의 거대한 요새, 구릉지대를 둘러싸고 우뚝 솟은 총안이 박힌 성벽의 그늘에서 카스티야의 주요 귀족과 성직자들이 엔리케 4세와 그의 유감스러운 통치를 비난하는 연설을 했다. 그들은 왕이 무슬림에 지나치게 호의적이라고 주장했다. 유약하고 여성적인 동성애자인 그는 통치자로 부적합한 인물일 뿐만 아니라, 세 살 먹은 딸 후아나의 아버지도 아니었다. 따라서 후아나는 카스티야의 상속자가 될 수 없었다. 반란을 일으킨 귀족들은 활기차고 복수심에 불타는 어린 후아나와 달리 혈통에 아무런 문제가 없는,

이사벨라의 남동생 알폰소Alfonso를 내세웠다. 음모자들은 엔리케의 나무 조각상을 땅에 내던지고 알폰소를 왕으로 선언함으로써, '아빌라의 소극the Farce of Ávila'으로 알려진 극적인 사건의 절정을 연출했다.

그러나 3년 뒤에 알폰소가 사망함으로써 이사벨라가 권력의 중심을 이루는 사실상의 대안이 되었다. 그녀에게는 가능성이 없어 보였던 역할이었다. 엔리케 4세는 유년 시절 그녀와 그녀의 모친을 아레발로Arévalo라는 작은 도시에서 살도록 했고, 작고한 국왕의 딸로서 받을 자격이 있는 모든 수입의 제공을 거부했다. 이사벨라는 자신의 어린 시절을 정치적 리더십을 갖출 준비를 하면서 견뎌낸 어려운 시험으로 묘사하기를 좋아했다. 조금 다른 이야기로, 아레발로가 주류 정치에서 벗어난 망명지로 어울리는 곳은 아니었지만, 이사벨라의 이야기는 청중에게 호소력 있는 지도자 이미지를 만드는 일에 대한 그녀의 감각을 드러낸다.[6]

17세의 어린 나이에도, 그녀에게는 정치 게임의 규칙에 대한 감각이 있었다. 더욱이 그녀는 전 왕의 적법한 딸이었고, 분명한 사실로 여겨진 것처럼 어린 후아나 공주의 혈통에 문제가 있다면, 엔리케의 합법적인 후계자였다. 이것이 이사벨라의 주장이었다. 알폰소가 죽은 지 몇 주 후에 쓴 편지에서 그녀는 자신을 "신의 은총을 입은 공주이자 카스티야와 레옹León 왕국의 왕좌를 계승할 적법한 후계자"로 언급했다.[7]

이는 자신의 혈통과 의도에 관한 결정적 진술이었고, 이사벨라의 스타일을 보여주는 명확한 예였다. 직설적이고, 자신만만하고, 신이 자신을 위한 계획을 마련했다는 확고한 믿음이 있는 그녀가 새롭고 유망한 입지를 유지하고 활용하려면 동맹군이 필요했다. 신속한 결혼이 최선의 해결책이었다.

이사벨라에게는 그녀의 손을 잡으려는 구혼자가 많았다. 엔리케의 사후에 카스티야를 통치할 가장 유력한 후보이며 카스티야의 왕위를 주장할 선두주자인 그녀는 권력을 추구하는 야심 찬 귀족이나 왕족 모두에게 매력적인 표적이었다. 그녀의 남편이 되면 서유럽의 중요한 왕국의 통치를 공유하거나, 심지어 주도할 수 있을 것이었다.

그것은 대단히 매력적인 제안이었다. 인근 지역에 있는 성, 에스테이트, 그리고 궁전에서 잠재적 후보자들이 나타났다. 카스티야의 영향력 있는 귀족 다수가 구혼자로 나섰지만, 아무도 이사벨라가 찾는 것을 갖추지 못했다. 엔리케 4세와 이사벨라의 몇몇 조언자는 포르투갈 국왕 아폰소를 지지했지만, 공주는 전혀 관심이 없었다. 영국 왕 에드워드 4세Edward IV의 동생이며 글로스터 공작Duke of Gloucester인 17세의 리처드Richard는 유력한 후보였다. 그는 대담하고 유능한 군인으로 알려졌다. 그러나 장미전쟁Wars of the Roses으로 인하여 계속된 정치적 불안정이 그의 반짝거림을 무디게 했고, 영국은 너무 멀리 있었다. 리처드의 말로는 그를 스페인의 권력자가 되는 회랑 대신에, 왕위를 찬탈하고 전투 중에 죽음을 맞는 불명예의 길로 이끌었다.

또 다른 선택지는 프랑스 왕 루이 11세Louis XI의 동생이며 왕위 계승이 예정된 기엔Guienne과 페리Perry의 공작 샤를Charles이었다. 글로스터 공작 리처드와는 달리 샤를은 평범한 인물이었다. 그때까지 살면서 그가 이룩한 업적은 공익전쟁War of the Public Good으로 알려진 유혈 내전에서 형의 적들에게 볼모로 이용당한 것밖에 없었다. 독립적 권력 기반을 구축할 상당한 토지를 소유했음에도 이사벨라가 보기에 샤를에게는 그것을 활용할 능력이 부족해 보였다. 훌륭한 혈통과 인척 관계에도 불구하고, 프랑스의 공작은 후보군에서 탈락했다.

이사벨라의 선택은 이미 정해져 있었다. 그녀가 마음에 둔 청년은 시칠리아Sicily의 왕이며 아라곤의 왕위 계승자인 17세의 페르디난드였다. 아라곤은 포르투갈과 카스티야와 함께 이베리아반도의 지중해 연안을 지배하는 중요한 왕국이었다. 중심 도시는 사라고사Zaragosa와 발렌시아Balensia였고, 바르셀로나는 왕국 내의 강력한 준독립적 세력이었다. 아라곤의 왕들은 오랫동안 사르데냐Sardinia, 시칠리아, 그리고 때로는 나폴리 왕국까지를 포함하는 해외에도 관심을 가졌다. 이사벨라가 페르디난드와 결혼하면, 스페인에서 가장 크고 중요한 두 왕국의 권리를 단일한 왕조의 계열로 통합함과 아울러 더 불확실한 여러 권리를 주장할 수 있을 것이었다.

이것이 왕조 통합의 핵심이었다. 카스티야 자체도 카스티야와 레옹이라는 예전의 두 왕국이 합쳐진 왕국이었다. 페르디난드가 왕위 계승인 아라곤도 마찬가지로 아라곤 자체, 바르셀로나 카운티, 발렌시아와 지중해로 확장된 여러 도시 등 다양한 영토의 조합이었다. 이들 지역에는 각자 고유한 역사가 있었고, 독자적인 제도, 관습, 그리고 대의기구가 있는 것이 보통이었다. 오직 권리를 보유한 통치자만이 그들을 통합했고, 통치자가 정확히 무슨 일을 할 권리가 있는지와 권리의 상속에 관한 규칙이 지역에 따라 엄청나게 다를 수 있었다. 이 점에서는 카스티야와 아라곤도 특별할 것이 없었다. 당시 유럽의 모든 중요한 왕국은, 큰 왕국(신성로마제국)이든 작은 왕국(영국)이든 복합체였다. 이는 이 지역의 모든 통치자에게 되풀이되는 문제였고 끊임없는 긴장, 내부적 갈등, 그리고 내전의 원천이었다.[8]

아라곤의 페르디난드

이사벨라는 자신과 페르디난드의 결혼이 스페인에서 가장 큰 두 왕국이 하나로 결합함을 의미한다는 것을 확실히 알고 있었다. 이전에는 그런 결합이 이루어진 적이 없었다. 페르디난드의 아버지, 아라곤의 늙고 교활한 왕 후안 2세Juan II는 자신의 아들을 이사벨라 옆에서 이베리아반도 전체를 통치하는 위치에 두기로 결심했다. 엔리케 4세는 그런 결과를 막을 작정이었다. 그는 포르투갈과의 혼담을 추진하면서 포르투갈 사절단에게 이사벨라가 아라곤과의 결혼을 성사시키려 한다면, 무력을 사용하여 그녀를 제지하라는 말까지 했다. 엔리케에게 이사벨라와 페르디난드의 결혼은 자신의 통치가 사실상 끝나고 딸 후아나가 축출된다는 것을 의미했다.

엔리케에게는 불운한 일이지만 이사벨라는 대중의 정서를 이해했다. 공주는 남동생에게 보낸 편지에서 말했다. "결혼의 교섭에 있어서 신의 은총 다음으로 중요한 원칙인 정당하고 합당한 자유와 자유의지를 박탈당한 나는 비밀리에 귀족, 고위 성직자, 기사, 너의 신하들에게 이 문제에 관한 의견을 물었다." 카스티야의 유력자들─그들의 손바닥은 아라곤 왕의 아낌없는 뇌물로 기름이 칠해져 있었다─이 누구를 선호하는지가 충분히 명확하지 않다는 듯이, 거리에서 노는 아이들까지도 "아라곤의 깃발Banner of Aragón!"을 외치면서 포르투갈보다 아라곤을 선호한다는 의사를 나타냈다. 참을성 있게, 전문가답게, 18세의 이사벨라는 엔리케를 장기판의 구석으로 몰아넣었다.[9]

하지만 그녀는 여전히 위험한 처지에 있었다. 자신의 신부가 잠재적 적들에 둘러싸여 있는 상황에서 페르디난드는 기다리려 하지 않았다. 상인으로 위장한 그와 몇 명의 동료는 바야돌리드Valladolid를 향하여 수백 마일의 적대적인 지역을 통과하는 여행길에 올랐다. 엔리케의 부하들이 그들을 찾아 나섰고, 페르디난드가 사로잡히거나 심지어 살해될 수도 있었다. 그렇지만 큰 보상은 큰 위험을 수반했고, 잠재적 이득이 아라곤과 카스티야의 결합이라면, 페르디난드는 기꺼이 위험을 감수할 수 있었다. 그는 이사벨라를 만나기 위하여 한밤중에 말을 몰아 바야돌리드로 들어갔고, 두 사람은 서로 첫눈에 반하게 된다.

페르디난드가 미래의 신부를 만나려고 바야돌리드에 도착했을 때, 이사벨라는 적당한 키의 튼튼하고 건강한 17세 청년을 마주했다. 자주 웃는 둥근 얼굴에 갈색 생머리가 드리워 있었다. 그의 얼굴에는 남자들을 자기편으로 끌어당기고 여자들을 침대로 끌어들이는—충분히 이해할 수 있는 일이지만—나중에 이사벨라를 격분시키는 자력 같은 카리스마가 빛났다. 페르디난드는 어린 시절부터, 당시의 정치 엘리트들이 그토록 소중히 여긴 기사도적이고 왕 다운 덕목을 구현하는 통치자로 길러졌다. 그는 열정적으로 참가한 마상 창시합에서 뛰어난 실력을 발휘했고, 불과 열두 살의 나이로 말을 몰고 첫 번째 전투에 뛰어들었을 정도로, 10대 시절부터 전쟁이 낯설지 않았다. 시간이 가면서 그는 이사벨라도 인정하는 재능이 뛰어나고 무자비한 정치인으로 성장하게 된다. 두 사람의 만남이 있기 전해에, 어머니의 장례식을 주재한 페르디난드는 발렌시아의 유력자들에게 도시 내부의 분파적 갈등을 끝낼 수 있을 정도로 호소력 있는 눈물에 젖은 연설을 했다. 어린 시절부터 페르디난드는 극적인 장면을 연출하는 재주가 있었고, 그것이 바로 새 신부의 사랑을 받게 된 요인이었다.

이사벨라와 결혼하려는 의사를 전하려고 스페인의 시골 지역으로 말을 몬 왕자의 외로운 여행은, 평생토록 이어진 애정 관계의 기초가 되기도 했지만, 단지 로맨틱한 제스처만은 아니었다. 중세 후기의 통치자에게는 현실 정치에 대한 냉철한 인식과 국가 건설을 위한 목적론적 의지 이상이 필요했다. 왕과 왕이 되려는 사람들은 고유한 규칙과 행동규범이 있는 사회 집단의 구성원인 위대한 귀족이었다. 숙녀에 대한 봉사는, 조언에 귀를 기울이는 능력, 관대함, 그리고 무엇보다도 개인적 용기, 이상적인 기사도의 왕을 나타내는 정확한 표지를 포함하는 복잡한 행동 양식의 일부였다. 신부를 만나려고 바야돌리드를 향한 위험한 여행은 요령 있는 대중 홍보였고, 페르디난드가 유능한 미래의 통치자임을 보여준 바로 그런 행동이었다.

이사벨라가 남편을 선택하는 전체 과정에는 잠재적인 함정이 널려 있었다. 그녀는 투옥되는 것부터, 더 나쁘게는 엔리케 4세가 고른 남편과 결혼하여 모든 것을 망치게 되는 것까지, 나쁜 결과로 이어지는 다양한 위험을 무릅써야 했다. 그렇지만 그녀는 줄 타기를 했고, 이상적인 남편을 선택했을 뿐만 아니라, 정확하게 적절한 순간에 그렇게 했다. 그녀는 1469년 10월 12일에 오빠인 엔리케 왕에게 편지를 보냈다. "이 편지와 전령을 통하여 나의 결혼에 대한 결의를 전하에게 알립니다." 이것은 승인을 바라는 요청이 아니었다. 이사벨라는 마음을 정했고 이틀 뒤에 페르디난드와 결혼했다.[10]

이사벨라와 페르디난드의 결합—더 나아가 카스티야와 아라곤의 통합—은 어떻게 구조적 힘과 시대적 상황이 합쳐져서 폭발적 혼합물이 되었는지를 보여주는 완벽한 예다. 이미 얼마나 많은 통합이 이루어졌든 간에, 이들 호르몬이 넘치는 10대 두 사람의 결혼은 1460년대 말 카스티야 특유의 정치적 맥락과 내전의 시대에 요구되는 동맹의 필요성에 의존했다. 더군다나 그것은 관련 당사자, 즉 이사벨라와 페르디난드의 개인적 자질의 결과였다. 두 사람 모두, 특히 이사벨라는 자신의 선택지를 대단히 명확하게 이해했고 정치적 역할을 완벽하게 수행했다. 그들의 재능은 국가의 부상에서 우리가 보듯이, 세계를 바꿔 놓은 결과를 낳은 당시의 구조적 추세와 맞물려 그러한 변혁을 밀어붙였다.

왕권의 흥망성쇠

이사벨라와 같은 중세 후기 왕국의 야심 찬 통치자들은 객관적·통상적인 국가적 이익을 추구하는 이념적 진공 상태에서 활동하지 않았다. 대신에 냉혹한 권력의 현실과 통치자의 특별한 자질을 소중히 여기는 정치 문화 사이의 피드백 루프feedback loop가 존재했다. 기독교가 지배하는 사회의 맥락에서, 백성은 자신들의 왕이 왕실의 정의를 실현하고 전쟁에 나서기를 기대했다. 그렇게 하지 못하는 통치자는 통치자도 아니었고, 간신히 왕좌에 매달려 있는 사람일 뿐이었다. 그 두 가지—정의와 전쟁—는 또한 야심 찬 통치자가 자신의 권위와 국가의 힘을 확대할 수 있는 수단이었다.

이는 15세기 말의 새로운 현상이 아니었다. 수백 년 동안 이어진 중세기에도 국가를 건설하는 통치자들은 이 두 가지 길을 추구했고, 크게 성공한 사람도 그렇지 못했던 사람도 있었다.[11] 점진적 상향 성장의 일반적인 추세를 유지하면서, 서로 다른 시간과 장소에서 왕권의 흥망성쇠가 거듭되었다. 영국의 왕권은 플랜테저넷Plantagenet 가문의 에드워드 3세Edward III 국왕이 절정에 달한 백년전쟁에서 프랑스의 적을 압도한, 14세기 중반에 최고점에 도달했다. 프랑스의 왕권은 1415년 아쟁쿠르Agincourt 전투의 참사를 뒤따라 최저점에 이르렀다. 결과적으로 프랑스의 영토는 세 부분으로 나뉘었고, 끊임없이 광기의 발작을 일으킨 왕은 대변으로 뒤덮인 궁전에 고립되어 여러 해 동안 통치권을 행사할 수 없었으며, 누가 실질적인 왕권을 휘두르는지에 대한 합의조차 거의 없었다.

카스티야와 아라곤은 이사벨라와 페르디난드의 집권 초기인, 1460년대에 왕권의 쇠퇴기를 맞았다. 당시는 이베리아반도뿐만 아니라 서유럽 전체가 내전과 내부적 갈등에 휩싸인 시기였다. 영국은 이미 한 세대에 걸친 정치적 불안정 상태에 있었고 장미전쟁이 여전히 진행중이었다. 프랑스에서는 루이 11세 국왕에 맞선 고위 귀족들의 반란을 1460년대 중반의 프랑스 정정을 극도로 불안하게 만든 내전인 공익전쟁으로 비화했다. 세부사항은 왕국마다 달랐지만, 이들 반란 모두는 중심적 관심사를 공유했다. 극도의 연약함에서 폭압적인 과도함까지 변할 수 있는 국왕의 적절한 역할 및 행동과 왕립 정부의 권력에 관한 극심한 견해 차이였다. 프랑스 국왕에게 부르고뉴 공작의 영지에 대한 무슨 권리가 있는가? 영국의 왕이 미쳐서 통치할 수 없다면, 어느 고위 귀족이 왕권을 행사해야 할 것이며 그 적법한 근거는 무엇인가?

문제를 복잡하게 만든 것은 왕조의 결혼으로 연결된 분쟁 당사자를 지원하면서 이들 분쟁에 개입한 외국의 통치자들이었다. 왕국의 경계는 모호했고, 한 왕국의 정치적 유력자가 다른 왕국의 귀족이나 왕과 관계를 유지하는 것을 막을 수 없었다. 실제로, 당시의 정치 엘리트들은 이러한 정치 행위를 신이 부여한 권리로 생각했다. 결과적으로 이들 분쟁은, 중부 스페인의 메세타에서 스코틀랜드 국경까지 뻗어 나간, 대륙 전체가 얽혀든 폭력적인 정치적 분쟁과는 다소 다른 내전이었다. 개인적이기보다 구조적인, 중세기 말 정치의 DNA에 각인된 내전이었고, 중세가 진행됨에 따라 왕권이 확대되는 일반적 추세에 대한 광범위한 반작용이었다.[12]

이사벨라와 페르디난드는 이러한 내부적 갈등 속에서 정치적으로 성숙해갔다. 아라곤은 독립 정신이 강한 카탈루냐 카운티가 중심이 된 10년 동안의 내전을 겪었다. 카탈루냐의 농민들이 여러 지역에서 반란을 일으켰고, 대의기구인 코르테스Cortes는 카스티야의 엔리케 4세에게 카탈루냐 지역의 통치를 제안했다. 그리고 루이 11세는 카탈루냐에 맞서서 아라곤의 후안 2세 국왕—페르디난드의 아버지—과 동맹을 맺었고, 나중에는 아라곤 영토의 일부를 탈취하려는 기대를 품고 후안 2세에 맞서서 카탈루냐와 연대했다.

엔리케, 이사벨라, 페르디난드는 엔리케의 사후에 이사벨라가 왕위를 계승한다는 합의에 따라 허약한 데탕트detente에 도달했다. 그러나 1474년에 마침내 엔리케가 사망하자 합의는 즉시 무너졌다. 한쪽에는 이사벨라와 페르디난드가, 반대쪽에는 사생아일 가능성이 있는 엔리케의 딸, 열두 살 먹은 후아나가 있었다. 카스티야 귀족의 파벌들은 양쪽에 줄을 섰다. 상황을 더욱 복잡하게 만든 요인은 후아나와 50세의 포르투갈 국왕 아폰소 5세의 결혼이었다. 이 분쟁은 엄밀히 말해서 내전이었으나 아폰소의 개입에 따라, 내전의 범위를 넘어서는, 여러 왕국이 얽혀 있는 갈등의 그물망이 낳은 전쟁이 되었다. 카스티야 왕위계승 전쟁은 4년 동안 계속되었고, 1479년에 이사벨라와 페르디난드가 승리를 거두었다.

이사벨라와 페르디난드에게 카스티야 왕위계승 전쟁은 통치술의 요령을 배우는 혼란스럽고 잔혹한 현장이었다. 몇 해 동안의 분쟁은 그들에게, 가능할 때는 언제든지 권한을 행사할 길을 찾으면서도, 귀족과 도시—또 하나의 중요한 권리 당사자—와의 협력적 유대관계를 구축할 필요가 있다는 교훈을 주었다. 특히 이사벨라는, 아버지의 통치하에 실현되었으나 엔리케의 혼란스러운 통치 기간에 쇠퇴한, 강력한 왕실의 특권—과세, 토지, 그리고 정의에 대한 권리 주장—이라는 새로운 전통의 계승자였다. 그녀가 왕위에 오르면서 그러한 왕실의 특권이 다시 위세를 떨치게 되었다.[13]

이는 당시에 유럽 전역에서 성년이 된 통치자 세대에게도 마찬가지였다. 내전의 물결과 정치적 불안정이 왕권의 한계에 관한 여러 세기에 걸친 해묵은 논쟁을 사실상 통치자에게 유리한 방향으로 해결했고, 승리를 거둔 왕실에 자신의 역량을 정확히 어떻게 확대해 나갈지를 가르쳐주었다.

카스티야의 왕권은 페르디난드가 아닌 이사벨라에게 속했다. 이는 그들의 결혼 계약서가 서명된 순간부터 분명했지만, 그녀가 왕좌에 오른 뒤에는 훨씬 더 명확해졌다. 페르디난드는 "우리 레이디 여왕Our Lady the Queen의 합법적 남편의 자격으로" 통치했다. 독자적인 권리가 있는 카스티야의 통치자가 아니라 여왕의 부군이라는 뜻이었다.[14] 이사벨라는 15세기 말의 모든 충실한 아내에게 기대되었던 대로, 남편에게 복종하겠다는 약속으로 그를 달랬지만 권력 분담의 현실은 분명했다. 이사벨라는 자신이 살아 있는 한, 교활한 남편의 허수아비가 아니라 파트너십의 절반으로 통치할 작정이었다.

두 사람 사이에는 모든 권력 분담 방식에서 예상되는, 그리고 특히 페르디난드의 지속적인 불충실로 인하여 더욱 복잡해진 끊임없는 마찰이 있었지만 그들의 더 큰 목표는 대개 생산적인 방식으로 일치했다. 목표의 우선순위는 카스티야 왕위계승 전쟁의 여파 속에서 빠르게 나타났다. 그들은 카스티야의 대의기구인 코르테스를 소집하고, 권력과 행정의 중앙집중화를 목표로 그에 대한 왕실의 통제력을 강화했다. 이러한 노력의 한 가지 결과는, 왕실의 관심사와 긴밀하게 연대한 법률가들에 의하여 카스티야의 법전이 편찬된 일이었다. 구체적인 개혁 조치는 왕실 칙령에 대한 의존도를 높이고, 통치자에게 직접 책임을 지는 재판소를 새로 설치하고, 법적 문제를 다루는 정부 기구를 재편하는 것을 지향했다. 가장 중요하게, 그들은 한때 왕실이 소유했던 토지와 여러 세대에 걸쳐서 카스티야 귀족들에게 지원의 대가로 부여되었던, 폐지된 왕실의 특권—특히 기금—을 상당 부분 되찾았다. 이 모든 것은, 중세기 말의 유럽 전역에서 왕권을 확대하기 위한 두 가지 전통적 경로 중 하나인, 왕실의 정의의 범주에 속했다.[15]

그러나 왕실의 정의도 왕권을 확대하는 데 효과를 발휘할 수 있었지만, 다른 통치자와 맞서는 무력 충돌 같은 위급한 상황만큼 통치권의 중앙집중화에 도움이 되는 것은 없었다. 왕은 전쟁에 나설 것이 기대되었다. 전쟁은 중세에 발전한, 신분과 상관없는 왕과 백성의 연결을 포함하여 왕업의 이념에서 근본적인 요소였다. 전쟁은 왕과 왕의 군대에서 복무하는 핵심 귀족층의 긴밀한 접촉을 요구했고, 그들을 왕권의 궤도 안으로 더욱 깊숙이 끌어들였다. 중세기 내내 비쌌던 전쟁 비용은 15세기 들어, 값비싼 대포와 전문 용병이 점점 더 승리를 위한 핵심적 요소가 됨에 따라 급격하게 증가했다.

왕실 영역으로 알려진 통치자의 개인적 자원은 여러 해 동안 계속되는 전쟁의 비용을 치르기에 턱없이 부족했다. 전쟁 비용을 마련할 다른 방법, 한마디로 과세가 필요했다. 과세에는 왕실 정부와 대의기구, 도시의 관리, 또는 귀족 같은 권력 중개인들과의 합의가 필요했다. 이는 왕국의 구성요소와 중앙정부의 연결을 더욱 강화했다. 왕실의 정의와 마찬가지로 왕실에 충성하는 학식 있는 관리들의 관료체제가 필요했고, 그들이 국가의 힘을 확대하기 위한 추가적 역량을 제공했다. 사회학자 찰스 틸리Charles Tilly의 유명한 말대로, 전쟁이

국가를 만들었고 국가가 전쟁을 일으켰다.[16]

　이사벨라와 페르디난드에게는 그라나다 토후국Emirate of Granada—스페인에 남은 마지막 무슬림 정체—과의 전쟁이 환영의 손짓을 보내고 있었다.

레콩키스타와 그라나다

　이사벨라와 페르디난드가 그라나다로 관심을 돌릴 때까지, 스페인에서 무슬림 국가를 축출하려는 시도인 재정복 운동, 레콩키스타는 7세기가 넘게 진행되어왔다. 711년에 처음으로 이베리아반도에 들어온 이슬람교도는 불과 몇 년 사이에 6세기 초부터 이 지역을 지배하던 서고트왕국Visigothic Kingdom을 무너뜨렸다. 기독교 통치자들에게 남은 스페인의 마지막 조각은 멀리 북쪽의 산과 볼품없는 영토들의 집합체였다. 레콩키스타는 이렇게 훨씬 더 크고 부유하고 복잡한 무슬림 스페인의 그늘에서 소박하게 시작되었다. 9세기까지 이들 작은 왕국의 기독교 작가들은 스페인이 당연하게 자신들에게 속하고 무슬림이 축출되어야 한다는 아이디어의 싹을 키웠다.[17]

　스페인의 중세기 전체를 기독교와 무슬림 사이의 길고 끊임없는 충돌의 단일한 과정으로 묘사하기는 쉽지만, 사실은 그렇지 않았다. 기독교 왕들은, 7세기에 코르도바Córdoba의 통합 칼리프국Caliphate이 최후를 맞은 뒤에 나타난, 타이파taifas라 불린 무슬림 소국가의 통치자들뿐만 아니라 자기들끼리의 싸움도 전혀 마다하지 않았다. 역으로 무슬림 타이파를 통치한 소국왕petty kings들도 기독교 왕과 동맹을 맺거나 그에게 공물을 바치는 데 전혀 거리낌이 없었다. 이렇게 혼란스러운 상황에서 믿음은 정치적 충성을 보장하지 못했다. 영토의 확장과 현실 정치가 종교 전쟁에 대한 진정한 헌신과 함께 손을 맞잡았다.

1095년 이후에 기독교 세계를 휩쓸었던 십자군 이상ideal의 주입은 문제를 더욱 복잡하게 만들었다. 교황들은 성지뿐만 아니라 스페인의 무슬림이나 발트 지역의 이교도와 맞서는, 특정한 전투에서 싸우는 대가로 구원을 제공했다. 이는 유럽 전역의 병사들을 이베리아 반도로 끌어들이는 강력한 인센티브였다. 교황이 거둬서 스페인의 통치자들에게 제공할 수 있는 십자군 특별 세금은 또 하나의 강력한 인센티브였다. 왕들은 전쟁에 나서기를 원했다. 전쟁은 중세기의 통치자가 감당해야 하는 의무의 일부였다. 게다가, 자신의 영혼을 정화하고 영토를 확장하면서 돈까지 받을 수 있다면 더욱더 좋은 일이었다. 12세기와 13세기에 무슬림이 점령했던 지역이 하나씩 카스티야, 아라곤, 그리고 포르투갈 왕에게 넘어갔다. 1247~48년에 세비야와 코르도바가 카스티야의 페르디난드 3세에게 넘어갔을 때는 무슬림 스페인의 종말이 다가온 것처럼 보였다. 남은 것은 자그마한 그라나다 토후국과 지브롤터의 바위뿐이었다. 점점 더 부유해지고 확장되는 기독교 왕국 세 곳에 맞서는 이들 소규모 잔당의 종말은 단지 시간의 문제였다.

하지만, 그 시간은 2세기가 조금 넘도록 계속되었다. 1462년에 마침내 지브롤터가 카스티야에 함락된 것이 그 기간의 유일하게 중요한 성과였다.[18] 이사벨라의 이복 오빠, 무기력한 왕 엔리케 4세는

1454년에 왕위를 계승하여 집권한 초기에만 그라나다에 맞서 전쟁에 나설 것이라는 약속의 목소리를 높였다. 그러한 목표를 끝까지 완수하는 데 미온적이었던 것이 그가 인기가 없었던 중요한 이유였다. 비유적으로나 말 그대로나, 카스티야의 핵심적인 정치적 주체가 모두 모여들었다. 왕국의 최상층 귀족이 가득하고 코르테스와 도시에서 거둔 세금으로 넉넉한 지원을 받는 대규모의 군대가 조직되었다. 그러나 엔리케는 자그마한 토후국을 끝장내는 대신에 머뭇거렸다. 그는 건성으로 요새를 포위하고 무슬림 영토를 습격한 뒤에, 전투에서 얻은 짭짤한 수익을 왕국의 중요한 권력 중개인들이 아니라 자신과 가장 가까운 지지자들에게 나눠주었다.

이는 두 가지 측면에서 범죄나 다름없었다. 첫째로 전쟁의 최고 책임자인 왕의 역할에 비추어. 둘째로, 더욱 심각하게 레콩키스타라는 프로젝트 전반에 대하여. 영국의 왕이 프랑스와의 전쟁에서 패하는 것도 충분히 나쁜 일이었지만, 이베리아반도의 기독교 왕이 믿음의 적들과 맞서기로 서약한 자신의 의무를 회피하는 것은 훨씬 더 나빴다. 15세기 중반까지 카스티야의 통치자들은 스페인을 종교적으로나 문화적으로나 특별한 나라로 보는 전통에 깊이 빠져 있었다. 스페인을 신이 선택한 곳으로, 스페인의 통치자를 종말의 날과 예수의 재림으로 세계를 이끌도록 신이 선택한 사람으로 생각하는 메시아적 전통이었다. 역사학자 페기 리스_{Peggy Liss}가 지적하듯이, 스페인의 통치자에게는 신이 만들어내는 역사에서 과거와 미래에 관하여 수행해야 할 핵심적 역할이 있었다. 그라나다와의 전면전을 회피함으로써 엔리케가 저버린, 그리고 왕위에 오른 이사벨라와 페르디난드가 전폭적으로 수용하려 한 의무였다. 믿음의 적과 전쟁을 벌이는 것은 의로운 통치자라면 마땅히 해야 할 일이었다.[19]

이사벨라와 페르디난드에게 그라나다와의 전쟁에는 여러 이점이 있었다. 첫째로, 냉혹한 현실 정치의 측면에서, 전쟁은 수십 년간의 불화 끝에 공유되는 프로젝트로 카스티야와 아라곤의 분열된 귀족들을 통치자에게 묶어놓을 것이었다. 전쟁터는 그 어느 곳보다도, 왕국의 핵심 세력들과 군주의 이해관계가 일치하는 장소였다. 전쟁은 또한 귀족들이 계속해서 통치자와 가까운 거리를 유지하도록 할 것이었다. 이는 대단히 중요한 문제였다. 정치 엘리트에게 통치권은 제도적이 아니라 개인적인 개념이었다. 너그러운 제스처, 동료들 앞에서 인정받는 말 한마디, 연회와 경축행사에서의 대중적 교류. 이런 것들이 귀족과 통치자를 하나로 묶었다. 통치자 역시 위대한 귀족이었고, 위대한 귀족은 유능한 전사가 되어야 했다. 바로 페르디난드가 할 수 있었고, 실제로 침착하게 수행한 역할이었다. 전쟁터는 귀족이 명성과 부를 얻는 곳이었고, 성공적인 전투는 이사벨라와 페르디난드가 충성스러운 추종자들에게 나눠줄 전리품을 의미했다. 이사벨라는 용감한 기사가 목숨을 바쳐 싸우는 헌신의 대상인, 기사도적 로맨스의 레이디 역할을 능숙하게 수행했다. 그녀는 자신에게 주어진 문화적 대본과, 그것이 정확히 어떻게 그라나다 정복에 필요한 칼과 사병을 소유한 남성 귀족들에게 동기를 부여할 것인지를 이해했다.

겉보기로는, 그라나다의 나스르 왕조Nasrid dynasty가 특별히 만만치 않은 상대처럼 보이지 않았다. 토후국은, 번영하는 항구 말라가

Málaga와 그라나다가 중심을 이루는, 이베리아반도 남부의 작은 지역이었다. 인구는 30만 명 정도로 카스티야의 500만과 아라곤의 100만에 비하면 미미한 숫자였다. 이전 여러 세기 동안의 분쟁에서는, 기독교도가 그들의 영토를 탈환할 때마다 모로코의 강력한 무슬림 통치자들이 같은 종교를 가진 스페인의 무슬림을 구제하기 위하여 지브롤터해협을 건너왔다. 그러나 이번에는 그런 도움을 기대할 수 없었다.

카스티야와 아라곤 양국에서 열정이 고조되었다. 1478년 그라나다와의 휴전에도 불구하고, 여러 해 동안 이사벨라와 페르디난드의 마음속에 전쟁이 있었던 것은 확실하다. 실제로, 전쟁의 약속은 그들의 결혼 계약서에 명시적으로 기록되었다. 연대기 작가인 풀가Pulgar는 두 사람이 "그라나다 왕국을 정복하고 스페인 전역에서 무어인과 무함마드의 이름에 의한 통치를 몰아내려는 위대한 생각을 항상 염두에 두고 있었다"라고 기록했다. 되풀이되는 내전도 카스티야가 그라나다와의 피할 수 없는 전쟁을 준비하도록 하는 것으로 정당화되었다.[20] 카스티야 왕위계승 전쟁이 막바지에 이르면서 쌍둥이 왕국의 통치권을 굳힌―페르디난드는 1479년에 공식적으로 아라곤의 왕위에 올랐다―그들은 전쟁을 준비했다. 왕실의 대리인들은 지난 수십 년 동안 다른 수혜자들에게 부여되었던 상당한 규모의 재산과 수입을 되찾아 더 많은 자금을 마련했다. 왕권의 핵심적 기반인 카스티야의 도시와 마을 민병대는 진군할 준비를 마쳤다.

전쟁은 그라나다군이 변경에 있는 자하라Zahara의 요새에 기습 공격을 감행함으로써 예기치 못한 방식으로 시작되었다. 1482년의 첫

달에 반격에 나서 알하마Alhama를 장악한 카스티야군은, 이사벨라와 페르디난드가 남쪽의 전쟁터로 향하는 가운데, 그곳에 군대를 집결시켰다. 도시의 민병대, 군 복무의 대가로 토지를 받은 기사, 귀족과 그들의 사병, 공개시장에서 사들인 용병 모두가 통치자의 부름에 따라 모여들었다. 그들은 안달루시아의 중요한 무역 및 금융의 중심지 메디나 델 캄포Medina del Campo를 본거지로 삼았다. 전쟁을 지휘하고 비용을 치르기 위한 최적의 장소였다.

이 전쟁은 단지 두 국가 사이의 지정학적 경쟁이나 단순한 영토 분쟁이 아니라 종교 전쟁이었고, 참여자들도 그 점을 이해했다. 교회는 공식적으로 십자군을 지원하기 위한 (그러나 거의 쓰이지 않은) 거액의 세금을 모았다. 교황, 왕, 그리고 여왕 사이의 열띤 협상의 결과로, 그 자금은 로마로 보내지는 대신에 스페인에 남게 되었다. 추가적으로 오고 간 논의는 십자군 황소crusading bull(이교도에 대항하는 전쟁에 참여한 사람들에게 면죄부를 부여한 교황의 칙서-옮긴이)를 승인하도록 교황을 설득했다. "거룩한 사도와 영광스러운 순교자들과 함께 영원한 영광으로 가는 천국의 문이 열릴 것이다." 식스토 4세Sixtus IV 교황은 어떤 식으로든 전쟁에 참여하는 모든 사람에게 완전한 죄 사함을 약속하면서 말했다.[21] 그라나다와의 전쟁은 최후의 진정한 십자군 전쟁의 하나였고, 거의 4세기 동안 스페인뿐만 아니라 지중해권 전역에서 무슬림에 맞선, 기독교도의 성전을 계승한 전쟁이었다.

이 새로운 전쟁이 시작될 때 메디나 델 캄포에 도착한 방문자는 십자군 전쟁의 중세기적 과거와 전쟁의 미래를 모두 엿볼 수 있었다. 대량의 대포와 화약통이 메디나 델 캄포로 들어왔다. 지난 수십 년 동안 이름을 떨치고 다음 세기에도 유럽 전역의 전장을 지배하게 될 무시무시한 스위스 용병도 마찬가지였다. 이 전쟁은 최후의 십자군 전쟁일 수도 있었지만, 또한 본질적인 방식으로 16세기를 여는 사악하고 파괴적인 전쟁의 전조이기도 했다.

▌여왕의 전쟁

그라나다와의 전쟁은, 이론상으로 손쉽게 승리할 것처럼 보였지만, 실제로는 잔혹하고 힘에 겨운 전쟁이 되었다. 카스티야와 아라곤에 비하면 작은 나라인 그라나다 토후국은 시에라네바다Sierra Nevada 산맥의 눈 덮인 험준한 봉우리들로 보호되고 있었다. 주요 도시로 향하는 접근로에는 요새와 성벽으로 둘러싸인 마을이 널려 있고, 협곡, 협로, 그리고 수많은 위험한 지형을 통과해야 했다. 치고 빠지는 식의 습격과 매복을 위한 완벽한 전장이었다. 지나치게 자신만만했던 카스티야군과 그들의 무시무시한 여왕은 머지않아 값비싼 대가를 치르고 이런 사실을 알게 되었다.

1482년의 전투가 최첨단 전쟁의 요구 사항에 관한 교훈을 제공했다. 로자Loza의 요새를 탈취하려던 페르디난드의 시도는 참담한 실패로 끝났다. 그의 병사들은 훈련과 준비가 불충분했고, 장기적 포위전에 필요한 대포와 보급품도 턱없이 부족했다. 다음 해의 전황도 나을 것이 없었다. 카디스Cádiz의 후작과 산티아고의 영주, 유명한 성전기사단Templars이나 구호기사단Hospitallers과 비슷한 종교기사단은 말라가 인근 산악 지역에 대한 대규모 공격을 계획했다. 말을 탄 기사들은 곧 좁은 협곡에 갇힌 채로 말라가에 접근하는 자신들의 처지를 깨달았다. 그들 위의 언덕과 능선에서 그라나다군이 공격군에게 화살과 돌을 퍼부었다. 협곡의 미로에 갇힌 수천 명의 카스티야인이 3월의 추위에 떨면서 죽어갔다. 사로잡힌 사람은 더 많았다. 오직 소수의 병사만이 탈출하여, 메마른 산에서 굶주림과 목마름으로 거의 죽을 뻔하다가 겨우 살아 돌아올 수 있었다. 알샤키야al-Shaqiyya에서의 패주는 최전방의 공격이 굴욕적인 대실패로 바뀐 재앙이었고, 새롭게 부상하는 국가에 맞선 그라나다인이 순순히 물러나지 않을 것을 보여주었다.[22]

그때부터 카스티야군은 더욱 조심스럽게 전쟁에 임했다. 더 규모가 크고 잘 훈련된 군대가 대포와 투석기로 요새를 포위 공격하고 시골을 약탈하여 적에 대한 자원의 흐름을 끊으면서 체계적으로 접근했다. 스위스 용병, 프랑스 엔지니어, 그리고 독일의 대포 전문가들이 카스티야인에게 최신 전쟁 기술을 알려주기 위하여 남쪽으로 내려갔다. 부르고스Burgos에서 온 직조공과 세비야에서 온 대장장이가 무기를 들기 위해서 자신의 도구를 내려놓았다. 뜨거운 안달루시아의 태양은 강철 갑옷을 입고 먼지로 뒤덮인 도로를 따라 말을 달리는 기사들을 달궜다. 시에라네바다를 통과하는 산길에 곡물, 화약, 석궁 화살 등 전쟁에 필요한 물자를 운반하는 짐승의 발굽 소리가 끊이지 않았다. 해마다, 성마다, 마을마다, 전쟁의 흐름이 이사벨라와 페르디난드에게 유리하게 바뀌었다.

새로운 스타일의 전쟁에서 요구되는 것을 이해하는 일도 중요했지만, 그 비용을 치르는 일은 또 다른 문제였다. 상상을 초월할 정도의 엄청난 비용이었다. 1482년부터 1491년까지, 사실상 해마다 수천 명의 병사가 그라나다로 진군했고, 전쟁이 진행됨에 따라 군세는 커져만 갔다. 1484년 원정대의 기사 6,000명과 보병 1만 2,000명이 그라나다 전쟁의 마지막 해인 1491년에는 기사 1만 명과 보병 4만 명으로 늘어났다. 이들은 영국의 헨리 5세가 아쟁쿠르 전투에 동원했던 병력 정도는 왜소하게 만드는, 중세를 통틀어 가장 규모가 큰 군대였다. 비우호적이고 어려운 지역에서 수개월에 걸친 전투를 벌이는 카스티야 병사 개개인을 먹이고 보급품을 지원해야 했다. 그 모든 병사를 위한 보급품을 운반하는 데 필요한 짐승의 수 또한 엄청났다. 예를 들어, 1484년에만 1만 8,000명 병사를 위한 3만 마리의 말, 노새, 소가 동원되었고, 카스티야 군세의 확대에 비례하여 짐승의 수도 늘어났다.[23] 설상가상으로, 프랑스가 아라곤 북부 지역에 침입하여 페르디난드가 그곳에서도 싸워야 하는 것이 문제를 훨씬 더 복잡하게 만들었다. 두 전선에서의 전쟁은 전선이 하나일 때보다 훨씬 더 복잡하고 많은 것을 요구했다. 이사벨라와 페르디난드는 그 모든 것을 관리하고 비용을 치를 방법을 찾아내야 했다.

█ 국가 재정

전쟁에는 항상 비용이 많이 들었다. 사자왕 리처드Richard the Lionheart는 제3차 십자군의 비용을 치르기 위하여 왕실의 토지에서 직위까지 영국의 대부분을 담보로 잡혔다. 백년전쟁에서 영국 또는 프랑스인이 우세를 차지할 때마다, 그들은 대개 자국의 재정 시스템

개선에 감사할 수 있었다. 그러나 15세기 때처럼 전쟁이 감당할 수 없을 정도로 비쌌던 적은 없었다. 백년전쟁에서 영국이 최종적으로 패배한 것은, 헨리 6세 국왕의 정치적 무능력에 기인한 만큼이나 재정의 고갈 때문이었다. 곧 이어진 장미전쟁의 직접적 뿌리도 앞선 전쟁이 남겨놓은 막대한 부채였다.[24] 부르고뉴 공작이며 당시의 가장 탁월한 군사 혁신가의 한 사람이었던 담대공 샤를은 상비군을 유지하고 끊임없이 전쟁을 벌임으로써 유럽에서 가장 부유한 몇몇 지역—플랑드르, 피카르디Picardy, 브라반트Bravant, 그리고 부르고뉴까지—의 파산을 초래했다. 샤를의 재정적 실패는, 1477년에 낭시Nancy 외곽에서 스위스 미늘창에 찔려 죽음으로써, 자신의 야망과 왕조 모두의 최후를 맞는 결과로 이어졌다.[25]

이사벨라와 페르디난드가 샤를 대공이나 헨리 6세와 같은 최후를 맞지 않으려면 끊임없는 전쟁의 비용을 치를 방법을 찾아내야 했다. 끝이 없는 자본의 소요를 충족하기 위하여, 통치자들은 광범위한 자금원으로 눈을 돌렸다. 우리는 이미 교회 세금의 소방호스를 틀도록 한 교황과의 열띤 협상을 살펴보았다. 전쟁이 진행되는 동안에 60만 아라곤 플로린 또는 1억 5,900만 마라베디가 넘는 막대한 금액이 투입되었지만 충분한 액수는 아니었다. 그렇지만 이 전쟁은 십자군 전쟁이었고 비전투원이라도 대의를 위한 기부를 통해서 해마다 구원의 맛을 볼 수 있었다. 언변 좋은 설교자들이 자금을 모으기 위하여 카스티야와 아라곤 전역으로 흩어져 나갔다. 이러한 자금의 흐름을 통해서 추가로 4억 5,000만 마라베디가 모금되었다.[26] 이는 터무니없을 정도로 엄청난 금액이었지만—1492년 콜럼버스의 항해에 들어간 총비용은 200만 마라베디에 불과했다—여전히 충분함과는 거리가 멀었다.

이사벨라, 페르디난드, 그리고 명민한 재정 고문들은 모든 가용한 수입원에 손을 댔다. 그들은 가능한 한 전쟁이 자체적으로 비용을 치르도록 했다. 1478년에 함락된 말라가에서는 전체 인구가 몸값을 노린 인질로 붙잡혔다. 몸값을 낼 수 없는 사람들 즉, 인구의 대다수는 전투의 비용을 대기 위한 노예로 팔려나갔다. 왕실은 도시에 거주하던 유대인 약 450명의 몸값으로 거액의 금화를 받았을 뿐만 아니라, 노예 판매를 통해서도 짭짤한 세금을 거두었다.[27] 수익을 노린 약탈은 여러 세기 동안 변경의 전쟁 자금을 제공했고, 전쟁이 진행되고 병사의 수가 늘어남에 따라 규모가 확대되었다. 카스티야의 대의기구인 코르테스의 보조금 형태를 띤 세금이 나머지 비용의 일부를 부담했다. 카스티야 전역에 있었던 종교군사조직 헤르마나다데스Hermanadades에 대한 과세와 다양한 판매세 및 관세도 마찬가지였다.[28]

그러나 돈은 여전히 충분하지 않았고, 부족분을 메울 수 있는 유일한 방법은 대출이었다. 왕자와 왕들에게 돈을 빌려주는 것은 본질적으로 위험한 사업이었고, 투자 수익에 대한 합리적 기대보다 사회적·정치적 성공 가능성 때문에 이루어졌다. 통치자가 의무를 저버리거나 사업을 추진하던 중에 사망하는 것을 막을 수는 없었다. 왕들이 반드시 전임자의 부채에 책임을 지는 것도 아니었다. 한 왕조에 도박을 걸었다가 도산한 은행 가문이 하나둘이 아니었다. 중세의 가장 큰 기업이었던 피렌체의 바르디와 페루치Bardi and Peruzzi 상사는 백년전쟁 초기에 영국의 에드워드 3세가 채무 불이행을 선언한 뒤에 완전히 도산했다. 에드워드 3세는 살아남아서 번영을 누렸지만, 바르디와 페루치는 그렇지 못했다. 메디치 은행은 15세기의 가장 중요한 금융기관이었지만, 담대공 샤를이 사망하기 전에 그에게 돈을 빌려준 브뤼허 지점의 손실이 기업 전체의 몰락에 일조했다.[29]

기업에 이 문제에 대한 선택권이 없는 경우가 흔했다. 부유한 상인이나 상인 공동체에 대출을 강요하는 것은 통치자가 활용할 수 있는 수단이었고, 유럽 전역의 통치자들이 그렇게 했다. 이사벨라와 페르디난드도 이런 방식—스페인에서는 엠프레시토스emprésitos라 불린—으로 거액을 빌렸지만, 갚을 생각이라도 한 것은 그중 일부에 불과했다. 귀족, 도시 공동체, 주교, 상인 카르텔, 그리고 제노바의 상인투자자들을 포함하여 누구든지 돈을 빌려줄 수 있는 사람에게 더 많은 돈을 빌렸고, 그들 중 일부는 머지않아 콜럼버스의 항해에도 참여하게 된다.

이 길고 힘들고 값비싼 전쟁이 진행되는 동안 왕실 재정은 바로 섰다가 다시 기울어지면서 돌아가는 팽이와 비슷했다. 그라나다로의 북쪽 접근로를 방어하는 중요한 요새 도시의 하나인 바자Baza를 점령하기 위한 1489년의 전투를 생각해보자. 전투 준비에는 도시 공동체, 주교, 그리고 귀족들에게 강요한 대출, 가축의 마릿수에 따른 특별세, 십일조에 추가된 전체 성직자의 보조금, 앞에서 언급한 대로 구원을 부여하는 도구인 십자군 황소 판매로 거둬들인 수입이 포함되었다. 전투가 진행되면서 비용이 치솟음에 따라 자금의 소요량도 증가했다. 나중에 콜럼버스 원정대의 재정을 주관하게 되는 루이스 데 산탕겔은 국제적 대출을 주선했다. 하지만 그 자금이 진행 중인 전투에 참여한 병사들의 급료와 보급품에 충당할 수 있도록 때맞춰 도착하지 못하게 되자, 산탕겔은 즉각적인 현금을 마련하려고 독자적으로 자금을 확보했다. 제노바의 상인은행가 프란체스코 피넬리(카스티야에서는 프란치스코 피넬로로 알려진)로부터 추가로 대출을 받았고, 다른 사람들이 부족분을 부담했다. 마침내 전투가 막바지에 이르면서 자금이 더 필요하게 되자, 이사벨라는 추가 대출을 받기 위하여 자신의 보석을 담보로 내놓았다.[30]

이사벨라 자신이 왕실의 신하들에 둘러싸인 장엄하고 위엄 있는 모습으로 도착했을 때, 바자의 전투는 끝나고 도시의 항복이 이루어졌다. 그렇지만 이는 한 해에 벌어진 전투 하나에 불과했다. 10년 동안 계속된 전쟁은 한계점을 멀리 넘어설 정도로 왕실의 재정을 압박했다. 이와 같은 규모의 전쟁에는 훨씬 더 정교한 재정 관리, 더 나은 행정, 그리고 나중에 콜럼버스 원정의 자금 지원을 돕게 되는, 루이스 데 산탕겔과 알론소 데 킨타니야 같은 재정에 관한 명민한 조언자가 필요했다. 콜럼버스의 원정에 자금을 대는 일도 복잡해 보였지만, 10년에 걸친 전쟁의 복잡성에 비하면 아무것도 아니었다.

이사벨라, 페르디난드, 그리고 조언자들이 전쟁 자금을 마련하기 위하여 채택한 해결책의 하나는, 채권 증서를 산 사람이 왕실의 수입에서 정기적으로 이자를 받는 장기 공채였다. 이 말이 친숙하게 들린다면, 오늘날의 공채에도 그러한 기본 구조가 남아 있기 때문이다. 이사벨라와 페르디난드의 연합 왕국은 유럽에서 처음으로 이런 방식의 자금 조달 모델을 채택한 국가였고, 16세기에는 다른 나라들도 그 뒤를 따랐다.

장기 공채는 새로운 아이디어가 아니었다. 베네치아에는 일찍이 1262년부터 있었고, 제노바, 피렌체, 함부르크를 비롯한 여러 도시 국가에 있었으며, (정식 도시국가는 아니지만) 콜로뉴Cologne, 바르셀로나 같은 아라곤의 자치 도시에도 1360년대부터 있었다. 장기 공채는 효과적으로 자금을 조달하는 잘 알려진 방법이었지만, 1489년의 이사벨라와 페르디난드 이전에는 대국의 통치자들이 이용할 수 있는 방법이 아니었다. 왜? 한 가지 이유는 왕들이, 적어도 부채와 신용에 관한 직업적 친숙도가 높은 상인들의 과두정부 체제로 운영되는 소규모 도시 국가에 비하면 신뢰할 만한 차용인이 아니라는 사실이었다.[31]

그러나 1489년부터 바자 전투의 재정적 압박을 받는 와중에서, 이사벨라와 페르디난드는 이 새로운 수입원의 엄청난 잠재력을 활용할 수 있었다. 새로운 수입원은 그들에게, 규모와 기간이 계속해서 확대되는 전쟁을 벌여야 하는 통치자들에게 꼭 필요한, 폭넓은 유연성과 두둑한 지갑을 제공했다. 고등교육을 받은 요령 있는 관료들이 관리하는 장기 공채는 다가오는 세기를 지배하게 되는 떠오르는 국가의 핵심적 요소 중 하나였다.[32]

그라나다의 최후와 내면을 들여다보기

여왕의 혈색은 좋지 않았고 가느다란 주름살이 눈 주변에 퍼져 갔으며 피부는 종잇장처럼 얇았다. 둥근 얼굴 아래쪽으로는 이중 턱이 시작되는 기미가 보였다. 수십 년의 분투에 따른 탈진 상태는 깊었던 그녀의 눈을 더 깊숙이 밀어 넣었다. 그간의 세월은 이사벨라에게 친절하지 않았지만, 그녀의 눈은 여전히 밝게 빛났고 위로 올라간 얇은 입은 희미하게 미소를 짓는 것 같았다. 1492년 1월 2일, 이사벨라에게 이날은 승리의 순간이었다. 그라나다의 성문 앞에서 황금 왕관과 화려한 비단으로 치장하고 참을성 없이 땅바닥에 발을 구르는 멋진 말 위에 걸터앉은 그녀의 주변을 신하와 정연하게 대오를 갖춘 수만 명의 병사가 둘러싸고 있었다.

성문이 열리자 갑옷을 입고 말에 오른 남자 50명이 나왔다. 선두에 선 사람은 소박한 노새를 탄, 보압딜Boabdil로 알려진 그라나다의 마지막 토후, 아부 압드 알라Abu 'Abd Allah였다. 여왕의 시선은 토후에게 머물렀다가, 그가 모자를 벗고 머리를 숙인 자신의 남편 페르디난드를 향했다. 아라곤 왕에 대한 복종의 몸짓은 그것으로 충분했다. 일행은 다시 이사벨라를 향했다. 아부 압드 알라는 패배를 인정하는 뜻으로 그녀의 손에 입을 맞추기를 청했지만 이사벨라는 거절했다. 그녀는 앞으로도 얌전히 굴어야 한다고 말했다. 늘 그렇듯이, 여왕은 이 왕정에서 누가 권력자인지에 대하여 의심의 여지를 남기지 않았다. 토후로부터 페르디난드에게, 그리고 다시 그의 아내에게 전달된 도시의 열쇠가 그녀의 손목에 무겁게 걸려 있었다.[33]

1492년이 밝아 오면서 거의 10년을 끌어온 그라나다 전쟁이 마침내 끝났다. 이사벨라와 페르디난드에게는 끝과 동시에 시작인 운명적인 해였다. 레콩키스타의 끝과 콜럼버스의 대서양을 향한 모험적 항해의 시작. 또한 1492년은 종교재판을 통하여—이사벨라와 페르디난드의 확고한 동의와 지원으로—스페인에 있는 수천 명의 유대인을 개종시키거나 추방하는 데 성공함으로써, 종교적 정통성에 대한 10년이 넘는 투자의 정점을 보여주었다. 이는 10년 동안의 끊임없는 종교 전쟁과 재정적 압박을 겪은 것으로는 충분치 않다는 듯한, 부상하는 국가의 어두운 면이었다. 중세기 말의 통치자들이 만들어내고 수용한 도구들은 그들이 전쟁과 정의를 넘어서서 그 어느때보다 더 백성의 삶 깊숙이 파고들도록 했다.

스페인의 종교재판은 국가적 프로젝트였다. 12세기와 15세기 사이의, 예외 없이 교황이 지시하고 책임을 졌던 중세기 종교재판과는 달랐다. 스페인 종교재판은, 성직자들이 주관했음에도 불구하고, 로마의 식스토 4세 교황이나 그의 후계자가 아니라 이사벨라와 페르디난드에게 의존했다. 종교재판의 주된 목표는 스페인 내부의 종교적 통일성과 정통성의 확립이었다. 왕국의 통합과 왕권의 강화라는 이사벨라와 페르디난드의 더 큰 목표에 완벽하게 부합하는, 본질적으로 정치적인 프로젝트였다. 종교재판은 카스티야와 아라곤에서 왕권에 저항하는 파벌 및 개인을 다루는 수단으로 이용될 수 있었고 종종 그렇게 이용되었으며, 이사벨라와 페르디난드가 적으로 간주하는 사람들에게 곤봉처럼 휘둘러졌다.

그러나 종교재판은 매우 빠르게 통제 불능 상태에 빠졌다. 카스티야에서 종교재판이 시작되고 아라곤으로 확대되도록 승인한 식스토 4세 교황까지도 지나친 상황에 항의했다. 여전히 비밀리에 옛 방식으로 신을 숭배하는 거짓 개종자로 지목된 유대인 수백 명이 화형에 처해졌다. 수천 명은 심문과 고문을 기다리고 있었다. 심지어

'회개한' 사람들도 심각한 처벌을 받았다. 종교재판소는 막대한 규모의 재산과 엄청난 액수의 돈을 몰수했고 그 대부분이, 자신들의 몫을 챙긴 이사벨라와 페르디난드를 비롯하여 처형을 승인한 세속 및 교회 관리들의 주머니로 들어갔다. 1480년대와 1490년대까지 종교재판은 항상 왕실의 승인을 받기는 했지만, 실질적으로 왕실의 통제를 넘어섰다. 이사벨라와 페르디난드는 1492년 봄과 여름에 있었던 유대인의 마지막 추방에 놀랐으나 반대하지는 않았다.

재산의 몰수와 고문에서 공개 처형까지 이르는 모든 행동은 이사벨라와 페르디난드의 더 큰 프로그램의 핵심이자 미래의 성공을 위한 근본적 요소였다. 그들은—특히 이사벨라는—자신을 수 세기 동안 이어온 스페인의 정치적·종교적 예외주의exceptionalism의 계승자로 여겼다. 기독교로 개종한 유대인을 일컫는 콘베르소conversos—종교 재판의 주요 표적—를 철저하게 감시해야 하고, 부족한 점이 발견되면 강력하게 처벌해야 한다는 믿음이 십자군 전쟁과 손을 맞잡았다. 콘베르소의 대다수—고문당하고 처형된 사람들까지도—에게 아무런 잘못이 없었다는 사실은 중요하지 않았다. 이사벨라와 페르디난드의 통치 이념에는 기독교도의 묵시론적 운명을 성취한다는 강력한 메시아적 요소가 있었다. 행정, 재정, 그리고 군사력의 엄청난 확대—부상하는 국가의 핵심—는 근대성을 향한 냉철하고 합리적인 미래 지향성이 나타난 것이라기보다는 여러 세기 전의 과거로 거슬러 올라가는 목표를 달성하려는 시도의 산물이었다.[34]

왕조의 얽힘

그라나다 정복을 뒷받침한 금융업자들과 효율적인 재정 메커니즘의 지원을 받은 크리스토퍼 콜럼버스는 1492년 여름에 대서양으로 항해를 떠났다. 그의 출발과 함께 스페인은 새로운 시대가 밝아오는 새벽을 목격하고 있었다. 십자군 전쟁은 모든 중세 통치자들의 명성을 높여준 활동이었고, 이사벨라와 페르디난드는 공개적인 종교 전쟁에서 승리를 거두었다. 유럽 전역의 교회에서 그들의 승리를 찬양하는 기도 소리가 메아리쳤다. 두 사람은 행정을 개혁하고 견고한 재정적 기반을 구축함으로써 국가를 재편했다. 왕실의 정의가 카스티야의 구석구석까지 손길을 미쳤다. 그라나다 전쟁 초기의 훈련이 부족하고 능력이 미흡했던 카스티야 군대는 전문적 상비군의 선구자로 거듭났다. 10년에 걸친 전쟁을 통하여 카스티야와 아라곤의 귀족 및 도시와 통치자의 유대가 그 어느 때보다 긴밀해졌다. 그와 동시에 두 가톨릭 군주는, 자신의 영토 안에서 부적절한 성직자들을 솎아내고 실질적인 신앙의 중재자가 됨으로써 교회를 개혁했다. 국가 권력의 또 다른 무기인 무시무시한 종교 재판은 종교적·문화적 통일성을 강요했다. 이사벨라와 페르디난드가 이끌면서 통합되어가는 스페인은 이제 유럽 강대국들의 선두에 서게 되었다.

왕조의 명성이 높아지는 것은 두 가지를 의미했다. 첫째로 결혼을 통해서 다른 왕조와 연결될 기회가 더 많아지고, 둘째로 소유에 대한 설득력이 떨어지는 권리 주장을 강요할 기회가 생기는 것이었다. 통치자의 증조부가 이 나라의 공작이나 저 나라의 왕일 수도 있었다. 자체적으로는 거의 의미 없는 직함이지만, 상비군, 재정적 역량, 그리고 왕조의 공격성이 버려진 주장을 대륙 전체에 걸친 전쟁을 벌일 근거로 삼을 수 있었다. 이사벨라와 페르디난드는 1490년대에, 유럽의 다른 주요 왕조와 유대관계를 맺고 광대한 영토에 대한 권리를 주장하면서, 두 가지 카드를 모두 사용했다. 그 과정에서 두 사람은 더욱 광범위한 대륙의 정치에 얽혀들었고, 16세기 전체와 그 이후까지를 지배하게 될 역학 관계를 출범시켰다.

이사벨라와 페르디난드가 창조한 떠오르는 질서의 첫 번째 징후는 샤를 8세 프랑스 국왕이 이탈리아를 침공한 1494년에 나타났다. 그의 발루아 왕조는 오래전부터 나폴리 왕국에 대한 권리를 주장했고, 전해에 있었던 통치자의 죽음이 성미 급한 젊은 샤를에게 좋은 기회를 제공했다. 자신의 상비군, 스위스 용병, 그리고 유럽에서 집결한 최대 규모의 포병대를 동반한 샤를은 이탈리아인의 미약한 저항을 뚫고 전진했다. 하지만 그 과정에서 그는 새로운 적, 즉 역시 나폴리 왕국에 대한 권리를 주장했던 아라곤의 페르디난드라는 적을 만들었다.

새로 선출된 아라곤 출신 교황, 악명 높은 로드리고 보르지아Rodrigo Borgia의 지원에 힘입은 페르디난드는 샤를과 맞서는 전쟁에 뛰어들었다. 이후 65년 동안 계속되고 프랑스의 발루아 왕조를 대륙의 지배권을 놓고 유럽의 경쟁자들과 맞서는 광대하고 끝이 없는 다툼의 구덩이에 빠뜨린 이탈리아 전쟁의 시작이었다. 전쟁은 확대되고, 국가는 폭력과 팽창의 자기강화적 순환을 통해서 부상했다.

전쟁뿐만 아니라 국가도 커졌다. 발루아 왕조의 초기 경쟁자는, 카스티야와 아라곤이라는 구성요소로 이루어진 복합국가 스페인의 자원으로 무장한, 아라곤의 페르디난드였다. 그렇지만 왕조의 통합 과정은 시작에 불과했다. 이사벨라와 페르디난드는 여러 자녀를 두었고, 그들 모두가 다른 왕조와 결혼했다. 두 딸은 포르투갈의 왕비가 되었고, 아라곤의 카탈리나Katherine of Aragon 왕녀는 한 명이 아니고 두 명의 영국 왕자와 결혼한 것으로 유명했으며, 가장 중요하게 그들의 장녀 후아나Juana는 합스부르크 왕가의 왕자인 미남왕 필리페Phillip the Hansome와 결혼했다. 더욱 중요한 것은 미남왕이 합스부르크 왕조의 저지대 국가와 오스트리아라는 광대한 영토의 상속자이며 앞으로 신성로마제국의 황제가 될 가장 유망한 후보라는 사실이었다.

수많은 임신의 후유증, 질병, 그리고 두 자녀의 상실에 따라 쇠약해진 이사벨라의 건강은 1503년에 더욱 악화했다. 당시에 카스티야와 아라곤은 20년이 넘는 전쟁을 치르고 있었다. 그들의 군대는 최근에 나폴리를 점령했고, 페르디난드는 카탈루냐 북부 지역에서 프랑스와 싸우고 있었다. 여러 해 동안 계속된 긴장과 스트레스에 지친 그녀는 간헐적인 고열과 떨칠 수 없는 내부 통증에 시달렸다. 이사벨라의 건강 상태는 1503년 내내 호전과 악화를 되풀이했지만, 이러한 불길한 징후도 페르디난드가 전장에 있는 동안에 왕국을 통치하는 그녀를 막지는 못했다. 무엇보다도, 이사벨라는 자신의 딸이며 후계자인 후아나가 카스티야의 통치자로서의 역량을 갖추도록 준비시키려 애썼다.

이사벨라는, 새 아내의 미래 왕국에 대하여 원대한 계획이 있는 탐욕스러운 미남왕 필리페를 신뢰하지 않았다. 후아나에게는 어머니와 같은 강인한 성품, 게임에 대한 본능과 무자비함이 부족했다.

공주는 감정적이고 우울한 다소 비극적인 인물이기도 했지만, 불충실한 남편과 마키아벨리Machiavellian 같은 아버지 페르디난드에 의하여, 통치에 부적합하다는 부당한 오명을 얻었다. 필리페는 그녀를 통해서 카스티야를 완전히 통치할 작정이었던 반면에, 여러 전선에서 전쟁을 벌이고 있었던 페르디난드는 카스티야의 자원을 포기할 생각이 전혀 없었다.

이사벨라의 상태는 1504년 내내 악화했다. 극심한 고열에 시달린 그녀의 서명은 가장 중요한 문서에서만 볼 수 있었고, 곧 그마저도 볼 수 없게 되었다. 마지막으로 서명한 문서는 후아나가 왕위를 계승할 것을 확인한 유언장이었다. "내가 해야 할 일과 법적 의무에 따라, 그녀가 나의 절대적 후계자가 될 것을 명하고 확인한다." 계획에 대한 열의가 떨어졌음이 명백한 이사벨라의 유언장은 말했다. 결국 1504년 11월 26일, 53세의 나이로 그녀는, 페르디난드가 지켜보는 가운데, 성사를 받고 자신이 계획했던 대로 세상을 떠났다.[35]

후아나가 왕위를 계승한 카스티야는 미남왕 필리페와의 관계를 오랫동안 유지할 필요가 없었다. 그가 1506년에 사망함으로써, 왕국의 통치권을 두고 필리페와 페르디난드 사이에서 끓어오르던 갈등은 절정으로 치닫기 전에 끝났다. 페르디난드는 후아나와 필리페의 아들 카를Charles이 성년이 될 때까지, 후아나를 보좌하는 역할을 이어받았다. 성년이 된 카를은 왕조의 통합 과정이 정점에 달한 16세기의 가장 강력한 통치자가 된다. 그는 이사벨라에게서 카스티야를, 페르디난드에게서 아라곤을, 오래전에 사망한 할머니인 부르고뉴의 마리Mary of Burgundy로부터 부유한 저지대 국가 지역을 물려받았고, 또 다른 할아버지 막시밀리안Maximilian으로부터는 오스트리아의 합스부르크 영지를 물려받았다. 이 모든 것으로도 충분치 않다는 듯이, 카를은 막시밀리안과 마찬가지로 신성로마제국 황제로 선출되었다.

점점 더 적은 수의 통치자가 점점 더 많은 권리를 주장했다. 그들의 영토는 행정적으로나 재정적으로나 더욱 복잡해졌다. 전쟁은 더 길고 파괴적으로 되었고 비용이 증가했다. 나폴리를 놓고 다툰 페르디난드와 샤를 8세 사이의 분쟁은 불과 한 세대 만에 이탈리아에서 저지대 국가까지, 피레네산맥에서 라인란트까지 뻗어 나간 대규모 전쟁으로 바뀌었다. 유럽 전역에서 떠오르는 국가 중에는 이사벨라의 스페인이 으뜸이었다. 그녀의 탁월한 재능과 무자비함은 당대에 우뚝 솟은 정치적·이념적·재정적 기반을 설정했다. 개인적 역량과 성격이 자신의 왕국 안팎에서 구조적 변화의 물결을 주도하는 데 도움이 되었다. 말 그대로나 비유적으로나, 그녀의 피는 다가오는 세기의 갈등, 승리, 그리고 재앙의 씨를 뿌렸다.

★★★★

— 3 —

야코프 푸거와
은행업

Jakob Fugger and Banking

— THE VERGE —

늦겨울 눈이 내려 좁은 계곡 주위로 솟아오른 들쭉날쭉한 알프스의 산등성이가 부드러워졌다. 길은 산봉우리의 갈라진 틈 사이에서 앞 뒤로 언덕을 가로지르고 상록수 숲을 들락날락하면서 구불구불하 게 뻗어 있었다. 기온이 영상으로 올라감에 따라 나뭇가지에 매달린 고드름에서 물방울이 똑 똑 똑 떨어졌다.

한 무리의 병사가 길을 따라 남쪽으로 행군하면서 판석 위에서 쿵쿵대는 말발굽과 군화 소리에 고드름에서 떨어지는 물방울과 겨 울바람을 맞은 나뭇가지가 부드럽게 살랑대는 소리가 묻혀버렸다. 추위에 떠는 그들이 내쉬는 하얀 입김이 산 공기 속으로 흩어졌다. 행군하는 보병의 병사들은 키의 두 배가 넘는 긴 창을 들었고 어깨 에는 대구경의 무거운 화승총을 걸쳤다. 그들의 다리는 진홍색, 노 란색, 파란색, 그리고 검은색 등 다채로운 색깔의 화려한 바지 속에 서 바쁘게 움직이고 있었다.

이들은 신성로마제국 황제 막시밀리안 1세의 군대에 합류하기 위하여 알프스를 가로질러 남쪽으로 향하는 독일 용병 란츠크네히트였다. 추운 계절임에도 불구하고, 길에 나선 것은 병사들만이 아니었다. 구리를 가득 실은 마차가 베네치아의 흥청대는 시장을 향해서 남쪽으로 굴러갔다. 비단과 향신료가 넘쳐나는 대상의 행렬처럼 북쪽으로 가는 사람들도 있었다. 초창기 은행업의 생명선이었던 중요한 문서—편지, 신용장, 환어음—를 소지한 운반원은 피곤한 말을 채찍질하여 브레너 패스Brenner Pass(이탈리아와 오스트리아의 경계를 이루면서 알프스를 통과하는 산악 통로-옮긴이)로 향했다.

특별한 한 남자가 이 모든 통행자와 관련이 있었다. 몇 년 동안 다니지 않았음에도 이 길을 잘 알던 그 자신은 길 위에 있지 않았다. 병사들의 지갑 속에서 짤랑대는 동전은 막시밀리안 황제에 대한 대출의 근거로 그의 회사가 제공한 신용장에 따른 것이었고, 그가 임대한 광산에서 채굴한 은으로 주조된 은화였다. 덜컹대면서 길을 따라 남쪽으로 가는 마차는 그의 구리를 그가 소유한 베네치아의 창고로 운반했다. 사치품을 가득 싣고 수익성 좋은 북부의 시장을 향하는 마차는 그의 회사 베네치아 지점에 보관된 장부에 투자 항목으로 기록되어 있었다. 지친 말을 몰고 겨울의 알프스를 오르는 운반원 중에는 그의 중요한 신용장과 환어음을 소지한 사람들이 있었다.

그 남자의 이름은 야코프 푸거Jacob Fugger였다. 이 순간에 그는 200마일쯤 떨어진 아우크스부르크에 있는 따뜻하고 건조한 궁전 같은 집에서 안전하고 편안하게 머물고 있었다. 그도 젊었을 때는 아우크스부르크에서 사방으로 뻗어 나가는 통상로 위에서 여러 달을 보내면서 많은 곳을 여행했지만, 그런 시절은 오래전에 지나갔다. 이제는 유럽에서 가장 중요한 귀족들의 사절이 빚을 갚으려고 그를 찾아왔고, 그의 영향력이 미치지 않는 곳이 없었다. 티롤과 헝가리의 광산, 교회를 위한 송금, 인도로 향하는 포르투갈인의 무역 항해에 대한 투자, 안트베르펜 단기금융 시장의 환율 투기 등 이것들은 '울리히 푸거와 아우크스부르크 형제들Urlich Fugger and Brothers of Augsburg'이라는 기업의 활동 중 일부에 불과했으며, 야코프는 유럽에서 가장 젊고 활동적이며 부유한 대표였다.

1525년에 67세의 나이로 사망하기까지 오랜 세월 동안 야코프 푸거는 이 기업─나중에 '야코프 푸거와 형제의 아들들Jacob Fugger and His Brothers' Sons'로 불리게 되는─을 유럽에서 가장 중요한 금융 및 투자회사로 키우게 된다. 합스부르크 왕조와의 오랜 유대관계를 통하여, 야코프와 그의 대리인들은 황제들의 선출과 규모와 폭력성이 엄청나게 증가하는 전쟁에 자금을 지원했다. 국가의 성장과 전쟁의 변화에서 중심적 역할을 한 폭넓은 활동 범위뿐만 아니라 외로운 늑대 같은 강인함에 힘입어, 야코프 푸거는 유럽 비즈니스계의 정상에 홀로 서 있었다. 사망 시점에 알려진 부의 규모에 따르면, 그는 인류 역사상 최고의 부자였다.

알브레히트 뒤러가 그린 유명한 초상화 속에서 그는 차분한 자기 확신과 함께 비웃음을 머금은 듯한 표정으로 관람자를 응시한다. 표면적인 겸손함 속에 자신이 경쟁자들보다 더 똑똑하고 의욕적이라는 타당성 있는 믿음이 보인다. 무엇보다도, 그는 자신의 부와 그것을 얻기 위하여 애쓴 노력을 자랑스럽게 여겼다. 야코프는 장부에 있는 수백만 플로린을 자신이, 그것도 정당하게 벌었다고 믿었다. "세상의 많은 사람이 나에게 적대적이다." 그는 말했다. "그들은 내가 부자라고 비난한다. 나는 신의 은총으로, 누구에게도 해를 끼치지 않고 부자가 되었다." 다른 사람들은, 그의 행동이 그를 탐욕스럽고 비기독교적인 사람으로 만들었다고 주장하면서, 동의하지 않았다. 그가 자금을 댄 군대는 이탈리아에서 수백 수천의 민간인을 학살했다. 가차 없고 무자비한 이윤의 추구가 야코프의 은과 구리 광산에서 일하는 광부들을 쥐어짠 나머지 공개적인 반란이 일어났다. 마르틴 루터는 순종하지 않는 말을 다루듯이 그를 제어하기를 원했다. 루터가 95개 논제를 쓰고 종교개혁가의 삶을 시작하도록 한 면죄부 판매의 배후에는 푸거의 복잡한 금융기법이 있었다.[1]

야코프 푸거의 엄청난 부는 자신의 재능뿐만 아니라, 은행업과 재정의 세계를 포함하는 광범위한 유럽 경제에 구조적 변화가 일어난, 특별한 전환의 시기에 따른 결과였다. 그는 놀라운 성공을 거둔 무자비한 인물이었지만, 그의 회사는 1500년을 전후한 수십 년 동안 남부 독일에서 폭발적으로 두각을 나타낸 여러 기업 중 하나에 불과했다. 예금은행업과 송금에서 산업적 투자에 이르기까지, 회사의 다각화된 사업 분야는 당시의 전형적인 포트폴리오였다. 자금에 굶주린 합스부르크 왕조는 푸거를 포함하여 수많은 대출자를 찾았다.

푸거의 시대에는 경제의 무게중심이 지중해 지역에서 북부 유럽의 가장자리로 이동하고 있었다. 금융의 수단—대출, 환전, 회계, 송금—가 점점 더 중요해졌다. 그들은 이탈리아와 남부 독일에 있는 중세의 교역 도시를 떠나 유럽 경제의 전반적 구조 속으로 들어갔다. 티롤과 슬로바키아의 산맥 깊숙이 파 내려간 광산의 수직갱도에서, 그리고 인도로 향하는 상선의 갑판 위에서. 광업과 전쟁 같은 주요 섹터는 점점 더 자본 집약적인 분야가 되었다. 자본은 왕실의 야망과 기술의 혁신으로 지펴진 불씨에 들이붓는 휘발유였다. 푸거 회사와 같은 기업은 필요한 자본을 제공하여 불을 지폈고, 그 과정에서 믿기 어려울 정도로 부유해졌다.

▌중세의 은행과 고리대금

16세기 초 수십 년 동안 야코프 푸거의 장부에 기록된 플로린, 굴덴, 그리고 두카트의 총액은 점점 늘어났다. 푸거의 사업에서 핵심을 이루는 은행업의 관행은 뿌리가 깊었다. 그 시작은 푸거가 태어나기 여러 세기 전 중세 중기의 상업혁명이었다.

로마제국의 정교한 경제가 보여준 지역 간 교역 및 전면적인 화폐화의 조밀한 네트워크는 많은 사람이 상품과 서비스의 가치를 화폐의 관점에서 생각하고 화폐가 대량으로 유통되었음을 의미했다. 이는 소비와 투자를 위한 대출을 비롯하여 다양한 은행업의 관행을 낳았다. 그러나 제국이 멸망한 후 수 세기 동안은 경제의 규모와 복잡성이 급격하게 축소되었다. 은행업은 정보가 원활하게 유통되고 중장거리 교역이 활성화된, 완전히 화폐화된 경제에서만 필요하다. 중세 초기에는 그 모든 것이 사라졌다.[2] 그러나 1000년 이후에, 경제활동이 다시 한 번 확대되기 시작했다. 인구가 늘어나고 농업 생산성이 증가했으며, 교역의 중심이 비단과 향신료 같은 사치품을 넘어서 값싼 벌크 상품, 특히 의류로 이동했다. 특히 활동적이었던 이탈리아 상인들은 동쪽으로 콘스탄티노플, 레반트, 이집트까지, 북북으로는 알프스 너머 상파뉴Champagne와 저지대 국가까지 교역의 범위를 넓혔다. 베네치아, 제노바, 시에나Siena, 피렌체, 그리고 루카Lucca 같은 도시가 느리지만 확실하게 국제적 교역의 중심지가 되었다. 소규모의 거래와 고립된 체류가 해마다 조직화된 시장을 찾는 여행으로 바뀌었다. 상파뉴의 시장은 대륙의 교역에 관한 정보 교환소로 유명해졌다.[3]

12세기 중반까지, 이탈리아인의 장거리 교역이 은행업의 새로운 시대를 열었다. 그런 거래에는 특정한 필요조건이 있었다. 12세기의 유럽에서 수십 가지 다른 통화 체계가 사용되었기 때문에 환전이 필요했고, 대량의 주화를 제노바에서 상파뉴까지 운반하는 것은 소영주와 그에 딸린 기사들에게 강도질을 부추기는 공개적 초대장이나 마찬가지였으므로 송금이 필요했다. 그리고 점점 규모가 커지는 원정에 자금을 댈 투자 자본도 있어야 했다. 은행업은, 밤마다 보유한 현금을 상자에 담아 집으로 가져갈 정도의 소액을 취급하는 하찮은 업자들로 시작되었다. 그러나 13세기 말에는 은행업이 주요 산업으로 성장했다. 전당업자─일반적으로 인간쓰레기로 여겨지는─와 이자를 주는 예금도 취급하는 환전상에서 상인은행업자에 이르기까지 세 가지 부류의 은행업자가 등장했다. 처음 두 부류도 거래와 신용의 일상적 운영에 필수적이었지만, 중세의 은행업을 지배한 것은 마지막의 상인은행업자였다.[4]

중세 은행업의 계층구조에서 상위권을 점유한 개인과 기업에는 다양한 관심사가 있었다. 유명한 메디치 가문의 부와 권력의 원천으로 15세기의 중요한 금융기관이었던 피렌체의 메디치 은행Medici Bank은 이자가 붙는 예금, 송금, 환전, 그리고 대출 같은 일상적 업무 외에도 로마 교황청을 위한 금융 서비스, 베네치아의 향신료 무역, 밀라노 공작의 궁정을 위한 사치품, 그리고 피렌체 자체의 직물 생산 등 투자 수익이 기대되는 모든 활동을 수행했다.[5] 특정한 사업 분야가 아니라 자본─생산적인 사용과 성장─이 핵심이었다. 이는 야코프 푸거와 그의 가족도 마찬가지였다.

그러나 은행업의 핵심은 대출─신용의 공여─임이 입증되었다. 단순한 학자금 대출이나 자동차 대출에서 고도로 정교한 분할상환 대출까지 다양한 유형의 대출이 이루어지는 오늘날의 현대적 신용 사회에서는 당연한 말처럼 들린다. 그러나 신용의 공여는 중세의 비즈니스 환경에서 심각한 문제를 야기했다. 교회는 고리대금에 대하여 강력한 지침이 있었고, 그것을 정확한 용어로 정의했다. 원금을 초과하는 것은 무엇이든 고리대금이었다. 투자에 대한 수익을 기대하지 않고 돈을 빌려주는 사람은 없으므로, 이자를 금지하는 것처럼 보이는 이 지침은 심각한 장벽이 될 것이었다. 은행업자들은 이러한 금지를 진지하게 받아들였고 자신의 영혼에 미칠 영향을 심각하게 우려했다. 부유한 중세 투자자의 유언장은, 남아 있을지도 모르는 고리대금의 죄를 씻기 위하여 경건한 기부를 위한 돈을 따로 떼어두는 경우가 흔했다. "고리대금의 죄를 범하는 사람은 지옥으로 간다," 14세기의 한 이탈리아인은 말했다. "그렇지 않은 사람은 가난뱅이가 된다."[6]

이는 우리가 이해하는 방식의 이자율과 상환 기간이 정해진 표준적 대출이 금지됨을 의미했다. 그런데도 은행업자들은 신용을 제공했다. 어떻게? 대출에 환전이 포함되거나, 투기적 투자를 위한 대출일 경우에는 위험을 수반한다는 사실 때문에 신학적으로 수용될 수 있었다. 이자는 핵심적 거래와 관련이 없는 선물이나 투자 수익의 지분으로 여겨지거나, 송금 과정에서 약간의 환율 조작을 통해서 지불되었다. 고리대금의 금지는 중대한 문제였고—지역사회에서의 위치를 신경 쓰는 은행업자라면, 길거리 모퉁이에서 탐욕과 고리대금을 비난하는 설교로 장광설을 늘어놓는 프란치스코회 수도사의 표적이 되고 싶은 사람은 아무도 없었다—은행업자들은 특정한 방식으로 이익을 내는 거래 과정을 만들어냈다.[7]

15세기의 마지막 4분기까지, 푸거 회사가 아우크스부르크 금융계의 꼭대기로 부상하는 동안에, 유럽 전역의 금융업자들은 환어음 같은 특별한 도구를 이해하고 활용했다. 조밀한 금융 네트워크가 런던, 저지대 국가, 발트해 연안 한자동맹의 교역 도시, 라인란트, 카탈루냐, 그리고 이탈리아 같은 상업 및 금융의 주요 중심지로부터 외부로 뻗어나갔다. 화폐를 교환하면서 대출의 이자율을 숨긴 환어음이 피렌체와 브뤼허, 리옹과 밀라노, 베네치아와 스트라스부르 사이로 쉽게 오고 갔다. 루카에서 발행된 신용장은 런던의 롬바드Lombard가에 있는 금융기관에서 현금화되어 영국의 상인 컨소시엄이 양모를 구입하는 자금으로 사용될 수 있었다. 은행업에는 확고한 관행적 기반과 합의된 사업 방식, 집단적 규제 수단, 그리고 신뢰성과 계약의 진실성에 대한 인식이 있었다. 은행업은 신용의 기본 개념이 최고도로 발전한 형태였고, 유럽 전역에서 신용을 뒷받침한 경제적 관행이었다.

1200년부터 1500년까지 전문 은행업은 메디치가 같은 피렌체인, 제노바인, 루카인, 그리고 시에나인이 운영하는 이탈리아의 전문 분야로 남아 있었다. 그러나 16세기가 밝아 오면서, 금융의 중심이 아주 갑자기 그리고 급격하게 알프스의 북쪽으로 이동했다. 그곳에서 남부 독일의 도시들이 국제적 무역 및 금융의 중계지로 부상했고, 아우크스부르크와 푸거 가문이 새로운 상황의 중심에 서게 되었다.

█ 남부 독일의 부상

█ 남부 독일—대략 서쪽으로 라인란트에서 동쪽으로 뮌헨, 남쪽으로 오스트리아에서 북쪽으로 프랑크푸르트에 이르는 지역—은 16세기로 접어들 무렵에 중세 유럽 경제의 스타라고 할 수는 없었으나 그렇다고 벽지도 아니었다. 저지대 국가, 북부 이탈리아, 심지어 라인란트의 도시들만큼 인구가 많지는 않았지만, 중세의 기준으로도 상당한 규모의 인구를 갖춘 아우크스부르크, 뉘른베르크, 울름Ulm 같은 도시가 있었다. 이 지역에서는 플랜더스Flanders, 피카르디, 또는 토스카나에 필적할 수는 없었지만 직물 산업이 번창했다.

정말로 남부 독일에 있었던 것은 지리적인 행운이었다. 남부 독일은, 지역 간 교역이 급증하고 대륙 전역의 시장이 통합되는 바로 그 시기에, 대륙을 통합하는 주요 교역로들이 교차하는 유럽의 심장부에 있었다. 알프스만 넘어가면 밀라노와 베네치아 같은 이탈리아의 부유한 대도시로 갈 수 있었고, 남북을 연결하는 또 하나의 주요 동맥인 라인란트가 바로 이웃이었다. 헝가리와 폴란드의 평원으로 연결되는 동서 교역로도 남부 독일을 직접 통과했고, 오스트리아와 헝가리의 광산에도 쉽게 접근할 수 있었다. 기본적으로, 남부 독일은 유럽에서 가장 중요한 교역로와 시장에 대한 자연스러운 지리적 연결을 제공했다.

유럽 인구의 40~60퍼센트인 약 5,000만 명의 목숨을 앗아간 흑사병이 살아남은 사람들의 생활 수준을 크게 높이기도 했다는 사실은 중세 역사에서 가장 큰 역설이다. 부족한 자원이 소수의 사람에게 집중되고, 소비에 대한 사고방식이 더 눈에 띄고 대중적인 방향으로 바뀌었다. 고급 의류의 수요가 급격하게 증가한 것은 생활 수준의 향상을 나타내는 가장 두드러진 상징의 하나였고, 그에 따라 유럽 전역의 직물 생산이 극적으로 증가했다. 남부 독일은 이렇게 성장하는 산업을 수용할 완벽한 위치에 있었다. 이 지역은 푸스티안 fustian이라 불린, 내구성이 뛰어난 면-양모 혼합직물 생산이 전문이었다. 이 푸스티안의 생산에는 이탈리아에서 원면을 수입하고, 생산자에게 신용을 제공하고, 완제품을 유럽 전역의 시장에 유통시키는 하부구조가 필요했다. 남부 독일의 번영하는 도시의 상인들은 모든 요구 조건을 충족할 수 있는 완벽한 위치에 있었다. 베네치아, 밀라노, 스트라스부르, 콜로뉴, 안트베르펜, 런던, 그리고 멀리 리스본까지 모습을 드러낸 그들은 고급 직물을 팔면서 대륙 전역에 걸친 조밀한 상업 네트워크를 구축했다.[8]

은행업의 극적인 북상과 푸거 회사의 부상은 결국 푸스티안의 호황 덕분이었다. 일단 확립된 중세의 상업 네트워크는 대단히 튼튼하고 유연했다. 현지의 시장이 어떻게 작동하고 어떤 경로를 택해야 하는지를 아는 신뢰할 수 있는 사람이 있는 한, 운송되는 물품—심지어 돈까지도—이 동일한 중개자를 이용하여 동일한 경로를 따라 이동할 수 있었다. 14세기와 15세기 피렌체인도 그랬고, 15세기 말과 16세기 남부 독일인도 그렇게 될 것이 다시 한 번 입증될 참이었다.[9]

아우크스부르크의 푸거 집안은 이러한 환경의 직접적 산물이었다. 가문의 창시자는, 1367년에 인근 마을에서 아우크스부르크로 이주한 한스 푸거Hans Fugger라는 직조공이었다. 직물 산업을 좋아했던 한스는 도시에 도착한 후 어느 시점엔가 더 수익성 높은 사업 분야에 참여하기 위하여 직조기를 떠났다. 세부사항은 알 수 없지만, 거기에 무역과 금융이 포함되었을 것으로 추측할 수 있다. 1396년에 사망할 때까지 한스는, 직조공의 위치에서 높이 올라가, 아우크스부르크의 부유한 엘리트 계층에서 자신의 자리를 개척했다.[10]

가족의 사업은 한스의 유능한 아내 엘리자베스Elisabeth와 두 아들 안드레아스Andreas와 야코프 밑에서 계속되었다. 처음에, 아마도 장거리 무역에 종사하면서 함께 일했던 형제는 결국 별도의 기업으로 갈라지게 된다. 사슴 문양을 새긴 복장 때문에 푸거 가문에서 '노루of the roe deer'로 알려지게 되는, 안드레아스와 그의 자손은 1490년대에 파산하기까지 대규모의 무역 및 금융 기업을 건설했다. 형 야코프 푸거의 자손은 '백합의 푸거 가문of the lilies'이 되는데, 그중에는 더 유명한 '대부호 야코프 푸거Jacob Fugger the Rich'가 포함된다.

　15세기의 아우크스부르크는 대규모 사업의 분위기로 홍청거렸다. 유럽에서 구매, 판매, 무역, 그리고 제조업으로 돈을 벌려는 사람에게 아우크스부르크보다 더 많은 기회를 제공하는 곳은 거의 없었다. 아우크스부르크의 엘리트 계층은 기본적으로 부유한 무역상, 금융업자, 그리고 장인들이 모여서 도시의 경제와 정치를 지배하는 상업적 집단이었다. 그들은 결혼과 미로처럼 복잡한 일련의 투자로 통합되고 정치적·상업적 경쟁으로 갈라지는, 긴밀히 연결되면서 배타적인 무리였다. 푸거 집안은 이 세계에 깊숙이 진입했고, 한스 푸거에서 유명한 대부호 야코프 푸거에 이르는 3대에 걸쳐서 선도적인 가문의 하나로 자리 잡았다. 한스는 직조공 길드guild 우두머리의 딸과, 그의 아들 야코프는 부유한 금 세공인의 딸과 결혼했다. 두 여성 모두 훌륭한 사업가였고, 각자 남편이 사망한 뒤에 가문의 부를 엄청나게 증가시켰다.[11]

　아우크스부르크 사회의 정점에 있는 이들 가문과 사업 네트워크를 통하여 흐르는 유동자본이 점점 늘어났다. 마치 물레방아를 돌리는 강물 같았다. 도시의 엘리트 구성원 사이의 모든 결혼은 새로운 상업적 유대이자 수익성 있는 투자를 위한 자금을 확보할 기회였다. 그들의 투자는 다양하고 광범위했다. 남부 독일에서 새롭게 부의 원천이 된 장거리 직물 교역은 단지 시작에 불과했다.

푸거 가족

한스 푸거의 장남이며 백합의 푸거 가문 설립자인 야코프 푸거
는 많은 자녀를 두었다. 자식은 씨족으로 이루어진 남부 독일 상인
의 세계에서 중요한 자산이었다. 아들들은 다른 도시의 지점을 관리
하기 위하여 파견되었고, 딸들은 상인 엘리트 계층의 다른 구성원과
유리한 결혼을 시킬 수 있었다. 모든 것이 가족의 부와 명예를 증진
할 기회였다. 야코프의 가계에서, 울리히Ulrich, 게오르크Georg, 그리고
우리가 대부호 야코프로 알고 있는 젊은 야코프 등 세 아들이 특히
중요했다.

대부호 야코프가 푸거 집안에서 가장 유명한 것은 사실이지만,
그를 유별난 인물로 취급하는 것은 당시의 비즈니스와 사회적 환경
의 실상을 근본적으로 왜곡하는 일이다. 한스 푸거는 부유했고, 사
망하기 전의 야코프도 아우크스부르크에서 가장 부유한 시민이었
다. 대부호 야코프는 불가능한 상황에서 부자가 된 것이 아니었다.
그는 느닷없이 나타난 번갯불이 아니라 이미 움직이고 있던 세계의
산물이었다. 가족은 닻과 기반이 될 뿐만 아니라, 물질적 측면에서
신뢰할 수 있는 동업자와 유동자본이라는 가장 귀중한 자원에 접근
하게 해주는 모든 것이었다.

1469년에 아버지 야코프가 사망한 후에 남은 가족은 그의 사업을
계속했다. 기업 경영에 깊이 관여했었던 그의 아내 바바라 배싱거
Babara Bäsinger는 남편의 사후에도 수십 년 동안 경영에 참여했다. 1472
년과 1486년 사이에, 남편이 사망한 뒤에 법적으로 바바라의 소유가
된 가족의 과세 대상 재산이 두 배로 늘어났다. 일곱 명의 아들 모두

가 가족의 사업에서 나름의 역할을 했다. 젊은 나이에 사망한 세 명을 포함하여 여섯 명은 기업 경영에 직접 관여했고, 1478년에 로마에서 사망한 넷째 아들 마르크스 푸거Marx Fugger는 성직자로 교회를 위한 약간의 금융 거래를 집안에 유리한 방향으로 밀어붙였다. 야코프—1459년에 늦게 태어난—가 성인이 되었을 때는 가족의 사업이 이미 번창하고 다각화되어 지리적으로 광범위한 기업이었다.

어린 시절에 집안에서 야코프에게 성직록benefice을 사주었기 때문에 그도 형 마르크스처럼 성직자가 될 운명이었다는 설도 있다. 이 이야기에 따르면, 야코프는 교회에서 끌려 나와 지저분한 사업의 세계로 들어가야 했으며, 영혼의 줄다리기에서 돈이 영성을 이겼다는 것이다. 하지만 이는 사실이 아니다. 아버지가 그에게 성직록—기본적으로 교구의 수입에 대한 권리로, 이 경우에는 아우크스부르크에서 북쪽으로 60마일쯤 떨어진 헤리든Herrieden이라는 마을의 교구—을 사준 것은 사실이다. 때로는 성직록의 소유자가 실제로 교구와 관련된 성직자의 의무를 수행하기도 했지만, 다른 성직자를 고용하여 임무를 맡기고 수입은 소유자가 챙기는 경우가 더 많았다. 성직록은 단지 상류 계층으로 이동하는 상인 가족에게, 여러 아들 중에 적합한 아들이 있으면 성직자의 삶을 준비시킬 수 있는, 한 가지 현명한 투자일 뿐이었다.[12] 야코프 푸거는 불과 몇 달 동안만 헤리든에 머문 것으로 보이며, 1479년에 공식적으로 성직록을 포기했다.

돈을 추구하는 삶은 성직록을 포기하기 오래전에 야코프에게 다가왔다. 형제 중 한 명인 페테르Peter는, 1473년에 뉘른베르크에서 가족의 사업을 위해서 일하던 중에 사망했다. 다른 두 형제인, 한스Hans

와 안드레아스Andreas는 그보다 얼마 전에, 베네치아에서 상인이 되기 위한 견습 생활을 하다가 사망했다. 그들의 죽음에 따라, 가족 기업에 대한 야코프의 참여는 가능성—성직록의 소유 때문에 유동적인—에서 필요성으로 바뀌었다. 형 피터가 사망한 1473년에 야코프는 견습 생활을 시작하기 위하여 베네치아로 갔다.

▌베네치아와 중세기 말의 상업적 지리학

▌남부 독일의 신흥 상업지역에서 중세 후기 무역세계의 중심이었던 북부 이탈리아로 가는 경로는 야코프 푸거의 경력과 유럽 경제의 변화 모두를 정의했다. 아우크스부르크에서 티롤의 중심인 인스브루크Innsbruck로 향하는 길은 알프스를 넘어 남쪽의 베네토Veneto, 그리고 찬란한 베네치아의 습지까지 이어졌다.

여행길에 나선 야코프 푸거의 나이는 열네 살에 불과했다. 그가 이 여행, 또는 형의 죽음에 대하여 어떻게 느꼈는지를 말해주는 일기나 편지는 없다. 남쪽으로 출발한 그는 평원과 레흐Lech 계곡의 구릉 지대를 지나서, 가끔씩 숲이 나타나는 비옥한 농지를 통과하는 강을 따라갔다. 도로 주변에 밀집된 마을들을 대표하는 교구 교회의 첨탑이 보였다. 밭과 가축을 돌보면서 일하는 농부들은 아우크스부르크, 잉골슈타트Ingolstadt, 뮌헨, 울름, 메밍엔Memmingen, 뉘른베르크를 비롯하여 더 멀리 있는 도시들까지 먹여 살리기에 충분한 곡물을 생산했다. 곡물은 길과 레흐강을 따라 북쪽으로 올라갔다. 직물도 시골에서 도시로 이동했다. 도시의 상인—푸거 집안도 그중 하나였을—이 원모와 원면을 구입하여 직물을 짜는 농부들에게 넘겨주고, 완성된 제품을 유럽 전역에 판매하는 선대putting-out 시스템으로 생산된 직물이었다. 아마 10대의 야코프 푸거도 그런 화물과 함께 남쪽으로 여행했을 것이다. 그렇지 않았더라도, 길에서 힘겹게 짐을 끄는 짐승들을 보았을 것은 확실하다. 직물 교역은, 10대의 견습 상인까지도 이해할 수 있을 정도로 남부 독일의 부를 창출하는 기반이었다.

길이 남쪽으로 이어짐에 따라 레흐 계곡의 평야가 베터스타인Wettersein산맥의 암석 지대로 바뀌었다. 동쪽으로 방향을 틀어 인Inn 협곡을 만나는 길 양쪽으로 높은 능선과 들쭉날쭉한 봉우리들이 솟아올랐다. 티롤의 중심이며 오스트리아 대공국Archduchy에 속하는 인스브루크가 그 중심에 있었다. 이곳은 곧 유럽의 고귀한 왕조로 떠오르고 나중에 야코프에게 행운의 열쇠가 되는, 합스부르크 왕가 중 한 지파의 고향이었다. 더 동쪽으로 인 계곡의 슈와츠Schwaz에서는 은 광산 단지가, 만족할 줄 모르는 지기스문트 대공Archduke Sigismund의 입맛을 돋우면서 대량의 귀금속을 생산해내고 있었다. 10대의 야코프는 광업의 호황이 무엇을 의미하는지 깨닫지 못했을 수도 있다. 하지만 성인이 된 그는 확실히 알았다. 광업은 머지않아 회사의 중요한 관심사 중 하나가 된다.

알프스를 가로지르는 주요 통로 중 하나인 브레너 패스는 인스브루크에서 남쪽으로 불과 20마일 떨어져 있었다. 무거운 짐을 실은 마차와 짐승들이 좁은 도로에서 자리다툼을 벌였다. 직물과 금속이 북쪽으로 올라가고, 비단, 향신료 같은 사치품과 면화가 남쪽으로 내려갔다. 서쪽으로 향하는 다른 통로들도 밀라노에서 만든 강철 판금갑옷, 다양한 직물과 양모를 운반하는 교통량으로 붐볐다. 고개의 정상에 오른 야코프는 알프스의 희박한 공기의 쌀쌀한 기운을 느꼈다. 이것이 그가 남쪽을 향한 첫 번째 여행이었지만, 마지막 여행은 아닐 것이었다.

양들이 풀을 뜯고 꽃이 만발한 초원을 지나 남쪽으로 내려간 야코프 일행은 상록수 숲을 지나면서 시원한 그늘을 느꼈다. 며칠 동안의 여행 중에, 험준한 능선과 봉우리들이 완만한 언덕으로 바뀌고, 이어서 포Po 계곡의 광활한 평지가 모습을 드러냈다. 조밀하게 도시화된 북부 이탈리아에는 사람이 많았다. 수천 명 인구가 있는 비첸차와 파두아 모두 야코프의 고향 아우크스부르크보다 큰 도시였고, 그 사이에도 작은 도시와 마을들이 있었다.

포 계곡의 짙은 검은색 대지는 유럽에서 가장 비옥한 토양에 속했지만, 북부 이탈리아의 모든 인구를 먹여 살리기에는 충분하지 않았다. 수요를 충족하기 위하여, 반도의 남부 지역—시칠리아와 나폴리—에 있는 광활한 들과 때로는 더 먼 곳에서 생산된 곡물을 가득 실은 선박의 행렬이 끝없이 이어졌다. 이는 튀어나온 배를 안고 아드리아해와 티레니아Tyrrhenian해를 왕래하는 상인들의 끊임없는 흐름, 항해에 투자할 자본에 대한 단기적 신용의 제공, 그리고 은행업자를 통한 거액의 송금이 요구되는 거대한 사업이었다. 유럽의 다른 대도시 지역인 저지대 국가도 마찬가지로 발트해의 한자동맹 상인들을 통해서 폴란드에서 오는 곡물을 거래했다.

야코프는 포 계곡을 통과하면서 곡식 자루의 무게에 신음하는 마차를 보았다. 그들은 상업 서류와 계약서를 소지한 먼지로 얼룩진 운반원, 불타는 종교적 열정으로 성스러운 도시 로마로 향하는 순례자, 손에 익은 무기를 든 흉터투성이의 용병들과 도로상에서 자리다툼을 벌였다. 곡물을 가득 실은 바지선이 계곡의 수많은 운하와 강을 따라 천천히 내려갔다. 아드리아해를 향하여 동쪽으로 가면서 견고하고 비옥한 땅이 베네치아 석호를 둘러싼 늪지대로 바뀌었다. 거기에 늪 한가운데 있는 등대처럼, 중세 유럽 최대의 상업 지역의 왕관 보석이 있었다. 이곳이 야코프의 목적지였다. 형제들이 죽은 곳이었고, 교역의 대가들로부터 은행업과 상업의 요령을 배우게 될 곳이었다.

베네치아는 유럽의 교역 네트워크의 핵심이었다. 이곳에서 중요한 교역로가 사방팔방으로 뻗어 나갔다. 석호 안에 있는 항구는 북부 이탈리아와 아드리아 해안으로 직접 연결되어, 달마티아Dalmatia로부터 선박 건조를 위한 목재를, 남부 이탈리아로부터는 이 지역 전체의 배고픈 입들을 먹일 곡물을 들여왔다. 멀리 인도양에서 오는 고급 향신료와 비단이, 홍해와 나일강을 거쳐서 알렉산드리아로부터 이곳으로 왔다. 남부 독일의 상인들이 북쪽으로 운송하는 면화도 생산적인 시장을 찾는 푸스티안 직물과 마찬가지로 이곳을 통과했다. 피렌체의 메디치를 비롯한 수많은 은행업자를 통해서 공급되는 이탈리아의 자본이 이곳에서 생산적인 투자의 기회를 찾았다. 십자군 세금과 면죄부 판매—말 그대로 구원을 사는—의 수익금이 멀리 헝가리, 폴란드, 그리고 스칸디나비아에 있는 교회의 전초기지에서 로마로 가는 길에 베네치아의 금융시장을 통과했다. 리알토 다리 초입에 있는 독일 상인들이 밀집해 있는 건물인 폰다코 데이 테데스키 Fondaco dei Tedeschi는 사업가가 되기 위한 교육을 받는 야코프의 교실이었다. 그는 이곳 리알토 다리 위에서 환전상과 은행업자들을 볼 수 있었다. 북적이는 부두와 상품으로 가득한 창고도 멀지 않은 곳에 있었다.[13]

유럽에서 베네치아처럼 상업적 도구가 정교하게 연마되고 개발된 곳은 없었다. 만년의 야코프 푸거는 백과사전적 부기bookkeeping 지식으로 유명했다. 1470년대의 베네치아가 그러한 최첨단 기법을 그에게 보여주었을 가능성이 크다. 회계는 중요했다. 회계가 자산과 부채를 정확하게 반영할수록 기업이 어떤 위치에 있는지, 돈이 어디로 가는지, 그리고 가장 중요하게, 얼마나 큰 위험을 감수할 수 있을지를 관리자가 더 잘 가늠할 수 있었다. 기업이 크고 거래가 복잡할수록 회계의 중요성도 커졌다.

전례가 없는 규모로 성장하게 되는 야코프 푸거의 기업 장부는 항상 흠잡을 데 없이 정리되어 있었다. 야코프의 베네치아 체류로부터 수십 년 뒤에, 마테우스 슈바르츠Matthäus Schwarz라는 아우크스부르크 출신의 젊은이가 회계 분야에서 최고의 교육을 받기 위하여 밀라노, 제노바, 그리고 베네치아를 순례하면서 배울 수 있는 모든 지식을 흡수했다. 아우크스부르크로 돌아와 야코프 푸거를 위해서 일하려 했던 그는, 회계 지식을 테스트하는 까다로운 구술시험을 치르게 된다. 나중에 슈바르츠는 그 순간에 자신의 광범위한 훈련이, 야코프 푸거의 폭넓은 경험과 재무 회계에 관한 본능에 비하면, "아무것도 아닌 것이나 다름없음"을 깨달았다고 말했다. 그는 그저 아우크스부르크에 머물면서 대가로부터 배울 수도 있었다.

베네치아의 부두에서는 영국의 양모, 인도의 향신료, 그리고 피렌체의 환어음 등 중세 무역의 세계 전체를 조망할 수 있었다. 10대의 야코프는 이 개방된 분위기의 학교에서 가능한 모든 것을 주어모았다. 그는 말년까지 이탈리아식 이름 자코보Jacobo를 버리지 않을 정도로 베네치아를 좋아했다. 뒤러가 그린 유명한 초상화에서 볼 수 있듯이 머리에 황금색 베레모를 쓰는 습관을 얻은 곳도 아마 베네치아였을 것이다. 야코프의 성격은 기본적으로 냉철하고 무자비한 합리성으로 정의되지만, 이렇게 희미한 감정의 빛이 다른 무언가에 대한 약간의 힌트를 제공했다.[14]

국가 재정

1480년대 초에 야코프가 성인이 되면서 가족 기업을 위한 새로운 기회가 모습을 드러내기 시작했다. 사업은 형 울리히와 게오르크, 어머니 바바라의 재능과 야코프의 유능함에 힘입어 호황을 누리고 있었다.

국가 재정과 광업은 이후 수십 년 동안 이어진 엄청난 성장의 주된 원천이었다. 이 두 부문은 이전보다 수십 수백 배의 막대한 자본을 빨아들였다. 무엇보다도, 이렇게 명백한 규모의 변화가 이전 세대와 진정한 차이를 나타내는 표지였다. 그들은 더 많은 자본을 축적하고, 더 큰 벤처사업에 투자하고, 그러한 활동을 통해서 훨씬 더 많은 이익을 얻었다.

1480년대에는 신성로마제국 황제 프리드리히 3세$_{Frederick III}$의 사촌인 지기스문트 대공이 티롤을 통치했다. 당시에 50대로 접어든 지기스문트는 오랫동안 정치적 수완가로서는 별로 두드러질 것 없는 경력을 쌓았다. 그의 주요 업적은 토지를 사고팔거나 현금을 마련하기 위하여 담보로 잡힌 것과, 옛 협력자인 부르고뉴의 공작 담대공 샤를을 몰락시키게 되는 동맹에 가담한 것이었다. 이 모두는 당시의 야심 있는 군주에게는 일상적인 일이었지만, 그 노력의 결과는 엇갈렸다. 심지어 합스부르크 가문의 구성원조차도 승자가 되지는 못했다. 그렇지만 지기스문트에게는 동시대인에게 없는 것이 있었다. 바로 값비싼 신기술로 생산성을 갖춘 티롤의 은 광산이었다. 광업의 호황은 이 지역을 강타했고 생산량이 급증했다.

지기스문트 대공은 광산의 산출물에 대한 강력한 관습적 권리를 유지했고, 끊임없이 확장되는 (그리고 계속해서 실패하는) 자신의 정치적 야망을 달성하기 위하여 새로 얻은 부를 활용했다. 그렇지만 하고 싶은 일을 모두 감당하기에 돈이 충분했던 적은 한 번도 없었다. 지기스문트는 이 점에서 특별하다고 할 수 없었다. 우리는 이미 이사벨라와 페르디난드에게 전쟁 자금을 대기 위한 유동 자금의 끊임없는 주입이 필요했던 것을 살펴보았다. 그들 사이의 중요한 차이점은 각자의 벤처사업 성공률이었다.

지기스문트 대공의 재정적 곤경에 대한 해결책은 당연히 대출이었다. 다행히도, 티롤의 이웃에는 남부 독일의 번창하는 상업 도시들이 있었고, 번창하는 상인 엘리트에게는 대출할 수 있는 가용 자본이 많았다. 그러나 이들 사업가는 호락호락한 상대가 아니었다.

그들이 대공에게, 그의 왕조가 아무리 연줄이 좋더라도, 대출의 안전성을 보장할 무언가가 없이 대규모 투자를 할 가능성은 작았다. 이것이 푸거 가족을 포함한 남부 독일의 기업가들에게, 국가 재정과 광업이 밀접하게 얽히게 되는 방식이었다. 어쨌든, 대출의 안전성을 보장하는 데 순은보다 나은 것이 무엇이겠는가?

울리히, 게오르크, 그리고 야코프 푸거는 1485년에 처음으로 지기스문트 대공에게 대출을 해주었다. 대출 총액은 3,000플로린으로, 지기스문트가 다른 회사에 빚진 1만 플로린과 티롤의 재정 담당자에게 떠넘긴 6만 플로린에 비하면 소소한 금액이었다. 푸거 형제들은 이 비교적 적은 금액에 대하여 고리대금 금지에 저촉되지 않도록 이자를 부과하지 않는 대신에 상환금을 은으로 받았다. 1,000마르크, 약 618파운드 가치에 해당하는 귀금속이었다. 1487년에 지기스문트가 베네치아 공화국과 전쟁을 벌이면서 양측의 관계는 빠르게 깊어졌다. 우리가 알다시피 전쟁에는 돈이 필요하고, 지기스문트는 이미 돈에 쪼들리고 있었다. 1487년 가을에 1만 4,500플로린의 대출이 이루어졌고, 1488년 봄에 8,000플로린의 추가 대출이 이어졌다. 같은 해 여름에는 대출 총액이 무려 15만 플로린에 달했다. 그 대가로 푸거 회사는 대공의 슈와츠 은 광산 산출물 전체를 확보했다.

이와 관련된 거래는 미로처럼 복잡했다. 엄밀히 말해서, 푸거 회사는 고정된 가격—마르크당 8플로린—으로 은을 사들이고 마르크당 5플로린의 비용을 제련소에 지불했다. 마르크당 3플로린의 차액은 대공의 대출금 상환에 충당되었다. 매주 200마르크의 은이 은화 제조를 위하여 대공의 조폐소로 들어갔고, 나머지는 푸거 회사가 공개시장에서 판매했다. 은의 고정된 구매 가격과 실제 시장 가치의 차이가 이 거래를 통하여 푸거 회사가 얻는 이익의 원천이었다.

1489년 말까지 지기스문트는 푸거 회사에 26만 8,000플로린이라는 천문학적 액수의 빚을 졌다. 푸거 형제들에게 그 많은 돈이 있을 수는 없었으므로, 어딘가 외부에서 투자 자본을 확보해야 했다. 가장 가능성이 큰 출처는 아내들의 지참금, 사돈, 사촌, 그리고 아우크스부르크의 상층 엘리트를 정의한 음주 클럽의 동료들을 포함하는, 아우크스부르크에서 확장된 푸거 집안의 네트워크였다. 이들투자 모두가 상환해야 할 의무였다. 그들이 빌려준 자본의 일부도, 남는 이익이 지불한 이자를 만회할 것이라는 계산으로 빌린 돈일수 있었다.[15]

수익성의 보장은 자체로도 까다로운 일이었으며, 장부의 균형을 맞추기 위한 정확한 회계, 일련의 복잡한 계산—Z만큼의 대출을위한 Y지역에서 예상되는 X만큼의 은의 가격—과 정확한 계산을 위해서 필요한 유럽의 금속 시장에 대한 충분한 지식이 요구되었다. 야코프 푸거의 회계 담당자인 마테우스 슈바르츠는 다른 경쟁자들과 야코프 회사의 차이를 다음과 같이 요약했다. "이 친구들은 자신의 거래를 관리가 허술한 스크랩북이나 종이 쪽지에 써서 벽에 붙이고, 창틀 위에서 계산을 한다." 푸거 형제들에게는 그런 방식이 통하지 않았을 것이다. 그들의 정확도는 기업 전체의 성공에 결정적 역할을 했다.[16]

지기스문트 대공의 빚은 결국 그를 자신의 영지 밖으로, 그리고 수치스러운 은퇴의 길로 내몰았다. 그의 대체자는, 프리드리히 3세의 아들이자 곧 신성로마제국의 제위를 계승할 합스부르크 가문의 사촌 막시밀리안Maximilian이었다. 1477년에 건장하고 원기 왕성한 18세 청년이었던 막시밀리안은, 부르고뉴의 상속녀 마리Mary와의 결혼을 위한 로맨틱한 제스처로, 라이벌 통치자의 영토 안에서 수백 마일을 달리는 거대한 도박을 감행했다. 그렇게 카리스마 넘치는 행동을 통하여 그는 신성로마제국에서 물려받은 잡다한 영지 외에도 저지대 국가의 공동 통치자가 되었다. 마리의 때 이른 죽음으로, 우리가 이미 만나본 어린 아들 필리페의 불안하고 환영받지 못하는 섭정으로 남게 된 막시밀리안에게, 이 일은 더욱 어려워졌다. 수익성 높은 유산의 대가로 프랑스와 전쟁을 치러야 했던 막시밀리안은 오직 전장에서의 개인적 용맹과 막대한 지출을 통해서 자신의 영토를 지켰다. 노루의 푸거Fuggers vom Reh라는 푸거 가문의 일파는 막시밀리안의 병사들에게 급료를 지급하기 위한 대출금을 플랑드르로 송금한 여러 은행업자 중 하나였다. 실제로, 막시밀리안의 대출 중 한 건을 보증하기로 했던 루벤Leuven이라는 도시(지금은 벨기에의)가 보증을 거부한 것이 이 푸거 일파의 충격적인 파산을 초래한 직접적 원인이었다.[17]

막시밀리안은 자신의 영토를 확장하고 자녀를 위해서 더 많은 땅을 확보하기를 꾀하면서 일생을 보냈다. 그의 노력은 성공적이었지만, 막대한 재정적 대가를 치러야 했다. 그의 방탕함은 대공의 지위를 인수한 1490년에 이미 주목할 만했고 사망할 무렵에는 전설이 된다. 20년 뒤에 아우크스부르크의 한 상인은 이렇게 기록했다. "때로 그가 전쟁터로 출발하려 할 때 수행한 신하들이 너무 가난해서 여관비를 계산할 수도 없었다."[18]

그러나 텅텅 빈 금고도 막시밀리안의 야심을 꺾지는 못했다. 그는 같은 계획을 오랫동안 고수하는 일이 없는, 도전적이고 안절부절 못하는 성격이었다. 영국의 왕위에 도전하는 사람을 지원하고, 다음에는 최초로 인쇄된 정치적 선전물에 자금을 대고, 이어서 프랑스의 왕을 제압하고 브리타니Brittany 공국의 상속녀와 결혼할 계획을 꾸미다가, 다음 달에는 베네치아 공화국의 영토를 탈취하는 데 관심을 돌렸다.[19] 항상 새로운 계획, 또 다른 군사 작전, 새롭게 외교적 주도권을 확보하려는 시도가 있었고 그 모든 것에는 돈이 필요했다.

아우크스부르크의 울리히 푸거와 형제들은 기꺼이 막시밀리안에게 돈을 빌려주면서, 합스부르크가의 사촌이자 그의 전임자인 지기스문트와 시작한 관계를 계속해서 유지했다. 여기서 그들이 왜 기꺼이, 그토록 노골적으로 돈을 헤프게 쓰는 인물, 끝없는 야심이 가용한 수단을 넘어서는 것이 분명한 사람과 거래를 했는지에 대한 의문이 제기된다. 대답은 간단했다. 안전성. 파산하고만 푸거 집안의 사촌들과는 달리 울리히, 게오르크, 야코프에게는, 지기스문트와 거래할 때와 마찬가지로, 귀금속이라는 형태의 보장이 있었다. 막대한 양의 은은 점점 더 큰 대출의 재원이 되었고, 결과적으로 푸거 회사는 엄청난 이익을 챙겼다. 낙관적 추정치에 따르면 1485년과 1494년 사이에 거둔 이익이 40만 플로린에 달했는데, 이는 지나치게 높은 추정일 수도 있지만, 단지 정도의 문제일 뿐이다.[20]

다른 사람들에게는 푸거 형제들의 정확성과 사업에 대한 냉철한 감각이 부족했다. 1494년에 푸거 회사는 앞선 대출의 상환금으로 막시밀리안의 광산에서 나오는 4만 플로린 가치의 은에 대한 권리를 보유했다. 막시밀리안이 뉘른베르크의 상인 컨소시엄으로부터 상당한 신규 대출을 받기 위해 담보로 약속했던 은이었다. 푸거 가문은 주장을 관철하여 은을 얻었고, 막시밀리안은 돈을 챙겼으며, 뉘른베르크의 상인들은 낙동강 오리알 신세가 되었다. 부상하는 국가에 자금을 대는 일은 재앙 아니면 엄청난 부라는 두 가지 결과 중 하나에 이를 수 있었다. 푸거 형제들은, 채무 불이행을 초래하거나 군주의 악감정을 사는, 피해가 막심한 결과를 피해 나가는 정확한 경로를 찾아냈다. 이 시대에 국가 건설에 나선 군주들의 모든 위대한 계획은 신용에 대한 접근을 기반으로 구축되었다. 채권자 중에도 더 나은 결과를 얻은 채권자가 있었다.[21]

▌ 광업

티롤의 은 광산과 그것을 담보로 한 푸거 회사와 다른 기업의 대출은 막시밀리안에게 몇몇 (그러나 결코 전부는 아닌) 원대한 꿈을 추구할 자원을 제공했다. 막시밀리안의 국가 재정의 기반이 된 은 광산은, 금속을 추출하고 제련하는 매우 값비싼 방법이 가능해짐에 따라, 15세기 말에 새로 개발된 광산이었다. 광업은 믿을 수 없을 정도로 자본 집약적인 산업이 되었고, 그에 상응하여 광업이 창출하는 큰 이윤이 국가의 건설이라는 또 하나의 자본 집약적 프로세스를 가능하게 했다. 그 두 가지 발전은 서로 얽혀 있었고, 푸거 회사는 두 가지 모두의 형성에 관여했다.

15세기 말에 광업은 새로운 산업이라 할 수 없었다. 구리는 같은 광석에 포함된 은과 함께 채굴될 수 있었고, 수백 년 된 갱도가 가득한 중부 유럽의 산과 언덕에는 거대한 광맥이 얽혀 있었다. 이즈음에 폭발적인 인기를 끌었던 광석 제련 과정조차도 새로운 것이 아니었다. 용출은 구리와 은을 함유한 광석에 납을 첨가하고 반복적으로 가열하여, 납과 결합한 구리가 빠져나가고 순도 높은 은이 남도록 하는 공정이었다. 아마도 수 세기 동안 알려졌지만, 특별히 인기가 있거나 비용 대비 효과가 뛰어난 방법은 아니었다.[22]

15세기 후반에 대규모 용출이 가능해진 것은 두 가지 변화 때문이었다. 첫째로, 더 쉽게 채굴할 수 있는 광산의 생산량이 부족하여 은 가격이 상승했고, 그에 따라 상대적으로 구리 함유량이 많고 은이 적은 광석이 있는 광맥의 수익성도 높아졌다. 이들 광맥은 더 깊은 지하에 있어서 펌프로 배수해야 하는 특수한 갱도에 따르는 채굴 비용이 필요했다. 또한 대량의 구리에서 소량의 은을 분리하는 작업자를 위한, 제련로와 작업장을 건설하는 데도 돈이 많이 들었다. 둘째로, 푸거 형제와 같은 남부 독일 상인들에게는 이들 갱도와 기계설비에 투입할 자본이 있었다. 이 사업과 관련된 모든 것이 값비쌌고, 수많은 숙련 및 비숙련 노동자가 필요했으며, 그 모든 것의 비용을 치러야 했다. 위험을 무릅쓰고 기꺼이 자금을 댄 투자자들이 없었다면, 이런 채굴 작업이 불가능했을 것이다. 다행히도 아우크스부르크, 뉘른베르크, 울름, 그리고 프랑크푸르트 같은 도시의 공격적이고 자금이 풍부한 상인 엘리트들이 그러한 요구에 완벽하게 부응했다.[23]

은에 대한 끊임없는 갈증이 광업의 초기 팽창을 견인했다. 자체로도 귀중한 금속이면서 일상적으로 통용되는 화폐의 기초였던 은의 내재적 가치가 조건이 나쁜 광산의 채굴까지도 가능하게 했다. 그러나 은은 시작에 불과했다. 구리에서 순수한 은을 분리하는 것과 같은 공정과 설비로 순수한 구리도 손쉽게 생산할 수 있었다. 당시를 지배한 끊임없는 전쟁을 위하여 청동 대포를 비롯한 무기를 주조하는 데 필요한 구리의 수요도 극적으로 증가했다.

소비자의 수요를 충족하기 위하여 기술적으로 가능한 프로세스의 규모를 확대한 것은 자본—냉정한 현금—이었다. 이는 오늘날의 페이스북Facebook이나 우버Uber처럼 경제의 판도를 바꾸는 기술기업에 대해서든, 15세기의 광업에 대해서든 틀림없는 사실이었다. 남부 독일의 상인들은, 오늘의 벤처투자자와 마찬가지로 땅속에서 기회를 보고 그 기회를 잡았다. 그런 일을 푸거 회사보다 효과적으로 해낸 기업은 없었다.

그러나 야코프와 형제들은 먼저 실사를 하지 않고 새로운 분야에 뛰어든 적이 없었다. 그들은 지기스문트 대공과 그를 계승한 막시밀리안에게 단 1플로린이라도 빌려주기 전에 여러 해 동안 그들의 금융 거래를 지켜보았다. 형제들은 확장되는 티롤의 광산 근처에서 일생을 보내면서, 은을 담보로 잡기 전에 은의 가격과 생산 비용을 면밀하게 관찰했다. 구리와 광산의 소유권을 확보하기 위한 시도도 다르지 않았다. 그들은 먼저 막시밀리안의 대리인으로 활동하면서 시장에 대한 감을 잡고, 1492년에 그의 구리 일부를 베네치아에서 재판매하고, 1494년 5월에는 자신의 계정으로 티롤산 구리를 매점했다. 그동안 회사는, 잘츠부르크 인근의 광산 지분을 사들이면서 서서히 유통에서 소유로 이동했다.

이 모든 것은 다음 행보를 위한 세심한 준비 단계였다. 1494년 11월 15일에, 푸거 회사의 대리인이 사업가이자 광산 기술자인 한스 투르조Hans Thruso와 그의 아들 게오르크Georg와의 계약서에 서명했다. 트루조는 크라쿠프Kraków 출신으로 최근에 오늘날 슬로바키아에 속하는 노이졸 지역의 은과 구리 광산 단지를 임대한 인물이었다. 풍부한 경험을 갖춘 광산 전문가이고 헝가리의 정치 엘리트들과도 긴밀한 유대가 있는 그에게 부족한 것은 자금이었다. 푸거 형제들의 대리인이 그에게 제시한 계약이 필요한 자금을 공급할 것이었다.

새로운 사업의 규모와 복잡성은 상상하기 어려울 정도였고 신중한 정치적 처리가 필요했다. 광산은 엄밀하게 말해서, 최근에 막시밀리안과 왕조 협정을 맺은 헝가리 국왕의 소유였다. 역시 소유권을 주장한 페치Pécs의 주교가 한스 트루조에게 광산을 임대하는 계약에 서명하도록 하는 데는 막시밀리안의 압력과 700두카트에 상당하는 푸거 회사의 선물이 필요했다. 모든 새로운 임대와 공사 과정에는 헝가리 국왕의 승인이 필요했고 그러한 협력관계가 매끄럽게 유지되어야 했다. 거기에는 헝가리 왕실에 제공한 신용과, 푸거 회사가 1494년과 1500년 사이에 헝가리의 여러 영향력 있는 성직자와 관리들에게 준 1만 플로린 상당의 선물이 도움이 되었다. 광산의 막대한 이익이 모든 잠재적 손실을 만회할 것이라는 형제들의 계산은 매우 정확했다.[24]

거기까지는 단지 정치적 측면일 뿐이었다. 수익성 있는 광산에는 값비싼 기계설비, 대규모 제련작업, 광석 분쇄시설이 필요했고, 푸거 회사는 노이졸을 비롯한 여러 광산의 점점 규모가 커지는 시설 비용을 치러야 했다. 용출 공법의 중요한 원료인 납을 확보하기 위해서도 자체적으로 광산을 소유할 뿐만 아니라 공개시장에서 사들여야 했다. 형제들은 트루조와의 관계 외에도 다른 곳에 있는 광산을 확보하고 추가적으로 제련시설을 건설했다. 1504년에는 헝가리의 광산 사업에 투자된 총액이 100만 플로린에 달했고, 해마다 10만 플로린을 넘는 금액이 투자되었다.

채굴되고 제련된 구리와 은은 시장으로 옮겨야 했다. 그 대부분이, 특히 초기에는 베네치아로 갔지만, 곧 단일한 시장이 처리하기에는 생산량이 너무 커졌다. 유럽 전역에 걸친 엄청난 규모의 유통망만이 현실적인 해결책이었다. 푸거 회사가 자금을 댄 새로운 도로가 제련된 금속을 운반했다. 상품이 통과하는 땅을 소유한 소영주, 주교, 왕자들과의 지속적인 관계는 운반되는 물자의 안전을 보장하고 성가신 통행료와 운송 지연을 최소화했다. 브로츠와프Wroclaw, 크라쿠프, 오펜Ofen(오늘날의 부다페스트), 라이프치히 같은 네트워크의 거점도시에는 대리인이 있어서 물자의 운송을 관리했다. 짐마차꾼들이 그단스크, 슈체친Stettin, 그리고 발트해의 뤼벡으로 운반한 상품은 부두 노동자들이 떠오르는 금융의 중심지이며 북유럽의 중요한 항구인 안트베르펜으로 향하는 배에 선적했다. 각 지역에서 고용된 사람들의 급료가 지불되고 남은 자금은 다시 본사로 송금되면서 돈이 이리저리로 움직였다. 네트워크의 모든 곳에서 가격의 변동, 경상수지 현황, 소속 직원의 실적에 관한 정보가 아우크스부르크의 본사로 흘러 들어갔다. 헝가리의 구리 사업 전체가 회사와 분리된 계약사업으로 조직되고, 본사는 엄밀히 말해서 구리와 은을 사들이고 재판매하는 일을 하게 됨에 따라, 사업 장부 관리의 복잡성에 한 층이 더 추가되었다.[25]

이러한 노력에는 천문학적 이익이 뒤따랐다. 노이졸 광산 한 곳이, 이미 수익성이 높은 은을 제쳐두더라도, 유럽의 구리 생산량의 거의 40퍼센트를 차지했고 또 다른 40퍼센트를 차지하는 알프스 지역의 구리 교역에서도 푸거 회사가 지배적인 역할을 했다. 1503년에는 푸거 회사가 헝가리에서 생산한 구리를 그단스크에서 안트베르펜으로 운반하는 선박이 41척에 달했다. 이는 몇몇 거점 중 한 곳과 구리의 전체 재고 중 일부만을 처리하기 위한 배들이었다.[26] 1504년에 울리히 푸거와 형제들은 이미 유럽에서 가장 부유한 기업 중 하나가 되었다.

다각화된 관심사

푸거 회사의 사업이 확장되고 복잡해짐에 따라 형제들은 일련의 새로운 계약으로 기업을 재편했다. 이들 합의는 이제 삼형제가 동등한 동업자라는 것과 각자가 투자한 자본 중 얼마가 회사에 남을 것인지, 형제 중 한 사람이 사망할 때 상속인에게 얼마를 지불할 것인지를 명시했다. 새로운 계약은 회사 설립 이후로 유지된 관습에 의존하는 전통적 방식을 대체했다. 푸거 회사만 그런 것은 아니었다. 이런 유형의 계약—정확하고, 대가족보다는 중요한 동업자에 초점을 맞추고, 무책임하고 탐욕스러운 후계자를 배제하는—은 남부 독일 상인들의 표준이 되었다. 형제들은 초기 6년의 기간이 지난 뒤에 계약을 갱신했고, 이후로는 공식적 갱신이 없이 유지했다. 울리히가 1506년에 게오르크가 1510년에 사망하자, 야코프는 홀로 유럽 최대 기업의 일인자가 되었다.

그제야 '야코프 푸거와 형제의 아들들'로 바뀐 회사는, 남아 있는 소수의 가족 구성원과 다양한 이해관계의 복잡한 네트워크 모두에 야코프가 독재적 통제권을 행사하는, 외로운 늑대 같은 기업이었다. "나는 스스로 사업을 수행해나가고 관리하면서, 두 형의 아들들을 열심히 훈육하기로 결심했다"고 새로운 회사의 정관은 말했다. "또한 위에서 언급한 네 조카 모두 … 내가 그들에게 맡겨서 성취토록 한 사업과 함께, 나를 이 기업의 수장으로 인정할 것이다." 야코프가 총책임자임에는 의문의 여지가 없었다.[27]

성공적인 기업을 이룬 공로의 대부분이 머지않아 '대부호'라는 불후의 별명을 얻게 되는 야코프에게 돌려지는 경향이 있다. 역사상 최고 부자였던 그는 쇼를 진행한 스타였다. 그러나 야코프가 특출하게 뛰어난 사업가이기는 했지만—광업과 국가 재정 부문에서 회사의 발전은 그의 추진력에 힘입은 것이었다—형들의 역할 또한 과소평가할 수 없다. 각자에게는 정의된 역할이 있었으며, 자신의 책임을 망치거나 소홀히 해서 비범한 동생이 구원에 나서야 하는 일은 없었다. 게오르크는 종종 중요한 시장이자 환적 거점인 뉘른베르크에 머물면서 회사의 사업을 조정했다. 울리히는 자본을 조성하고 신뢰할 수 있는 대리인과 고용인을 찾는 데 필수적인, 상인 엘리트 계층 구성원들과의 관계를 포함하여 아우크스부르크에서의 업무를 처리했다. 회사를 대표한 야코프의 광범위한 여행—베네치아로, 1494년에는 새로운 헝가리 무역 기반을 다지기 위하여 비엔나로, 그리고 티롤과 프랑크푸르트 등지로—은 오직 형들의 활동이 있었기에 가능했다. 그들의 기업은 사실상 남부 독일의 모든 기업과 마찬가지로 집단경영 체제였고 1510년에서 1525년까지 야코프의 철권통치는 표준이 아니라 예외였다.[28]

1510년 이후로 야코프가 회사의 경영을 확고부동하게 장악한 것은 당대의 경쟁 기업에 비하면 이례적이었다. 당시 아우크스부르크에서 두 번째로 큰 기업인 베슬러Weslers에는 18명이 넘는 동업자가 있었다. 그렇지만 기업의 급격한 성장과 이례적으로 다각화된 관심사는 당시의 정확한 표준이었다. 푸거 회사는 티롤의 은이나 헝가리의 구리를 취급하는 유일한 남부 독일 상인이나, 심지어 아우크스부르크의 기업도 아니었고, 만족할 줄 모르는 막시밀리안에게 대출을 해준 유일한 기업도 아니었다. 푸거 회사는 여전히 사업의 기반이었던 직물과 번화한 베네치아의 리알토에서 구입한 사치품을 취급했다. 그들은 1504년의 항해에 투자함으로써, 포르투갈과 인도의 무역에도 새롭게 손을 댔다. 다른 기업들은 다른 사업에 주력했다. 역시 아우크스부르크의 기업인 베슬러와 혹스테터Höchstetters는, 야코프와 형제들에게—수익성이 있기는 했지만—부수적인 사업이었던, 포르투갈인의 항해와 향신료 무역에 훨씬 더 많이 투자했다.[29]

남부 독일의 모든 기업—창문에 표시된 명칭이나 주력 사업과 관계없이—은 은행업과 금융이라는 도구를 채택했다. 혹스테터는 하인에서 왕자까지, 누구에게서든 예금을 유치하고 이자를 지급했다. 푸거 회사는 투자자를 더 까다롭게 선별하면서 아우크스부르크의 상인 엘리트 계층과 그들의 대가족 및 결혼 관계의 대규모 네트워크에 노력을 집중했다. 그들은 또한, 야심찬 성직자이자 티롤 행정부의 관리자였던 멜키오르 폰 메카우Melchior von Meckau 추기경을 포함하여, 정치적 협력자와 부유한 금융업자들에게서 자금을 조달했다. 1509년 멜키오르 추기경의 예상치 못한 죽음은 실제로 푸거 회사를 심각한 곤경에 빠뜨렸다. 당시에 그가 예치했던 15만 플로린이 회사의 가용 자본 대부분을 차지했기 때문이었다. 모든 다른 은행업자와 마찬가지로 푸거 회사도 이자를 지급했다. 하지만 그들은 우선 상인이자 투자자였다. 은행업은 단지 목적을 위한 수단, 다른 사업에 자금을 대는 데 필요한 자본을 조성하는 방법이었다.[30]

은행업의 진정한 효용성은 예금과 이자를 훨씬 능가했다. 다양한 형태의 환어음, 신용장, 그리고 송금이 은행 업무의 핵심이었다. 푸거 회사를 비롯한 기업들도 같은 노선을 따랐다. 그들은 다루는 도구가 아니라 사용의 규모와 빈도에서 혁신가였다. 불과 수십 년 전에 유명한 메디치 가문이 수만 플로린 상당의 환어음을 취급했다면, 푸거 회사를 비롯한 동시대 기업들은 수십만 플로린 상당의 환어음을 활용했다. 16세기 초에 안트베르펜이 여러 세기 동안 이탈리아인이 선호했던 브뤼헤를 대체하여 유럽 금융계의 새로운 중심으로 떠오른 것은 우연이 아니었다. 그들의 사업 규모는 엄청나게 확장되었고, 그러한 규모가 주변의 광범위한 상업 세계의 궤도를 구부리는 중력장 역할을 했다.[31]

사업적 관심사의 복잡한 특성 때문에, 푸거 회사와 같은 기업은 끊임없이 엄청난 액수의 현금을 이곳저곳으로 옮기고 한 통화를 다른 통화로 교환했다. 막시밀리안에 대한 대출은 단일한 거래가 아니라 일련의 거래가 결합한 대출이었다. 채권자들은 수중에 있는 자금과 함께 새로운 투자자나 2차 대출을 통해서 자본을 모았으며, 그 모두에는 자금의 이동이 필요했다. 예컨대 1515년에 야코프는, 황제에게 거액의 대출을 해주기 위하여 '좋은 친구들'로부터 상당한 자금을 빌려야 했다.[32] 푸거 회사는 그 돈을 하나 또는 그 이상의 환어음을 통해서 목적지(또는 목적지들)로 송금했다. 환어음을 받은 푸거 회사의 현지 대리인은 필요한 액수의 현금을 마련하기 위하여 환전상과 접촉해야 했고, 이는 거래의 또 한 층을 이루었다. 국가 재정은 푸거 회사의 사업 중 한 분야에 불과했지만, 여러 번의 자금 이전과 모든 금융 수단의 세부적인 활용이 필요했다.

국가 재정과 비교하면, 푸거 회사와 교회의 거래는 부수적이었다. 교회는 수많은 금융 거래를 처리하기 위하여 은행업자의 도구에 의존했다. 새로 선출된 모든 주교에게는 세르비티아servitia라는 교황에 대한 의무가 있었다. 교황은 모든 성직록, 즉 대부호 야코프가 젊은 시절에 소유했던 것 같은 교구에서 나오는 소득에 대하여 자기 몫을 주장했다. 또한 모든 교구는 십자군을 위하여 사용될 수도 그렇지 않을 수도 있는, 십자군 세금을 걷었다. 일부 지역은 베드로의 펜스Peter's Pence라 불린 특별한 세금을 부담해야 했다. 마지막으로, 교황들은 구매자의 죄를 씻고 사랑하는 친척을 연옥에서 구해내는 탈옥 카드, 즉 면죄부 판매의 수익금에서 자기 몫을 주장했다. 금액 자체가 반드시 크지는 않았지만—이곳저곳에서 수천 플로린씩—횟수가 많았고, 이를 위한 송금을 하는 성직자들은 모든 중요한 기업이 유치해야 할 좋은 친구들이었다.

푸거 집안은 일찍이 1476년부터 교회를 위한 자금 이체 업무를 처리했는데, 아마도 가족 기업을 대표하여 로마에 주재했던, 머지않아 사망하게 되는 형제 마르크스 푸거의 노력 덕분이었을 것이다. 이러한 거래는 필요에 따라, 1501년에 터키인에 맞선 헝가리 왕국의 십자군을 위한 보조금의 선지급을 포함하여, 이후 수십 년 동안 계속되었다. 그들은 율리오 2세Julius II와 레오 10세에게 면죄부 판매의 수익금을 전달하는 업무도 여러 차례 처리했다. 레오 10세는 로마의 성 베드로 대성당을 건축하는 자금을 댄 교황이었다. 그중에 가장 유명한 거래는 1516년에 푸거 회사가 주교가 될 성직자의 관저를 구입하는 데 필요한 상당한 금액을 대출해준 것이었다. 대출금은 면죄부 판매를 통하여 상환되었고, 푸거 회사는 수익금을 로마로 송금했다. 푸거 회사로서는 일상적 업무였지만, 이와 관련한 면죄부 판매는 의도되지 않았던 결과를 초래했다. 면죄부 판매를 위하여 채택된 착취적 마케팅 캠페인이 마르틴 루터를 괴롭힌 나머지 그가, 신교도 종교개혁의 도화선에 불을 붙이게 되는 95개 논제를 쓸 수밖에 없도록 했던 것이다.

아이러니하게도, 1518년에 제국 당국자가 그의 위험한 발언을 해명하도록 루터를 소환했을 때, 개혁가는 열정적인 자기방어를 위한 근거로 야코프 푸거의 호화로운 저택의 사례를 제시했다.[33]

합스부르크의 미래

티롤의 은은 새로운 규모의 국가 재정을 창출하는 열쇠였고, 그 수익이 다시 더 많은 대출에 활용될 수 있는, 광업에 대한 추가적 자본 투자의 기회를 제공했다. 이는 고전적인 자본주의 피드백 루프였고 푸거 회사의 사업 기반이었으며, 막시밀리안의 끝이 없고, 값비싸고, 거의 성공하지 못하는 책략에 푸거 집안을 점점 더 깊숙이 끌어들였다.

막시밀리안의 부채는 16세기의 첫 20년 동안, 주로 이탈리아에 대한 그의 관심이 급증하면서 터무니없을 정도로 불어났다. 이론적으로는, 신성로마제국 황제―막시밀리안이 아버지를 계승한 직위―에게 이탈리아반도 대부분에 대한 법적 관할, 수입과 통제 등 광범위한 권리가 있었다. 하지만 그런 권리는 14세기 중반 이후에 황제들이 독일로 관심을 돌리면서 사라졌다. 이탈리아인들은 더 부유해졌고, 스스로 더 잘 방어할 수 있게 되었으며, 문화적·정치적 독립성이 더욱 확고해졌다. 그렇지만 강력한 의지가 있는 황제라면 언제라도 상실한 권리를 되찾으려 시도할 수 있었고, 야심만만했던 막시밀리안은 그런 시도를 재정의 한계점까지 밀어붙였다.

막시밀리안은, 1494년 샤를 8세의 이탈리아 침공에 이어진, 페르디난드와 이사벨라의 스페인과 프랑스 사이의 전쟁에서 기회를 포착했다. 그는 1508년에, 알프스 국경의 분쟁 지역을 차지하려는 기대를 품고, 베네치아 공화국에 대항하는 연합군에 합류했다. 막시밀리안은 여생 동안 이탈리아와 저지대 국가에서 단속적으로 벌어진 전쟁에 끼어들었다. 처음에는 프랑스, 스페인, 그리고 교황과 동맹을 맺고 베네치아인과 싸웠지만, 머지않아 프랑스와 맞서 싸우게 되었다. 결과는 막시밀리안에게는 종종 그랬듯이 엇갈렸다. 1508년에 처음으로 베네치아 영토를 공격한 그의 병사들은 참담한 패배와 굴욕을 맛보았다. 황제는 1509년에 더 큰 군대를 이끌고 몸소 남쪽으로 향했으나 파도바를 점령하는 데 실패했고, 프랑스의 개입에 힘입어 겨우 목숨을 건질 수 있었다. 그리고 나서 막시밀리안은 편을 바꾸어, 영국과 페르디난드의 아라곤과 동맹을 맺고 프랑스와 맞섰으며, 1513년에는 저지대 국가에서 대승을 거두었다. 그런 것이 바로 막시밀리안이 평생을 바친 이중적이고 지나치게 교활한 전쟁과 정치였다. 이탈리아 전쟁 및 관련된 분쟁으로 전쟁의 규모와 비용이 급격히 증가하면서, 막시밀리안은 어디선가 그 모든 비용을 치를 돈을 찾아야 했다.[34]

다시 한번 푸거 회사는 막시밀리안의 금고를 채우고 전쟁을 계속할 수 있도록 해야 하는 중요한 시점을 맞았다. 막시밀리안은 1508년 10월에 푸거 회사에서 30만 플로린을 대출받기 위하여 광산의 미래 산출물을 담보로 사용했다. 이 대출은 다음 해에 실패로 끝난 파도바 원정 비용으로 사용되었다. 피렌체의 프레스코발디 Frescobaldi 같은 다른 채권자들은 막시밀리안에게 더 많은 대출과 송금을 해주기 위해서 푸거 회사에서까지 돈을 빌렸다. 계속되는 전쟁, 호화로운 접대, 그리고 다양한 계획의 비용을 치르는 금액은 점점 늘어났다. "우리는 왕족의 형제들과 자녀뿐만 아니라 그들이 데려오는 귀족들까지, 왕실의 예복, 은 접시, 기타 명예의 토큰을 사용하여 접대할 필요가 있다." 1515년에 막시밀리안은 말했다. "그대도 상상이 가겠지만, 이런 일에는 상당한 금액이 필요하다." 낭비벽이 심한 황제에게 이보다 더 어울리는 묘비명을 상상하기는 불가능하다.[35]

삶의 말년에 이른 1518년에 막시밀리안은 완전히 파산했다. 야코프 푸거는 그에게, 단순히 생활비와 식량의 비용으로 한 번에 1,000플로린이나 2,000플로린씩의 비교적 소액을 빌려주었다.[36] 푸거 회사에 진 그의 빚이 너무 커서, 설사 원했더라도 회사와 막시밀리안의 관계를 단절할 수 없었다. 그리고 야코프 푸거는 실제로 관계의 단절을 원하지도 않았다. 막시밀리안과 사업을 하는 데 따른 수고와 어려움에도 불구하고, 그들의 관계는 지난 30년 동안 믿기 힘들 정도의 수익을 안겨주었다. 야코프의 부의 핵심을 이룬 광산 사업은, 반복적인 대출에 힘입어 형성된 정치적 관계에 의존했다.

막시밀리안의 후계자인 19세의 카를Charles은 훨씬 더 안전한 투자 대상으로 보였다. 카스티야의 이사벨라와 아라곤의 페르디난드의 손자인 카를은 1516년에 페르디난드가 사망한 후에, 통합 왕국을 물려받았다. 그는 오래전에 사망한 부르고뉴 공작 담대공 샤를의 증손자로서, 저지대 국가에 대한 권리도 행사했다. 가장 중요하게, 젊은 카를은 막시밀리안이 사망했을 때 할아버지를 계승하여 신성로마제국 황제의 권리를 주장할 수 있는 가장 유력한 인물이었다.

그러나 신성로마제국 황제의 직위는 선출직이었다. 1519년에는 마인츠, 콜로뉴, 트리어Trier의 대주교, 보헤미아 국왕, 라인 지역의 분할된 영토를 대표하는 팔츠Palatinate의 선제후elector, 베를린이 영지의 중심에 있는 브란덴부르크 후작, 작센Saxony의 선제후 등 제국의 주요 영주 일곱 명에게 황제의 선출을 위한 투표권이 있었다. 카를은 유일한 후보자도 아니었다. 프랑스의 프랑수아 1세Francis I와 영국의 헨리 8세Henry VIII 모두 경쟁자였고, 공격적인 프랑수아는 이미 선제후 두 명의 지지를 확보하고 있었다.

막시밀리안은 자신과 카를이 필요한 표를 사들여야 한다는 것을 알았다. 늙은 황제에게는 돈이 없었지만 카를은 그렇지 않았다. 젊은 왕에게는 스페인과 저지대 국가의, 어떤 대출을 위해서든 담보로 제공할 수 있는 엄청난 자원이 있었다. 그런 거액의 거래에서 믿을 수 있는 대출자는 한 사람뿐이었다. 막시밀리안은 야코프 푸거와 진지한 협상을 시작했고, 1518년 말에 합의에 이르렀다. 1519년 1월에 임종을 맞은 늙은 황제는 책략과 실패를 거듭한 오랜 세월과 아울러 파멸적인 부채와 야망이 자신의 손자를 16세기의 가장 강력한 통치자가 될 자리에 올려놓았다고 확신하면서 편하게 눈을 감을 수 있었다.

야코프 푸거는 그 대관식의 대리인이었다. 그는 총비용의 3분의 2 정도에 해당하는, 54만 3,585플로린의 거액으로 카를을 지원하기로 동의했다. 결국 야코프는, 아우크스부르크의 베슬러와 이탈리아 회사 세 곳에서 환어음을 현금으로 바꾸어 나머지 3분의 1을 채우면서, 85만 플로린의 비용 전체를 부담했다. 이제 카를 5세 로마 국왕이며 곧 황제로 즉위할 카를은 왕좌를 얻었고, 아마도 더 중요하게는 채무자가 되었다.[37]

야코프 푸거의 최후

이것이 야코프 푸거를 상인에서 킹메이커로 바꾸고 영원한 명성을 얻도록 한 과정이었다. "저의 도움이 없었다면 황제 폐하가 로마 제국의 왕관을 얻을 수 없었다는 것은 잘 알려진 사실입니다." 야코프는 몇 년 뒤에 카를 5세에게 보낸 편지에서 말했다. "그리고 폐하의 대리인들이 작성한 문서로 그 사실을 입증할 수 있습니다."[38]

부채가 얼마였든 간에 카를 5세는, 할아버지보다 별로 나을 것 없이, 대출금의 상환을 크게 신경 쓰지 않았지만 푸거 회사의 건전성에는 큰 영향을 미치지 않았다. 대출과 상환의 회전문이 계속해서 돌아갔다. 수십만 플로린이 서서히 푸거의 장부로 흘러 들어갔고, 병사들의 급료 지불과 야심 차고 쉴 줄 모르고 강력한 황제에 의하여 누적된 헤아릴 수 없는 비용을 대기 위하여 더 많은 돈이 빠져나갔다.

그러나 젊은 시절이 지나간 야코프는 늙고 병들어 가고 있었다. 그는 66세가 된 1525년에도 쉴 줄 모르고 일하는 습관을 유지했고, 마지못할 때만 조카들에게 회사에서의 역할을 위임했다. 성탄절이 다가오면서 건강이 악화한 상태에서도 그는 여전히 일을 계속했다. 당시에 오스트리아의 페르디난트 대공─카를 5세의 동생─이 중요한 지역 귀족들과의 회합을 위해서 아우크스부르크에 머물고 있었다. 대공의 측근들은 옛정을 생각해서 마지막 대출을 해주도록 임종을 앞둔 푸거를 설득했다. 사망하기 이틀 전에 야코프는, 회사 총수로서의 마지막 결정으로, 프러시아의 알브레히트Albrecht 대공이 요청한 대출을 거절했다. 알브레히트는 최근에 루터교로 개종했고, 야코

프 푸거—전통적 교회의 충실한 지지자였던—는 이단자들과 거래하지 않았다.[39]

　1525년 12월 30일, 동이 트기 몇 시간 전 이른 새벽에 아우크스부르크의 거리에는 아무 소리도 들리지 않았다. 길 건너편 야코프 푸거의 웅장한 저택 창문에서 흘러나오는 깜빡이는 촛불 빛으로 쥐 죽은 듯이 고요하고 어두운 집안으로 들어서는 사제의 모습이 보였다. 마지막 의식을 주관하기 위하여 사제가 도착했을 때, 간호사 한 사람만이 거의 이틀 동안 혼수상태였던 환자의 곁을 지키고 있었다. 푸거의 아내는, 아마도 남편이 죽은 뒤에 바로 재혼한 남자와 함께 다른 곳에 있었다. 그의 유일한 자식인 사생아 딸도 자기 어머니와 어머니가 결혼할 남자와 함께 있었다. 조카들—지난 15년 동안 가까운 동업자이자 동료였던—은 다른 곳에 볼일이 있었거나 굳이 임종의 자리에 참석하려 하지 않았다.

　새벽 네 시쯤 야코프 푸거가 사망했을 때 도시는 잠들어 있었다. 이어진 장례에 대한 세부사항을 기록으로 남긴 사람은 아무도 없었고, 애도의 표시도 거의 없었다. 지시, 명령, 그리고 숫자를 기록한 야코프 푸거의 펜은 감상적이었던 적이 없었다. 친구와 사랑하는 가족에 둘러싸여 죽음을 맞는 것은 야코프 푸거에게 어울리지 않는 일이었을 것이다. 그런 것은 그가 쌓아온 인간관계가 아니었다. 그의 삶의 영향력은 다른 방식으로 느껴졌다. 아우크스부르크에 남긴 자선재단, 태어난 도시에 가져다준 부, 저택을 장식한 예술품, 그리고 조카이자 후계자로 선택된 안톤Anton에게 물려준 두툼한 장부들. 야코프는 1511년부터 1525년에 사망할 때까지 회사의 자산을 거의 열

배로 늘렸다. 그는 부유한 상인의 막내아들로 삶을 시작하여 역사상 최고의 부자로 끝을 맺었다.[40]

삼촌이 사망한 뒤에 안톤 푸거는 회사를, 전쟁과 급격한 변화의 시기에 헝가리에서 페루까지 통치권이 미치는, 세계에서 가장 부유하고 강력한 군주의 궁정 은행으로 바꾸어 놓았다. 그렇지만 안톤은, 자신의 모든 재능에도 불구하고 단순히 삼촌이 구축한 기반 위에 건물을 지은 것뿐이었다. 카를 5세에게는 지기스문트 대공에게 빌려주었던 수천 플로린이 수십만 플로린으로 늘어난 규모의 변화가 글로벌 대전환의 시대를 정의한 중요한 변화였다. 야코프 푸거의 자본은 광업, 국가 건설, 전쟁, 농민 반란의 진압, 그리고 탐사 항해와 글로벌 무역으로 흘러 들어갔다. 그 모든 발전의 뿌리에 그의 돈이 있었다.

아우크스부르크를 가로지르는 옛 로마 도로와 마주 선 푸거 저택이 침묵에 휩싸이는 동안에도, 유럽의 다른 곳에서는 야코프의 돈이 귀가 먹먹할 정도의 굉음을 만들어냈다. 펌프는 광산의 갱도 깊숙한 곳에서 물을 퍼 올렸다. 기계 망치는 광석 조각을 두들겨 산산조각 냈다. 과열된 용광로는 쉭쉭 대면서 광석을 녹였다. 황소와 노새는 너무 무거운 짐에 항의하면서 울부짖었다. 동전은 만족스러운 땡그랑 소리를 내면서 지갑과 돈궤로 들어갔다. 펜은 차변과 대변이 깔끔하게 정리된 장부에 거래 항목을 기록했다. 죽어서조차도, 야코프 푸거의 장부는 항상 균형을 유지했다.

★★★

— 4 —

괴츠 폰 베를리힝엔과
군사 혁명

Götz von Berlichingen and the Military Revolution

THE VERGE

화약이 타면서 나는 썩은 달걀 냄새가 습한 여름 공기에 스며들어, 씻지 않은 몸에 응결된 땀 냄새와 말똥 냄새에 뒤섞였다. 짐승들이 울부짖는 소리는 강철과 강철이 부딪히는 소리, 화승총의 날카로운 총성, 화살을 발사하는 석궁 줄 소리, 그리고 대포의 굉음에 묻혀버렸다. 그러한 소음 속에서 사람들의 외침이 란츠후트Landshut 마을과 그 너머에 솟아 있는 성벽까지 들려왔다. 말 위에서 얕은 도랑에 은신한 적군의 보병에게 창을 내지르는 중기병의 강철 갑옷에서 여름 햇살이 반짝였다. 그들에 대항하는 보병의 장창은 위쪽을 찔렀고 화승총의 총구에서는 화염과 흰색 연기구름이 피어올랐다.

완강한 저항에 부딪힌 중기병들은 말에 박차를 가해서 전투가 계속되고 있는 들판으로 후퇴했다. 그중 한 사람이 투구의 평평한 얼굴 가리개를 들어 올려 머리 뒤쪽으로 밀어붙였다. 숱이 줄어가는 금발 가닥에서 이마로 흘러내린 땀방울이 둥글납작한 코로 떨어졌다. 막 20대 중반으로 접어든 얼굴은 주름살은 별로 없었지만, 평생에 걸친 폭력을 통하여 흉터가 가득했고, 코는 기형적으로 비뚤어진 지 오래였다. 그의 강철 흉갑과 투구에는 오래되었거나 새롭게 생긴 패이고 긁힌 자국이 있고 오른편에는 오래 사용한 낡은 검이 매달려 있었다.

눈으로 흘러드는 땀을 닦아낸 그는 얼굴 가리개를 다시 내리고, 도랑의 방어선을 돌파하려고 창을 내지르는 다른 중기병들과 함께 싸움에 뛰어들었다. 대포의 굉음이 전장의 소음을 꿰뚫었다. 몸 가까이에 창을 단단히 쥐고 어깨부터 주먹까지 다시 한번 창을 내지를 준비를 마친 병사에게, 전장을 가로지른 폭발음에 이어서 갑작스럽고 끔찍한 으드득 소리가 들렸다. 젊은 중기병은 얼굴 가리개의 좁은 틈 사이로 갑작스럽게 통증이 느껴지는 오른쪽 팔뚝을 내려다보았다. 그는 자신이 탄 말의 발굽 근처에 떨어져 있는 창을 언제 떨어뜨렸는지도 기억하지 못했다.

손과 팔뚝 사이에 짓이겨진 가느다란 살덩어리만 남았다는 사실을 깨닫는 데는 잠시 시간이 걸렸다. 적군의 포탄이 강철 장갑과 완갑판 사이의 좁은 틈으로 밀어붙인 검의 자루와 가로대가 손목을 거의 절단했던 것이다.

그 이미지는 뇌리에 각인되었다. 그 후로 여러 해 동안, 실명으로 시력을 잃은 지 오랜 후까지도, 괴츠 폰 베를리힝엔은 그 순간의 모든 세부사항을 기억하는 데 아무런 어려움이 없었다. 갑옷의 모서리가 휘어진 모양, 가로대가 살을 어떻게 파고들었는지, 남은 살 조각에 의지하여 손이 어떻게 이상한 각도로 매달려 있었는지.[1]

여러 해 동안의 훈련, 전투 경험, 그리고 충격의 시작이 말을 돌려 싸움터를 벗어나는 베를리힝엔이 안장 위에서 침착성을 유지할 수 있도록 했다. 부상 자체가 그를 죽이지는 않더라도 감염이 죽일 것은 분명했다. 그러나 끈질긴 호전성과 악마 같은 행운을 증언이라도 하듯이, 베를리힝엔은 죽지 않았다. 오랜 회복 기간을 거쳐서 망가진 오른손을 철제 의수로 교체한 그는 이후로도 싸움, 약탈, 다툼, 그리고 전쟁의 삶을 이어 나가기로 했다.

신성로마제국 황제들에게—곧 알려지게 되는 대로—강철 손의 괴츠Götz of the Iron Hand라 불린 그는 무법자이자 귀중한 용병이었다. 귀족 출신인 그는 유럽 역사상 가장 큰 사회적 반란의 와중에서 농민들과 함께 싸우게 된다. 그가 사망한 2세기 후에 회고록을 발견한 요한 볼프강 폰 괴테는 그를 유명한 연극의 영웅으로 만들었다.

하층 귀족의 일원으로서, 베를리힝엔은 전쟁뿐만 아니라 사회에서 광범위한 역할로 정의되었다. 귀족은 물질적 보상과 지위를 위해서 싸웠다. 그렇지만 16세기로 접어들면서 화약, 국가의 부상, 그리고 막대한 자본의 유입이 전쟁을 근본적으로 변화시키고 있었다. 베를리힝엔 같은 사람들에게 이러한 군사 혁명은 세계를 뒤흔드는 일련의 사건이었다. 화승총을 든 새내기 장인이 값비싸고 멋진 갑옷을 뚫고 승리를 거머쥘 수 있다면, 기사가 할 일은 무엇인가? 개인적 폭력을 통하여 자신의 명예와 지위를 방어할 자유는 기사의 정체성에서 핵심적 요소였다. 황제와 왕자들이 돌아다니면서 늘어나는 권력을 행사하고 전쟁을 공공사업으로 삼는다면, 그에게 무슨 자유가 있을 것인가?

대부분 귀족은 새로운 상황을 받아들였다. 갑옷 입은 기사가 전장을 지배하던 시절은—실제로 그런 시절이 존재했는지도 확실치 않지만—끝났을지 모르지만 토지와 자원을 소유한 기사는 여전히 전쟁을 직업으로 삼을 수 있었다. 어쨌든, 두둑한 보수를 받는 용병 군대가 잘나가는 시대였다. 유럽 전역의 기사와 귀족들이 봉건시대의 전사에서 군사기업가로 변모했다. 유럽 상업 사회의 기본 요소인 신용과 계약이 은행업, 광업, 또는 양모 거래 못지않게 전쟁 사업의 일부가 되었다.

괴츠 폰 베를리힝엔의 고향인 남부 독일 지역은 이 기간 내내 전쟁 사업의 핵심적 진원지였다. 그의 대가족, 친인척, 친구, 지인, 그리고 경쟁자들—기사와 귀족 모두—이 군사기업가의 세계에 앞다투어 뛰어들었다. 그러나 베를리힝엔은 그런 길을 선택하지 않았다. 그는 상인을 강탈하고 주교나 다른 기사들과 다투면서 개인적인 전쟁과 다툼을 고집했고 끊임없이 당국과 문제를 일으켰다. 이러한 행동 때문에 15년 동안 가택연금 상태로 살아가기도 했다. 그러나 결국에는 16세기의 성장하는 전쟁 기계가 이렇게 완고한 병사들까지도 끌어들일 수 있었다. 오래된 방식과 새로운 방식이 만나고, 충돌하고, 결국 새로운 방식이 승리를 거두었다.

군사 혁명

괴츠 폰 베를리힝엔은 깊고, 빠르고, 근본적인 변화가 일어나는 전쟁을 겪는 삶을 살았다. 집중된 화력은 갑옷을 입은 기사를 무용지물로 만들었고, 군대의 규모가 증가했으며, 큰 군대에 의존하는 전략과 전술은 엄청나게 복잡하고 거대해지게 되었다. 전쟁은 사회에 점점 더 큰 타격을 가했다. 더 많은 농작물이 불에 타고, 더 많은 민간인이 무의미한 습격으로 학살되고, 더 많은 젊은이가 전장에서 목숨을 잃고, 더 많은 부가 증가하는 비용을 대기 위해서 쥐어짜졌다. 수십 년에 걸친 재난의 절정은 1618년과 1648년 사이에 벌어진 30년전쟁Thrity Years' War이었다. 중부 유럽 전역이 불타버린 전쟁터가 되고 지역 인구의 약 15퍼센트가 사망한, 인구 비례 기준으로 유럽 역사상 가장 파괴적인 전쟁인 30년전쟁은 베를리힝엔의 생애에서 피할 수 없는 변화를 이끌었던 전쟁이었다. 화약, 15세기 이후에 대포를 견디기 위하여 새로 구축된 요새, 그리고 군대의 규모와 증가하는 전쟁의 범위가 함께 뒤얽힌 문제가 떠오르는 비극의 합창을 낳았다.[2]

이러한 상황 전개는 모두가 1300년과 1500년 사이에 이루어진 발전의 직접적 결과이기 때문에 덜 혁명적으로 보였을 수도 있다. 중세의 전쟁은 정체되어 있지 않았다. 실제로, 토지의 대가로 제한적인 군사 서비스를 제공하도록 가신—갑옷 입은 기사들—을 소집하는 봉건 군주의 고정관념은 구식이 된 지 오래였다. 백년전쟁(1337~1453년)에 참가한 영국 병사는 모두 급료를 받았다. 영국의 장궁병longbowmen이 퍼붓는 화살은, 화승총이 주조공장에서 나오기 오래전에, 기사 귀족의 전장 지배를 끝장냈다. 대포는 14세기 중반에 처음으로 전쟁터에 등장했고, 15세기 중반에는 공성전의 성패를 결정짓는 요소가 되었다. 1453년에 샤를 7세 국왕의 포대는 프랑스 땅에서 전쟁을 벌이던 마지막 영국군을 박살 냈다. 같은 해에 오스만 제국의 술탄 메흐메트Mehmet의 대포는 천 년 동안 난공불락이었던 콘스탄티노플의 성벽에 구멍을 뚫었다. 프랑스는 장갑 창병대와 궁수대를 중심으로 구성된 직업적 상비군을 채택하여 영국과의 오랜 전쟁을 끝냈다. 이후에 부르고뉴 공작도, 이탈리아의 여러 도시국가와 함께 그 뒤를 따랐다. 새로운 세기가 열렸을 때는 1500년대를 지배하게 되는 군대 모집 기법과 메커니즘 대부분이 이미 자리를 잡고 있었다.[3]

그러나 16세기 초의 수십 년 동안에 일련의 극적인 변화가 일어났다. 기존의 기술 혁신과 병참 구조가 장창, 총기, 대포, 그리고 요새를 중심으로 전쟁을 수행하는 독특한 방식으로 통합되었다. 보병이 기마 중기병을 즉시 대체하지는 못했지만, 숫자의 균형—그리고 전술적 중요성—이 눈에 띄게 보병 쪽으로 이동했다. 이 모든 것이 전쟁의 규모, 강도, 그리고 비용의 급격하고 엄청난 증가를 견인했고, 괴츠 폰 베를리힝엔은 그 맨 앞줄에 앉아 있었다.

다가오는 세기의 결정적인 분쟁이 될 이탈리아 전쟁은 1494년에 프랑스의 샤를 8세 국왕이 알프스를 넘으면서 시작되었다. 영토와 영광에 굶주린 스물세 살의 젊은 왕은, 직업적 창병, 스위스 용병인 장창병, 그리고 이탈리아 역사상 최대 규모의 포병대를 갖춘 군대를 이끌고 남쪽으로 진군했다. 그는 나폴리 왕국의 왕좌를 향하여 거침없이 나아갔고, 그 과정에서 유럽의 정치 판도를 영구히 변화시켰다. 다음 해에는 아라곤의 페르디난드 국왕이 참전함으로써 부상하는 스페인이 분쟁에 뛰어들게 되었다. 그리고 신성로마제국 황제 막시밀리안도, 짭짤한 영토적 보상을 기대하면서 참전을 결정했다. 베네치아 공화국은 이탈리아에 대한 샤를의 거대한 야심에 대항하는 연합에 가담했다. 양측 모두 영국의 헨리 7세 국왕을 자기편으로 끌어들이려 했다.

수십 년 동안 계속될 광대하고, 서로 맞물리고, 거의 멈춤이 없는 분쟁을 위한 무대가 마련되었다. 나폴리에 대한 샤를 8세의 야심으로 시작된 분쟁은 머지않아 유럽 전체를 집어삼킨 왕조적 및 지정학적 재앙으로 변모했다. 노섬벌랜드Nothumberland의 황무지에서 그라나다의 바위투성이 해안까지, 피레네 산맥의 정상에서 헝가리의 대평원까지, 수많은 군대가 전장으로 진군하고, 포위전을 벌이고, 진군로에 있는 불운한 마을과 주민을 짓밟았다. 이어진 65년 동안 (1494~1559년)에 전반적인 평화가 유지된 최장기간은 5년에 불과했다. 대규모 분쟁이 계속된 서부 유럽 밖에서도 크고 작은 전쟁을 쉽게 찾을 수 있었다. 헝가리와 지중해에서 오스만 제국에 맞선 전투. 끊임없이 이탈리아와 스페인의 해안 지역을 습격한 바르바리Barbary 해적. 왕자, 귀족, 그리고 도시들 간의 소규모 충돌. 그중 마지막이 베를리힝엔의 전문 분야였다. 이탈리아 전쟁에 직접 참가하지는 않았지만, 그의 사회적 세계에는 거대한 분쟁을 중심으로 삶과 사업적 이해관계가 얽힌 사람들로 가득했다.

전쟁터에서 벌어지는 끊임없는 살육과 지루한 포위전은 군사기업가 정신과 혁신을 위한 비옥한 환경을 창조했다. 왕, 황제, 그리고 왕자들의 부가 모병 지휘관, 용병, 대포 제작자, 갑옷 제작자, 물자 공급자, 그리고 필요한 자금을 제공한 은행업자들의 주머니로 흘러

들어갔다. 계약으로 약속된 금액에는 항상 미치지 못했지만, 상당한 금액이 지불되어야 했고, 비슷하게라도 맞추려면 통치자의 재정적 자원을 단단히 쥐어짜야 했다. 군대의 규모는 더 커지고 오랜 기간 유지되었고, 간헐적인 비수기는 점점 줄고 간격이 늘어났다. 전쟁은 다른 사업과 다름없는 비즈니스가 되었다. 이것이 모든 기술적 혁신보다도, 군사 혁명의 본질이었다.[4]

▎물결을 거슬러 헤엄치기

이 시대는 왕과 황제들을 위하여 수천 명의 계약 용병을 모집하는 탁월한 지휘관들을 배출했다. 혁신가들은 화약을 사용하는 총기와 대포의 가능성을 극대화하는 새로운 전투 대형을 실험했고, 지휘관들은 이전 세기보다 규모가 엄청나게 확대된 전투에서 병사들을 다루기 위하여 거대한 전략과 새로운 전술을 개발했다.

괴츠 폰 베를리힝엔은 그들 중 하나가 아니었다. 그는 뚱뚱해지고 배가 나온 60대가 되어도, 갑옷을 차려입고 검과 창을 든 채로 전쟁터를 향하여 말을 달리는 중기병으로 남았다. 그의 전쟁은 주로, 왕조 국가의 거대한 전쟁보다는 도시와 귀족들 간의 소규모 충돌이었다.

그러나 베를리힝엔은 여전히 군사 혁명의 일부였다. 명예와 이익을 위한 전쟁이 어린 시절부터 은퇴할 때까지 그의 직업이었고, 폭력이 그의 정체성의 근본적 요소였다. 그는 영주, 왕자, 그리고 황제들을 위하여 복무하는 계약에 따라 군대를 모집하는 일을 계속했다. 그의 가족, 친구, 그리고 경쟁자들 모두가 이러한 군사계약 사업에 참여했고, 그중에는 정말로 엄청난 규모의 사업도 있었다. 역사를 통하여 항상 그랬듯이 전쟁은 영웅적 전투보다는 행군, 습격, 소규모 교전이 되풀이되는 고역이었고, 베를리힝엔의 회고록은 그 모든 것을 상세하게 설명한다. 그의 귀에는 종종, 새로운 전쟁의 잊을 수 없는 멜로디인 대포 소리가 울렸다. 베를리힝엔의 결정적인 부상보다 더 나은 군사 혁명의 상징은 없었다. 대포알이 그의 기사다운 기량을 강화하는 수단인, 검을 휘두르고 창을 잡는 튼튼한 오른팔을 파괴했다.

자기 방식대로 일을 처리하려는 베를리힝엔의 완고한 고집은 그를 둘러싼 국가 권력의 상승세에 정면으로 맞서는 것이었다. 그의 직업과 자기 이미지의 핵심에는 다툼이 있었고, 장황하고 자축적인 회고록에는 수많은 사소한 전투가 생생하게 기록되어 있다. 하지만 그런 관행은 사라져가는 중이었고, 베를리힝엔은 그런 방식으로 생계를 꾸려간 마지막 세대에 속했다. 왕자와 황제들은 개인적 전쟁의 역량을 확대하기 위하여 각자의 정치적·법적 시스템을 쥐어짰고, 결국에는 베를리힝엔 같은 사람까지 자신의 군사로 끌어들일 수 있었다. 베를리힝엔의 마지막 전투는 신성로마제국 황제 카를 5세가 이끈 군대에 합류하는 계약에 따른 것이었다. 베를리힝엔 같은 이단아, 독립적인 살인자도 결국 시대의 추세에 굴복했다.

귀족의 삶

독특한 강철 손과 허풍스러운 회고록에도 불구하고, 괴츠 폰 베를리힝엔은 자신이 속한 사회 계층의 지극히 평범한 구성원이었다. 1480년경에 뉘른베르크에서 서쪽으로 약 80마일 떨어진 오늘날의 바덴 뷔르템베르크Baden-Württemberg에서 태어난 그는 킬리안Kilian 폰 베를리힝엔이라는 하층 귀족의 살아남은 여덟 자녀 중 막내였다. 손위로 형이 세 명 있는 그에게는 베를리힝엔 가문의 유산을 상속받을 기회가 전혀 없었다. 그는 세상에서 자신의 길을 스스로 개척해야 했고, 그 길은 폭력을 기반으로 건설되었다.

"나는 복되신 아버지와 어머니, 나보다 나이가 많은 형제자매뿐만 아니라 그들을 섬기는 하인과 하녀들에게 놀라운 소년이었다는 말을 많이 들었다." 그의 회고록은 이렇게 시작한다. "그리고 이미 어린 시절부터, 군인이나 말을 탄 기병이 될 것을 많은 사람이 예측하도록 한 행동을 보여주었다."[5]

저자의 말을 믿는다면—그의 말을 의심할 이유는 없다—전쟁은 어려서부터 그의 소명이었고 주변의 모든 사람이 그것을 알았다. 그의 어린 시절은 승마, 사냥, 검술, 창술 등 전쟁을 준비하는 활동으로 채워졌다. 열다섯 살이 된 그는 제법 알려진 기사였던 사촌 콘라드Conrad 폰 베를리힝엔의 종자가 되어 몇 년 뒤에 그가 사망할 때까지 복무했다. 콘라드가 사망한 뒤인 1498년에, 프랑스로부터 부르고뉴를 탈환하려는 신성로마제국 황제 막시밀리안의 군대에 수습 기사로 참가한 전투가, 그의 첫 번째 전쟁이었다. 전투는 패전으로 끝났지만—베를리힝엔은 자신의 고용주가 멋진 프랑스 코트를 급료로

주었다는 것으로 그 전투를 기억했다—처음으로 진짜 전쟁의 맛을 본 전투였다. 그는 갑옷을 입은 창병들이 열사병으로 죽는 것을 보았고 성에 난입하고 마을을 불태우는, 이후 60년 동안 여러 차례 되풀이될 경험을 쌓았다.

폭력은 베를리힝엔의 정체성에서 매우 근본적인 요소였다. 폴란드 하인과 격렬한 말다툼을 하던 중에—그가 폴란드인의 잘 손질된 머리칼을 헝클어뜨렸다—베를리힝엔은 하인의 머리를 단검으로 내리쳤다. 그가 열여덟 살쯤 되었을 때였다. 같은 해에 친구와 함께 트럼펫 연주자와 다툼을 벌이기도 했는데, 이 사건은 그의 머리에 길고 깊은 상처를 남겼다. 베를리힝엔은 자신의 삶에서 끊임없이 일어난 이런 일들에 관하여 많은 이야기를 들려준다. 이런 종류의 사건이 이야기할 가치가 있다고 생각한 것—그리고 얼마나 많은 이야기를 생략했는지는 상상에 맡길 수밖에 없다—은 자신의 명예나 지위를 위협하는 모든 도전에 대한 본능적 대응이 폭력이었음을 분명하게 보여준다.

이는 베를리힝엔이 속한 사회 계층의 남자에게 전형적인 행동이었고, 실제로, 기사도의 핵심이었다. 기사도라는 용어의 현대적 의미인 늠름하고 명예로운 기사의 행동 강령은 폭력이 핵심이었던 중세의 정의와는 거리가 멀다. 기사와 귀족들은 수용 가능한 대의를 위한 싸움을 통하여 사회적 엘리트로서의 존재를 정당화했다. 무슬림이나 이단자에 맞서는 종교 전쟁이 가장 바람직했지만, 현명한 기사라면 어떤 종류의 분쟁이든 영혼을 불태우는 긍정적 분쟁으로 바꿀 수 있었다. 기사는 자신의 사회적 지위에 민감한 것으로 유명했고 모욕—예컨대, 폴란드 하인이나 버릇없는 트럼펫 연주자의—에는 공격적인 대응이 필요했다. 그렇지 않으면, 자신을 기사라 부를 수도 없었다. 복수, 분노, 그리고 뽑아 든 무기는 모두 기사의 경험과 감정의 기본적 요소였다.[6]

1500년에 떠오르는 스위스 연방의 무시무시한 장창병과 맞선 전투를 치른 뒤에, 20대로 접어든 베를리힝엔은 "처음으로 갑옷을 입었고" 그 후로 자신을 전문적 중기병으로 여겼다. 당시의 용어로, '기사knight'는 사회적 계급이었고 '중기병man-at-arms'은 기술의 집합이자 직업이었다. 중기병은 일반적으로, 머리부터 발끝까지 값비싼 판금 갑옷을 입고, 말에 올라 창과 칼로 싸우는 병사를 지칭했다. 베를리힝엔이 영원히 이 길을 선택한 1500년경에도, 중기병은 유럽의 전장에서 시대에 뒤떨어진 존재가 아니었다. 기사도 마찬가지였다. 전쟁을 수행하는 기술적·병참적 변화에도 불구하고 기사도는 사라지지 않았다. 실제로 기사도는 진행 중인 변화에도 불구하고 전쟁의 세계에서 자신의 위치를 유지하기를 원하는 귀족 계층의 정서에 얽혀들었다.[7]

명예로운 전투는 모두 훌륭한 일이었고, 베를리힝엔의 회고록에는 그런 전투에 관한 이야기가 가득하다. 그는 타고 있는 말이 죽어가는 가운데 부상을 무릅쓰면서, 바겐부르크Wagenburg—마차들로 구성된 대포가 가득한 고리형 진지—로 돌격하여 동료들이 돌파하기에 충분할 정도로 긴 틈을 열어젖힌 이야기를 한다. 이런 이야기는 기사의 삶에서 기본이었지만, 베를리힝엔은 또한 교회를 약탈하고 불태운 일, 다툼의 과정에서 농부들을 살해한 일, 강도기사의 무리와 어울린 일 등 기사도에 대한 우리의 생각과는 상반되는 사건들도 아무렇지도 않은 듯이 언급한다. 하지만 그런 생각은 현대의 오해다. 베를리힝엔 같은 사람들에게는 그런 모순이 존재하지 않았다.[8]

급료를 받는 것과 명예로운 전쟁 사이에도 아무런 모순이 없었을 뿐만 아니라, 오히려 정반대였다. 이는 군 복무를 토지로 보상하는 여러 세기 전의 낡은 생각과는 거리가 멀었다. 베를리힝엔과 동생 필립이 브란덴부르크의 프리드리히 후작으로부터, 전쟁에서 중기병으로 복무한 보상으로 2,000굴덴―상당한 금액―을 받은 것처럼, 현금은 완벽하게 적절한 보상이었다. 프리드리히가 잘 이해했듯이, 충성심은 돈으로 살 수 있었다.

군 복무의 대가로 돈을 받는 것에서 다른 사람들에 대한 유급 군 복무 계약으로 가는 데는 짧은 도약만이 필요했다. 갑옷과 무기를 갖추고 말을 타고 나타나는 것만으로는 왕자, 왕, 그리고 황제들의 증가하는 군사적 수요를 맞추기 힘든 지 오래되었고, 16세기 초에 급격히 늘어난 전쟁으로 이미 진행 중이던 과정이 더욱 가속되었다. 베를리힝엔 같은 귀족은 여전히 전쟁을 자신의 사업으로 보았고, 군사기업가 정신―모병, 조직, 그리고 고용된 병사 단위의 지휘―이 그들의 사회적 역할에 실행 가능한 연속성을 제공했다.

이것이 베를리힝엔이 처했던 환경이었다. 삶의 초기에 그는 중요한 군사 계약자가 아니었지만―회고록에 언급된 첫 번째 계약에서 세 명의 중기병 중 두 명은 자신과 형제 중 한 사람이었다―그 분야의 중요한 인물들에 둘러싸여 있었다.[9] 베를리힝엔은 결혼한 여섯 형제자매 덕분에 (일곱째인 킬리안은 튜턴 기사단의 기사로 독신이었다) 사실상 반경 100마일 이내의 모든 귀족과 관련이 있었다. 아우크스부르크의 상인들과 마찬가지로, 사업과 가족이 함께 움직였다. 그의 사촌들인 나이트하르트Neidhard와 괴츠(다른 괴츠-괴츠는 흔한 이름이었다), 팔을 잃은 란츠후트 전투에서 그를 중기병 소대의 분대장으로 고용한 지그문트 폰 튄겐Sigmund von Thüngen처럼, 전쟁을 위한 병사를 모집하는 친척이 항상 있었다. 공교롭게도 형제 중 두 명은 반대편에서 싸웠는데, 베를리힝엔은 그들과 같은 편에서 싸우기를 더 선호했을 것이다. 이것이 16세기 초 귀족의 삶의 실상이었다. 전쟁은 그저 비즈니스일 뿐이었다.[10]

▌ 계약 전쟁

"평화, 평화," 한 중기병이, 뒤따르는 기마병 수십 명의 갑옷과 말발굽의 소음 속에서 자신의 목소리가 들리도록 소리쳤다. 병사들은 나뭇잎과 먼지로 덮인 숲 바닥에 엉겨 붙어 맹렬하게 치고받는 두 사람을 둘러쌌다. 그중 한 사람이 위로 올라오면서 단단한 강철 손을 빼내어 상대의 얼굴을 여러 차례 때리자 코가 부러지고 부서진 이빨과 피가 튀었다. "평화!" 중기병이 장전된 석궁을 겨누면서 다시 외쳤다. 그의 기마병들도 석궁을 겨눴다.

강철 손의 남자는 두들겨 패기를 멈추고 고개를 들었다. "이 자가 내 포로들을 때렸어." 옷차림이 헝클어진 채로 나무에 기대어 있는 농부 한 쌍을 가리키며 베를리힝엔이 말했다. 그는 이어서 "나에게 손을 댄다면, 그 손을 부숴버릴 거야"라고 말했지만, 술을 마시러 기마병들과 동행하여 여관으로 가는 것을 거부하지는 않았다. 이제 베를리힝엔은 엄밀히 말해서 사로잡힌 처지였지만, 걱정하거나 부끄러워할 일이 아닌 직업상의 위험일 뿐이었고 쉽게 되돌릴 수 있는 일이었다. 그의 포획자이자 술 친구―"우리는 즐겁게 술을 마셨다"고 베를리힝엔은 기록했다―는 어느 정도 명성이 있는 귀족이며 중기병인 게오르크 폰 프룬츠베르크Georg von Frundswerg(1473~1527년)였다. 란츠후트 전투에서 싸움과 약탈을 함께 했던 두 사람은, 술 때문이었든 공유하는 전쟁의 경험 때문이었든, 아니면 인척 관계―그는 베를리힝엔을 '사돈 처남'이라 불렀다―때문이었든, 매우 우호적인 분위기에서 헤어졌다.[11]

그들이 왜 그토록 사이좋게, 붐비는 여관에서 맥주와 와인을 들이키고 다툼, 친구, 그리고 전투의 이야기를 나누면서 어울렸는지를 이해하기는 어렵지 않다. 이렇게 1504년이나 1505년에, 싸움터에서 길이 얽히고 여관에서 재회한 그들은 많은 것을 공유했다. 가족이 그중 하나였고, 기사도의 폭력적인 세계관도 마찬가지였다. 그들은 서로 수십 마일밖에 떨어지지 않은, 독일의 같은 지역 출신이었고 거의 비슷한 사회적 지위의 귀족이었다. 무엇보다도 그들은 직업을 공유했다. 두 사람 모두 고용된 군인이었고, 자신들을 그 숲으로 이끈 사소한 전투에서 아마도 다른 편이었을 것이다.

그러나 이렇게 이른 시기에조차도 그들은 사업 스펙트럼의 반대편에 있었다. 프룬츠베르크는 베를리힝엔을 잡기 위하여, 당시의 그에게는 작은 병력인 20~30명의 중기병을 이끌고 나타났다. 그는 훨씬 더 큰 병력을 모으는 일에 익숙했다. 삶의 말년에 프룬츠베르크는, 군사적 규모가 비약적으로 증가하는 시대의, 가장 규모가 큰 계약자이자 지휘관의 한 사람이 된다. 1527년의 마지막 계약은 1만 6,000명이라는 놀라운 숫자의 용병을 보병으로 고용한 계약이었다. 그가 병사들에게 지불할 돈을 받지 못하게 되자, 용병들은 로마를 약탈하고 교황을 투옥했다.

프룬츠베르크는 이 시기의 변화하는 전쟁에서 핵심적 인물이었고 규모 측면에서 혁신가였지만, 이전 세기에 깊이 뿌리박은 계약 전쟁의 전통을 계승한 사람이었다. 이런 계약은 베를리힝엔과 게오르크 폰 프룬츠베르크가 전쟁 사업으로 들어선 시기에 유럽 전역의 표준이었고, 여러 세기에 걸친 군사 및 상업적 관행이 공통적 형태를 지향하고 있었다. 계약의 정확한 용어는 지역에 따라 달랐다. 영국에서는 고용 계약indenture이었고, 프랑스에서는 수입 증서lettre de revenue, 이탈리아에서는 콘도타contotta(행동 증서), 그리고 독일에서는 베슈탈룽Bestallung(임명장)이었다. 계약자의 책임과 거래의 형식도 다양했다. 유럽에서 가장 상업이 발달하고 계약의 관행이 세련된 이탈리아에서 콘도타는 정확하고 복잡한 사업이었다. 독일도 상업적으로 발전한 지역이었지만, 베슈탈룽은 1500년 무렵까지 상당히 비공식적이었고, 문서의 형태를 갖추는 대신에 구두나 심지어 암묵적 합의일 수도 있었다. 영국에서는 병사를 모집하는 임무를 맡은 지휘관이 고용주—보통 왕이나 상층 귀족—로부터 선금을 받아서 모집한 병사들에게 지급하는 것이 보통이었다. 모병자가 자신의 비용과 위험을 감수하고 병사를 모집하는 경우가 더 흔했던 독일에서는, 군사 기업가가 채권자이자 군인이 되었다.

두 가지 유형의 군사 계약이 나란히 존재했다. 첫째는, 지휘관이 병사를 모집하거나 영입하여 부대를 구성한 후에 계약을 찾아 나서는 방식이었다. 이들은 베를리힝엔이 젊은 시절에 종종 참가했던 것과 같은, 단일한 전투를 위해서 모인 단기적 집단일 수도 있었다. 베를리힝엔은 아마도 사령관의 하도급 업자였을 튕겐의 사촌들이 끌어들인, 바바리아 전쟁을 위해서 임시로 조직된 부대에서 팔을 잃었다. 그에 반해서, 유명한 용병대장 존 호크우드John Hawkwood 같은 14세기 이탈리아의 대규모 군대는 대체로 영구적이었다. 그들은 해마다 한곳에 머물러 훈련을 하고 급료를 받으면서 다음 전투에 대비했다. 영속성은 또한, 무지오 아텐돌로 스포르차Muzio Attendolo Sforza와 브라초 다 몬토네Braccio da Montone 같은 15세기 초의 야심 찬 이탈리아 콘도티에리condottieri의 표준이고, 병사들은 한 고용주에서 다른 고용주로 그들을 따라다녔다.

두 번째 유형의 군사 계약에서는 반대로 고용주가 병사나 군대를 모집할 사람을 물색했다. 이는 특히 프랑스와 영국의 표준적 방식이었다. 특히 영국의 영주들은, 전시에 공식적 고용 계약에 서명하고 병사들을 대리 고용하는 사람에게 정기적으로 현금을 지급하는, '유지 방식'을 선호했다. 독일에도 대략 비슷한 관행이 있었고, 유지되는 중개인은 집의 봉사자Diener von Haus aus라 불렸다. 이러한 형태의 유지 방식은 장미전쟁에서 싸운 군대뿐만 아니라 중세 후기 영국의 모든 군대를 만들어냈다. 1500년에는 이 두 번째 유형이 유럽 전역의 표준이거나 표준이 되고 있었다. 고용하는 국가와 직접적인 계약을 맺지 않은 상설 군인 집단은 없었다.[12]

사실상, 유럽의 군사 시스템은 1500년경에 공통적인 방식으로 수렴했다. 거의 언제나 귀족인 지휘관이 고용주(왕자, 왕, 또는 황제)와 정해진 수의 병사를 모집하는 계약을 맺고, 주문을 이행하기 위하여 병사를 찾아 나섰다. 차이점은 모병 담당자와 고용주 관계의 특성과 고용주가 모병 담당자에게 선급금을 지급하는지의 여부뿐이었다. 그 시스템은 크고, 정교하고, 계약에 기초한, 그리고 지리적으로 널리 퍼져 있는 용병 시장에 의존했다. 전쟁은 상비군에 기반을 둔 국가의 공공사업이기보다, 대개 통치자가 기업가에게 하도급을 주는 형태의 민간 사업이었다. 실제로 존재했던 상비군이, 프랑스에서 그랬던 것처럼, 통치자의 군사적 역량의 핵심일 수는 있었지만, 중요한 전투를 치르기 위한 군대를 충원하려면 고용된 전문가들이 필요했다.[13]

　　성인이 된 베를리힝엔은 이러한 계약 전투와 군사기업가 정신의 환경 속에서 첫 번째 군 복무에 나섰다. 숲에서 베를리힝엔을 체포했던 게오르크 폰 프룬츠베르크는 주로 막시밀리안 황제의 전쟁을 위하여 수백 수천의 병사를 모집하는 일을 하고 있었다. 베를리힝엔의 사업도, 그보다 규모는 작았지만 동일한 패턴을 따랐다. 그는 1514년의 전투를 위하여 150명, 다음 해에는 사돈 처남을 대리하여 70~80명의 중기병을 모집했다. 어쨌든, 거대한 규모의 군대라도 모병 책임자가 하위 지휘관들에게 하청을 주어 수십 명, 100명, 또는 500명씩 모아들인 집단이 합쳐진 것에 지나지 않았다. 두 사람 모두에게 규모는 다를지라도 사업의 핵심은 신용이었다. 귀족의 토지와 재산, 그리고 군인으로서의 명성이 지급을 보증했다. 중기병이나 보병 또는 용병들은 왜 프룬츠베르크나 베를리힝엔과 계약을 맺으려 했을까? 그들에게 약속된 돈을 지불할 능력이 있다고 믿었기 때문이다. 그것이 바로 문자적으로나 비유적으로나 신용이었다.[14]

기사도적으로 양육된 두 사람은 이런 환경을 쉽게 헤쳐 나갈 수 있었다. 전쟁은 그들 같은 부류의 귀족에게 적합하고 명예로운 일이었고, 종종 자신의 고향인 남부 독일에서 흔히 볼 수 있는 상업 활동과 많은 것을 공유하는 수익성 높은 직업이었다. 모든 사람이, 직조공이든 은행업자든 군인이든, 서비스와 교환되는 돈과 계약을 이해했다. 전쟁도 다르지 않았고 실제로, 여전히 옛 귀족의 냄새를 풍기고 있었기 때문에 더 나았다.

베를리힝엔의 회고록은 조직적 분쟁의 계약적 근거보다는 폭력의 사용과 이점에 훨씬 더 집중하지만, 그가 계약을 의식하지 못했기 때문은 아니다. 정반대로, 물질적 이득을 위한 군 복무라는 개념에 너무 깊이 빠진 나머지 계약이 단순한 삶의 배경 소음에 지나지 않았기 때문이었다. 그가 어떻게 용병 기사단에 합류하게 되었는지, 또는 신성로마제국 황제 카를 5세를 위해서 중기병 100명을 모집할 때 사용했던 계약—서면 계약이든 구두 계약이든—에 관한 이야기는 필요하지도 흥미롭지도 않았다. 베를리힝엔의 세계에 있는 모든 사람이 이미 아는 이야기였다.

란츠크네히트와 스위스

사업으로서의 전쟁의 진원지인 남부 독일은 국제적 용병 시장의 중요한 동맥의 역할도 했다. 이는 부분적으로 남부 독일의 상업적 정교함, 계약의 편재성, 그리고 지휘관과 왕자들 모두를 위한 풍부한 신용 덕분이었으며, 군사력을 독점한 강력한 군주가 없었기 때문이기도 했다. 앞 장에서 논의된 것처럼, 막시밀리안 황제는 엄청난 야심을 품은 사람이었지만, 설사 원했더라도 자신에게 복종해야할 영주들이 베를리힝엔이 팔을 잃은 란츠후트 전투에서 싸우는 것을 막을 수 없었다. 신성로마제국은 영토, 도시, 교역로를 놓고 서로 싸우는 일을 신이 부여한 권리로 여기는 영주와 도시들이 가득한 분권화된 제국이었다. 이러한 분쟁은 용병에 대한 지역 차원의 끊임없는 수요를 만들어냈다. 서비스의 수요가 존재하는 곳에는 서비스의 시장이 있게 마련이고, 유럽에서 남부 독일보다 용병 시장이 고도로 발달한 곳은 없었다. 란트슈트 전투에서 맞선 양측 진영 모두 지역의 시장에서 보병과 베를리힝엔 같은 중기병을 모집했다.

16세기 초의 유럽에는 용병을 위한 여러 곳의 지역 시장이 있었다. 아일랜드의 수많은 군소 영주들은, 갤로우글라스gallowglass라 불린 도끼를 휘두르는 노르웨이 용병을 고용했다. 발칸반도의 변두리 지역—오늘날의 알바니아, 크로아티아, 그리스, 그리고 세르비아—은 최고가를 부르는 입찰자에게 뛰어난 경기병light cavalry을 제공했다. 주머니가 두둑하고 다루기 힘든 소국들이 150년 동안 막대한 전쟁비용을 지출한 이탈리아반도의 시장이 특히 정교했다. 베네치아, 밀라노, 피렌체, 교황, 그리고 나폴리 왕국 등 모두에게 용병의 서비스가 필요했고, 콘도티에리는 그들의 수요를 맞추기 위하여 효과적으로 전쟁을 수행하는 독특한 방식을 개발했다.[15]

콘도티에리는 진행 중이던 이탈리아 전쟁에서, 특히 지도자로서의 역할이 두드러졌다. 풍부한 전쟁 경험을 갖춘 그들의 전문적 접근 방식이 16세기의 신흥 군사시장에 녹아들었다. 그렇지만 이탈리아는 프랑스 국왕과 신성로마제국 황제들의 탐욕스러운 요구를 충족하기에 충분한─또는 적절한 유형의 충분한─병사를 공급할 수 없었다. 오직 특별한 유형의 군인─게오르크 폰 프란츠베르크가 모집하고 지휘하는 유형의─이 있는 남부 독일의 시장만이 그런 일을 할 수 있었다.

이른바 란츠크네히트는, 어깨를 맞댄 밀집 대형으로 싸우는 훈련을 받은 발로 뛰는 장창병이었다. 그들의 장창─평균 길이가 13피트4m에서 18피트5.5m에 이르는─은 중장갑 기병의 가장 맹렬한 돌격까지도 격퇴할 수 있었다. 아무리 갑옷으로 중무장했거나 잘 훈련되었더라도, 날카로운 창끝이 늘어선 벽에 정면으로 뛰어들려는 말은 없었다. 그뿐만 아니라 그들의 밀집된 정사각형이나 직사각형 대형은 전진하면서 적군의 보병을 깔아뭉갤 수 있는 추진력을 제공했다. 날카로운 창끝이 번뜩이는 란츠크네히트의 정사각형 밀집 대형은, 엄청난 무게를 운반하면서도, 놀라운 속도와 협응력으로 움직였다. 전진하는 장창 대형은 모든 적군을 패퇴시켰다.

그러나 거기에는 일련의 함정이 있었다. 장창은 이상적인 전장조건에서도 다루기 힘든 무기였다. 장창을 효과적으로 사용하려면 훈련이 필요했고, 밀집 대형을 채택하는 데는 더 많은 훈련이 필요했다. 밀집되었지만 여전히 충분한 기동성을 발휘하는 대형을 유지하는 것은 가장 이상적인 상황에서도 어려운 일이었다. 석궁 화살,

화승총탄, 그리고 끊임없는 대포 사격의 끔찍한 불협화음이 고막을 찢는 전장의 열기 속에서 그렇게 하기는 더욱 어려운 과제였다. 두 장창 대형이 충돌할 때 나타나는 폭력의 양상은 전투에 익숙한 사람에게조차도 충격적이었다. 이탈리아인들은 이를 '나쁜 전쟁bad war'이라 불렀다. 찌르면서 밀쳐대는 병사들, 부러지는 나무 창대, 연약한 살을 꿰뚫는 날카로운 창날, 발밑에서 짓밟혀 뭉개지는 시체. 동기 부여가 되지 않았거나 제대로 훈련받지 못한 병사는 그런 상황을 견디지 못하고 대형에서 이탈하여 전장에서 도망치기 십상이었다. 규율과 전문성, 즉 강력한 공동체적 유대에서 나오는 유형의 침착성이 장창병의 핵심이었다. 같은 지역사회 출신인 그들은 서로를 잘 알았고, 수년 또는 수십 년 동안 전투 기술을 배웠다. 그들에게는, 외부인과 구별되는 표지인 뚜렷한 정체성이 있었다. 하지만 그런 수준의 훈련과 전문성에는 당연히 돈이, 그것도 많은 돈이 필요했다.

이러한 전제 조건과 그에 수반하는 비용은 이렇게 독특한 전쟁 수행 방식이 구 스위스 연방Old Swiss Confederacy에서 처음으로 나타난 이유를 설명한다. 신성로마제국과 합스부르크 왕조의 옛 영토에 둘러싸인 산악 지역의 독립심이 강한 주민들은 어느 쪽에도 굴복할 의향이 없었다. 14세기와 15세기에 걸쳐서 농촌과 도시 지역의 주canton(자치 공동체)들은 상호 지원과 방어를 위한 동맹을 맺었다. 최초의 8개 주―우리Uri, 슈비츠Schwyz, 운터발덴Unterwalden, 글라루스Glarus, 추크Zuk, 루체른Lucerne, 베른Berne, 그리고 취리히Zürich―는 오스트리아의 합스부르크가와 나중에는 부르고뉴 공작의 공격을 물리치고 독립을 지켰다. 일단 자리를 잡은 스위스 연방은 사방팔방으로 뻗어

나가 새로운 주를 추가하면서 보기 드물게 진정한 힘을 갖춘 세력이 되었다. 이렇게 일관되고 기회주의적인 군사 활동의 기반은, 각 주가 단기적 전투를 위하여 훈련받고 장비를 갖춘 병사를 공급하는 고도로 효율적인 민병대 시스템이었다. 계급에 따른 규율은 서로 모두 아는 사람들이 정기적으로 훈련을 받은 결과였다. 농부는 이웃한 밭의 친구와 함께 활쏘기를 연습했고, 상점 주인은 이웃 사람과 함께 미늘창을 휘둘렀으며, 장인은 사촌, 형제들과 함께 장창을 들었다.

공격성은 스위스의 트레이드 마크였다. 들어가서 단 한 번의 결전으로 상대를 박살 내고 집으로 돌아간다. 진격의 강도―공격적인 증기 롤러―가 그들을, 스코틀랜드와 플랑드르 병사들처럼 기병의 돌격을 격퇴하는 데는 훌륭한 능력을 발휘하나 궁수, 대포, 소총수에게는 손쉬운 표적이 되었던, 중세 후기의 유럽에서 창을 사용하는 다른 보병과 차별화했다. 스위스의 저돌적인 방식에도 사상자가 따랐지만, 그들은 신속하게 임무를 마치고 자신의 밭과 작업장으로 돌아가기 위하여 불굴의 의지를 보였다. 200년 동안 오스트리아의 기사, 부르고뉴의 전문가, 그리고 이탈리아의 콘도티에리 모두가 거의 무적인 스위스 민병대를 상대로 자신의 운을 시험했고, 대부분 경우에 목숨으로 대가를 치렀다.[16]

1470년대까지는, 전장에서 발휘되는 스위스 군대의 효능은 주로 중서부 유럽의 경계 내에서 알려진 영업 비밀이었다. 그리고 담대공 샤를이 프랑스 국왕의 암묵적 지원을 받은 스위스 및 로레인Lorrain 공작의 동맹군과 맞서게 되는 부르고뉴 전쟁(1474~77년)이 일어났다. 연이은 세 차례의 파괴적인 전투에서 스위스 장창 대형이 결정적인 역할을 했고, 샤를은 군대, 보화, 그리고 결국에는 목숨을 잃었다.

스위스의 군사적 기량은 마침내 합당한 평가를 받게 되었다. 프랑스의 루이 11세는 1481년의 전투에서 스위스 병사 6,000명을 모집했다. 1482년에 그들은 그라나다 전쟁 초기에 카스티야의 이사벨라를 위해서 싸웠다. 프랑스의 샤를 8세가 이탈리아를 침공함으로써 65년에 걸친 전쟁이 시작된 1494년에는 이미 용병 서비스가 수많은 스위스인에게 인기 있는 부업이었다. 순전히 스위스의 이익을 위한 민병대 훈련을 지원했던 바로 그 공동체 조직의 구조가 프랑스 국왕 및 밀라노 공작과 교섭한 계약에 따른 용병을 제공하는 데 쉽게 활용될 수 있었다. 수많은 전투에 참가한 스위스 용병에는, 장창 대형의 외곽을 유지하고 안쪽에 있는 경험이 적은 병사들의 에너지를 활용할 수 있는 강인하고 전문적인 병사가 많았다. 효율적인 조직 시스템과 장기적이고 철저한 훈련이 독특한 군사 전술과 결합하여, 그들을 유럽에서 가장 인기 있는 용병으로 만들었다.[17]

팽창하는 스위스 칸톤의 바로 이웃은 물론 남부 독일이었다. 모방은 가장 진심 어린 형태의 아첨이었고, 미래의 황제 막시밀리안 같은 주요 관찰자들은 찬탄과 함께 경계심을 품고 스위스 용병의 효율성에 주목했다. 그러한 관찰의 결과가 1470년대 말부터 시작된 독일 장창 보병의 육성이었다. 이들이 바로 란츠크네히트였고, 그들의 전투 방식은 스위스 모델을 그대로 베낀 것이었다. 막시밀리안은 1479년에 침공한 프랑스군에 맞서 싸우기 위하여, 새로운 병사들과의 연대감을 보여주려고 몸소 장창을 들기까지 하면서, 그들을 저지대 국가로 데려갔다. 막시밀리안에게 란츠크네히트는—사랑스럽고,

진실하고, 경건한-활기찬 통치자의 정직하고 소중한 하인이었다.

1493년 이후에 황제가 된 막시밀리안은 처음으로 란츠크네히트의 복무에 대한 권리를 갖게 되었지만, 뼛속까지 용병이었던 그들에게는 가식적인 충성심조차 없었다. 왕자나 영주와의 계약을 확보한 지휘관은 누구든지, 무기와 안내문을 선술집 밖에 내걸고, 마음껏 신병을 모집할 수 있었다. 군인은 존경받는 직업이었고, 남부 독일 안팎에서 벌어진 분쟁에 따른 끊임없는 수요는 번영하는 시장을 만들어냈다. 도시의 상점 가족이나 중규모 농부 가족 출신의 모험심이 강한 젊은이에게 용병으로 복무하는 일은 합리적인 급료-일용 노동자의 두 배이고 숙련된 장인보다 약간 많은-와 사회적 신분 상승을 약속했다. 황제의 칙령에 따라 란츠크네히트는 귀족이 아닌 사람들이 입을 수 있는 의복을 제한하는 규제법에서 면제되었다. 밝은 색상과 화려한 모자, 길게 튼 나팔바지, 눈길을 사로잡는 코드피스, 보석, 갑옷, 무기 등이 란츠크네히트가 사회의 특별한 하위 집단에 속한다는 것을 보여주는 표지였다. 란츠크네히트는 어디를 가든 으스대며 걸었고, 그럴만한 이유가 있었다.[18] 병사의 공급에는 부족함이 없었다.

스위스인-그들의 경쟁자이자 불편한 이웃인-은 란츠크네히트를 매우 증오했고 전장에서 만났을 때 포로로 잡는 일이 거의 없었다. 그러나 16세기 초에는 유럽 전역에서 고용할 수 있는 란츠크네히트가 스위스 용병보다 많았다. 그들은 영국과 저지대 국가에서 나폴리까지 도처에 모습을 나타냈다. 더욱이 용병이 민병대 시스템과 거기에서 넘쳐난 병사들의 부산물이었던 스위스와 달리, 란츠크네히트는 거의 순수한 시장의 산물이었다. 란츠크네히트와 스위스 용병 모두 고용하고 유지하는 데 막대한 돈이 들었는데, 수천 명을 고용해야만 효과가 있었기 때문에 더욱 그러했다. 전투가 몇 달씩 계속되면 일당이 눈덩이처럼 불어났고, 그들은 받아야 할 돈을 요구하는 데 전혀 거리낌이 없었다. 스위스 용병은 일상적으로, 때로는 전투 전날에 고용주에게 더 많은 돈을 요구했고 란츠크네히트에게 지불하지 못한 급료는 비극적인 결과를 낳았다. 1527년 로마의 약탈과 그에 따른 모든 살육은 그러한 계약 불이행의 직접적 결과였다.

괴츠 폰 베를리힝엔은 이런 세계의 심장부에서 성장했다. 스위스의 칸톤 연합을 합스부르크 왕조의 통제하에 굴복시키려는 막시밀리안 황제의 마지막 시도에 따라 처음으로 진짜 전투에 참가한 베를리힝엔은, 교회가 불타는 것을 보았을 뿐 진정한 전투를 경험하지는 못했다. 아마도 그것이 최선이었을 것이다. 당시의 수많은 중기병처럼 무모한 돌격으로 스위스 용병의 장창에 몸을 던졌다면, 그의 놀라운 회고록은 없었을 것이다. 대포알이 팔을 때렸을 때, 그가 란츠후트의 전장을 안전하게 벗어나도록 돕기도 했던 란츠크네히트 용병은 베를리힝엔의 인생 이야기의 배경으로 되풀이하여 등장한다. 강철 손의 시대까지 살아남은 모든 중기병은 소박한 장창과 그것을 휘두르는 병사의 가치와 위험성을 잘 알고 있었다.[19]

▌화약

▌증가하는 장창의 전장 지배력과 용병을 양산하는 시스템은 군사

혁명의 핵심적 요소 중 하나였다. 또 하나의 핵심 요소는 화약 무기의 부상이었다. 장창과 총기의 특별한 조합은 17세기 중반까지 전장을 지배하게 된다. 그와 동시에, 대포는 중세의 성곽과 도시의 높고 얇은 성벽을 무용지물로 만들고, 새로운 요새를 건설하기 위한 급격하고 값비싼 군비 경쟁을 촉발했다.

베를리힝엔은 이 모든 상황이 전개되는 것을 지켜보았다. 대포에서 발사된 포탄이 오른팔을 파괴한 시점에서 그는 이미 불을 뿜는 대포가 즐비한 요새에 정면으로 돌진하고 있었다. 그는 자신의 전쟁과 다툼에서 화약을 사용하는 총기병을 채용하는 데 전혀 거리낌이 없었고, 소규모 전투와 매복에서 그들을 배치하는 방법을 이해했으며, 장전된 총구를 바라보는 것이 어떤 느낌인지를 알았다. 화약은 처음부터 베를리힝엔이 경험한 전쟁의 근본적 요소였다. 여전히 석궁을 일상적으로 볼 수 있었지만, 일반 민간인조차도 화약 무기에 익숙해지고 있었다. 베를리힝엔이 관여한 분쟁 중에는 사격 시합의 우승 상금으로 받았어야 할 100플로린을 되찾으려는 재단사가 그를 고용한 다툼도 있었다.[20]

베룰리힝엔이 가장 일상적으로 접한 총기는 유명한 화승총이었다. 초기의 총기는 화약에 성냥불을 붙이는 방식으로 발사되는 단순한 금속관이었고, 갑옷을 뚫을 정도로 위력은 충분했지만, 부정확하고 사용자에게 위험한 무기였다. 15세기 중반 이후에 이전의 총기 모델을 대체하기 시작한 화승총에는 여러 중요한 개선점이 있었다. 잡아당기면 실제로 총을 발사하는 격발장치에 잠금장치가 연결되었고, 총을 지지하고 표적을 겨냥하기 위한 개머리판이 추가되었다.

총신의 길이가 평균 40인치1m 정도로 늘어남에 따라 총구 속도가 대폭 증가하고 정확도가 개선되었다. 무엇보다도, 화승총은 상대적으로 저렴하고 생산하기도 쉬웠다. 어느 정도 숙련된 대장장이라면 누구든지 철과 나무를 이용하여 화승총을 만들 수 있었다.

　장창 보병과 마찬가지로, 이러한 혁신의 진원지는 남부 독일이었다. 화승총은 전시에 도시의 성벽을 방어하기 위해 휴대할 수 있는 무기의 필요성이 커짐에 따라 개발되었고, 도시가 많고 분쟁이 끊이지 않은 남부 독일은 총기 기술의 발전을 견인할 필요성과 인센티브 모두를 갖추고 있었다. 심지어 'arquebus(화승총)'도 독일어 'Hakenbüche'에서 몇 단계의 변화를 거친 용어이고, 베를리힝엔의 회고록은 화승총을 가리키는 속어인 이런저런 크기의 'Büchse'에 대한 언급으로 가득하다.[21]

　베를리힝엔이 발사되는 총기의 화염을 보고 스쳐 지나가는 탄환의 바람을 느끼는 동안에도, 화승총은 유럽 전쟁터의 윤곽을 재정의하고 있었다. 베를리힝엔이 대포알에 손을 잃기 전해인 1503년의 체리뇰라Cerignola 전투가 그 전환점이었다. 그라나다 전쟁에서 풍부한 경험을 쌓은 스페인군 사령관 곤살로 데 코르도바Gonzalo de Córdoba는 장창으로 무장한 란츠크네히트와 스페인 화승총병의 혼성군으로 스위스 용병과 기마 중기병으로 구성된 프랑스군의 공격에 맞섰다. 이 전투에서는 도랑과 제방 뒤에 포진한 독일 장창병이 적군의 돌격을 저지하는 동안에 화승총병이 탄환을 퍼부음으로써, 스위스 장창병이나 프랑스 기마병이 건너올 수 없는, 30~40미터 너비의 살상 지대killing zone가 형성되었다. 체리뇰라 전투는 최초로 총기가 야전의 승리를 결정지은 전투로 일컬어진다. 실제로는 곤살로의 승리에서 도랑과 제방의 역할도 마찬가지로 중요했지만, 이후의 전투에서 총기가 중요한 역할을 하지 않은 경우는 거의 없었다. 총기는 1512년에 라벤나Ravenna를 공격해오는 란츠크네히트를 분쇄했고, 1515년 마리냐노Marignano 전투에서 수천 명의 스위스 장창병을 도살했으며, 1525년 파비아 전투에서는 수많은 귀족을 사살했을 뿐만 아니라 프랑수아 1세의 말을 죽여서 프랑스 국왕을 포로로 잡았다.[22]

화승총(그리고 더 큰 후계자인 소총)이 전장의 양상을 바꾸는 동안에, 대포는 포위전을 훨씬 더 크게 변화시켰다. 1494년에 샤를 8세 프랑스 국왕이 유럽에서 가장 훌륭하고 값비싼 군대를 이끌고 이탈리아로 진군했을 때, 이탈리아인의 눈길을 사로잡은 것은 스위스 용병인 장창병이나 전문적 중기병이 아니라 엄청난 수의 대포였다. "대포는 도시의 성벽에 맞서 설치되었고 포탄이 발사되는 간격이 매우 짧았다. 엄청난 추진력으로 빠르게 날아간 포탄은 이탈리아에서는 보통 여러 날이 걸릴 공격을 불과 몇 시간 만에 이루었다 … 이탈리아 전역이 샤를 군의 대포를 두려워했다." 피렌체의 역사가 프란체스코 귀차르디니Francesco Guicciardini의 기록이다. 이는 샤를의 전투가 실제로 진행된 과정을 생각할 때 여러 면에서 과장된 이야기였지만, 그 핵심은 진실이었다. 잘 훈련된 대규모의 포대와 맞서게 된 중세의 요새는 무용지물이었다.

이것은 이미 진행 중인 현상이었다. 성곽이나 도시의 성벽을 대포로 무너뜨린 통치자는 샤를 8세가 처음이 아니었다. 그의 할아버지 샤를 7세는 노르망디의 영국군 수비대에 포격을 가하겠다는 단순한 위협만으로 백년전쟁을 끝냈고, 오스만 제국이 콘스탄티노플을 점령할 때도 대포가 중요한 역할을 했다. 샤를처럼 대규모의 포대를 운용하는 데는 많은 돈이 들었지만, 1490년대는 대포가 사실상 필수적인 무기가 되었다. 그렇지만 공격과 수비 사이에 효율성의 균형을 맞추려는 시소게임은 계속되었고, 그 균형이 수비 측에 유리한 방향으로 기울어질 참이었다.

　군사 건축가와 엔지니어들은 대포가 자신들의 작품에 제기한 문제를 잘 알았다. 샤를 8세가 이탈리아를 침공하기 전부터, 이미 포위전을 벌이려는 적군을 더 어렵게 만들기 위한 요새의 개선이 시작되고 있었다. 포탄을 튕겨낼 수 있는 둥근 모양의 표면이 채택되었지만, 진정한 해결책은 더 낮고 두꺼운 성벽, 성벽에서 돌출하여 측면 화력을 제공하는 각진 보루bastions, 그리고 넓고 깊은 도랑에 있었다. 이렇게 완벽한 형태를 갖춘 요새는 동시대인에게 성형 요새로 알려졌다. 필요했을 뿐만 아니라 믿기 힘들 정도로 큰 건축 비용이 들었던 성형요새의 가치는 전투 기간 내내 또는 그 이상으로 공격군을 저지할 수 있는 능력에 있었다. 이는 다시 공격을 위한 더 큰 군대와 더 큰 비용으로 이어졌다. 대포, 방어 시설, 그리고 증가하는 비용의 피드백 루프가 군사 혁명의 핵심이었다.[23]

큰 전쟁, 작은 전쟁; 오래된 전쟁, 새로운 전쟁

　베를리힝엔의 의수에 있는 철 손가락이 탑의 조각된 돌 표면을 초조하게 두들겨댔다. 점점 둥글어지는 상처투성이 얼굴 속 가늘게 뜬 눈이, 숲이 우거진 언덕 위로 솟아올라 기마대가 접근하고 있음을 말해줄 먼지구름을 찾아서, 자신의 성 높은 곳에서 바깥쪽으로 뻗어 나간 골짜기를 훑어보았다. 그에게 필요한 것은 뷔템부르크의 울리히Ulrich 공작을 대리한 다음번 전투에서 자신을 지원하기에 충분한, 100명의 튼튼하고 노련한 중기병이었다. 그는 사촌과 사돈 처남들에게 적절한 전사들을 찾아내도록 요청했고, 이제 할 수 있는 일은 기대를 품고 기다리는 것뿐이었다.

서쪽에서 먼지가 피어오르는 기미가 보였다. 베를리힝엔은 흐릿한 먼지구름이, 인근의 작은 마을을 굽어보는 바위 언덕을 올라 자신의 성벽으로 접근하는, 기마병들로 바뀌는 모습을 지켜보았다. 그는 낯익은 얼굴도 보이는 네 명의 중기병과 그들의 무기와 말을 돌보는 종자 여덟 명을 포함한 열두 명을 헤아렸다. 충분한 숫자는 아니지만 이제 시작이었다. 그는 탑에서 내려오면서, 안뜰의 자갈길 위에서 달가닥대는 철제 말발굽 소리를 들을 수 있었다. 이곳 호른베르크Hornberg 성은 베를리힝엔에게 낯선 곳으로, 최근에 포로로 잡은 헤세Hesse 공작의 몸값으로 받은 돈을 지불하고 사들인 성이었다. 성의 구조물 중에는 여러 세기가 지난 것도 있었다. 그 세월 동안에 마모된 돌은 이와 같은, 명예와 이익을 위하여 사적인 전쟁에서 싸우려고 도착하는, 도로의 먼지와 오물을 뒤집어쓴 중기병의 행렬을 여러 차례 지켜보았다. 호른베르크의 성주는 미소를 지으며 강철 손을 들어 환영 인사를 보내고 맥주를 준비하도록 명령했다.

괴츠 폰 베를리힝엔은 소규모 전쟁이 전문이었다. 신성로마제국의 조각난 정치 구조는 귀족과 도시, 주교공prince-bishops과 기사, 조직된 마을 연합과 대영주 사이의 수많은 분쟁을 만들어냈다. 분쟁은 정치적 시스템의 속성이었고, 그 시스템 안에는 베를리힝엔처럼 폭력적이고 기회주의적인 남자가 고용된 군인으로서의 경력을 추구할 충분한 기회가 있었다. 개인적 명예와 하층 귀족의 지위를 방어하는 것과 함께 물질적 보상이 이루어지는 소규모 전쟁은 두 가지를 모두 얻을 수 있는 길이었다.

베를리힝엔의 회고록은 끝없이 이어지는 소규모 전투를 설명한다. 프랑크푸르트와의 다툼 때문에 그곳에서 오는 도로에서 콜로뉴 상인들을 강탈한 이야기, 밤베르크 주교와의 분쟁 중에 보트를 이용한 강변의 매복에 소총수를 배치한 이야기, 슈바벤 동맹Swabian League에 맞선 뷔텐베르크 공작을 위하여 뫼크밀Möckmühl이라는 작은 도시를 방어하다가 포로가 되어 고생한 이야기. 이 모든 이야기에 관련된 인원수는 항상 적었다. 베를리힝엔은 공작을 위한 전쟁에서 중기병 30명을 겨우 끌어모았고, 뉘른베르크시와 맞선 오랜 전투 도중에 또 다른 30명을 모집했다. 이 전투는 제국 당국이 400명의 기병으로 그를 공격하라는 명령을 내리면서, 베를리힝엔처럼 노련하고 헌신적인 싸움꾼에게도 승산이 없는 전투가 되었다.[24]

이 모든 것—납치된 기사, 만찬 석상의 칼부림, 다툼에서 다툼으로 이어지는 증오—은 동시에 일어난 군사 혁명의 거대한 변화와는 거리가 한참 멀어 보일 수도 있다. 라벤나와 파비아 같은 곳에서 벌어진 대규모 학살, 새롭게 반짝이는 요새를 둘러싼 값비싼 포위전, 수만 병의 장창병과 소총수로 구성된 거대한 군대가 모든 주목을 받는 것은 당연한 일이다. 그 옆에 있는, 베를리힝엔과 보잘것없는 소수의 중기병, 수백 년 묵은 성, 그리고 무수한 다툼은 소규모 사적 전쟁의 과거 시대로 후퇴하는 막다른 골목처럼 보인다.[25]

그러나 대부분의 군사적 활동을 설명하지 못하는 군사 혁명은 군사 혁명이라 할 수도 없다. 당시의 분쟁 대부분은 정치·군사적 역사를 다시 쓴 거대한 전장의 충돌이 아니라 소규모 교전, 습격, 지역적 전투, 그리고 사소한 다툼이었다. 대규모 전쟁 중의 가장 중요한 전투조차도 힘겨운 포위전, 약탈, 소규모 교전, 그리고 습격으로 이루어졌다. 지역적 경쟁과 적대감 모두에 필수적인 폭력성이 훨씬 큰 정치적 격변의 맥락 속에서 펼쳐졌다.

작은 전쟁과 큰 전쟁, 또는 오래된 전쟁 방식과 새로운 방식을 명확하게 구분할 수는 없었다. 베를리힝엔은 바보가 아니었지만—그는 수많은 전투에서 대포의 활약을 지켜보았다—여전히 성에서 사는 쪽이 더 마음에 들었음이 분명하다. 성에는 아직도, 대규모 포대와 맞서지 않는 한 방어를 위한 구조물로서의 유용성이 있었다. 더욱이, 중세 기사의 직계 후손이며 말 위의 기갑전차 같은 중기병은 16세기 중반까지도 전쟁터에서 중요한 역할을 담당했다. 베를리힝엔은 이들 기마병—그의 작은 전쟁을 위하여 소집한—이 무용지물이 된다는 것을 상상할 수도 없었을 것이다. 갑옷과 창으로 완전 무장하고 돌격하는 중기병은, 당시의 최첨단 군대에서도, 대포, 장창병, 소총병과 함께 싸웠다. 그리고 상인들에게 폭력을 휘두르고, 마을을 습격하고, 사소한 다툼을 벌이는 데는 갑옷을 입고 말에 오른 거대한 괴물을 필적할 만한 것은 없었다.

오래된 것과 새로운 것, 큰 것과 작은 것 사이의 연결은 더욱 분명했다. 같은 사람들이 모든 형태와 크기의 분쟁에 참여하여, 국부적·지역적 전쟁에서 기량을 연마하고 요령을 터득한 뒤에 더 큰 전쟁에 참가하려고 수백 마일을 진군했고, 그런 순환을 영구화하기 위하여 다시 집으로 돌아갔다.

1522년에 베를리힝엔이 뫼크뮐에서 포로가 되어 몇 년 동안 투옥되었을 때, 석방을 위해서 개입한 사람은 누구였을까? 다름 아닌 게오르크 폰 프룬츠베르크였다. 당시에 그는 남부 독일에서 가장 유명한 모병인이자 란츠크네히트의 지도자였으며 새로운 신성로마제국 황제 카를 5세의 핵심 측근이었다. 계약에 따라 모집한 대군을 이끌고 때로는 플랑드르로 때로는 이탈리아로 행군하는 일도 그가 골치 아픈 친구 베를리힝엔과 함께 지역 정치에 관여하는 것을 막지는 못했다. 실제로 프룬츠베르크는 베를리힝엔이 포로가 된 뷔템부르크 전투에서 싸우다가, 피카르디 전투를 위한 란츠크네히트 용병을 모집하기 위하여, 곧바로 북부 프랑스로 갔다. 베를리힝엔을 위한 그의 개입은 이들 전투 사이의 짧은 공백기에 이루어진 것이었다. 이 시점에 프룬츠베르크의 모병 사업은, 단일한 전투를 위하여 수백 수천의 병사를 모집하는 엄청난 규모였다. 1526년에 그는 나중에 카를 5세가 급료를 지불하지 못하게 되자 로마의 약탈에 나서는, 1만 6,000명의 란츠크네히트 용병에 대한 비용을 선지급하기 위하여 자신이 소유한 모든 것을 담보로 잡혔다.[26]

같은 길을 걸었던 많은 사람 중 하나에 불과했던 프룬츠베르크는 큰 전쟁과 작은 전쟁, 후세의 관찰자들이 중요하다고 여길 전쟁과 그렇지 않은 전쟁을 구별하지 않았다. 그는 모든 전쟁에서 장창과 총기에서 대포와 중기병에 이르는 동일한 도구를 사용했고 계약에 기초한 모병 방식을 채택했다. 필요성, 사회적·가족적 관계, 그리고 기회가 허용하는 대로 전투에서 전투로 이동하는 란츠크네히트, 총병, 그리고 중기병도 마찬가지였다. 크고 작은 전쟁이 빨아들인 막대한 자금은, 병사들의 급료를 지불하고 새로운 발전과 혁신을 장려했다. 직업 군인에게는 싸움을 계속할 이유가 충분했고 신병을 위한 수많은 유인책도 있었다. 갈등의 거대한 규모가 계속해서 전쟁의 수레바퀴를 돌렸다.

강철 손의 괴츠는 명성 높은 지휘관도 유명한 군사기업가도 아니었다. 그의 전쟁은 대부분 소규모였고, 기본적으로 왕과 황제들의 대규모 분쟁이 아니라 폭력적인 방법으로 해결되는 법적 다툼이었다. 그렇지만 군사 혁명은 크고 작은 갈등 사이의 지속적인 대화의 결과였다. 끊임없이 이어지는 전투는 꾸준한 훈련을 통해서 기량과 군사 기술을 연마한 직업 군인의 시장을 낳았다. 이 시대 전쟁의 진정한 변화는 전쟁을 자신의 사업으로 삼을 수단과 방법이 있었던 괴츠 폰 베를리힝엔 같은 사람들의 직접적 결과였다.

▌ 마지막 전투: 생디지에, 1544년

잠시나마 프랑스 동부의 습하고 지독한 8월 더위에서 벗어나려고 이마의 땀을 닦아내는 베를리힝엔의 손수건이 흠뻑 젖었다. 이제는 젊은 시절보다 훨씬 더 많은 땀을 닦아내야 했다. 그의 금발은 이마 위로 멀리 넘어간 지 오래였다. 몇 달만 있으면 64세가 되는 1544

년이었다. 그가 란츠후트 외곽에서 처음으로 전투에 나선 때로부터 평생처럼 생각되는 40년의 세월이 흘러갔다. 겨드랑이에서 더 많은 땀이 흘러 갑옷 밑에 숨겨진 맥주통 같은 몸통의 곡선을 따라 내려갔다. 그는 몇 년 전에 보았던, 악마의 화염이 교황을 집어삼키는 조잡한 목판화를 떠올리면서, 악마 같은 더위라고 생각했다. 이런 일을 하기에는 너무 늙어가고 있었다.

광포한 군대가 내뿜는 모든 열기와 함께 화약 냄새가 베를리힝엔의 콧구멍을 파고들었다. 화약 냄새가 스며든 숨 막히는 공기 속에서, 거대한 흰색 연기구름이 잔잔한 바람을 타고 천천히 흘러갔다. 도열한 대포─중포, 공성포─는 더 많은 유황의 악취와 연기를 토해냈다. 그는 눈을 가늘게 뜨고, 조금 떨어져 낮게 자리 잡은 성벽을 파고든 포탄이 부서진 돌 더미와 먼지를 남기는 모습을 지켜보았다. 생디지에Saint-Dizier시를 보호하는 요새는, 적어도 지금까지는, 세월과 전투로 훼손되지 않은 최신 방어시설이었다. 베를리힝엔은 일반적인 성벽에 비해서 이상하게 보인다고 생각했다. 벽은 낮고 두껍고 각이 졌고, 성벽을 따라 측면 화력을 제공하기 위하여 돌출된 보루와 대포가 설치된 포상이 있었다. 다툼을 벌이는 기사를 경쟁자로부터 보호할 수 있는─또는 최소한 보호할 수 있었던─개인 요새 따위와는 거리가 멀었다. 그의 호른베르크 성은 여러 해 동안, 적어도 당국이 그를 10년이 넘도록 그곳에 가두기 전까지는, 그런 역할을 충분히 수행했다. 너무 많은 다툼, 너무 많은 적, 그리고 누구나 기억하는 가장 큰 농민 반란에 가담했다는 사소한 문제 때문이었다. 반란을 일으킨 농민들이 자신에게 지휘관 자리를 강요했다는 핑계를

댄 베를리힝엔이, 반란이 진압된 후의 피비린내 나는 후속 조치 속에서 처형을 면한 것은 행운이었다.[27]

하지만 이제 그는 풀려났다. 갑옷의 무게를 느끼고, 온전한 왼손에 검을 들고, 진지에서 오고 가는 상스러운 농담을 듣고, 바람결에 섞여든 화약 냄새를 맡는 것은 좋은 일이었다. 2년 전에 신성로마제국 황제 카를 5세는 그에게 악랄한 터키 놈들과 맞서는 출병을 위하여 중기병 100명을 모집할 것을 요구했다. 그는 탈출의 기회에 뛰어들었다. 그의 중기병 다수가 헝가리로 가는 도중에, 터키 병사의 화살이나 시파히sipahi 기병의 칼이 아니라, 질병으로 사망했을지라도 집에 앉아 있는 것보다는 나았다. 일단 밖으로 나온 베를리힝엔은 그대로 밖에 머물렀고, 황제와 함께한 전투를 떠나 또 다른 중기병 소대와 함께 프랑스로 향했다. 그들은 경험이 풍부한 봉건시대 약탈자 베를리힝엔이 만족할 정도는 아니었지만, 시골 지역을 깨끗하게 청소했다. 그러나 갑옷을 걸치고 갑옷으로 보호된 말을 탄 중기병은 장기 포위전에서 별로 쓸모가 없었다. "내가 카를 황제였다면, 다른 방식을 택하여 기념품을 남기고, 사람들이 앞으로 100년 동안 카를 황제가 다녀간 이야기를 할 수밖에 없을 정도로 모든 것을 불태워버렸을 것이다. 그러면 평화도 더 빨리 찾아왔을 것이다." 그는 나중에 이렇게 기록했다.[28]

몇 년 전에 넘어지면서 생긴 디스크로 인한 허리 통증이 그의 생각을 지금 이곳으로 되돌려 놓았다. 독일 병사들의 대형에서 함성이 울렸다. 총성이 멈춘 뒤에 생지에 성문이 열리고, 말을 탄 사람들이 항복 교섭을 위하여 밖으로 나왔다. 베를리힝엔은 얼굴을 찡그렸다. 이번에는 오른손의 찌르르한 느낌, 40년 동안 사라진 손의 유령 같은 고통 때문이었다. 그는 강철 의수를 내려다보고, 자신이 잃은 것과 얻은 것을 회상하면서 미소를 지었다.

★★★★

5

알두스 마누티우스와
인쇄술

Aldus Manutius and Printing

THE VERGE

아침의 첫 햇살이 운하 주변을 가득 메운 벽돌과 석조 건물을 뚫고 들어오려 애쓰면서 베네치아는 북적이기 시작했다. 이곳은 모든 사람이 필요로 하는 곳이 있었다. 시장의 노점에는 신선한 농산물이 필요했다. 상인은 체결할 거래와 서명할 계약서가 있었다. 은행업자는 검토할 계좌, 계산할 돈, 그리고 협상할 환어음이 있었다. 베네치아는 비즈니스의 도시였고 비즈니스는 아침 일찍 시작되었다.

떠들썩한 소리도 운하 위에서 금방이라도 무너질 듯한 나무다리의 널빤지를 밟는 행인 한 사람을 방해하지는 못했다. "천천히 서둘러라"가 그의 좌우명이었고, 걷는 방식 또한 정확하게 좌우명과 같았다. 빠르고 정확한 발걸음, 베네치아의 미로 같은 골목과 광장을 속속들이 알고 있는 사람의 걸음걸이였다. 그의 관심사는 양팔에 낀 가죽으로 묶은 낡은 원고 뭉치로 그는 한 가지 중요한 문제에 골몰했다. 어떻게 여러 세기 전의 필사 원고를 고품질의 대량 생산 인쇄물로 바꿀 것인가.

다리 밑 운하에서 뱃사공들이 서로 고함치는 소리가 들렸다. 과일과 채소를 가득 실은 길고 가느다란 배가 귀족 상인 두 사람을 태운 다른 배와 충돌할 뻔했던 것이다. 욕설이 오갔다. 장대를 이용해 좁은 수로로 배를 모는 거친 움직임에 위협을 받는 지나가는 배들의 비난이 빗발쳤다. 원고를 든 남자는 고함치는 뱃사공들과 그들이 휘두르는 장대 위로 다리를 건너고, 2층의 창문에서 끼얹어진 요강의 내용물에 흠뻑 젖는 사태를 아슬아슬하게 피해 나갔다.

그의 이름은 알도 마누치오Aldo Manuzio─후세 사람들에게는 알두스 마누티우스Aldus Manutius─로 유럽을 통틀어 최고의 인쇄업자였다. 대륙 전역의 도서 애호가와 전문 학자들이, 텍스트의 정확성과 조판의 아름다움을 자랑하는 알디네 인쇄소Aldine Press의 돌고래와 닻 로고를 탐내면서 열성적으로 그의 제품을 찾았다.

알두스는 60번째 생일을 앞두고 있었다. 일상적으로 책을 운반하는 작업 때문에 자세가 약간 구부정해지고 근시 때문에 눈을 가늘게 떴지만, 정신은 언제나 예리했다. 그는 좋아하는 운문에서 특별히 호소력 있는 구절을 생각하거나 시적 운율의 리듬을 계산하면서 좁은 골목과 운하 위를 오고 갔는데, 그때마다 고전 라틴어 및 고대 그리스어─그가 가장 좋아하는─와 베네치아 방언 사이를 왕복했다. 그의 정신은 인쇄업의 평범함이 아니라 언어의 아름다움 속에서 살기를 원했다.

알두스는 자신의 집이자 인쇄소가 가까워지기 전에 무의식적으로 보조를 늦췄다. 장인이자 동업자인 인색한 구두쇠 안드레아 토레사니Andrea Torresani가 불만 사항 및 지시 목록과 함께 기다리고 있을 것이 분명했다. '악마에게나 가보라지'라고 생각한 알두스는 자신을 책망했다. 인기는 없을지 몰라도 제품의 성공 가능성에 대한 토레사니의 판단은, 알두스의 바람과 다르더라도 틀리는 법이 거의 없었다.

나이 든 인쇄업자는 베네치아의 수많은 열린 공간 중 하나인 작은 광장으로 들어서면서 산타고스티노Sant'Agostino 교회의 종탑을 올려다보았다. 석호 안에 흩어진 작은 땅덩어리들의 집합이었던 이 도시의 오랜 유물인 광장은 저마다 주택 단지, 작업장 그리고 중앙의 열린 공간과 마주하는 교구 교회를 갖추고 있었다. 천 년 동안의 끈질긴 노력—바다를 준설하고 나무 말뚝을 박고 자갈을 채우는—이 새로운 땅을 만들어내고 원래 섬들 사이의 간격을 메웠다. 물이 마른 수로를 연상시키는 골목길과 한때는 마른 땅의 가장자리였음을 나타내면서 늘어선 집들이 뒤엉킨 베네치아는 잊힌 지리학을 다시 쓴 것 같은 도시였다.

알두스는 자신의 수수한 이층집 문을 훔쳐보면서 한숨을 쉬었다. 그는 집 내부가 북적이고 있을 것을 알았다. 활자를 정리하는 식자공, 잉크가 튀는 소리, 인쇄기의 소음, 아이들이 웃고 우는 소리. 귀를 쫑긋 세운다면 토레사니가 너무 높은 임금에 대하여 투덜거리는 소리나, 알두스의 집에 임시로 머물고 있는 머지않아 유럽에서 가장 위대한 작가가 될 로테르담의 에라스무스Erasmus of Rotterdam의 펜이 종이를 긁는 소리가 들려올지도 몰랐다. 마지막으로 한숨을 쉰 알두스는 문을 열고 혼돈 속으로 걸어 들어갔다.

알두스의 시대에는 베네치아를 비롯하여 유럽 전역에 많은 인쇄소가 있었다. 요하네스 구텐베르크가 마인츠에서 처음으로 금속활자를 사용한 인쇄물을 만들어냈을 때 알두스는 아직 아기였다. 새로운 기술은 알두스의 일생 동안에 대륙 전체로 들불처럼 퍼져 나갔다. 인쇄술은 단지 도서 출판의 혁명을 일으켰을 뿐만 아니라, 지성주의에서 종교적 믿음까지 눈 깜빡할 사이에 모든 것을 바꾸면서, 커뮤니케이션의 대대적인 개편을 촉발했다. 실제로, 인쇄기가 등장하지 않았다면, 16세기의 거대한 변화—종교개혁의 격변에서 다가오는 과학혁명을 위한 세계적 탐사까지—중 어떤 것도 일어날 수 없었다.[1]

인쇄업 자체는 경쟁이 치열한 산업이었다. 구텐베르크를 포함하여 초창기 인쇄업자 대부분은 파산이나 그보다 나쁜 결과를 맞았다. 합리적인 사업 모델을 모색한 수십 년에 걸친 실험은 수많은 막다른 골목과 잘못된 시작을 낳았다. 인쇄업자가 시장이 도저히 흡수할 수 없을 정도로 많은 책을 쏟아내는 일이 너무 잦았다. 그러나 투자자들은 웨스트민스터에서 프라하까지 모든 인쇄소에 계속해서 돈을 쏟아부었고, 느리지만 확실하게, 인쇄업은 지속 가능한 사업으로 자리를 잡았다.

알두스 마누티우스는 진정한 학자였다. 젊은 시절에 교사였던 그는 오늘날 아름다운 이탤릭체 활자를 만든 것, 최초로 고대 그리스 고전의 인쇄물을 널리 보급한 것, 그리고 에라스무스 같은 문학계의 거물과 교류한 것으로 유명하다. 오늘의 수집가들은 그의 매력적인 제품을 구입하려고 최고의 비용을 기꺼이 지불하고, 지식에 대한 그의 끝없는 갈증은 르네상스 인본주의 정신을 구체화한다. 하지만 알두스의 이러한 지적 기여는 그와 동업자들의 냉철하고 자본주의적인 사업 감각 때문에 가능했다. 이것이 이윤에 대한 갈망이 어떻게 혁신적 기술의 사용을 견인하고 첫 번째 정보시대가 시작되도록 했는지에 대한, 16세기 인쇄업의 폭넓은 이야기다.

█ 구텐베르크와 책

█ 1440년대 후반에 마인츠의 장인 요하네스 구텐베르크가 처음으로 이동식 활자와 단순한 나사 인쇄기를 결합하는 아이디어를 떠올렸을 때, 유럽의 도서 제작은 이미 수도원에서 민간 서점으로 이동하고 있었다. 비좁은 기록실에서 경건한 육체노동의 일환으로 성서와 고전 문서를 필사하는 수도사들이 사라진 것은 아니었지만, 중세 후기의 유럽 전역에서 꾸준히 증가하는 도서 수요에 부응하기 위하여 수많은 필사 작업실―주로 파리 같은 대학 도시에―이 생겨나고 있었다.

귀족들은 화려하게 장식된 로맨스 및 종교 서적으로 서재를 채웠다. 아이들의 공부를 위해서는 문법을 비롯한 기본적 교재가 필요했다. 신학과 특히 법학을 전공한 졸업생을 끊임없이 배출하는 대학은 엄청난 양의 전문 서적을 요구했다. 피렌체, 아우크스부르크, 브뤼헤, 런던, 베네치아 등지에서 읽고 쓰기가 직업적 기술이자 출세의 수단이었던, 모든 공증인과 전문 직업인들도 책에 관심을 가졌다. 카스티야의 이사벨라 같은 군주의 정부에서 일하는 박식한 관료들도 마찬가지였다. 15세기 중반의 독자들―과거 어느 때보다도 많았지만, 다음 세기에 비하면 여전히 매우 적었던―은 더 싼 값에 더 많은 책을 원했다. 인쇄기의 발명은 이러한 수요를 충족시키는 수단이었다.[2]

1448년경에 도서 제작으로 관심을 돌렸을 때, 요하네스 구텐베르크는 이미 경험이 풍부한 기업가였다. 당시에 50번째 생일이 가까워지던 구텐베르크는 훌륭한 교육을 받았고, 장인 제작자의 경력을 시작하기 전에 한동안 에르푸르트Erfurt 대학에서 교편을 잡았을지도 모른다. 그는 스트라스부르에서 사는 동안에, 금 세공과 동전 제작을 가르치면서 거울을 만드는 대규모 주조 공정에 대한 투자를 계속했다. 인근의 아헨Achen시에서 특별한 성유물 전시회가 열릴 예정이었고, 성유물이 반사된 거울에는 성스러운 힘의 일부가 남을 것이라는 일반적인 믿음이 있었다. 구텐베르크와 동료들은 투자 자본을 모아서 성유물을 관람하는 순례자들에게 팔기 위한 거울을 대량 생산했다. 안타깝게도, 시기를 잘못 만난 구텐베르크는 너무 일찍 거울을 만들었다. 그는 기회를 보는 눈과 실행의 문제점의 결합으로 훗날에도 곤경을 겪게 되지만, 이 사건은 제작 과정과 사업 환경에 대한 장인의 경험을 분명하게 말해준다. 두 가지 모두 인쇄술의 출현에 핵심적 역할을 했다.[3]

구텐베르크가 최초로 인쇄기와 이동식 활자를 실험한 곳은 스트라스부르였을지도 모르지만, 동업자들과의 비밀스런 소송과 수명이 짧았던 초창기 인쇄물의 특성이 모든 확실한 증거를 지워버렸다. 분명한 것은 구텐베르크―자본 집약적인 장인적 프로세스를 위한 투자를 유치하는 데 10년이 넘는 경험을 쌓은 기업가—가 1448년 10월 17일에 마인츠로 돌아왔고, 사촌인 아르놀트 겔투스Arnold Gelthus에게서 5퍼센트의 이자로 150굴덴을 대출받았다는 사실이다. 구텐베르크는 마인츠의 상인이며 대부업자인 요한 푸스트Johann Fust에게서도 800굴덴을 추가로 빌렸다.

구텐베르크는 참으로 선견지명이 있는 사람이었다. 그는 주화 제조와 금세공에 관한 자신의 전문지식을 각각 한 문자나 약어를 나타내는 수천 개의 금속활자를 깎아내는 데 투입했다. 이 작업에는 끈기와 준비된 자본은 말할 것도 없고, 상당한 기술과 독창성이 필요했다. 벤처사업의 수익성이 나타나기 훨씬 전에, 필요한 활자를 만들어내는 데 여러 달 동안의 중단없는 작업이 필요했기 때문이다. 일단 자르고 주조한 활자는 인쇄기에서 텍스트의 페이지를 형성하는 단어와 문장으로 배열될 수 있었다. 인쇄기 자체는 와인 제조에 사용되는 방식과 유사한 메커니즘에서 도출된 단순한 장치였다. 손잡이가 아래쪽으로 밀어붙인 금속판이 포도를 으깨는 대신에 잉크를 바른 금속활자 위에 종이를 눌렀다. 이 과정이 필요한 만큼 되풀이되고 나면, 다음 페이지를 위하여 식자공이 활자판을 재배열하는 작업이 계속되었다. 인쇄기는 충분한 반복 과정을 거쳐서 각 페이지에 대한 수십, 수백, 심지어 수천 장의 동일한 사본과 그에 따른 책 전체의 사본을 만들어냈다.

활자의 절단부터 필요한 용지의 조달, 몇 주 또는 몇 달 동안 계속해서 인쇄기를 돌리는 일까지, 인쇄 과정과 관련된 모든 일이 노동집약적이고 많은 비용이 들었지만, 전체 원고를 손으로 베끼는 어려움에 비하면 대단한 문제가 아니었다. 수작업으로 몇 주 또는 몇 달 동안 작업하는 필경사는 한 번에 한 권씩만 만들어낼 수 있었다. 그에 반해서 인쇄술에는, 막대한 초기 비용과 기술적 요구에도 불구하고 엄청난 이점이 있었다.

구텐베르크 인쇄기가 찍어낸 첫 번째 작품은 그 유명한 성서가 아니었다. 엘리우스 도나투스Aelius Donatus가 저술한 《아르스 마이너 Ars Minor》라는 교과서 수백 권 또는 수천 권이었는데, 그것은 명성 있는 책도, 소유자가 소중히 여기는 책도 아니었다. 오늘날 구텐베르크의 세상을 변화시킨 발명이 남긴 첫 번째 생산물은 거의 알아볼 수 없는, 단편만이 남아 있다.

그에 반해서, 크고 값비싼 책이면서 대부분 독자의 일상에는 거의 쓸모가 없는, 성서의 출판은 훨씬 더 위험한 사업이었다. 명성을 확립하기 위한 첫 번째 주요 프로젝트로, 구텐베르크 성서는 당시에 인기를 얻었던 사치스러운 양식을 최대한 활용하여 제작되었다. 각 페이지는 우아한 고딕체 텍스트로 42행씩 2단으로 구성되었다. 최초 출간본 180부 대부분은 고급 용지에 인쇄되었고, 그중 40부는 훨씬 더 비싼 용지인 양피지가 사용되었다. 구매자는 이미 비싼 책값에 추가 비용을 치르고, 자신만의 장식을 추가할 수 있었다.

구텐베르크 성서는 초창기 인쇄업의 가능성과 함정 모두를 보여주는 완벽한 예였다. 그 한 권의 책을 만들기 위하여, 활자 10만 개의 주조 및 조판 작업과 1,282페이지를 180차례에 걸쳐서 찍어내는, 총 230,760번의 인쇄 작업이 필요했다. 이를 위해 여섯 명의 조판공과 열두 명의 작업자가 330일 동안 여섯 대의 인쇄기를 쉬지 않고 가동시켰다. 처음부터 끝까지—활자의 주조에서 완성된 제품을 제본하여 구매자에게 전달하기까지—2년이 넘는 시간이 걸렸을 것이 분명하다. 엄청난 가격에도 불구하고, 구텐베르크 성서의 초판본은 즉시 완판되었다. 종이책의 가격은 대략 장인 제작자의 1년치 연봉과 맞먹는 20굴덴이었고 양피지책은 50굴덴이었다 한 사람의 필경사가 성서 한 권을 만드는 데는 3년 정도가 필요했을 것이다. 구텐베르크에게는 흠잡을 데 없는 품질을 보장하는 180명의 필경사가 있었다.

그러나 이 과정에는 재료와 노동력에 대한 막대한 현금이 필요했다. 구텐베르크에게 자금을 댄 푸스트는 적어도 두 차례—성서가 완성되었을 때와 구매자에게 발송했을 때—자본을 투입했고, 투자금을 돌려받기를 원했다. 불행히도 구텐베르크—구매자들에게 책값을 받지 못했거나 현명치 못하게 수익금을 새로운 프로젝트에 재투자한—에게는 돈이 없었다.

이유가 무엇이었든, 푸스트는 기다리고 있을 기분이 아니었다. 그는 구텐베르크를 상대로 소송을 제기해 승소했고, 인쇄업자의 유일한 자산, 즉 구텐베르크 인쇄소를 양도하라는 판결이 내려졌다. 위대한 프로젝트를 완료한 지 1년 만에 인쇄기의 발명가는 인쇄업에서 축출되었다. 투자와 수익의 간극은 초창기 인쇄업에서 근본적인 문제의 하나였고, 해결은 고사하고 문제를 완전히 파악하는 데만도 수십 년에 걸친 실험과 수많은 실패가 필요했다.[4]

베네치아와 인쇄술의 확산

신뢰할 수 없는 구텐베르크를 제거한 푸스트는, 구텐베르크의 조수였고 소송에서 고용주에게 불리한 증언을 하여 사업을 잃도록 한, 필경사 피터 셰퍼Peter Schöffer를 새로운 동업자로 삼았다. 그들은 만만치 않은 한 쌍이 되었다. 이후 10년 동안에 푸스트와 셰퍼는 긴밀한 협력을 통하여 시편, 법률 서적, 그리고 교회를 위한 면죄부 같은 평범한 출판물을 쏟아냈다.

하지만 그들의 독점 기간은 이례적으로 짧았다. 일찍이 1460년 밤베르크시에, 구텐베르크가 성서 출판 프로젝트 이전에 사용했던 것과 같은 조잡한 활자를 사용하는 인쇄소가 나타났다. 1460년대가 끝날 무렵에는 스트라스부르, 쾰른, 라이프치히, 바젤, 그리고 아우크스부르크의 인쇄소들이 책을 대량으로 찍어내고 있었고, 셰퍼는 파리의 서점을 통해서 자신의 책을 배포하고 있었다. (그와 푸스트의 동업은 1466년에 푸스트가 전염병으로 사망하면서 끝났다.)

1470년에는 프랑스의 수도에 인쇄소가 등장했고, 같은 해에 뉘른베르크에도 인쇄소가 생겼다. 1467년에는 로마, 1471년에는 페레라, 피렌체, 밀라노, 볼로냐, 그리고 나폴리의 인쇄소가 뒤를 이었고, 다음 해에는 이탈리아의 여러 다른 도시에도 인쇄소가 문을 열었다. 도시화되고 부유한 저지대 국가에도 곧 브뤼헤, 안트베르펜, 그리고 루뱅에 인쇄소가 등장했다. 1476년에는 런던의 외곽 웨스트민스터에 인쇄소가 문을 열었다. 패턴은 명확했다. 인쇄소에 자금을 댈 투자 자본을 유치하고 제품을 판매하는 유통망이 갖추어진 상업 중심지들이 인쇄업의 새로운 진원지로 떠오르고 있었다.[5]

1469년에 인쇄소가 처음 등장한 베네치아보다 더 많은 것을 제공할 수 있는 상업 중심지는 없었다. 습지에 만들어낸 좁은 토지 위에 건설되고 리디lidi라 불리는 일런의 모래톱으로 아드리아해에서 보호되는 베네치아는 처음에 유럽에서 가장 부유한 교역 도시 중 하나가 될 것처럼 보이지 않았다. 그러나 지난 천 년 동안에 베네치아는 로마 경제의 변두리에서 근근이 살아가는 어부와 소금 제조자들이 모인 곳에서 중세 세계의 중심으로 변모했다. 베네치아는 알렉산드리아와 아우크스부르크, 밀라노와 콘스탄티노플, 그리고 튀니스와 브뤼헤를 연결하는 모든 주요 교역로가 만나는 곳이었다. 곡물, 목재, 비단, 그리고 향신료를 포함하는 필수 소비재 및 사치품이 수많은 목적지로 가는 길에 베네치아 항구를 통과했다. 여러 세기가 지나면서 교역로가 콘스탄티노플과 그 너머의 십자군 전쟁에서 상실한 성지에서 멀어지고 알렉산드리아와 홍해로 바뀌었지만, 그들의 합류 지점인 베네치아의 위상에는 변함이 없었다.

이들 교역로는 베네치아의 정맥과 동맥이었고 유동 자본이 흐르는 생명선이었다. 신뢰할 수 있는 법률 시스템은 유력한 상인과 외국 무역업자부터 수리 작업을 수행하는 노동자까지 엄격한 계약을 강제했다. 주로 부유한 상인 귀족층에 의하여 배타적으로 주도되는 도시 정부는 상업적 이익을 보호하고 증진하기 위한 모든 일에 상당한 힘을 발휘했다. 베네치아의 행정가들이 중요한 해군기지와 항구 도시가 있는 동지중해의 군도들을 통치하는 동안에, 국가가 자금을 대고 베네치아의 유명한 조선소에서 건조된 군함과 노 젓는 갤리선들이 병사를 가득 태우고 지중해 전역의 베네치아 상인을 보호했다.

이탈리아의 다른 도시국가와 유럽의 도시들을 괴롭힌, 주기적으로 일어나는 귀족층의 내분과 사회적 반란이 베네치아의 안정성을 흔드는 일은 드물었다. 피렌체 메디치가의 유명한 은행은 베네치아에 지점을 개설하고 환전에서 장거리 무역까지 모든 것에 손을 댔다. 야코프 푸거는 유명한 리알토 다리 근처에서 견습생 시절을 보내면서 탁월한 금융 기법을 연마하기 위하여 알프스를 넘어 남쪽으로 왔다. 베네치아는 사업을 하기에 안전하고 수익성이 좋은 도시였다. 안전성이 보장된 자본이 적절하게 관리된다면 꽃을 피울 수 있는 곳이었다.[6]

베네치아는 떠오르는 인쇄업의 자연스러운 고향이었다. 이 도시와 독일의 깊고 지속적인 관계를 생각할 때, 베네치아 최초의 인쇄업자가 스파이어의 존John of Speyer이라는 독일인인 것은 놀라운 일이 아니었다. 그는 동생인 빈델린Windelin과 함께 일했다. 그러나 베네치아에 도착한 지 얼마 지나지 않아서 존이 사망함에 따라, 베네치아 당국이 그에게 부여했던 인쇄업 독점권이 허공에 뜨게 되었다. 그 진공 상태의 기회를 포착한 행운의 수혜자는 니콜라스 옌센Nicholas Jensen이라는 프랑스인이었다.

옌센은 그림자 같은 인물이었다. 한 세기 뒤에 프랑스의 도서 애호가들 사이에서 회자된 이야기에 따르면, 그는 파리 조폐국의 금형 제작자였고 개인적으로 그를 선택한 샤를 7세 프랑스 국왕이 구텐베르크 선생에게 인쇄술의 비밀을 배우라는 비밀 임무를 주어 마인츠로 보냈다고 한다. 이어지는 이야기는, 1461년에 옌센이 프랑스로 돌아왔을 때 샤를 7세는 사망하고 아들인 루이 11세가 왕위에 있었는데, 아버지와 아버지의 관리들을 경멸했던 루이가 옌센의 제안에 관심을 보이지 않았다는 것이다. 퇴짜를 맞은 옌센은 몇 년 뒤에 베네치아에 나타나서 일을 시작했고, 곧 도시에서 가장 유명한 인쇄업자가 되었다. 옌센 자신이 유포한 다른 버전의 이야기는, 실제로 인쇄술을 발명한 사람이 구텐베르크가 아니라 자신이라고 주장한다. 옌센이 프랑스인이고 숙련된 장인이었음은 분명하고, 정말로 왕실 조폐국에서 일했을 수도 있다. 하지만 나머지 이야기는 새롭고 경쟁이 치열한 분야에서 사업을 벌인 부도덕한 사업가의 거창한 홍보였을 가능성이 크다.[7]

이 프랑스인은 베네치아를 비롯한 각지의 초창기 인쇄업자와 마찬가지로 대중적 시장을 겨냥한 책을 만들지 않았다. 그것이 가능할 정도로 독서 습관이 일반 대중에 널리 퍼지지 않았고 인쇄된 책이라도 값비싼 상품이었기 때문에 잠재적 고객층이 제한적이었다. 투자할 자금과 숙련된 노동력을 갖춘 베네치아는 특히 자본 집약적 사업에 우호적인 곳이었고, 그에 따라 인쇄업자들의 경쟁이 치열해졌다. 1473년에는 열두 곳의 인쇄소가 베네치아에서 사업을 벌이고 있었다. 결과적으로 출판물의 과잉, 특히 고정 독자층을 주도한 학자들의 사랑을 받은 고대 라틴 작가들의 작품이 자금력이 탄탄하고 숙련된 인쇄업자를 제외한 모든 인쇄소를 곤경에 빠뜨렸다. 과거 그 어느 때보다 많은 독자가 더 많은 책을 읽을 수 있게 되었음에도 불구하고 주기적인 호황과 불황이 베네치아 같은 도시의 초창기 인쇄업을 정의했다.[8]

알두스 마누티우스와 학문

웃음소리가 뒤따르는 활기찬 대화의 단편들이 회칠한 벽에서 반사되고 석조 복도를 따라 메아리치면서 별장 내부를 떠다녔다. 우아한 은잔의 시원한 와인이 목구멍으로 넘어가면서 대화는 더욱 활기를 띠었다. 와인으로 불그레해진 얼굴의 남자 여섯 명이 심오한 토론에 몰두하고 있었다. 외부인은 그 누구라도 그리스어와 라틴어, 이탈리아어 사이를 왕복하면서 이름 모를 학자의 학문적 기여를 찬양하거나 그러한 기여가 부족함을 비방하는, 철학과 언어학 용어가 가득한 이들의 대화를 이해할 수 없었을 것이다.

이 작은 그룹은 자주 편지를 주고받았고 직접 대면보다 서면을 통해서 서로를 더 잘 알았다. 모두가 학자, 또는 자신을 학자로 생각하는 사람들이고 나이는 20대 초반에서 중년에 걸쳐 있었다. 미란돌라 인근에 있는 이곳까지 오게 된 것에 신이 난 그들이 머무는 곳은, 이 모임을 주선했고 젊은이답지 않게 지성적인 조반니 피코 델라 미란돌라Giovanni Pico della Mirandola의 가문이 소유한 별장이었다. 그중에는, 당시에 가장 유망한 젊은 문사들과 교류하는, 불같은 성미의 그리스 학자 마누엘 안드라미테누스Manuel Adramyttenus도 있었다. 다른 사람들은 학문적 관심과 허세를 나타내면서 고대의 문서를 수집하고 고대 그리스어를 취미로 삼는 귀족들이었다.

그중에 가장 눈에 띄지 않는 사람은, 어깨까지 내려온 머리칼이 긴 코와 주름지고 지적인 눈이 특징인 얼굴을 감싸고, 아직도 여행 길의 먼지로 얼룩진 낡은 가운을 걸치고 있는 알도 마누치오였다. 떠도는 학자로서 최근에 미란돌라에서 몇 마일 떨어진 카프리에 주거를 마련한 마누치오는 새 집의 젊은 영주들의 전문 가정교사로 일하고 있었다.

그들의 대화는 피코의 훌륭한 와인과 귀중한 원고 더미에 힘입어 밤새도록 계속되었다. 그들은 호머와 플라톤을 토론하고, 키케로의 스타일에 관한 논쟁을 벌이고, 마르시알Martial 시집의 조잡한 베네치아 출간본에 대하여 입을 모아 비판했다. 이 모임에서는 피코가 가장 강압적이고 창조적인 인물이었고, 다른 사람들은 고전 문서의 세부사항에 대하여 더 날카로운 논쟁을 벌였지만, 마누치오는 항상 공통점과 조용한 합의를 추구하는 평화의 중재자였다. 모두가 고전적 과거에 대한 깊고 변함없는 사랑, 과거의 지혜를 연구하고 동화함으로써 현재의 세계가 개선될 것이라는 믿음을 공유했다. 다음날 그들이 언젠가 다시 만날 기회가 있을지 궁금해하면서, 헤어졌을 때도 그러한 믿음은 남아 있었다.

당대의 가장 저명한 학자라 할 수는 없었지만, 알두스 마누티우스는 사실상 그들 모두를 알고 있었다. 학자들의 긴밀한 네트워크는 편지와 회람되는 귀중한 고대 문서로 유지되었고, 서로 간에 전해지는 새로운 아이디어는 지적 르네상스의 핵심이었다. 알두스는 학문의 거미줄의 중심에 있는 거미와 같았고, 이와 같은 모임은 서면으로만 존재했던 연결에 물리적 형태를 부여했다. 모임의 중심인물인 조반니 피코 델라 미란돌라는 나중에 당대의 가장 창의적인 철학 사상가가 된다. 알두스가 카프리에서 가르쳤던 젊은이들, 특히 미래의 왕자 알베르토 피오Alberto Pio는 진지한 학술 활동의 후원을 계속했다. 안드라미테누스 같은 그리스인은, 서구에서 여러 세기 동안에 대부분 사라졌고 철학과 실재의 본질에 관한 급진적 아이디어를 표면화시킨 언어의 연구를 대중화했다. 알두스의 길은 그들과 달랐지만, 그에 못지않게 변혁적이었다.

그 길은 알두스를 베네치아로, 그리고 인쇄업으로 이끌었다. 구텐베르크에서 옌센까지, 거의 모든 초창기 인쇄업자는 장인이었다. 그에 반해서, 알두스는 자신을 학자이자 교육자로 여겼고, 그런 생각이 평생 변하지 않았다. 알두스가 살았던 시기의 이탈리아에는 탁월한 지성을 갖추고 라틴어 고전에 기초하여 광범위한 최첨단 연구와 실험을 수행하는 지식인이 넘쳐났다. 1480년경에 카프리에 자리를 잡고 젊은 왕자의 가정교사가 된 알두스는 그들처럼 유명한 인물이 아니었다. 그는 "라틴어 학문의 훌륭한 배경을 갖춘, 진지하고 온화한 성격의 30대로 접어드는 남자였다." 그의 전기를 쓴 마틴 로리 Martin Lowry는 이렇게 말했다. "학문적 세계의 가장자리에 매달려 자신에게 주어진 기회를 잡은 전문적 문인이었다."⁹

뛰어난 자격을 갖추지 못했고 자신의 분야에 미친 영향도 미미했기 때문에, 동시대인들은 그의 초기 생애에 관하여 많은 기록을 남기지 않았다. 그는 1450년경에 로마 근처에서 태어나 로마에서 교육을 받았고, 명예와 부를 추구하면서 후원자를 찾아서 도시에서 도시로 떠돌아다니는 다양한 학자들의 강의를 들었다. 아마도 1470년대의 언젠가는, 한동안 페라라로 이주하여 라틴어 공부를 그리스어로 보충하기도 했다. 카프리의 통치자가 어린 두 아들의 가정교사를 물색했을 때, 알두스는 자연스러운 선택으로 보였을 것이 분명하다. 로마냐Romagna의 상류층 지식인들은 그를 잘 알았고 그는 작문을 포함하여 요구되는 라틴어와 그리스어 능력을 모두 갖추고 있었다. 알베르토와 레오넬로 피오Leonello Pio를 가르치면서 보낸 10년이 끝나 갈 무렵인 1480년대 말에, 알두스는 젊은 제자들을 교화하기 위하여 몇 편의 라틴어 시를 썼다. 그는 제자들에게 열심히 공부하고 율리우스 카이사르와 알렉산더 대왕의 본보기를 따르라고 말했다. 그것은 모두 지극히 평범한 주제였다.

알두스가 알베르토와 레오넬로 피오를 위하여 쓰고 인쇄해서 그들의 어머니 카테리나Catherina에게 보낸 시들은 라틴어 시작법에서 요구되는 기준에 완벽하게 부합했다. 그런 의미에서 그 시들은 알두스의 성격에 관한, 다른 자료를 통해서는 알 수 없는 통찰을 제공한다. 그는 학자로서 중요한 업적을 남기는 데는 별로 관심이 없었고 전염병과 같은 논쟁을 피했다. 그가 속하게 된 지식인 서클을 생각하면 이례적인 일이었다. 1480년대 내내 파두아Padua 대학에 있는 지인 두 사람—모두가 유명한 학자인—이 학문적 모욕을 주고받을 때, 알두스는 어느 편도 들지 않고 두 사람 모두와 좋은 관계를 유지했다. 논쟁을 통한 대중의 인정은 종종 부유한 후원자의 지원과 안락한 삶을 의미했다. 훌륭한 별장과 와인을 소유한 조반니 피코 델라 미란돌라의 궁극적 목표는 다름 아닌 완벽하고 급진적인 철학적 시스템이었다. 알두스는 친구인 조반니를 지원하면서 여러 해 동안 정기적인 연락을 유지했다. 조반니의 작업은 이탈리아 전역의 세속 및 종교 당국의 분노를 불러일으켰고, 피렌체에 만연한 느긋한 환경에서까지 그를 상당한 곤경에 빠뜨렸다. 이 뛰어난 젊은이는 결국 1494년에 독살됨으로써 지성적 능력의 정점에서 생을 마감했다. 그에 반해서 알두스는 그렇게 밝은 불꽃을 피워올리거나, 잘 자리 잡은 지식이나 법률의 보트를 흔드는 일에는 관심이 없었다.

더욱 이상하게도, 알두스는 후원을 받는 안락한 삶—훌륭한 재산, 읽을 수 있는 책, 같은 생각을 가진 지식인들과의 교류—에 끌리지 않았던 것으로 보인다. 제자인 알베르토 피오가 성인이 되어 그런 제안을 했을 때, 알두스는 단호하게 거절했다. 그는 어쩌면 틀에 박힌 완벽한 교사였다. 꼼꼼하고 까다롭고 전통적인 취향과 견해를 가진 그는 자신이 선택한 주제에 깊이 몰두했고, 무엇보다도, 교육 사업에 전념했다. 그는 필수적인 언어 능력, 즉 라틴어를 가르치는 올바른 방법에 많은 정신적 에너지를 투입했고 언어의 모든 형태, 리듬, 그리고 복잡성을 사랑했다. 그런 사랑을 다른 사람들과 소통하는 일이 그의 남은 생애를 지배하게 된다.[10]

우리는 정확히 무엇이 알두스가 카프리와 젊은 학생들을 떠나도록 했는지 알지 못한다. 아마도 더 많은 청중에게 다가갈 수 있다는 사실이 결국 1490년경에 교사인 그를 거칠고 지저분한 인쇄업과 베네치아로 끌어들였을 것이다. 알베르토 피오와의 갈등 때문이 아니었음은 확실하다. 피오는, 길고 다사다난한 삶을 통해서 자신을 가르친 선생님에 대한 헌신적인 태도를 유지했다. 우리가 확실하게 말할 수 있는 사실은, 알두스가 1490년에 인쇄업이라는 매체를 통해서 자신의 교육 활동을 계속하려는 계획을 세웠다는 것이다.

새로운 지식

초창기의 인쇄업자는 사실상 모두가 유럽의 마을과 도시를 지배하면서 상위 계층으로 이동하는 길드에서 뽑힌 기업가적 장인이었다. 금 세공인, 화폐 제작자, 부유한 직조공의 아들, 그저 그런 상인. 이들 직업군이 주로, 구텐베르크로부터 알두스까지 이르는 인쇄업의 확장을 견인한, 제작 과정에 익숙하고 필요한 자금을 조달하는 방법을 아는 인력을 제공했다. 그러나 학자이며 교육자인 알두스는 르네상스의 지적 분위기에 흠뻑 젖은 배운 사람이었다.

'르네상스Renaissance'는, 여러 세대의 역사가들이 특정한 시대나 문화적 경향, 또는 일련의 지적 운동에 적용될 때의 가치에 대하여 정당한 의문을 제기한 까다로운 용어다. 근대적 개인, 근대적 세속주의, 근대적 국가를 낳았고 뒤따를 세상의 일반적인 토대를 마련한, 모든 것을 아우르는 르네상스의 개념은 거의 사라졌다. 남은 것은 고대의 고전에 대한 활발한 관심을 낳은 이탈리아의 부유하고, 점점 더 박식해지고, 도시화된 문명의 실상이다. 스스로를 과거 로마(그리고 나중에는 그리스까지)의 잃어버린 영광의 '갱신' 또는 재탄생으로 여긴 르네상스 운동은 1300년과 1500년 사이에 꽃이 활짝 피었다. 14세기의 단테와 페트라르카로 시작하여 전문 학자, 정부 관료, 그리고 관심 있는 아마추어까지 확산된, 고대의 고전에 초점을 맞춘 학문이 알두스의 시대에는 교육을 지배하게 되었다.[11]

일반적으로 말해서, 우리는 이러한 교육 패러다임의 핵심을 '인본주의humanism'라 부를 수 있다. 이 시대에 뒤처진 용어—1808년이나 1809년에 독일 학자가 만들어낸—는 학생들에게 문법, 수사학,

역사, 그리고 철학을 가르쳤던 대가들, 즉 인본주의자humanista의 인문학studia humanitatis에서 유래했다. 이러한 교육 과정과 그것을 낳은 지적 운동의 핵심에는 고대의 우뚝 솟은 거인들의 지혜와 웅변에 대한 의심할 여지가 없는 믿음이 있었다. 리비우스Livy, 베르길리우스, 오비드Ovid, 그리고 특히 키케로가 인본주의자들이 살고 있다고 생각한 타락하고 부패한 세계와 극명한 대조를 이루는 지나간 시대의 완벽한 영광에 대한 직접적 접근을 제공했다. 인본주의자들은, 이들 과거의 대가에 관한 연구로 돌아가고 그들의 언어와 도덕적 관심사를 모방함으로써 더 나은 세상을 만들 수 있었다.[12]

그것이 인본주의자들이 광범위한 목표로 분명하게 표현할 수 있었던 아이디어였다. 그들은 대부분 고전 텍스트의 집중적 연구와 모방에 뛰어들었다. 그런 일을 좋아하고, 그런 일을 좋아하는 사람들에게 둘러싸여 있고, 그런 일이 유용하기 때문이었다. 초창기의 가장 위대한 인본주의자 몇 사람은 정부, 특히 피렌체 공화국 정부에 깊이 관여했고, 당시의 시간과 장소에서 살아가는 시민의 활동적인 삶과 고대 로마 시민의 삶 사이에 깊은 유사점을 보았다. 도시적이고 이익 지향적인 이탈리아의 사업가들—상인, 은행업자, 그리고 기업가—은 반도의 정치적 엘리트 역할까지 맡게 되어, 포폴로 그로소popolo grosso로 알려진 독특한 과두정치 체제를 형성했다.

유럽의 다른 곳에서는 지방의 귀족이 왕국의 정치를 지배했고 부유한 도시인은 기껏해야 부차적인 역할밖에 맡지 못했다. 반면에 이탈리아는 그렇지 않았다. 이탈리아 도시국가의 정교하고 미로처럼 복잡한 정치에서는, 판단력, 절제, 그리고 자제력이라는 미덕virtù

을 반영하는 달변과 설득력이 강력한 무기가 될 수 있었다. 동일한 미덕의 개념을 공유한 것으로 추정되는 고전작가에 대한 집중적 연구가 그러한 미덕을 향상시키는 방법이었다.[13]

15세기가 진행되면서, 교육적 관행으로서의 인본주의가 대두되고 확산되었다. 고전의 숙독을 통하여 진정한 미덕과 함께 정부에서 봉사하거나 정부를 이끄는 데 필요한 실용적 기술을 습득할 수 있었다. 이는 여러 세기 동안 경직되고 계층적인 접근법을 채택했던 중세의 표준적 교육과정의 뚜렷하고 전반적인 변화를 의미했다. 대부분의 인본주의자는 알두스의 친구인 피코 델라 미란돌라처럼 헤드라인을 장식하는 학자라기보다는, 단순한 열정가이거나 자녀를 위한 가장 선진적이고 세련된 교육 방식을 찾는 사람들이었다.

암기식 문법과 쓰기 기술의 조합인 중세적 규범을 경멸하고 신랄하게 비판한 인본주의자들은 더 나은 대안을 제시했다. "고귀한 정신을 가진 사람들과 공공 업무 및 지역사회에 관여해야 하는 사람들은 역사와 도덕철학을 공부하는 것이 유용하다." 초창기 인본주의자 피에르 파올로 베르제리오Pier Paolo Vergerio는 말했다. "도덕철학에서 우리는 적절한 행동을 배우고, 역사에서는 따라갈 본보기를 추출하고 … 웅변에서는 대중의 마음을 얻기 위하여 우아하고 장중하게 말하는 방법을 배운다."[14]

이러한 패러다임의 변화는 교육 분야에서 급성장하는 시장을 낳았고, 1450년에는 형편이 좋은 젊은이라면 이탈리아의 어느 도시에서든 키케로의 라틴어 스타일북을 구입하고 인본주의 학자의 도덕철학 및 수사학 강의를 들을 수 있었다. 로마 근교의 작은 마을에서 태어나고 포폴로 그로소의 자손도 아니었던 알두스 마누티우스는 젊은 시절에 그런 훌륭한 교육과정에 접근할 수 없었다. 그는 표준적 중세 교육인 문법을 배웠고, 나중에서야 당시의 대세로 자리 잡아가던 유형의 고전적 가르침을 찾아 나섰다. 떠돌아다니는 전문가들이 라틴어와 그리스어의 최신 동향에 관한 강의를 제공했고, 대학들은 새로운 지식을 채택하는 데 발이 느렸지만, 그런 추세가 영원히 지속되지는 않았다.

다양한 경로가 학생들을 고대의 고전 연구로 이끌었다. 알두스 같은 온순한 교사의 지도를 받은 젊은이들, 피코의 별장 같은 곳에서 늦은 밤에 이루어지는 열정가들의 대화, 동료의 찬양에 굶주린 경쟁자들 사이에서 본격적으로 벌어지는 공개 토론, 그리고 마지막으로 독자들에게 그러한 헌신과 경이로움을 불러일으킨 고전 텍스트의 가용성.

우리는 무엇이 알두스를 베네치아와 인쇄업으로 끌어들였는지 확신할 수 없다. 이 학자는 자신의 인쇄소에서 출간된 다양한 책의 서문에서 모호한 힌트만을 제공한다. 그러나 그가 인쇄업을 고대 문헌의 지혜를 대중에게 전달하는 긍정적이고 변혁적인 수단으로 보았다는 잠정적 결론을 피하기는 어렵다. 알두스의 관점에서, 교육이 책의 대량 생산으로 이어지는 것은 자연스러운 일이었다. "나는 동포들을 위하여 봉사하면서 평생을 보내기로 했다." 그는 자신이 출간한 그리스어 문법책의 서문에서 말했다. "신께서 나의 증인이시니, 어디에서 살았든 나의 과거 삶이 보여주듯이, 그들을 위해서 무언가를 하는 것 이상은 아무것도 바라지 않았고 나의 미래 또한 그러하기를 소망한다."[15]

인쇄업이라는 지저분한 사업

초기 인쇄본의 서문에서 알두스는 인쇄업이라는 골치 아픈 사업을 다음과 같이 요약했다. "조용하고 평화로운 삶을 이어갈 수 있었음에도, 나는 수고와 고난이 가득한 삶을 선택했다."[16] 이 학자는 일찍부터 새로운 직업의 어려움을 이해했다. 교실의 예측 가능한 평온함을 인쇄소의 시끌벅적하고 혼란스러운 소음과 바꿨을 때, 알두스는 단지 새로운 분야로 들어선 것만이 아니었다. 그는 이례적으로 경쟁이 치열한 산업, 가능한 모든 이점을 추구하고 종종 아주 사소한 실수를 저지른 결과로 파산하는 인쇄업자들의 인정사정없는 전쟁터로 들어가고 있었다.

알두스는 1490년경에, 아마도 인쇄업에서 경력을 쌓으려는 생각을 품고, 베네치아에 도착했지만 단 한 페이지를 인쇄해내기까지 몇 년이 걸렸다. 새로운 사업을 시작하는 데는 시간과 돈이 필요했다. 아마도 옛 학생 알베르토 피오의 언급되지 않은 아낌없는 지원 덕분에, 시간은 충분했지만 돈은 다른 문제였다. 그래서 아마 알두스가 피렌체가 아니고 베네치아로 갔을 것이다. 피렌체는 학문, 특히 그리스 연구의 중심지로 유명했지만, 석호 위의 도시는 새로운 인쇄 기업에 필요한 자금을 확보하기가 훨씬 더 용이한 곳이다.

베네치아에는 부유한 사업가들이 가득했지만, 날카롭고 인색한 투자자라면 누구라도 힘들게 번 돈을 중년의 학자에게 넘겨줄 이유가 없었다. 알두스에게는 놀라운 천재성을 보여주는 독창적인 작품을 만들어냈다는 평판이 없었다. 그는 지적 슈퍼스타가 아니었고, 이탈리아 전역의 인본주의를 지향하는 열광자들이 그리스 학문의 최근 동향을 강의하는 그의 강의실을 가득 채운 것도 아니었다. 알두스는 고귀한 지식인 계층과의 인상적인 교류에도 불구하고, 편안하고 유능하다는 중간 정도 평판의 겸손한 교육자였다. 초창기 인쇄업을 주도한 장인들과 달리, 자본 집약적 제조업의 배경이 없는 알두스는 위험성이 높은 산업에서 투자자들이 거액의 자본을 믿고 맡길 수 있는 후보자가 아니었다.

그렇게 심각한 약점에도 불구하고, 알두스는 자금을 확보하는 데 성공했다. 하지만 시간이 좀 걸렸기 때문에, 아마 베네치아에 도착해서도 교사의 일을 계속했을 것이다. 또한 그는 마찬가지로 중요한 다른 프로젝트, 즉《라틴어 문법 교육Institiones Grammaticae Latinae》이라는 제목의 새로운 라틴어 문법책을 출간하는 프로젝트를 동시에 진행하고 있었고, 1493년 3월에 출판을 위한 인쇄업자를 찾아냈다. 그 인쇄업자―안드레아 토레사니라는 아솔라Asola 출신의 경험 많고 인색한 지방 사람―는 이후 20년 동안 동업자이자 결국에는 장인으로 알두스의 삶에서 중요한 역할을 하게 된다.

우리가 말할 수 있는 한, 토레사니는 위압적이고 지나치게 조심스럽고 싸구려 스타일의 유쾌하지 않은 인물이었다. 1508년에 베네치아에 체류하면서 한동안 알두스와 토레사니와 함께 시간을 보낸 위대한 에라스무스는 20년 뒤에 토레사니를 모델로 사악한 사업가의 캐릭터를 창조하게 된다. 에라스무스는 그가 오로지 이윤에만 관심이 있고 돈 한 푼에 벌벌 떠는 구두쇠로, 물을 탄 시큼한 와인, 뼈만 앙상한 닭고기, 변소에서 캐낸 조개, 진흙을 효모로 사용한 반죽으로 구운 빵으로 만족했다고 했다. 토레사니는 너무 바빠서 아들들을 돌볼 시간이 없었고, 그의 자손들은 불쌍한 알두스와 작업자들이 끝없는 노동의 무게로 신음하는 동안에, 술을 마시고 도박을 하고 매춘부와 어울리면서 시간을 보냈다. 에라스무스의 펜은 원래부터 날카로웠고, 그의 신랄한 묘사는 알두스의 집에 머무는 동안에 탐식을 했다는 비난에 대한 반발로 나왔지만, 그가 묘사한 초상화에서 토레사니에 대한 다른 설명과 일치하지 않는 점은 없다. 가용한 증거에 따르면, 토레사니의 지인들은 그를 별로 좋아하지 않았다.[17]

　그러나 토레사니가 인쇄업에 정통했다는 것은 부인할 수 없는 사실이다. 그는 1470년대 중반에 늙은 프랑스인 니콜라스 옌센의 견습생으로 인쇄업에 발을 들였고, 1470년대 말에 옌센이 은퇴할 때 주인의 글꼴 활자를 사들였으며, 1490년대 초에 알두스와 첫 거래를 할 때까지 사업을 계속했다. 그동안 토레사니는 인쇄업의 모든 측면을 탐구했다. 그는 다른 인쇄업자와의 단기적 동업을 위한 자금을 댔고, 파두아 인쇄업자의 도서 판매 대리인으로 활동했으며, 알두스의 문법책 같은 서적을 자체적으로 출판했다. 그 모든 거래에서 토레사니는, 법률 서적과 라틴어 고전으로 자리가 잡힌 시장과 전통적 취향에 크게 기대는, 냉철하고 보수적인 사업가의 초상화였다. 사업적 수완과 개인적 배경 사이에서 성공적인 인쇄업의 본질을 구현한 그는 인쇄업 초창기의 빈틈없는 인쇄업자 요한 푸스트의 영적 후계자였다.

알두스에게는, 고대 그리스어에 대한 깊은 지식과 새롭게 인기를 얻어가는 학문 분야의 최첨단에 있는 사람들과의 교류라는, 두 가지 장점이 있었는데 모두가 탐색해볼 사업 분야의 가능성을 제공했다. 독자층이 보장된 안전한 책이었던 문법책의 성공에 따라, 알두스는 토레사니가 평소에 취급하는 책과 상당히 다른 것을 제안할 수 있었다. 시장에는 이미 라틴어 고전이 넘쳐났지만, 고대 그리스 고전에 관한 책은 드물었다. 출간된 책은, 아무도 더 이상 요구하지 않으리라는 믿음 때문에, 10여 권 정도에 불과했다. 만약에 그리스 고전이 정말로 다음번의 큰 건, 다가오는 학문의 최전선—1490년대에 알두스를 비롯하여 그리스 고전에 정통한 학자들이 믿었던 대로—이라면, 알두스는 토레사니에게 다른 사람이 발판을 마련하기 전에 시장을 지배하는 기회를 제공할 수 있었다.

그리스어 인쇄가 인쇄술이 이미 직면한 문제를 크게 증폭시킨다는 것은, 그리스 고전의 시장이 좁다는 믿음과 결합하여, 구텐베르크의 최초 실험 이후 반세기 동안에 시도한 사람이 그토록 적었던 원인이었다. 이러한 벤처사업에 필요한 새로운 금형을 절단하고 주조하는 일은 힘들고 값비싼 작업이었고, 이 경우에는 베네치아처럼 크고 국제적인 도시에도 전문적 그리스어 능력을 갖춘 숙련된 금속세공인이 드물었다는 사실 때문에 더욱 그러했다. 알두스는 필사체 또는 당시에 유행하던 양식의 활자체를 선택하고, 개별 활자 수천 개를 절단하고 주조하는 일을 감독해야 했다. 한 페이지가 인쇄되어 나오기까지 몇 년이 걸릴 일이었다. 더욱 중요한 것은 엄청난 비용이 든다는 사실이었다.

너무 큰 비용을 동업자와 분담하기를 원했던 토레사니는 피에르 프란체스코 바르바리고Pierfrancesco Barbarigo라는 동업자를 찾아냈다. 바르바리고는 베네치아에서 가장 오래되고 유명한 집안 중 하나로, 알두스가 베네치아에 도착하기 전 10년 동안에 명성과 부의 절정에 오른 부유하고 영향력 있는 가문이었다. 이 집안에서는 두 사람이 베네치아의 통치자인 총독으로 선출되기도 했다. 그중 한 사람의 아들이자 다른 사람의 조카인 피에르프란체스코는 부유하고 인맥이 탄탄한 인물이었다. 나중에 알디네 인쇄소로 알려지게 되는 벤처 사업은 시작부터 확고한 재정적·정치적 기반을 확보했다. 이 사업은 인본주의를 위하여 수익성과 무관하게 책을 만들어내는, 학구적인 꿈속에서 길을 잃은 가난한 교사의 선의가 아니라 베네치아의 상업계에서 가장 부유하고 인맥이 좋은 사업가가 뒷받침하고 충분한 자본이 투입된 사업이었다.[18]

알디네 인쇄소

알두스에게는 동업자들이 제공할 수 있는 모든 지원이 필요했다. 1469년과 그가 베네치아에 도착한 1490년 사이에 100곳 이상의 기업이 인쇄업으로 진입을 시도했다. 스물세 곳은 1490년대에도 여전히 영업 중이었고, 그중 열 곳만이 16세기까지 살아남았다. 베네치아에서 인쇄소의 평균 수명은 18개월이었고, 대부분이 단 한 권의 책을 출판한 뒤에 파산했다. 알두스는 단지 이렇게 경쟁이 치열한 업계에 뛰어드는 것뿐만 아니라, 전혀 검증되지 않은 제품에 초점을

맞춘 전략으로 뛰어들기를 제안하고 있었다.[19]

수동적 투자자였던 바르바리고는 수천 두카트를 벤처사업에 투자했고, 토레사니는 돈과 기술적 통찰력을, 알두스는 지적 역량을 제공했다. 각자가 가진 기량의 강력한 조합이 된 이들의 컨소시엄은 인쇄기를 떠나 독자의 손으로 들어가는 책의 꾸준한 흐름을 만들어냈다. 그들이 만든 책은 훌륭한 사업 감각에 뿌리를 둔 계획된 프로그램을 시사한다. 1495년 3월에 처음으로 출간된 책은 콘스탄틴 라스카리스Constantine Lascaris라는 콘스탄티노플 출신 망명자의 작품인 기초 그리스어 문법책을 비롯하여, 다른 두 권의 문법책과 사전이었다. 또한 초창기의 인쇄소는 아리스토파네스Aristophanes의 희곡과 함께, 테오크리토스Theocritus와 헤시오도스Hesiod의 시집도 출판했다.

이런 책들은 모두 본질적으로 그리스 고전을 읽는 독자층을 새로 구축하기 위한 교육 도서였다. 교사는 문법책을 이용하여 학생들에게 기초를 가르치고 나서, 테오크리토스와 헤시오도스의 짧은 시와 아리스토파네스의 구어체 고대 그리스어를 가르칠 수 있었다. 같은 시기에 인쇄소는 3년에 걸쳐서 다섯 권의 방대한 분량으로 이루어진 아리스토텔레스의 저작집도 출판했다. 아리스토텔레스는 고대 그리스에서 가장 유명하고 존경받는 작가였고, 알두스는 처음으로 그의 본격적인 전집을 인쇄물로 출판한 사람이었다. 디오스코리데스Dioscurides와 니칸데르Nicander의 약리학 책처럼 오늘날에는 다소 이해하기 어려운 책들도 1490년대 후반의 학문적 논쟁에는 깔끔하게 들어맞았다.[20]

돌이켜보면 토레사니와 알두스의 인쇄소 운영에는 명확한 계획이 있었다. 그리스어 교육에 대한 증가하는 관심을 활용하여 교육 자료를 출판함으로써, 그리스어 작품에 대한 독서 시장을 구축하고 나서 시장에서 가장 인기 있는 책을 출판하는 계획이었다. 알두스와 토레사니는 어려운 계획에서 성공을 거두었다. 그들의 책은 경쟁자들의 같은 책보다 두 배에서 네 배까지 비쌌음에도 잘 팔렸다. 작가로서의 명성을 쌓고 있었던 에라스무스는 우르바노 발레리아니 Urbano Valeriani 수사가 지은 문법책을 손에 넣을 수 없다고 불평하는 편지를 보내기도 했다. 교육을 위한 알두스의 강력한 열망은 시장의 요구에 매끄럽게 녹아들었다.[21]

그러나 업계는 냉혹했다. 알두스는 그리스어 시장의 장악을 목표로 삼은 유일한 인쇄업자가 아니었고, 거기에는 치열한 경쟁자가 있었다. 예컨대 피렌체에는, 아름다운 활자를 제작하고 피렌체에서 수집할 수 있는 그리스어 원고에도 쉽게 접근할 수 있는, 로렌초 디 알로파 Lorenzo de Alopa라는 인쇄업자가 있었다. 디 알로파는 1496년에 인쇄업을 접었지만, 베네치아에도 여전히 자카리아스 칼리에르기 Zacharias Callierges라는 크레타 출신의 필경사처럼 우호적·협력적인 업자로부터 브라시첼라의 가브리엘Gabriel of Brasichella처럼 완고하게 대립을 일삼는 업자까지 경쟁자들이 있었다. 그러나 행운은 알두스의 편이었다. 경쟁자들은 모두 1490년대 말의 전반적 경기 침체에서 살아남지 못했고 알두스는 베네치아에서 유일하게 그리스 서적을 출판하는 이탈리아에서 가장 유명한 인쇄업자가 되었다.

하지만 그리스 서적 시장을 지배하는 것만으로는 인쇄소를 유지하기에 충분치 않았던 알두스는 곧 인쇄소 운영의 범위를 확장해야 했다. 처음 몇 년 동안 그리스 작품에 집중했던 알두스는 기꺼이, 베네치아의 유력 인사들로부터 현금이나 후원을 유치한 단기 주문을 포함하여. 몇몇 라틴어 및 이탈리아어 서적을 출판했다. 빡빡해져 가는 사업에서 자리가 잡힌 라틴어 시장은 수익성 있는 대규모 판매를 보장하는 안전하고 보수적인 수단으로 보였다. 베르길리우스, 오비드, 유베날리스Juvenal, 마르시알Marcial, 키케로, 카툴루스Catullus를 비롯하여 인쇄업 초장기의 수많은 베스트셀러 작가의 작품이 계속해서 인쇄되는 필로스트라투스Philostratus, 투키디데스Thucydides, 소포클레스Sophocles, 그리고 헤로도토스Herodotus 같은 그리스 작가의 작품에 추가되었다.

알두스의 라틴어 서적들은 그의 탁월한 그리스 서적과 마찬가지로 인기를 얻었다. 그는 에라스무스가 "세상에서 가장 아름다운 작은 활자"라고 말한 아름다운 이탤릭체 활자를 개발했다. 또한 알두스는 크기가 작고 휴대가 가능하며 더 값싼, 대형 인쇄기에서 대량으로 생산하기에 적합한 8절판 형식으로 인쇄된 책을 만들었다. 8절판은 열여섯 페이지를 한 장의 용지에 인쇄하고 세 번 접어서 여덟 장을 만드는 방식이다. 두 번 접어 여덟 페이지를 만드는 4절판이나 한 번 접어 네 페이지를 만드는 2절판에 비하면, 8절판의 용지와 크기 절약 효과가 분명했다. 책 자체가 경쟁자들보다 낮은 가격에 팔리지 않았음에도—일부를 제외한 알두스의 책 대부분이 그랬다—권당 제작 비용이 낮았던 것이 인쇄업자의 이윤을 늘렸다.[22]

알두스와 토레사니는 그리스와 라틴 고전으로 인쇄업 시장의 상당한 지분을 확보했고, 급격한 성장과 마찬가지로 급격한 쇠퇴가 그들의 사업을 뒤흔드는 동안에도 계속해서 소비자 취향의 변화에 반응했다. 1508년에 베네치아를 방문한 에라스무스는, 출간 후에 16세기 베스트셀러의 반열에 오른 작품《에라스무스의 격언집Adagia》을 완성하는 동안에 알두스의 집에 머물렀다. 그렇지만 베네치아가 값비싸고 비참한 전쟁에 빠져든 어려운 시기에는, 1509년과 1512년 사이의 인쇄소 폐업을 포함하여 여러 차례의 사업 중단이 이어졌다. 그러나 알디네 인쇄소는 1515년에 알두스가 사망하고 인쇄소가 다시 문을 닫기까지, 이탈리아 유명 작품과 함께 라틴 및 그리스 작품에 중점을 둔 마지막 출판 활동을 계속할 수 있었다.

▌도서 시장에서 사업하기

15세기 말과 16세기 초는 책의 역사에서 인쇄본이 필사본을 확실히 추월하고 미래의 매체로 자리 잡은 변혁의 시기였다. 그동안에 한 세대의 독자들은, 자신들의 취향을 형성하고 그것에 반응하는 인쇄된 책을 구할 수 있었다. 거의 50년에 걸친 치열한 경쟁은 인쇄업자가 독자를 이해하고 그들의 요구를 만족시키는 방식을 바꿔놓았다. 독자의 취향이 서서히 변함에 따라 인쇄업자가 만들어내는 책도 변화했다. 처음에는 성서와 성서의 주석서, 성인 전기, 기도서, 찬송가, 그리고 설교집을 비롯한 신학과 종교 서적이 주류였다. 추정치에 따르면, 이렇게 다양한 범주의 평신도와 성직자 모두에게 인기 있는 책들이 1500년 이전에 인쇄된 모든 책의 45퍼센트를 차지했다. 폭넓게 정의된 문학 서적이 36퍼센트를 차지했고, 나머지는 법

률 및 과학 서적이었다.[23]

  전반적으로 그리스와 라틴 고전의 출판에 중점을 둔 알두스는 당시의 성공적인 인쇄업자의 전형이 아니었다. 그는 경건한 책을 거의 인쇄하지 않았는데, 주목할만한 예외로, 시에나의 카테리나 Catherine 성녀가 쓴 편지의 이탈리아어판을 출간한 것이 자신의 죄를 속죄하기 위한 행동이었을지도 모른다. 알두스의 주력 제품인 고전 작가의 작품은 15세기에 인쇄된 모든 책의 5퍼센트를 차지하는 데 불과했다. 그러나 알두스는 다른 방식으로 더 폭넓은 추세를 반영했다. 그의 8절판 라틴 서적은 키케로, 베르길리우스, 그리고 오비드 같은 가장 인기 있는 작가에게 초점을 맞췄다. 그는 또한 가장 믿을 만한 시장 중 하나인 교사들을 위한 그리스어 및 라틴어 문법책을 정기적으로 출판하고 수요의 변화에 따라 그리스어에서 라틴어로, 그리고 단테와 패트라르카의 작품과 함께 토착 이탈리아어로 옮겨 갔다. 알두스와 관계를 맺기 전 실용주의적인 토레사니 또한 시장의 수요가 가장 안정적인 대학의 교사와 학생들을 위한 법률 서적을 출판했다. 책의 형식, 활자체, 그리고 그리스 고전의 출판을 포함한 몇 가지 면에서는 혁신적이었지만, 알두스는 대체로 출판의 대상을 선택하는 데 상당히 보수적인 편이었다. 이는 대부분 인쇄업자도 마찬가지였다.[24]

  이러한 보수적 성향은 초창기 인쇄업을 괴롭힌 두 가지 근본적 문제에 대한 대응이었다. 첫째, 사실상 모든 비용이 선불이었다. 새로운 활자에 대한 투자는 일회성이긴 하나 거액이 필요했다. 알두스는 아름다운 이탤릭체 그리스어 활자에, 대략 푸거 회사가 티롤의 지기스문트 대공에게 빌려준 초기 대출금에 해당하는 수천 두카트를 썼다. 괴츠 폰 베를리힝엔은 이 활자에 들어간 비용만으로도 중요한 전투를 위한 중기병 부대를 모집할 수 있었을 것이다. 인쇄업자는 활자 외에도 책 한 권을 인쇄할 때마다 수천 장의 고급 용지 값을 치러야 했다. 그리고 용지에 들어가는 비용과 비슷한, 작업자의 인건비도 있었다. 1508년에 알두스는 아마도 인쇄기당 세 명의 숙련공을 붙여서 다섯 건의 인쇄 작업을 동시에 처리하기 위하여 약 15명의 직원을 고용했다. 전부 합쳐서, 알두스가 인쇄소의 운영을 유지하는 데는 매달 형편이 좋은 귀족의 토지에서 나오는 연 수입과 맞먹는 200두카트 정도의 비용이 들었다. 그러나 비용은 연속적이고 처음부터 지불되어야 하는 반면에, 수입은 나중에 들어왔다. 인쇄업자는 책이 완성되어 구매자의 손으로 들어가기 전에는, 어쩌면 동전 한 푼 만져볼 수 없었다.[25]

초창기 인쇄업의 두 번째 문제—오늘날에도 마찬가지—는 주어진 작업에 대한 시장의 규모와 위치를 추정하는 일이었다. 키케로가 애티커스Atticus에게 보낸 편지의 신간을 구입할 사람은 500명일까 아니면 3,000명일까? 아리스토텔레스의 작품 전집을 정말로 원하는 사람이 얼마나 될까? 그리고 그런 구매자를 어디서 찾아낼 수 있을까? 이는 대량 생산과 글로벌 유통망의 후기산업사회에서 기본적인 문제처럼 들리지만, 인쇄기가 발명되기 전의 모든 책 제작은 사실상 맞춤 제작이었다. 원고의 사본을 원하는 고객은 필경사를 찾아가서 필사본을 주문했다. 필경사는 책에 대한 시장의 규모를 추청할 필요도 구매자를 찾을 필요도 없었다. 하지만 인쇄업자는 그래야 했다.

이는 그들이 새로운 책의 출판을 그토록 꺼린, 그리고 그리스어 서적을 대량 생산하기로 한 알두스의 결정이 그토록 대담한 시도였던 이유를 설명한다. 책에 대한 수요가 충분해서 출판할 가치가 있는 사업이 될는지는 아무도 알 수 없었다.

문제를 더욱 복잡하게 만든 것은, 단일한 도시—베네치아처럼 부유하고 인구가 많고 세련된 도시까지도—에 있는 독자의 수가 알두스와 같은 사업을 유지하는 데 필요한 인쇄 작업을 뒷받침하기에 턱없이 부족하다는 사실이었다. 그는 아마도, 1499년과 1504년 사이와 1512년 이후에도, 유럽에서 가장 많은 책을 제작한 인쇄업자였을 것이다. 이는 그가, 사실상 당시의 모든 인쇄업자와 마찬가지로, 널리 고객을 찾아 나서야 함을 의미했다. 1,000~3,000권 정도가 보통인 초판 인쇄본을 팔아치우기 위하여, 알두스는 가까운 곳에 있는 베네치아의 귀족과 파두아의 학자들 너머로 고객의 범위를 넓혀야 했다. 아우크스부르크의 상인, 옥스퍼드의 학자, 프랑크푸르트의 서적상, 리옹의 도서 애호가, 헝가리의 광산 거물. 알두스의 노력이 결실을 맺으려면 그들 모두가 알디네 인쇄소의 제품을 알아야 했다.[26]

가장 큰 문제는 일반 독자층의 규모가 빈약하다는 것이었다. 유럽 인구의 대부분을 차지한 시골 마을의 농부 중에 고도의 학식과 인쇄된 책을 살 수 있는 수입을 갖춘 사람이 넘쳐나기를 기대할 수는 없었다. 잠재적 고객은 상인, 성직자, 학생 등 교육받은 사람들이 거주하는 대도시에 모여 있었다. 모든 성공적인 인쇄업자는, 유럽의 상업 전반을 뒷받침한 것과 정확하게 동일한 금융, 신용, 신탁의 메커니즘에 의존하여, 이들 독자 집단에 연결되는 유통망을 유지했다.

알두스와 동시대인인 뉘른베르크의 인쇄업자 안톤 코베르거Anton Koberger는 베네치아, 피렌체, 밀라노, 볼로냐, 리옹, 파리, 아우크스부르크, 뮌헨, 잉골슈타트, 비엔나, 단치히, 포젠Posen, 브레슬라우Breslau, 크라쿠프, 그리고 뤼벡 등 대륙 전역에 자신을 위해서 일하는 대리인을 두고 있었다. 알두스는, 영국과 스위스에서 독일까지, 유럽 전역의 중요한 학자들과의 관계를 유지했다. 이러한 학문적 연결이 유통망의 역할을 겸하여 인쇄된 책의 상당 부분을 흡수했다.[27]

원거리 유통망과 불확실한 정보 전달을 중심으로 돌아가는 인쇄업은 불안정한 사업이었다. 인쇄업자는 끊임없이 소비자의 관심사가 무엇인지, 얼마나 많은 책이 시장에 나와 있는지, 누가 무엇을 인쇄하고 있는지에 관한 뉴스를 찾았지만, 그것이 성공을 보장하지는 못했다. 가장 자본이 탄탄하고 잘 운영되는 인쇄소까지도 침몰시킬 수 있는, 너무도 흔한 문제가 헤아릴 수 없이 많았고, 인쇄업자가 그 모두를 통제할 수는 없었다. 수요가 전혀 없는 책을 출판할 수도 있고, 어느 정도 수요가 있음은 판단했지만 과도한 추정으로 너무 많은 책을 제작할 수도 있었다. 경쟁자가 방금 같은 책 500권을 시장에 풀어놓은 것을 모른 채로 책을 인쇄할 수도 있고, 철자 오류와 실수로 가득한 품질 나쁜 원고를 선택하거나, 문장의 오류를 집어내지 못하는 편집자를 고용할 수도 있었다. 분별력 있는 소비자가 품질이 나쁜 책을 구입할 가능성은 낮았다.

설사 모든 일이 잘 풀리더라도, 사고로 인하여 운송 중인 책이 손상 또는 파괴되거나, 먼 도시에 있는 인쇄업자의 대리인이 수익금을 착복하거나, 예상치 못한 상황으로 책이 인쇄소에서 구매자에게 전달되는 유통망이 교란될 수도 있었다.

베네치아가 1508년부터 1516년까지 캉브레 동맹전쟁War of the League of Cambrai에 참전한 것은 알두스의 사업에 재앙이었다. 그는 베네치아의 전황이 불리해지고 끊임없는 분쟁으로 북부 이탈리아 지역이 황폐화되어 인쇄소 운영에 필요한 수천 권의 책을 유통시키기가 거의 불가능해짐에 따라, 1509년부터 1512년까지 인쇄소의 문을 완전히 닫았다. 정치적 긴급사태는 유럽에서 가장 많은 책을 생산하는 인쇄소까지도 휴업으로 몰아넣었지만, 알두스는 그나마 나은 편이었다. 다른 인쇄업자들은 영구적으로 사업을 접었다.

█ 정보 혁명

'집중studeo,' 앞에 놓인 손글씨가 적힌 종이에 가늘게 뜬 시선을 고정한 알두스가 말했다. 자신을 둘러싼 인쇄소의 소음을 차단하려고 화가 나서 반사적으로 내뱉은 라틴어였다. 인쇄기가 긁히고 덜컹대면서 잉크 볼이 개별 금형을 눌렀다. 종이는 한쪽으로 쏠리고 구겨졌다. 조판공과 운전공과 잉크공은 자기들끼리 수다를 떨었다. 아이들이 울고 웃는 소리와 마루판 위를 달리는 작은 발소리가 천장에서 반사되었다. 앞에 놓인 원고를 수정하는 알두스와, 초고를 조판공에게 넘기기 전에 일부 내용을 다시 쓰는, 세라피누스Seraphinus라는 과로한 편집자의 펜이 종이 위를 긁어대고 있었다.

비좁은 구석의 책상에서는 매부리코를 가진 40대 정도의 허름한 가운을 걸친 사람이 종이 위로 펜을 쉴 새 없이 움직이고 있었다. 재치, 기술, 그리고 다양한 지적 능력으로 이미 명성이 높았던 이 방랑하는 학자는 유럽에서 가장 훌륭한 인쇄소가 자신의 작품을 가능한 한 멀리 전파하도록 하려고 알두스의 인쇄소를 찾아왔다. 로테르담의 에라스무스는 머지않아 유명해질 것이었고, 알두스는 자신이 그 과정을 가속시킬 수 있음을 알았다.

당시 에라스무스의 관심사는 고대의 고전 문헌에 흩어져 있는 잘 알려진 속담들이었다. 속담은 에라스무스의 펜에서 앞에 놓인 종이로 옮겨졌고 의미와 응용에 관한 재치 있는 학문적 해설이 뒤따랐다. 내용을 채운 페이지는 편집을 위해서 에라스무스로부터 세라피누스에게 넘어갔고, 추가적 수정을 위하여 에라스무스에게 돌아온 뒤에, 최종적으로 원고를 읽고 수정한 후에 조판공에게 넘겨 인쇄에 들어가도록 하는 알두스에게로 넘어왔다.

알두스는 어떠한 방해도 용납하지 않았다. 원고에 집중하면서 눈 주위의 주름이 깊어진 그는 되풀이해서 '집중'을 말했다. 에라스무스가 두 사람 모두 능통한 완벽한 라틴어로 알두스가 그토록 애를 쓰는 이유를 묻자 '집중'이라는 대답이 돌아왔다.

그것은 의미의 그늘로 가득한 모호한 말이었고 알두스 같은 문법학자가, 풍성한 잔칫상을 마주한 탐식가처럼 즐겨 사용할만한 단어였다. 한편으로는 단순히 "나는 일하고 있다"라는 뜻으로, 진행 중인 작업이 지연될 가능성을 한마디로 차단하는 말이었다. 그러나 다른 한 편으로는 알두스가, 머지않아 대륙의 전역에서 읽혀질 페이지 속으로 흘러 들어가는, 에라스무스의 지혜를 배우고 연구하고 마시고 있다는 것을 의미했다. 그렇지 않았다면 가족, 15명의 고용인, 작업 중인 인쇄소, 까다로운 장인이자 동업자가 만들어내는 소음에 파묻히고 말았을 것이다. 그러나 적어도 자주 되뇌는 단어 하나가 최첨단 학문의 기쁨에 관한 덧없는 기억을 일상의 틈 사이로 보여주고 있었다.[28]

"말년의 알두스는 지치고 환멸을 느낀, 오늘의 우리에게는 그토록 분명한 성공을 볼 수 없었던, 비극적인 남자였다." 그의 전기 작가 마틴 로리는 기록했다. 근대 유럽 초기에 그리스어의 극적인 확산은 알두스에 힘입은 것이었고, 그의 읽기 쉬운 이탈리아어 원고와 휴대할 수 있는 책들은 대중의 독서 행위를 단순화하는 데 도움을 주었다. 그러나 여러 세기 동안 살아남을 제품과 유산을 구축했음에도 불구하고, 인쇄업의 스트레스는 결국 그에게 큰 타격을 입혔다.

실제로 인쇄술이라는 새로운 기술을 수익성 있는 사업으로 바꾸려 했던 사람 대부분은 빈털터리가 되었다. 몇몇 인쇄업자는, 알두스도 그랬던 것처럼, 되풀이하여 히트작을 내고, 조심스럽게 새로운 시장을 확장하고, 독점권 및 배타적 특권을 위한 정치적 연줄을 활용함으로써 살아남을 수 있었다. 하지만 대부분은 그렇지 못했다. 파산과 실패는 인쇄업자 지망생에게 가장 흔한 결과였고, 끊임없이 이윤을 추구하는 금융업자의 주머니를 고갈시켰다.

1450년과 1500년 사이에, 4만 가지 다른 판본으로 구성된, 천만 권이 넘는 책이 인쇄기에서 쏟아져나왔다. 16세기 전반기에는 거기에 5천만 권—약 10만 가지 판본—이 추가되었다. 아마도 첫 번째 숫자인 천만 권조차도, 인쇄기가 발명되기 전의 천 년 동안 나온 책보다 많았을 것이다. 인쇄술은, 점점 늘어나는 활기차고 지식에 굶주린 일반 대중에게 고대의 고전과 새로운 언어의 기초 문법으로부터 에라스무스의 재치에 이르기까지 모든 것을 전파하는 진정한 변화의 주체였다. 인쇄술은 키케로나 설교집보다 더 단명하는 제품들이 추가되면서 뉴스와 선전물을 만들어냈다. 다가오는 코페르니쿠스와 갈릴레오의 과학혁명도 대량 생산된 인쇄물의 가용성에 의존했다.[29]

그뿐만 아니라 인쇄업이 유발한 가장 중요한 사건은 베네치아나 아우크스부르크 같은 거대한 상업 중심지가 아니라 동부 독일의 작고 외진 대학 도시에서 일어났다. 인쇄술이 대륙을 둘로 나누게 되는 거대한 종교적 격변의 핵심적 무기로 바뀐 곳은, 마르틴 루터라는 무명의 아우구스티누스회 수도사가 살았던 비텐베르크Wittenberg 였다.

6

존 헤리티지와
일상의 자본주의

John Heritage and Everyday Capitalism

THE VERGE

풍화된 문이 닫히면서 경첩이 삐걱대는 소리가 인접한 목초지에 모여 있는 수백 마리 양 떼의 울음소리와 털북숭이 양치기 개 두 마리가 가끔 짖는 소리에 섞여들었다. 문을 사이에 둔 두 남자는 친근하게 잡담을 나누고 있었다. 농부의 딸은 수확이 끝난 후 연말에 결혼할 예정이었다. 양모 상인도 축하연에 참석할까? 물론이다. 모든 사회적 모임은 글로스터셔Gloucestershire의 지역 양모 생산자들과 어울리고, 묵은 빚을 청산하고, 해마다 몇 자루씩의 양털을 제공하는 생산자들과의 관계를 돈독히 할 기회였다. 경쟁자들도 틀림없이 참석해서 빚을 갚으며 돌아다닐 것이다. 모턴-인-마시Moreton-in-Marsh의 양모 상인이며 기업가인 존 헤리티지John Heritage는 그런 기회를 놓칠 수 없었다.

헤리티지는 진한 에일 맥주, 맛있는 음식, 그리고 매듭지어야 할 생산적인 흥정을 생각하면서 미소를 지었다. 농부와의 대화가 당면한 사업 이야기로 바뀌면서 그의 어조에 날이 서기 시작했다. 대화하면서 인근에서 부지런히 풀을 뜯고 있는 양 떼로 숙련된 눈길을 돌린 상인은, 대체로 품질이 좋지만, 코츠월드Cotsworld에서 생산되는 최상급은 아니라고 생각했다. 그는 토드—양모의 중량 단위로 1토드는 28파운드 무게와 같다—당 10실링을 제안했다. 10실링이 공정한 가격이라고 생각되었지만 농부는 11실링을 원했다. 경쟁 업자가 그 가격을 제시했다는 것이었다. 헤리티지는 그렇게 하겠지만 양털이 인도될 때 품질이 기준에 미달하면 상당한 금액을 깎게 될 것이라고 대답했다. 농부는 절반을 선금으로 받기를 원했다. 어쨌든 그는 결혼식의 비용을 치러야 했다. 헤리티지는 성탄절을 지나 어쩌면 사순절까지 연장될 수 있는 상환 일정을 농부가 받아들인다는 조건으로 동의했다. 이 농부는 평판이 좋고 신뢰할 수 있는 생산자였고, 헤리티지는 자신의 신용이 남용되지 않을 것을 확신할 수 있었다.

이런 흥정을 수십 번 해본 자의 능숙함과 끈기로 실랑이를 벌인 끝에, 헤리티지는 마침내 지갑에서 꺼낸 닳아빠진 은화 몇 개를 삐걱거리는 문 너머로 건넸다. 2파운드 6실링, 그는 마음속으로 금액을 기록했다.

헤리티지는 말 안장에 올라타고 농부에게 작별 인사를 한 뒤에 전날 밤의 짧은 폭풍우로 진흙탕이 된 좁은 길로 들어섰다. 새들의 지저귐과 멀리서 들려오는 양 떼의 울음소리만이 생각의 흐름을 방해하는 가운데, 그는 오전에 이루어진 거래 세 건의 금액을 잊어버리지 않도록 반복해서 되새겼다. 내리막길이 되면서 양 울음소리가 더 커졌다. 한때는 번창하는 작은 마을이었음을 보여주는 제방과 폐

허가 된 벽 사이에서 양 떼가 풀을 뜯었고, 버려진 교회의 첨탑은 잿빛 봄 하늘에 낮게 걸린 구름을 향하여 솟아 있었다. 곡물을 경작하던 밭은 오래전에 텅 빈 목초지에 자리를 내주었고, 가축들이 전염병의 발발로 사망한 사람들을 대신했다.

헤리티지의 말이 차분하게 모턴-인-마시의 마지막 몇 마일로 발걸음을 옮기면서 버려진 마을은 멀어져갔다. 마을 외곽에 있는 자신의 집 마당에서 말에서 내린 그는 망토에 얼룩진 진흙을 털어내고 기다리는 하인에게 말고삐를 건넸다. 헤리티지는 다시 한번 그날의 거래 금액을 혼잣말로 되풀이하면서, 낮은 목재 상인방을 지나 집안으로 들어갔다. 서재에는 가죽으로 제본된 책이 선반 위에서 기다리고 있었다. 그 책에는 헤리티지 사업의 생명선이 들어 있었다.

상인은 장부를 꺼내서 빈 페이지를 펼쳤다. 맨 위에 농부의 이름을 적고 한 칸을 띄운 뒤에 '2파운드 6실링 지급'을 기록하고, 나머지 기록을 위한 더 큰 공백을 남겨놓았다. 그는 바빴던 오전의 나머지 거래 두 건도 같은 방법으로 기록했다. 앞으로 여러 달 동안, 여러 차례 나누어 지급한 양모 대금, 지급 총액, 그리고 수집한 양털의 양으로 나머지 공간이 채워지게 될 것이다. 이런 방식으로 그는 복잡하고 수익성이 괜찮은 사업의 전반적인 상황을 파악할 수 있었다.

기록을 마친 헤리티지는 장부를 덮고 다시 선반 위에 올려놓았다. 그는 아내 조안Joan이 마련해둔 도자기 단지에서 에일 맥주를 한 잔 따랐다. 양털 장사는 목이 마르는 사업이었고, 항상 처리해야 할 일이 있었다.

존 헤리티지는 특별한 인물이 아니었다. 글로스터셔의 구석에서 대부분 양모의 생산과 판매를 중심으로 이루어지는 다양한 사업을 벌이는 상인이자 농부였다. 그는 봄이 되면 인근 지역을 순회하면서 수백 마리의 양을 소유한 농부들과 거래를 성사시키는 일을 20년이 넘도록 해왔다. 가을에는 양모를 수집하려고 돌아왔고, 대외 무역을 지배하는 주요 상인들에게 판매하기 위하여 80마일 떨어진 런던까지 양모를 운반할 수레를 빌렸다. 이 작은 코츠월드에서도, 헤리티지에게는 경쟁자들이 있었고, 그중에는 해마다 헤리티지의 두 배 이상을 판매하면서 대상인의 반열로 올라가는 사람도 있었다. 당시 영국의 거대한 상업 활동의 무대에서 그는 단역 배우였다.

하지만 점점 상업화되는 사회에서는 어디서나 그와 같은 사람들을 볼 수 있었다. 그들은 대부분 사람이 살고 일하는 시골 지역과 유럽의 각 지역을 연결하는 교역 중심 도시 사이의 없어서는 안 될 중개인이었다. 더욱이, 헤리티지의 회계 장부는 오늘날까지 살아남아서 20년이 넘는 세월 동안 그의 사업 방식에 대한 통찰을 제공하는 매우 희귀한 자료가 되었다. 그래서 우리는 헤리티지와 그의 세계를 매우 상세하게 이해할 수 있다.

헤리티지는 토지와 양모에서 수입 사치품까지 모든 것에서 적극적으로 새로운 기회를 모색했다. 그의 장부는 경쟁자들과의 끊임없는 경쟁의식과 함께, 사업을 경영하는 역량을 분명하게 보여준다. 하지만 그런 것들은 특별히 주목할만한 대상이 아니다. 존 헤리티지의 놀라운 점은 역사의 특정한 시간과 장소에서 그와 같이 평범한 사람들의 모습을 보여준다는 것이다. 야코프 푸거 같은 부류의 사람에 못지않게, 헤리티지는 꼼꼼하게 장부를 기록하고 신용을 활용하는 방법을 정교하게 이해한 이윤 지향적 사업가였다. 그는 이익을 보기 위해서는 상당히 무자비할 수 있는 자본주의자, 또는 적어도 원시자본주의자였다. 어디서나 볼 수 있는 그와 같은 사람들은 거대한 격변의 시기를 맞은 유럽에 깊숙이 침투한 상업 활동과 상업적 가치를 가리킨다. 실제로 유럽에는 시대의 도전과 가능성을 활용할 준비가 된, 존 헤리티지 같은 사람들이 넘쳐났다.[1]

중세 후기의 시골과 봉건제의 종말

언뜻 보면 베네치아와 아우크스부르크 같은 도시가 1500년경 유럽 경제의 박동하는 심장처럼 보일 수도 있었다. 실제로 주요 도시의 중심부에서는 자본, 상품, 그리고 혁신의 거품이 표면으로 솟아오르는 것을 볼 수 있었다. 그렇지만 인구 대부분은 여전히 도시가 아닌 시골에 살았다. 북부 이탈리아나 저지대 국가처럼 가장 도시화 된 지역조차도 도시보다는 시골에 거주하는 사람이 훨씬 더 많았다. 시골에 사는 농부들은 세련되지 못한 시골뜨기도 아니었다. 이 시대를 견인한 경제 성장과 변화는, 도시의 삶과 유럽의 경제를 개조한 대규모 교역이 이루어질 수 있도록 한, 원자재를 생산한 보통 사람들의 노고와 창의성 덕분이었다. 존 헤리티지 같은 사람들은, 이렇게 역동적으로 진화하는 경제 질서 속에서 도시와 시골의 삶 사이의 핵심적 연결고리였다.

흑사병—페스트균이라는 박테리아가 초래한 떼죽음의 물결—은 중세 후기의 시골 지역을 정의했다. 1350년경에 처음으로 유럽을 휩쓴 전염병은 수천만 명의 사람을 죽이면서 닥치는 곳마다 인구를 사실상 절반으로 줄여놓았다. 흑사병은 일회성 재앙이 아니었다. 전염병은 유행을 되풀이하면서 이어지는 세대의 인구를 줄였다. 이렇게 반복되는 대규모 질병으로는 충분치 않다는 듯이, 오늘날 '소빙하기Little Ice Age'로 알려진 춥고 습한 시기로 들어서면서 14세기 및 15세기에 걸쳐서 기후가 상당히 악화됐다. 전 연령층에서 사망률이 상승하여 기대수명이 25세에서 20세 정도로 떨어졌고, 출산율이 이러한 손실을 따라가지 못했다. 간단히 말해서, 15세기 말의 시골에는 200년 전보다 사람이 훨씬 적었다. 존 헤리티지가 모턴-인-마시로 오는 길에 지나친 마을은 수많은 (그 좁은 지역에서만 스물아홉 군데) 버려진 마을의 하나였으며, 허물어져 가는 벽과 가라앉은 도로는 전염병과 그 여파의 가시적 유산이었다.[2]

단기간에 그토록 많은 인구가 감소하고 이후 수십 년 동안 위험할 정도로 낮은 숫자로 유지된 것은 경제와 사회에 극적인 영향을 미쳤다. 우리가 그리는 중세 유럽의 고전적인 초상화는 농민−자유가 없는 농노−이 땅에 묶여서 평생 강제적으로 영주에게 봉사하는 봉건 질서에 의존한다. 수많은 가난한 농노가 굶주림을 겨우 면할 정도의 대가로 영주의 농지를 돌보면서, 허름한 오두막에 옹기종기 모여 어렵게 살아가던 시절에는 잘 통하는 방식이었다. 사실상 가용한 모든 토지−생산성이 낮고 척박한 땅까지도−를 곡물을 재배하는 데 사용해야 했다. 에어커당 생산되는 칼로리로 계산할 때, 곡물은 가장 많은 사람을 먹여 살릴 수 있는 작물이었다. 땅이 부족하고 식량이 비싼 상황에서 농노들은 꼼짝도 할 수 없었다. 영주의 허락이 없이는 영지를 떠나거나 결혼을 할 수도 없었고, 고귀한 상전에게 더 나은 노동 조건을 요구하는 데 활용할 수단도 거의 없었다. 우호적인 기후 덕분에, 중세성기High Middle Age—1100년부터 1300년까지—에는 대규모 인구 증가와 경제 성장이 이루어졌다.

궁핍한 소작농을 착취적 사회질서에 가두는 대가로 이루어진 성장이었다.[3] 그러나 흑사병은 그러한 중세의 사회질서가 유지될 수 없게 했다. 경제는, 첫 번째 전염병 발발의 여파로, 즉각적이고 심각하게 위축되었다. 국내총생산GDP이 스페인에서는 26퍼센트, 이탈리아에서는 35~40퍼센트, 그리고 영국에서는 약 35퍼센트 하락했다. 이어진 전염병 발발에 춥고 습하고 예측할 수 없는 기후까지 더해짐에 따라, 1425년에는 한 세기 전보다 훨씬 적은 사람들이 살고 있었다. 그것이 존 헤리티지의 시대와 그 이후 상당한 기간에 걸친 영국의 상황이었다.[4]

이는 여러 중요한 의미를 함축했다. 인구의 감소는 노동자가 줄어듦에 따라 노동력의 수요가 더 커진 것을 의미했다. 빡빡한 노동시장에서 소작농의 가치가 엄청나게 높아졌다면, 영주의 밭을 갈거나 도랑을 치울 필요가 있을까? 전염병 때문에 인근 마을의 노동자 임금이 치솟고 있다면, 왜 시골구석의 별 볼일 없는 땅에 영원히 묶여 있을 것인가? 그와 동시에 영주들이 농노의 노동을 강제하여 자신의 사유지를 경작하고 남는 땅은 소작인에게 빌려줄 수 있었던 인센티브도 사라졌다. 이런 상황에서 영주들은 이전에 자유가 없었던 소작인들에게 땅을 빌려주고 임대료를 현금으로 징수하는 편이 더 쉬웠다.

15세기 내내 전반적 경제가 심각한 불황을 겪는 동안에 줄어든 인구, 남아도는 토지, 그리고 영주의 영향력 약화라는 하층민의 새로운 현실은 시골의 소작농에게 실질적인 혜택으로 작용했다. 땅은 값싸고 풍부했다. 임금은 더 높아졌다. 식량 비용이 하락하고, 사람들이 흑사병 이전의 곡물을 위주로 한 식습관보다 채소와 고기를 더 많이 섭취함에 따라, 식단이 개선되었다. 야심 찬 소작농은 농노의 족쇄에서 벗어나 상당한 토지와 부를 축적하면서 사회적 사다리를 오를 수 있었다. 상대적으로 영주가 사회적 하층민의 봉사를 요구할 수 있는 수단은 줄어들었다. 곡물의 수요가 줄면서 다른 상품을 전문으로 취급하는 지역과 주민이 생겨났고, 고도로 화폐화·상업화된 경제가 점점 더 붐비는 교역로를 통하여 그런 상품을 유통시켰다. 이러한 발전의 양상은 지역에 따라 심지어 마을에 따라 달랐지만, 흑사병의 여파 뒤에 영국에서 라인란트까지 서부 유럽의 대부분 지역에서 볼 수 있는 일반적 추세였다. 그런 추세는 존 헤리티지가 성장하고 번창한 상황을 제공했다.[5]

존 헤리티지와 가족

　헤리티지의 집안은 전염병 이후의 세계에서 사회적 계층의 사다리를 오른 사람들의 전형적인 예였다. 그들은 여러 세대에 걸쳐서 남동부 워릭셔Warwickshire의 버튼 다셋Burton Dasset 교구에 있는 상당한 토지를 소유했다. 존의 할아버지(역시 존이라는 이름의)는 1466년에 스트랫퍼드 어폰 에이번Stratford-upon-Avon에 있는 성십자Holy Cross 형제회에 가입할 정도로 활발한 사회 활동을 펼쳤다. 성십자형제회 같은 친목회는 종교적·사회적 조직이었다. 그들은 구성원의 영혼을 위하여 기도하는 성직자를 공동으로 고용하고 정기적인 의식의 비용을 치렀으며 해마다 연회를 열었다. 이런 친목회는 헤리티지 집안을 비롯한 지역의 요령 있고 사업 정신이 투철한 장인과 상인 계층에게 소중한 인맥을 구축하는 기회가 되었다.

성십자형제회의 연간 회비가 적지 않은 금액이었다는 것은, 동시에 형제회에 가입한 할아버지 존과 그의 아들 로저Roger가 적어도 꽤 부유했음을 의미했다. 1495년에 로저가 사망했을 때도 헤리티지 집안은 잘나가고 있었다. 그의 유언장에 따르면, 로저는 집안 소유의 토지 외에도 버튼 다섯의 영주로부터 200에이커의 경작지와 그보다 넓은 목초지를 임대하여 곡물, 양모, 유제품을 생산하고 가축을 기르고 있었다. 양 860마리와 소 40마리를 소유하고 전체 사업의 운영을 위하여 여섯 명의 하인을 고용한 그는 연간 임대료로 20파운드를 지불하고 10파운드의 수익을 얻었을 것이다. 소작농의 신분에서 벗어나려고 전염병 이후의 유리한 상황을 적극적으로 활용한 시골 사업가 집단의 일원이 된 시골 자작농의 훌륭한 삶이었다.[6]

우리의 존 헤리티지는 1470년경에 태어났다. 아버지가 사망하고 상당한 재산과 함께 여덟 명의 자녀를 남기자 장남인 스물다섯 살쯤 된 존이 대가족을 돌보는 책임을 맡게 되었다. 우리는 존이 자신의 아버지나 새로운 책임에 대하여 어떻게 느꼈는지 정확하게 알지 못한다. 우리에게는 순전히 관리상의 자료—유언장과 회계 장부, 불완전하고 만족스럽지 못한 서류—가 있을 뿐이다. 가족 관계에 관한 정서적 정보를 포함할 수 있는 일기나 연대기는 남아 있지 않다.

어떤 이유에서였든 로저는, 적어도 존을 제외하고는, 자녀들을 별로 신뢰하지 않았던 것으로 보인다. 유언장에서 그는 집행인에게 "낭비가 심하거나" 아니면 "사악한 의지나 성품이 있는" 자녀에게는 지정된 유산을 넘기지 말도록 경고했다. 그의 딸들은 용납할 수 없는 사람과의 결혼이 허용되지 않을 것이고, 그런 결혼을 강행하면 유산을 잃게 될 것이었다. 따라서 우리는 로저가 대가족 위에 철권으로 군림하는 가부장적 인물이었다고 생각할 수밖에 없다.[7]

아버지의 재산과 모든 형제자매의 미래를 돌보는 일이 젊은 존 헤리티지의 중요한 임무였다. 로저의 사업은 복잡했다. 그는 소유 및 임대한 토지가 있었고 수많은 상품을 거래했다. 옛 가장은 집에서 20마일 이내에 있는 큰 마을 모두와 사업적 관계를 유지했다. 40마일 떨어진 버킹햄셔Buckinghamshire의 여관 주인에게 빚이 있었고, 버튼 다셋에서 남동쪽으로 80마일 떨어진 런던—영국의 상업과 정치의 심장부—에도 이해관계가 있었다.

그러나 로저는 아들에게 유언장의 의무를 이행하기 위하여 분배할 현금을 남기지 못했다. 성인이 된 형제자매에게 독립적인 삶을 시작하기 위한 지참금과 유산이 필요하게 되면, 존이 유언장에 지정된 금액의 돈을 마련해야 했다. 이는 적극적인 경영으로 수입의 안정적인 흐름을 보장하는 동시에 집안의 전반적인 관심사를 돌봐야 함을 의미했다. 자매들에게는 남편이 형제들에게는 아내와 직업이 필요했고, 그들 모두가 불확실하고 위태로운 미래에 대비해야 했다.[8]

인클로저와 자본주의

존 헤리티지는 가족의 땅을 바라보았다. 그는 쟁기가 걸릴 수 있는 큰 돌이 있는 곳, 변덕스러운 암양이 숨을 수 있는 사각지대, 무더운 여름날에 그늘을 제공하는 모든 나무 등 50에이커의 토지를 속속들이 알고 있었다. 헤리티지는 그 땅을 굽어보는 초가지붕 농가에서 27년을 보냈다. 농가 근처 작은 울타리 안에는 나이 든 양 몇 마리가 도살되고 가죽이 벗겨지기를 기다리고 있었다. 곡물은 늦여름 햇살 속에서 높이 자라났다. 거의 2세기 동안 헤리티지 집안에 삶과 번영을 가져다준 비옥한 땅에서 정성스럽게 키운 곡물이었다.

그러나 1497년의 수확이 마지막 수확이었다. 머지않아 곡물을 걷어 들인 뒤에는 다시 심지 않을 것이었다. 헤리티지가 주의 깊게 지켜보는 가운데, 고용된 일꾼들이 작은 양 우리와 헤리티지 집안의 땅과 주변 들판을 구분하는 울타리를 철거할 것이었다. 농가는 이미 텅 비었다. 여러 세대를 거쳐온 헤리티지 가족의 짐은 임대한 수레 몇 대에 실려 있었다. 그들은 버튼 다셋에서, 헤리티지의 아내의 어린 시절 고향이며 가족이 새롭게 자리 잡을, 모튼-인-마시 마을로 가는 20마일 길을 터벅터벅 걸어갈 것이었다.

존은 헤리티지 집안의 땅을 둘러싼, 완만한 경사로 굽이치는 들판으로 시선을 돌렸다. 그 땅은 버튼 다셋 대저택의 영주 벨크냅 Belknap 가문의 소유였다. 존의 아버지 로저는 여러 해 동안 그 땅의 상당 부분을 임대하여 수백 마리 양과 수십 마리의 튼튼한 소를 키우는 목초지로 사용했다. 집안이 소유한 땅과 임대한 목초지는 가족 사업의 핵심이었고, 로저와 아내 엘리자베스 그리고 여덟 자녀에게 안락한 삶을 제공했다.

그렇지만 존에게는 충분히 만족스러운 삶이 아니었다. 이런저런 스트레스가 그를 갉아먹었다. 옥스퍼드에 있는 동생 토마스는 생활비로 쓸 돈을 요구하는 편지를 끊임없이 보내왔고, 결혼할 나이가 된 자매들에게는 새로운 삶을 시작하기 위한 지참금이 필요했다. 하지만 그 이상의 무언가가 있었다. 로저는 항상 더 나은 것을 추구하면서 사회적 신분 상승을 꾀하는 야심 찬 삶을 살았던 인물이었다. 존에게는 로저와 같은 열정이 더 뜨겁게 타오르고 있었다. 그는 버튼 다섯보다 더 큰 무언가—두둑한 지갑, 번창하는 거리에 있는 큰 목조주택, 자신의 모든 지시를 따르는 10여 명의 하인, 아들들을 위한 값비싼 교육, 그리고 무례하고 무자비한 사돈 파머Palmers 집안의 존경—를 꿈꾸었다. 수익은 그 모든 것과 그 이상을 얻는 길이었다.

로저 헤리티지는 벨크냅 가문의 유일한 임차인이 아니었다. 그 외에도 약 60명의 버튼 주민이 땅을 빌려서 농작물을 심었다. 대대로 아들들은 아버지, 할아버지, 그리고 더 먼 조상의 발자취를 따라, 교회의 첨탑과 풍차가 유명한 이 넓은 교구에서 땅을 갈면서 생계를 꾸렸다. 대저택의 새로운 주인 에드워드 벨크냅과 존 헤리티지의 합의에 따라 그런 시절은 끝났다. 60명 모두의 임대차 계약이 종료되고, 조상 대대로 살아온 고향을 떠나 새로운 길을 찾도록 강요당하게 되었다. 존 헤리티지는 벨크냅 가문의 토지 전체를 임대하고, 경작지였던 땅을 울타리와 도랑으로 둘러싸서 대규모 양 떼를 위한 목초지로 바꿀 것이었다.

벨크냅의 이점은 분명했다. 수십 명이 아니라 한 명의 임차인과

만 거래하면 되었으므로, 걱정을 최소화하면서 깔끔한 수익을 올릴 수 있었다. 양모 가격이 오르고 인건비가 하늘로 치솟는 상황에서, 노동력이 많이 들고 수익은 미미한 곡물 농사보다는 저강도 목초지로 땅을 이용하는 편이 더 유리했다. 존 헤리티지에게는 사회적 계층의 사다리를 뛰어오를 기회였다. 양 떼를 관리할 적임자를 고용하고 양모를 구입할 적절한 구매자를 찾는다면, 사실상 하룻밤 사이에 거물급 상인이 될 수 있을 것이었다. 아버지나 자신이 운영해본 적이 없었던, 훨씬 규모가 크고 위험하고 복잡한 사업을 성공적으로 관리할 수만 있다면.

들판을 둘러싸서 목초지로 바꾸는 것은 벨크냅과 헤리티지 모두에게 합리적이고 이익 지향적인 일이었다. 그 과정에서 헤리티지는 야심과 극도로 무자비한 성향을 모두 갖춘 진정한 기업가임을 드러냈다. 태어날 때부터 알았을 사람들 60명을 대대로 살아온 땅에서 쫓아내는 것은 무자비하지만 완벽하게 합리적인 전략이었다. 헤리티지에게 버튼 다셋의 사회적 구조를 해체하는 일은 사회적 신분 상승을 위해서 치러야 할 작은 대가였다. 이는, 야코프 푸거가 혹사당하는 광부들에게 별로 관심이 없었고 크리스토퍼 콜럼버스가 카리브해 지역 원주민이 받은 학대에 신경 쓰지 않은 것과 마찬가지로, 당시의 신흥 자본주의 논리를 잘 요약한다.[9]

존 헤리티지가 버튼 다셋에서 벌인 일은 길고 논쟁거리인 역사의 일부다. 이 시기에 정확히 어떻게 완전한 자본주의 경제가 등장했는지에 관한 논쟁의 중심에는 이른바 '인클로저enclosure'가 있다. 이 이야기의 한 버전에서는, 헤리티지 같은 기업가들이 합리적이고 자본주의적인 경영을 위한 공간을 마련하기 위하여 소작농을 그들의 땅에서 축출하면서 땅이 없는 농촌 프롤레타리아proletariat—새로운 농업 자본주의의 주축—를 만들어냈다. 따라서 존 헤리티지의 이야기는 소작농을 궁핍으로 몰아넣으려는 음모를 꾸민 영주와 공모자들의 억압의 이야기다.

이것은 사실이었다. 약 20년 후에 이루어진 공식적 조사에서 퇴거에 관한 질문을 받은 버튼 다셋 주민들은 자신들에게 가혹한 자본주의를 소개한 존 헤리티지와 에드워드 벨크냅에게 고마워하지 않았다. 그러나 목초지가 이전의 경작지보다 더 효율적이고 수익성 높은 토지의 이용이라는 사실을 부정하기는 불가능하다. 실제로 대부분의 인클로저는 소작농에 의하여 자신이 임대했거나 소유한 토지에서 이루어졌다. 헤리티지는 영주도 아니었고, 수익을 위하여 인클로저를 추구한 사람으로서는 이례적인 인물이었다. 그리고 대부분의 인클로저는 가볍게 사용되던, 또는 완전히 버려졌던 땅에서 일어났다. 이 점에서 헤리티지의 경우와 같은 대규모 퇴거는 냉혹한 일이었지만 비교적 드물었다.[10]

물론 그런 사실은 버튼 다셋의 이전 주민들에게 위안이 되지 못했다. 존 헤리티지와 에드워드 벨크냅은 비용과 고난의 대가로 많은 돈을 벌었다. 아마도 옛 이웃들의 적대감에 지친 것이 헤리티지가 버튼 다셋을 떠나 모튼-인-마시로 이주하게 된 이유였을 것이다.

회계 장부

이후 수십 년 동안 그가 사업을 수행한 요령 있고 때로는 무자비했던 방식을 생각하면, 존 헤리티지가 버튼 다섯의 소작농을 몰아낸 일 때문에 잠을 설치지는 않았을 것으로 생각된다. 우리는 버튼 다섯에서 모튼-인-마시로 이주하고 나서 몇 년이 지난 후의 그를 다시 만난다. 처가의 인맥, 새로 임대한 목초지에서 나오는 수입, 그리고 아버지에게 배운 모든 것을 활용하여, 헤리티지는 기존의 모든 사업에 추가하여 양모 상인으로 변모했다.

헤리티지의 다양한 사업 활동을 알려주는 희귀한 자료가 있다. 1501년에, 아마도 양모의 거래를 위하여 런던에 있었던 그는 도시에 머무는 동안에 96쪽의 빈 페이지가 있는 종이책을 구입했다. 헤리티지는 이 장부에 이름, 지역, 금액, 양털의 무게, 기타 기억해야 할 사항을 적어두면서 이후 20년 동안의 양모 거래를 기록했다.

이 기록이 헤리티지에게뿐만 아니라 현대의 관찰자인 우리에게도 귀중한 정보인 이유는 단순하다. 이런 유형의 인물에 의한 이런 종류의 기록이 오늘날까지 살아남은 사례는 거의 없다. 장부는 흔했지만, 그것이 여러 세기를 거쳐서 살아남는 일은 그렇지 않다. 사용자와 사용자가 살았던 시대의 경제 정보가 기록되었다는 단순한 이유로 장부를 보존하지는 않았다. 양모의 거래, 고객의 채무를 교환하는 마을의 장인들, 전당포 주인의 거래 같은 것들은 중세 및 근대 초기 경제생활의 핵심이었지만, 다음 세대가 보존해둘만큼 흥미로운 경우는 드물었다.

특별한 행운으로 웨스트민스터 사원의 기록보관소에 남겨진 헤리티지의 회계 장부는 예외에 속한다. 표지가 붙거나 기억되지도 않은 채로 여러 세기 동안 그곳에 있었던 장부에는 먼지가 쌓이고 있었다. 마침내 1990년대에, 로저 바워스Roger Bowers라는 음악사가 전적으로 우연히 장부와 마주쳤다. 그는 책을 제본할 때 종종 충전재로 사용되는 오래된 여벌 악보를 찾던 중이었다. 바워스는 친구에게 자신의 발견을 이야기했고 그 친구는 다시, 임대차 계약, 유언장, 기타 버튼 다섯 지역에 관한 문서의 연구를 통하여 헤리티지의 이름을 알았던, 역사가 크리스토퍼 다이어Christopher Dyer에게 이야기를 전했다. 장부는 일련의 예상치 못한 사건을 통해서, 헤리티지의 극도로 지역적인 세계와 훨씬 더 광범위한 세계의 실상을 밝힐 수 있는 역사학자의 손으로 들어갔다.[11]

헤리티지의 기록은 다른 출처에서 보기 어려운 유형의 경제 활동, 즉 시골 기업가의 다양한 거래에 접근하도록 해준다. 20년 동안의 거래에 관한 체계적이고 일관성 있는 장부 기록을 통해서 우리는 헤리티지의 양모 거래가 이루어진 규모와 지역을 추적할 수 있다. 그는 우여곡절을 겪었고 다양한 사람들을 상대했으며 오랜 세월 더 큰 성공을 거둔 몇몇 전략을 포함하여, 다양한 전략을 시도했다. 이 모든 일에 대하여 회계 장부는 헤리티지와 그의 세계에 관한, 다른 출처—유언장이나 토지 임대차 계약서 같은—에서는 얻을 수 없는 정보를 알려준다.

회계는 이미 16세기 초의 유럽 전역에서 널리 보급되고 성장하는 관행이었고, 체계적인 방식으로 거래 기록을 유지하는 일은 새로운 개념이 아니었다. 유럽에서 상업적으로 가장 세련된 지역인 이탈리아에서는 거의 2세기 전에 등장한 최첨단 복식 부기가 표준이었다. 1470년대와 1480년대의 견습 기간에 베네치아에서 모범 사례를 배운 야코프 푸거는 이후 수십 년 동안 정기적으로 새로운 고용인들의 회계 지식을 평가하는 퀴즈를 냈다. 메디치 은행과 푸거 회사를 비롯한 당시의 대기업들이 광범위한 사업을 유지하기 위하여 엄격한 경영 관행을 필요로 했다는 것은 놀라운 일이 아니다. 예를 들어, 메디치 가문은 해마다 장부의 회계감사에 기초하여 모든 지점에 대한 상세한 연례 평가를 수행했다.[12]

그러나 모튼-인-마시는 피렌체, 아우크스부르크, 또는 런던에서도 멀리 떨어진 곳이었다. 존 헤리티지는, 유럽의 주요 상업 중심지에 있는 다수의 지점과 수십 또는 수백 명의 직원이 연간 수만 두카트 가치의 사업을 처리하는 기업을 경영하지 않았다. 그는 단지 소수의 양치기, 가사를 돌보는 하인, 그리고 임시직을 고용하여 양모를 거래하는 진취적이고 독립적인 상인이었다. 그럼에도 불구하고, 그의 사업은 여전히 체계적인 기록 관리가 필요할 만큼 복잡했다.

코시모 데 메디치Cosimo de' Medici가 외견상으로 엉성해 보이는 헤리티지의 장부를 보았다면 코웃음을 쳤을 것이고, 그런 따위 기록을 자신에게 제시하는 관리자는 누구라도 해고했을 것이다. 헤리티지의 장부가 야코프 푸거의 엄격한 검열을 통과하지 못했을 것은 확실하다. 헤리티지는 세련된 복식 부기 체계나 심지어 연속적인 거래 기록이 아니라, 자신만을 위한 일련의 개별적 메모로 장부를 구성했다. 그런 의미에서 헤리티지의 장부는 회계 장부라기보다 기억 보조장치, 즉 차변과 대변의 완벽한 기록이 아니라 전반적 거래 상황의 기록을 유지하고 자신의 다양한 의무를 상기시키는 수단이었다. 1505년의 기록 중에 전형적인 예가 있다.

> Thomas Kyte 42 tod prec' the tod 11s and to geve 2 Tot £23 2s 0d
>
> Flesys yn. Payd yn ernys 40s. Payd at delyveryng 40s.
>
> Payd on Mychelmas evyn £6. Payd yn Blokley £3. Payd
>
> yn Crystmas Halydays 40s. Payd on Goodtyde Tewysday
>
> 42s. Payd be hys servand the 28 day of April £4.
>
> Payd yn Stowe 20s.

헤리티지는 토마스 카이트Thomas Kyte라는 농부(기르는 양 떼의 규모가 상당히 컸음이 분명한)로부터 각 28파운드 중량의 양털 42토드를 구입하기로 했다. 그는 토드당prec' the tod 11실링의 가격에 합의히고, 대금을 다음 해에 분할 지급했다. 거래가 성사되었을 때 계약금yn ernys—사실상 생산자에게 대출해주는 선금—으로 40실링, 납품할 때 at delyveryng 40실링, 9월 말의 미카엘마스Michaelmas에 6파운드(파운드당 20실링)의 거금, 그리고 불특정한 날짜에 블록클리Blockley 마을에서 3파운드를 지급했다. 성탄절에 40실링, (Goodtype Tewysday로 표기된) 사순절이 시작되는 참회 화요일Shrove Tuesday에는 42실링이 지급되었다. 거래는 추가적인 두 차례의 분할 지급을 통해서 종료되었다. 4월 28일의 4파운드와, 불특정한 날짜에 스토우Stowe 마을에서 지급된 마지막 20실링이었다. 첫 줄 오른편에 기록된 거래 대금 총액은 23파운드 2실링이었다.[13]

헤리티지와 토마스 카이트 사이의 이 단일한 거래에는, 진행될 지불 계획과 함께 기록할 사항이 많았다. 헤리티지는 해마다 이와 같은 거래를 많이 했다. 카이트와의 거래는 1505년에 구입한 양모 총량의 8퍼센트가 조금 넘었으며, 그해에 가장 규모가 크고 복잡한 거래의 하나였다. 그런 일련의 거래가 기록된 페이지에는 다섯 건의 거래 기록이 있다. 헤리티지는 각 페이지의 하단에, 거래를 통해서 구입한 양털의 중량 및 거기에 들어간 비용과 함께 최종 합계를 기록했다. 그는 해마다 연말에 같은 일을 함으로써, 임의의 시점에 소유한 자원에 관한 연속적인 기록은 아니지만 사업의 연간 실적을 파악했다.

헤리티지가 선호한 이 기록 유지 방식, 흔히 지급/이행charge/discharge 시스템으로 알려진 이 방식은 당시의 일반적인 형태로서 왕실의 재무부서를 비롯하여 영국 전역의 다양한 에스테이트와 장원에서 사용된 기본적 방법이었다. 지급/이행 시스템은, 복잡하고 다양한 사업의 기록을 유지하기보다는 에스테이트의 관리자나 소유자에 대한 감사 도구로 더 적합했지만, 헤리티지의 목적에는 충분히 만족스러운 방법이었다. 친숙함이라는 주요한 이점 때문에 헤리티지 주변의 모든 에스테이트 관리인과 상인들이 바로 이 시스템 또는 그 변형을 사용했다. 소송을 일삼는 경쟁적 환경에서 흔히 볼 수 있는, 특정한 거래의 타당성에 관한 문제가 제기되었을 때, 헤리티지는 이해하기 쉬운 회계 방식을 증거로 제시할 수 있었다. 그의 잘 관리된 소박한 장부는 꼼꼼한 조사에 맞설 훌륭한 기회를 제공했다.

영국에도 세련된 복식 부기가 알려지지 않은 것은 아니었다. 스페인과의 무역에 관여했던 토마스 하웰Yhomas Howell이라는 조숙한 런던 상인은 일찍이 1517년부터 복식 부기를 활용했다. 다른 상인들도, 진정한 복식 부기는 아니지만, 장부의 반대편에 차변과 대변을 구분했다. 이러한 모든 옵션은 헤리티지가 선호한 단순한 방식보다 일간 또는 월간 기준으로 더 체계적이고 정확했다. 하지만 그는 더욱 세련된 회계 기법의 존재조차 몰랐거나, 알았더라도 자신의 상황에는 적합하지 않다고 느꼈을 것이다.

언뜻 보기에, 헤리티지의 장부는 혼란스럽고 심지어 혼돈처럼 보이기도 한다. 그는 합계를 나타내는 데 모호한 기호를 사용했다. 거래 연도가 두 해에 걸치는 경우도 많았다. '1511년'으로 계산된 거래의 다수가 1512년에 이루어졌다는 의미였다. 여러 항목이 불완전하다. 그러나 우리는, 한 동시대인이 말한 대로 "극도로 모호하고 지저분하게 기록된 장부" 때문에 헤리티지를 폄하하기보다는 장부가 실제로 무슨 일을 했는지에 초점을 맞춰야 한다. 모호한 기호들은 런던의 양모 업계에서 흔히 볼 수 있는 것이었다. 그의 거래 연도 또한 동시대인이 사용한 것과 동일했다. 회계 장부는 헤리티지에게 의미가 있는 내부적 논리와 체계가 있었고, 한 해 동안의 전반적 거래 상황 및 실적을 파악해야 하는 전략적 필요성에 부응했다. 대부분 업무가 구두로 이루어지는 문화에서, 되는대로 기록된 것처럼 보이는 장부는 강력한 기억 보조수단의 역할을 했다. 시간이 가면서 헤리티지는, 기록해야 하거나 기록할 필요가 없는 것에 관한 과거의 행동과 실수에 기초하여, 점점 더 많은 정보를 장부에 포함시켰다. 전반적으로 이 방법은 헤리티지가 20년 동안 꾸준하게 수익성 있는

사업을 계속하는 데 충분히 적합했다.[14]

궁극적으로, 장부에서 중요한 것은 거기에 포함된 체계의 정확성보다는 그것이 표현하는 사고방식이다. 헤리티지는 조정 및 수정을 수행하면서, 자신의 사업적 관심사를 모니터하고 장기적 수익성과 정량화된 경험에 기초한 합리적인 판단을 내렸다. 최첨단 회계 기법을 사용했든 아니든, 진정한 자본주의자의 사고방식이었다.

▌양털 장사

헤리티지는 야심과 의무감, 즉 별로 애착이 가지 않았을 형제자매를 돌봐야 하는 의무와 사회적 신분 상승을 꾀하는 야심이 결합한 진정한 기업가였다. 처가인 파머 집안은 부유하지만 평판이 좋지 않은 사람들이었고, 헤리티지는 그들에게 깊은 인상을 주려는 압박감을 느꼈을지도 모른다. 어쨌든 그는 집안에서 대대로 임대해온 땅을 양과 소를 키우는 목초지로 바꾸기 시작했다. 그것은 규모가 크고 수익성이 좋은 사업이었지만, 부양할 자녀가 있는 새 남편이자 아버지에게는 충분하지 않았다. 사업의 절정기에도 헤리티지는 대단한 인물이 아니었지만, 우리는 그가 운영한 사업의 규모와 복잡성만으로도 당시의 상업적 상황에 관하여 많은 것을 알 수 있다.

1500년경의 영국에서 양모 생산은 여러 세기를 이어온 중요한 경제 분야였다. 영국의 우수한 목초지에서 풀을 뜯는 양에서 생산된 고품질의 양모가 직물로 만들어지기 위하여 저지대 국가나 멀리 이탈리아까지 수출되었다. 영국의 양모는 시장에서 유일한 제품이 아니었고, 중세기 말에는 스페인의 메리노Merino 양모가 저지대 국가의 직물 공급을 지배하게 되었다. 이는 수출이 급감한 것과 정확히 같은 시기에 영국 내 직물 생산이 급증했기 때문에, 보이는 것만큼 심각한 타격은 아니었다. 그렇지만 헤리티지의 사업이 증언하듯이 수출은 중요한 산업이었다. 헤리티지의 장부에 기록된 기간의 연간 수출 총량은 5,000자루에서 1만 자루 사이를 맴돌았다. 양모 산업의 침체기이기도 했던 1505~6년에 전성기를 누렸던 헤리티지는 영국의 양모 수출 총량의 1퍼센트 정도를 차지했다.[15]

양모 산업에는 다양한 규모와 역할의 비즈니스가 포함되었다. 마을 공동체가 공유하는 목초지에서 양 몇 마리만을 방목하는 농부들이 있었다. 다른 생산자들은 더 전문화되어, 토지 소유주로부터 임차한 넓은 목초지에서 수백 또는 수천 마리의 양을 길렀다. 이것이 버튼 다셋의 임차인으로 수십 년 동안 1,000~2,000마리의 양을 길렀던 헤리티지 집안이 속한 범주였다. 헤리티지의 위로는 대규모 에스테이트를 소유하고 수천 마리의 양을 키우는 영주나 수도원이 있었다. 이 모든 양에 필요한 양치기는 보통 농부 자신이거나 하인이었다. 양털을 깎는 계절이 되면 양털과 수명이 다한 양의 가죽을 모아들이는 데 엄청난 노동력이 투입되었다.

깎아서 모은 양모는 처리 및 포장되어 수출용으로 배송되어야 했다. 바로 헤리티지가 등장하는 곳이었다. 그는 시골 지역을 순회하면서 양모를 사들여 런던의 대형 수출상에 판매하는, 브로거brogger라 불리는 구매자의 하나였다. 대형 수출상들은 스테이플 상인으로 알려진 전문화되고 부유하고 강력한 집단에 속했다. 왕실의 수출 독점권이 있는 그들은 사들인 양모를, 최종 구매자에게 전달되기 전에 통행료가 부과되는 대륙의 칼레Calais 항구로 보냈다. 헤리티지는 생산자와 대규모 수출상을 물리적으로 연결하는 역할을 하면서 양모 경제의 시골 및 도시적 측면을 모두 처리해야 하는 핵심적 중개인이었다.

양모 산업은 경쟁이 치열한 사업이었다. 이미 높았던 양모의 가격은 헤리티지의 경력 내내 상승을 계속했다. 모튼-인-마시 주변 지역에는 양 떼가 흩어져 있었고, 지역에서 큰 수익을 꿈꾸는 야심 찬 상인은 모두 양모를 원했다. 따라서 수십 마리 양을 키우는 소규모 자작농부터 수천 마리를 키우는 대규모 에스테이트의 관리자까지, 생산자가 협상의 주도권을 잡게 되었다. 그들은 중개인을 선택하면서 경쟁이 치열한 판매자 시장seller's market을 주도했다.

양털 장사는 부를 얻는 쉬운 길이 아니었다. 큰 이익에는 그에 상응하는 대량의 거래가 필요했고, 헤리티지가 거래하는 모든 농부에게는 그들의 양털을 사려는 다수의 잠재적 구매자가 있었다. 헤리티지가 그토록 오래 사업을 했다는 것은, 시장을 읽고 거기에 맞춰 활동을 조정하는 능력 외에도, 공정하고 정직하다는 평판을 유지했음을 시사한다.

이러한 관찰에 따라 헤리티지는 특정한 틈새시장을 찾아냈다. 그는 최대 규모로 사업을 운영하는 귀족이나 종교 시설과 관계를 구축하려고 노력하기보다는 소규모 생산자, 즉 수백 마리 또는 천여 마리의 양을 키우는 농부들과 거래했다. 따라서 런던의 상인에게 넘길 정도의 양모를 모으려면, 사회적 지위가 낮은 소박한 농부들과의 더 많은 거래가 필요했다. 이는 헤리티지의 사업을 상당히 복잡하게 만들었다. 양모 생산자와의 거래 한 건은, 1505년에 토마스 카이트로부터 구입한 사례처럼, 여덟 차례로 나눈 분할 지불을 의미할 수 있었고, 해마다 그런 거래가 15건 이상 이루어졌다. 소수의 대규모 생산자로부터 양모를 구입하는 편이 훨씬 더 간단했지만, 헤리티지가 걸어온 길은 그와 반대였다. 그는 경력 초기인 1501년과 1502년에만 토지를 소유한 상류층에게서 대량의 양모를 구입했고, 다시는 그렇게 하지 않았다.

헤리티지의 결정에 대한 가장 그럴듯한 설명은 대규모 생산자들이 거액의 선금을 원했다는 것이다. 예컨대, 1501년에 그는 부유한 지주 윌리엄 그레빌William Grevil에게 41파운드라는 거액의 계약금을 내야 했다. 토마스 카이트에게 지불했던 40실링에 비하면 천문학적인 차이였다. 아마도 유동 자본이 풍부한 부유한 상인이나 지주와 인척관계가 있는 사람들은 고액의 계약금을 더 선호했을 것이다. 그런 인맥이 없는 헤리티지는 그 정도의 신용을 바탕으로 거래하는 압박감을 원하지 않았다. 그는 대규모 농부들과의 거래를 선호하기보다 기피했음이 거의 확실하다. 우리는 그가 지역의 양모 시장과 생산자의 강점과 약점에 대한 특별히 깊은 이해가 있었고, 지역의 상황에 관한 지식을 활용한 흥정 및 협상의 기술을 발전시켰다고 추측할 수 있다. 그의 기본적 회계 능력 또한 도움이 되어, 수많은 거래 상황을 경쟁자들보다 더 합리적으로 관리할 수 있었다.[16]

이는 생계를 꾸리는 쉬운 방법이 아니었다. 가격과 품질에 관한 정보가 사업에 필수적이었던 헤리티지는 말을 타고 시골 지역을 돌아다니면서 농부, 양치기, 소상인들과 최신 뉴스에 대한 대화를 나누는 일로 대부분 시간을 보내야 했다. 카이트의 양 떼는 어떤가? 고약한 사돈이며 경쟁자인 모튼의 파머 집안은 토드당 얼마를 지불할 의향이 있는가? 페린Peryn이라는 농부가 곧 스토우 마을로 와서, 헤리티지가 장날에 마지막 20실링을 지불할 수 있을까? 장부의 모든 항목, 지불이나 판매의 모든 기록은 만남과 대화를 나타냈다. 헤리티지는 붙임성이 있고, 사업을 하면서 부지런히 관계를 구축한 다양한 사람들에게 필요한 정보를 얻어내는 기술이 뛰어난 사람이었다고 생각된다.

이 사업에서 헤리티지가 얻는 이익은 자작농에서 상류층으로 올라갈 만큼 크지 않았다. 양모 거래는 지적이고 박식한 전문가들이 벌이는 큰 사업이었고, 헤리티지는 사업의 수익성을 유지하기 위하여 열심히 일해야 했다. 실제로 그는 언제나 양털을 사고파는 데 투입한 엄청난 양의 시간과 노력보다는 직접 소유한 양과 거기서 생산되는 양털의 판매를 통해서 더 많은 수입을 올렸다. 장부 덕분에 이런 사실을 깨달은 헤리티지는 시간이 가면서 사업의 다른 측면에 집중하기 위하여 거래 규모를 의식적으로 축소했던 것으로 보인다.

▌상인과 상업사회의 운영

8월 말의 뙤약볕 아래 땀에 젖은 마차꾼들은 패이고 가라앉은 익숙한 길을 따라 마차를 몰았다. 그들은 반대 방향에서 오는 마차와 가끔 마주치는 값비싼 말을 탄 귀족과 수행인의 행렬을 교묘하게 피해 나갔다. 각각 2,000파운드 가까운 양모를 실은 일곱 대의 마차 행렬에는 쉬운 일이 아니었다.

런던이 가까워지면서 도로가 더욱 혼잡해졌다. 마차꾼들은 그해에 생산된 양모를 도시로 운반하는 다른 마차꾼들과 우호적인 또는 덜 우호적인 대화를 주고받았다. 그들이 모튼-인-마시에서 출발하여 글로스터셔의 도로를 따라 이곳까지 오는 데는 힘든 닷새가 걸렸다. 더 먼 곳에서 오는 사람들도 있었다. 그들 모두가 영국의 맥동하는 상업 중심지로 모여들고 있었다. 이제 도시에 가까워진 그들은 자신을 고용한 사람과 합류했다. 가장 좋은 망토를 걸치고 모자를 쓴, 관자놀이가 희끗희끗한 주름진 얼굴에 만족스러운 미소를 띤 남자는 임대한 마차 행렬을 맞으면서 바쁜 하루를 시작하려는 존 헤리티지였다.

헤리티지가 한 해 동안 벌인 사업이 결실 단계에 이르렀다. 공급자들로부터 그토록 힘들여서 평가하고 수집한 양모가 이제 런던의 주요 구매자들에게 팔려나갈 것이었다. 거래는 이미, 적어도 원칙적으로는 합의되었다. 연초에 런던을 방문한 헤리티지는 도시의 부유한 상인들과 일련의 계약을 체결했다. 그의 목록에 있는 첫 번째 계약자는, 대륙으로 양모를 수출하는 왕실 독점권이 있는 배타적 상인 조직인 스테이플 상인에 소속된 토마스 스프링Thomas Spring과 토마스 파게터Thomas Pargetter였다. 다른 구매자들은 잘나가는 도시 상인들로 구성된 또 하나의 상인 엘리트 조직 머서즈Mercers에 속한 사람들이었다. 그들 모두가 헤리티지를 포함한 다양한 판매자로부터 양모를 사들였다.

마차 행렬이 접근하는 도시에서 연기가 솟아올랐다. 헤리티지는 그날의 계획을 생각하면서 수십 번을 다녀서 익숙한 도로를 따라 말을 몰았다. 그는 우선 스프링과 파게터를 만나서 추가 대금을 받고, 정오쯤에는 킹스빔King's Beam—공식적으로 양털의 무게를 측정하는 곳—에서 머서즈 소속 상인 한 사람을 만날 예정이었다. 그는 마차 행렬을 뒤로 하고 말에 박차를 가하여 앞으로 나가면서, 1509년은 좋은 해가 될 것이라고 생각했다. 런던의 뒤섞인 악취—템스강, 나무가 타는 연기, 목욕하지 않은 사람 수천 명의 체취, 휘저어 진흙탕이 된 거리—가 그를 말에서 떨어뜨리려고 위협했다. 양모 상인은 걸음을 재촉하면서 심호흡을 했다. 그에게는 돈 냄새가 나는 공기였다.[17]

헤리티지는 도시와 시골을 하나의 활기찬 경제 단위로 통합하는 전형적인 중개인이었다. 해마다 그는 10여 명의 공급자로부터 공들여 수집한 양모를 임대한 마차에 실어, 모튼-인-마시에서 80마일 떨어진 런던으로 운반했다. 우리가 살펴보았듯이, 그런 일을 하는 사람은 헤리티지만이 아니었다. 짐을 실은 마차가 영국의 도로를 채우는 동안에 강, 운하, 그리고 연안 항로는 바지선과 보트, 대형 범선으로 신음했다. 영국은 이미, 근근이 먹고사는 것이 아니라 시장을 위하여 생산하고 시장에서 소비하는 사람들이 넘쳐나는, 고도로 상업화된 사회였다. 그런 사회에는 다양한 상인 집단이 이곳저곳으로 상품을 운송하면서 거래의 이익을 얻을 충분한 공간이 있었다.[18]

그러나 고도로 상업화된 사회에서 상인만이 모든, 또는 대부분의 거래를 처리하는 것은 아니었다. 일반인도 얼마든지, 시장에서 자신의 잉여분을 팔고 필요한 상품을 구입하려고, 시골 지역에서 가까운 도시나 마을로 여행할 수 있었다. 예컨대, 중세 후기의 엑서터Exeter에서는 그런 정도의 상업 활동이 가능한 범위가, 상품을 휴대한 농부가 하루 동안에 왕복할 수 있는 6마일10km 정도였다. 상품이 이동해야 하는 거리가 멀어질수록 더 많은 자본이 요구되고, 자본이 많이 요구될수록 상인들이 더 부유해지고, 상인들이 더 부유해질수록 전문가가 처리할 가능성이 높아졌다.[19]

헤리티지는 이러한 상인 계층구조의 정중앙에 자리 잡고 있었다. '상인merchant'은 가난한 떠돌이 행상, 일반 소매업자, 특별한 업종의 전문가, 그리고 유난히 부유하고 다양화된 상인자본가를 포함하여 다양한 관행과 직업을 포괄하는 모호한 용어다. 꼭대기에는 양모의 스테이플, 고급 직물의 머서즈, 향신료의 그로서Grocers처럼 특정한 상품에 대한 공식적 특권과 독점권을 소유한 기업 조직이나 길드에 속한 도시의 대상인이 있었다.

이들 대상인은 중요한 영향력을 행사하는 엄청나게 부유한 사람들이었다. 그들은 노동조합보다는 기업의 로비단체에 가까운 길드 조직을 통해서 고위 정치인들과 집단적 협상을 벌였다. 세금 금고와 정치인의 호주머니로 굴러 들어간 돈은 그들에게 배타적인 특권과 독점권을 부여했다. 창고, 도시 및 시골의 에스테이트, 산업적 투자, 귀중한 교역 상품, 그리고 유동자본에 분산된 최고층 상인의 자산은 수천 파운드에 달할 수 있었다. 스테이플에 속한, 부유하거나 최소한 잘나가는, 양모 무역을 독점한 상인들이 이런 범주에 속했다. 그들이 헤리티지의 양모 대부분을 구입했고, 머서즈에 속한 상인과 다

른 신원불명의 부유한 상인 구매자들이 그 뒤를 따랐다.[20]

상인 대부분, 특히 가장 부유한 상인은 도시인이었다. 도시는 소 상인들이 직접 제공할 수 있는 종류의 상품과 서비스에 대한 수요가 몰리는 중심지였다. 그에 반해서 헤리티지는 시골 상인이었다. 집과 사업적 관심사가 모두 시골에 있었던 그는 때때로 거래를 성사시키 기 위해서만 런던을 방문했다. 그렇지만 그와 같은 상인은 상업화된 시골 지역과 유럽을 통합된 경제 단위로 만든 광범위한 네트워크 사 이의 필수적 연결고리였다. 스테이플과 머서즈에 속한 상인들에 관 한 자료를 더 쉽게 접할 수 있지만—그들은 더 큰 영향력을 행사하 고 훨씬 더 많은 자산을 소유했다—헤리티지와 같은 사람들이 없었 다면, 당시의 다른 모든 프로세스를 견인한 엔진, 유럽의 경제가 있 을 수 없었다.

중요한 사실은 헤리티지가 영국에서 특별한 상인이 아니고, 영 국이 상업화의 정도와 깊이 측면에서 동떨어진 나라가 아니었다는 것이다. 당시의 수많은 다른 지역에 대해서도, 비슷한 사람들에 대 한 비슷한 설명이 가능했다. 카스티야를 예로 들어보자. 바스크와 칸타브리아의 여러 작은 항구를 통해서 흘러들어온 대외 무역 상품 은, 카스티야 전역에 흩어져 있는 다양한 상인들의 적극적인 참여 로, 우마차와 노새에 실려 내륙의 시장 마을과 도시의 네트워크로 흘러나갔다. 짐승과 제품은 달랐지만, 유럽 전역에서 상업화된 시골 이 지역적 그리고 국제적 교역로에 상품을 공급했다. 모든 곳에 존 헤리티지가 있었다.[21]

신용과 돈

신용은 헤리티지의 사업과 유럽의 상업 전반에 연료를 제공했다. 헤리티지는 공급자들에게 대금 전액을 한꺼번에 지급한 적이 없었다. 런던의 양모 구매자들도 그에게 전액을 한 번에 지급하지 않았다. 헤리티지가 양모 공급자에게 제공한 계약금인, '약조금Earnest money'은 사실상 대출이었다. 아마도 도시의 상인이었을 '마스터 니킬스Master Nychyls'에게 빚진 60파운드처럼, 그가 런던의 거래처로부터 받은 선수금도 마찬가지였다. 결과적으로 한 해 동안 들어오고 나가는 돈은 항상 균형을 이루었다. 헤리티지는 공급자에게 대출해주기 위하여 돈을 빌리고 대금을 분할해서 받고 지급을 분할함으로써 농부, 시골 상인, 그리고 도시의 자본가를 하나로 묶는, 복잡하고 끊임없이 진화하는 신용의 그물을 엮었다.

그러나 고도로 철저하게 상업화된 시장 사회의 요구를 완벽하게 충족하기에 유통되는 현금이 충분치 않았다는 사실에는 변함이 없었다. 이는 유럽의 다른 모든 지역에서도 마찬가지였지만, 영국이 전형적인 사례였다. 1500년경에 영국에서 유통된 통화는, 1520년까지 두 배가 되기는 했지만, 90만~100만 파운드에 불과했다. 이는 국민 한 사람당 약 8실링의 현금에 해당했고, 1인당 연간 소득이 4파운드 정도임을 생각하면 미미한 금액이었다. 문제를 더욱 복잡하게 만든 것은 통화의 대부분이 상업 경제의 소박한 분야에서 사용하기에는 너무도 귀중한, 금이라는 사실이었다. 일용 노동자가 2주 치 임금에 해당하는 금화로 몇 펜스어치 에일 맥주나 파이를 사는 것은 말이 되지 않았다.

이 문제의 한 가지 해결책은 물물교환이었다. 헤리티지처럼 세련된 상인까지도 물물교환 방법을 일상적으로 사용했다. 그는 양, 다른 가축, 다른 사람의 가축을 위한 여름 방목지, 곡물, 건초, 심지어 장작까지 지불 수단으로 삼았다. 현금이 없는 상황에서, 단순히 한 상품을 다른 상품으로 교환하는 것은 이치에 맞는 일이었다. 그러나 물물교환 거래조차도 금전적 기준으로 계산되었다. 헤리티지와 동시대인들은, 종종 화폐가 부족함에도 불구하고, 완전히 화폐화된 경제 속에서 살았다.[22]

가장 비천한 일용 노동자로부터 국왕에 이르기까지, 모든 사람이 신용을 일상적으로 활용했다. 이는, 도시에서 도시로 그리고 시골 지역으로, 대륙 전역으로 뻗어 나가는 교환과 의무의 촘촘한 그물망을 만들어냈다. 존 헤리티지의 양모는 영국이 장악한 항구인 칼레를 통해서 주로 저지대 국가로 갔고, 그곳의 장인들에 의하여 대륙 전역으로 재수출하기 위한 고급 직물로 바뀌었다. 이런 과정의 모든 단계는, 전반적 상업 시스템을 지탱하는 접착제인 신뢰에 바탕하여, 주로 이론적인 돈을 한 장부에서 다른 장부로 옮기는 일인 부채와 신용, 약속과 거래를 수반했다. 모든 사람이 누군가에게 빚을 지고 있었다.

존 헤리티지의 최후

세차게 내리는 빗방울이 초가지붕을 두들기고 농가의 마당을 진흙탕으로 만들었다. 지불하고 받아야 할 대금을 계산하면서 낡은 장부에 기록된 금액들을 훑어보는 존 헤리티지의 늙어가는 얼굴에 근심이 어렸다. 그는 숫자들의 앞뒤가 맞지 않는다는 결론을 내렸다. 1520년의 그는 50세가 가까워지고 있었다. 가늘어지는 머리칼은 잿빛으로 바뀌었고, 빈틈없고 계산적인 눈을 주름살이 둘러싸고 있었다. 양 떼를 관리한 25년, 양털을 사들이려고 시골 지역을 누비고 다닌 20년, 런던으로 가는 수십 번의 여행, 그리고 부채를 관리하는 끊임없는 스트레스가 누적된 결과였다.

어쩌면 뭔가 다른 일을 시도해볼 때인지도 몰랐다. 아들 토마스는 런던에서 모피상의 견습생으로 일하면서, 스키너 회사Skinner's Company의 일원으로서 경력을 쌓아가고 있었다. 존은 아들을 잘 가르쳤고, 그에게는 아버지처럼 다각화된 상인으로서의 미래가 머지않을 것이었다. 존은 어쩌면 런던에 사는 편이 나을지도 모르겠다고 생각했다. 그러면 아내의 마음을 최근에 사망한 다른 아들 리처드로부터 다른 곳으로 돌려서 편안하게 해줄 수 있을 것이다. 리처드는, 모튼-인-마시에서 싸움질을 벌이고 문제를 일으킨, 헤리티지의 백발 중 많은 부분에 책임이 있는 문제아였다.

존은 몇 년 동안 경제의 변화하는 수요에 맞추려는 시도로 사업에 변화를 주었다. 처음에는 양모 상인으로 크게 성공하려 하다가 소규모 농민들로부터 양털을 수집하는 틈새시장에 정착하는 동안 내내 자가 소유의 양 떼를 유지했다. 양모 가격이 오를 때는 양 떼의 규모를 확대하고 상인으로서의 활동을 줄였다. 상업 활동은 그가 감당하기에 너무 경쟁적으로 변하고 있었다. 젊은 경쟁자인 윌리엄 윌링턴William Willington은 헤리티지가 25년 전에 버튼 다셋에서 시도했던 것보다 더 무자비한 방식으로 임차인들을 내쫓고 목초지를 만드는 프로그램에 참여하여 더 많은 자본을 확보했다. 헤리티지는 도저히 대저택의 영주이자 스테이플의 구성원인 윌링턴의 자본과 경쟁할 수 없었다. 가격이 상승하는 시기에도 윌링턴은 헤리티지보다 더 큰 거래를 더 많이 성사시켜서 훨씬 더 높은 이윤을 남길 수 있었다.

이 모든 것으로 인하여 헤리티지는, 타르tar와 화약 같은 다른 상품을 취급하고 심지어 직접적 자금 대출까지 사업을 확장하면서, 농부로서의 존재감을 증가시키게 된다. 시작할 때보다는 덜했지만 여전히 안락한 삶을 누리고 있었던 그는 지친 상태였다. 헤리티지는 런던이 새로운 활력을 불러올 수도 있고 토마스를 더 자주 보게 되는 것도 좋은 일이라고 생각했다. 장부책을 덮고 모자를 고쳐 쓴 다음에 쏟아지는 빗속으로 걸어 나가 말을 몰았다.

존 헤리티지는 마지막 항목을 장부에 기록한 1520년 이후에 사실상 사라졌다. 1522년에 모튼-인-마시를 떠났고, 1530년대 초에는 런던의 크리플게이트Cripplegate 외곽에 집을 소유했다. 우리는 그 후의 일을—그가 언제 사망했는지까지도—아무것도 알지 못한다. 꾸준히 성장하는 영국의 경제가 번영을 누리고 다른 사람들이 그를 뒤따라 이웃을 쫓아내고 밭을 목초지로 바꾸는 동안에도 그의 개인적부가 줄어든 것으로 보임은 다소 아이러니하다. 우리는 헤리티지의 아들이 스키너 회사의 일원으로서, 그리고 아버지의 발자취를 따라 더 큰 성공을 거둔 상인으로서 번창했다는 사실을 안다. 그런 방식으로, 헤리티지의 유산은 그가 사망한 뒤에도 살아남았다.[23]

다각화된 분야의 사업가로서, 헤리티지는 고도로 상업화된 유럽의 기회와 함정 모두를 반영했다. 이윤에 대한 굶주림은 콜럼버스의 항해를 가능하게 한 제노바인, 알두스 마누티우스에게 투자한 베네치아인, 또는 괴츠 폰 베를리힝엔 같은 남부 독일의 군사기업가들 못지않게 그를 몰아붙였다. 헤리티지는 지극히 평범한 인물이었고, 그의 단순한 이윤 및 시장 지향적 행동은 그런 것이 어떻게 유럽 경제의 근본을 이루었는지를 보여준다. 존 헤리티지 같은 사람들을 가능하게 (그리고 어디서나 볼 수 있게) 한 사회는 기꺼이 위험을 감수하고 수반되는 과정에서 누가 고통을 받거나 혜택을 입을지는 크게 신경 쓰지 않으면서, 해외 항해와 화약 전쟁에서 인쇄기까지 모든 것에 투자한 사회였다.

7

마르틴 루터, 인쇄술, 그리고 교회의 분열

Martin Luther, the Printing Press, and Disrupting the Church

THE VERGE

수도사는 탁한 물 웅덩이를 튀기면서 비텐베르크의 질척한 거리를 따라 다급한 발걸음을 옮겼다. 수도복 뒷단에는 진흙 얼룩이 묻어 있었다. 그는 수도복의 모직 천을 뚫고 들어오는 10월의 아침 냉기를 깨닫지 못했다. 무거운 종이 두루마리를 만지작거리는 그의 마음은 다른 곳에 있었다. 학생들을 위하여 주 후반의 강의 계획을 세워야 하는 대학 강사로서, 그리고 다가오는 일요일에 비텐베르크의 신자들에게 설교해야 하는 설교자로서 처리해야 할 일이 많았지만, 그런 생각은 멀리 있는 교회의 첨탑이 눈에 들어오는 순간 사라졌다. 대신에 그의 생각은 신학적 문제에 사로잡혔다. 공개적으로 토론하고 논쟁할 자격을 갖춘 신학 박사인 수도사의 당면한 관심사는 그 문제였다.

화가 견습생이며 그의 설교를 열성적으로 경청하는 교구민 한 사람이 지나가는 그에게 정중하게 인사를 건넸다. 그의 인사를 간신히 알아챈 마르틴 수사는 자동적으로 고개를 숙이면서 잠시 갈색 눈의 날카로운 시선을 남자에게 고정했다. 정중한 인사로 답하기에는 너무도 많은 라틴어 구절이 머릿속에서 울려 퍼지고 있었다.

공개적 논쟁을 위한 명제를 제기할 때는 정확성이 핵심이었다. 그가 들고 있는 문서에 표현된 진술은 그에 맞춰서 강렬하고 도발적이었다. 마르틴 수사는 자신이 보살피는 영혼들과 그들이 구원에 이르는 길을 위협하는 면죄부 판매의 관행을 우려했다. 분노한 그의 손가락은 반사적인 좌절감을 느끼면서 종이를 움켜쥐었다. 분노는 스스로도 잘 알고 일상적으로 신의 용서를 구하는 개인적 결함이었다.

구름 사이로 가느다란 10월의 아침 햇살이 비쳤다. 아우구스티누스회 수도사의 삭발한 머리 한가운데 탈모된 부위에 햇살의 온기가 느껴졌다. 쌀쌀한 날씨에도 불구하고 땀을 흘리는 그의 이마에서 땀방울이 수척한 광대뼈와 날카로운 코로 흘러내렸다. 바로 앞에 있는 성당의 첨탑을 바라본 마르틴 수사는 안도의 한숨을 내쉬었다.

성당은 불과 10년 전에 완공된 신축 건물로 프리드리히 선제후Elector Frederick의 드넓은 르네상스 궁전의 중심이었다. 건설된 지 몇 년 만에 기독교 세계의 가장 성스러운 유물─성모 마리아의 젖이 담긴 병, 불타는 떨기나무 가지, 금과 은으로 만든 성물함에 담긴 성인의 뼈─의 새로운 보금자리가 된 성당에는 경건한 순례자의 영혼을 죄로부터 깨끗이 씻을 수 있는 힘을 지닌 총 1만 8,970개의 개별적으로 분류된 성물이 있었다.

인쇄된 종이가 겹겹이 붙어 있는 성당 문이 보였다. 비텐베르크시의 조례와 교황의 포고령이 작센 선제후의 칙령과 학문적 논쟁에 관한 다양한 요구와 자리다툼을 벌이고 있었다. 당황한 마르틴 루터는 자신의 95개 논제를 펼쳐서 거칠고 투박하고 약간 얼룩진 텍스트를 훑어보았다. 대학의 인쇄업자 요한 라우-그루넨베르크Johann Rhau-Grunenberg의 인쇄 작업은 소량의 인쇄물을 작업하기에는 충분했지만, 빙하처럼 느리고 상상력이 부족했으며 마르틴 수사의 엄격한 기준을 충족하기에는 거리가 멀었다. 그가 책을 출판하려 했다면 다른 인쇄업자를 찾아야 했을 것이다. 95개 논제는, 현재로서는 학문적 논쟁에 관한 단순한 요구였다. 그는 단지 몇 부만을 주문했고, 더 나은 품질이 요구될 만큼 중요한 것도 아니었다. 이제 망치와 못은 어디에서 찾을 수 있을까?

문 근처에서 필요한 도구를 찾아낸 마르틴 수사는 몇 차례의 확실한 망치질로 나무에 못을 박아 선언문을 단단히 고정시켰다. 일을 마친 그는 돌아서서 성당을 떠났다. 문에 못 박힌 다른 텍스트들과 다름없이 빽빽하고 기울어지고 우아하지 못한 활자로 인쇄된, 소리 높여 논쟁을 요구하는 그의 95개 논제는 다음과 같은 잊을 수 없는 구절로 시작한다. "우리 주 예수 그리스도의 이름으로. 아멘."

아직 이른 시간이었다. 성당 문이나 근처에서 사건을 지켜본 사람은 아무도 없었다. 설사 그런 사람이 있었더라도, 외진 대학도시에서 학문적 논쟁에 관한 또 하나의 요구는 대수로운 일이 아니었다. 교수들과 그들의 현학적 논쟁은 막강한 권력을 가진 작센 선제후에게 별다른 관심사가 아니었고, 천 마일 떨어진 로마에서 권좌에 앉아 있는 교황에게는 더욱 그러했다.

비텐베르크를 거쳐서 대학으로 돌아가는 동안에, 마르틴 수사의 생각은 아마도 면죄부와 논쟁의 요구를 떠나 자신이 책임진 여러 다른 일로 향했을 것이다. 계획할 강의와 일요일에 해야 할 설교가 있었던 자신을 포함하여 아무도 그가 방금 한 일의 중요성을 알지 못했다. 그러나 아우구스티누스회 수도사의 논제는 기독교 세계를 근본적으로 바꾸게 되는 종교적 격변의 와중에서 최초로 발사된 탄환이었다. 이 탄환은 교회의 통일성의 종말을 초래하고, 이전의 보편적 교회를 여러 종파 중 하나로 만들었으며, 수백 년의 세월과 수천 마일의 거리에 걸쳐서 단합되었던 신자들의 공동체를 돌이킬 수 없을 정도로 갈가리 찢어놓은 종교개혁의 시작이었다.

이후 130년 동안 진정한 종교적 열정과 근시안적 정치권력 다툼의 혼합이 유럽의 분쟁을 주도하며 수십만 사람이 목숨을 잃게 된다. 그리고 이 모든 것이 인쇄기에서 쏟아져 나오는 선동적인 자료들에 의해 뒷받침된다.

교회의 개혁에 대한 오래된 열망이 당시의 특이한 상황과 루터 자신의 독특한 재능이 뒤섞인 불안정한 혼합물과 충돌했다. 열정적이고, 지성적이고, 이례적인 재능을 갖춘 의사 소통자 마르틴 루터는 16세기 유럽이라는 화약통에 떨어진 성냥불이었다. 이어진 폭발은 대륙의 미래를 바꾸게 된다.[1]

95개 논제

마르틴 수사는 같은 날인 10월 31일 오후에, 자신을 그토록 자극한 면죄부 판매의 지역 책임자이며 교회의 계층구조에서 직속 상사인 마인츠의 알브레히트Albrecht 주교에게 분노에 찬 편지와 논제 사본을 보냈다. "나는 더 이상 이 문제에 대하여 침묵할 수 없었습니다." 그는 말했다. 정중하고 심지어 아부하는 것처럼 표현된 비판이었지만, 루터는 자신의 분노를 노골적으로 드러냈다. "경건함이나 사랑의 행위가 면죄부보다 한없이 낫지만, 그런 것은 면죄부와 같은 의식과 열정으로 설교되지 않습니다. … 돈을 내고 (연옥에서) 영혼을 사거나 고해성사를 사는 사람에게는 회개가 필요 없다고 합니다."[2] 이는 루터에게 그저 잘못된 일이었다. 그의 편지는 알브레히트에게 출구를 제안하기는 했으나—이 모든 일이 주교의 지식이나 동의가 없이 이루어졌음이 분명하다—별로 섬세한 비판은 아니었다. 섬세함이 루터의 강점이었던 적은 없었다.

처음에 마그데부르크Magdeburg로 간 편지는 11월 17일에 개봉되고, 다시 아샤펜부르크Aschaffenburg의 주교궁으로 보내졌다. 힘 있는 성직자, 특히 저명한 왕족인 호헨촐레른Hohenzollern 가문 출신의 성직자가 비텐베르크의 이름 없는 교수가 제기한 불만에 작은 관심이라도 가질 이유는 없었다.

그러나 알브레히트는 관심을 가졌다. 그는 논제를 마인츠대학의 신학자들에게 보내서 의견을 구했고, 그들은 조사를 위해서 논제를 로마로 보낼 것을 권했다. 수레바퀴가 돌아가기 시작했고, 교회 당국이 곧 루터의 정통성에 대한 판단을 내리게 될 것이었다.

구원과 권위에 대한 주요 문제의 핵심을 강타한 루터의 논제는 대학의 신학자들 사이의 구조적인 논쟁으로 해결될 문제가 아니었다. 루터는 마인츠의 주교 외에도 여러 사람에게 95개 논제의 사본을 보냈는데, 그중에는 어떠한 논쟁에도 관여하기를 원치 않았던 브란덴부르크의 주교도 있었다. 그러나 루터의 지인 두 사람은 논제를 더 진지하게 받아들였다. 뉘른베르크에 있는 친구가 다시 인쇄한 논제는 거기에서 들불처럼 퍼져나갔다. 유럽에서 가장 폭넓은 독자층을 확보한 인기 작가 데시데리우스 에라스무스는 곧 바젤에서 인쇄된 우아한 사본을 《유토피아Utopia》의 작가인 영국의 인본주의자 친구 토마스 모어Thomas More에게 보냈다. 불과 몇 달 만에, 유럽의 주요 지식인들이 면죄부에 반대하는 마르틴 수사의 논제를 토의하고 있었다.[3]

　이러한 초기의 반응은 종교개혁의 시작을 알렸다. 뉘른베르크의 인쇄본에서는 독일어로 번역되었을 수도 있는 95개 논제는 학문적 논쟁의 장을 떠나 유럽의 주류 지식인 사회에 진입했다. 이에 자극받은 면죄부 판매 책임자, 요한 테첼Johann Tetzel 도미니코회 수도사는 자신의 인쇄물로 루터에게 대응했다. 이는 다시 '면죄부와 은총에 관한 설교Sermon on Indulgences and Grace'라는, 토착 독일어로 쓰이고 학자가 아닌 일반 독자층을 겨냥한, 루터의 응답을 불렀다. 설교는 또 하나의 베스트셀러가 되었다. 독일을 비롯한 유럽의 책방 서가에는 연이어 출간되는 팸플릿이 넘쳐났다. 1520년까지 루터는 유럽에서 가장 많은 독자를 확보한 작가가 되었다.

　95개 논제는 유럽을 휩쓴 대화재의 궁극적 원인이 될만한 후보가 아니었다. 논제의 저자는, 주류 학문 공동체의 전통적 고향과는 거리가 먼, 신성로마제국의 외진 구석에 있는 신생 대학에서 일하는 무명의 신학자였다. 처음에 논제가 쓰인 라틴어는, 유럽 인구의 대부분을 차지한 문맹의 농민은 말할 것도 없고, 대부분 일반 독자가 접근할 수 없는 언어였다.

그렇지만 95개 논제에 관한 무언가가 그들을 건드렸다. 저자는 학자였을지도 모르지만, 논제의 필치는 명확하고 강력했다. 더 중요한 것은, 마르틴 루터의 재능과 추진력이 아직 충분하게 드러나지 않았다는 사실이었다. 그는 정말로 특별한 무언가를 만들어낼 수 있는 적절하게 혼합된 재능과 사고방식을 갖추고 적절한 시간과 장소에 나타난 인물이었고, 그 결과는 여러 세기에 걸친 반향을 불러일으켰다.

▌광부의 아들

1505년 7월 2일, 젊은 학생이 만스펠트Mansfeld의 집을 떠나 재학 중인 대학이 있는 에르푸르트Erfurt로 말을 달리고 있었다. 평평한 들판과 목초지의 단조로움을 간간이 깨뜨리는 언덕 위로 구름이 짙게 드리운 음울한 날씨였다. 목적지를 4마일밖에 남겨놓지 않았을 때, 온종일 덤벼들 것처럼 위협하던 폭풍우가 몰아쳤다. 천둥이 으르렁대는 가운데 세찬 빗줄기가 그를 때렸다. 사방팔방에서 번갯불이 번쩍였다.

"성 안나Saint Anna여," 젊은이는 광부의 수호성인에게 보호를 요청하면서 울부짖었다. 숨을 몰아쉰 그는 성녀가 자신을 살려준다면 곧바로 수도원으로 들어가겠다고 약속했다. 기적처럼 천둥과 번개가 멈췄고, 학생에게는 지켜야 할 새로운 맹세가 남았다.

그는 한스 루더Hans Luder라는 근면하고 부유한 구리 광산업자의 장남으로, 철저한 교육을 통해서 에르푸르트대학의 문학 석사 학위를 받은 전도유망한 스물한 살의 청년이었다. 그와 아버지가 의도한 길은 머지않아 그를 법률 공부로 이끌 것이고, 젊은이는 아버지의 광산 사업을 위한 소중한 자산이 되거나 작센의 선제후 프리드리히의 확대되는 행정기관에서 훌륭한 경력을 쌓을 준비를 하게 될 것이었다. 만스펠트의 안락한 엘리트 기업가 계층으로 올라가는 결혼이 뒤따를 것도 틀림없는 사실이었다.

그러나 폭풍우는 모든 것을 바꿔 놓았다. 다른 모든 계획을 포기한 마르틴은 에르푸르트의 아우구스티누스회 수도사 공동체에서의 금욕적이고 경건한 삶을 목표로 삼았다. 이것이 결국 1517년에 비텐베르크 성당의 문으로 그를 인도한 길이었다.

그러나 심원한 방식으로 미래의 개혁가를 형성한 것은 그의 어린 시절이었다. 루터가 신을 엄격하고 고압적인 재판관 이미지로 생각한 데에는 억척같았으나 공정한 가부장이었던 아버지 밑에서 성장한 경험에서 비롯되었음이 분명하다. 사랑하는 아들이 그를 실망시킨다면 재앙이 있으리라.

유명한 화가 루카스 크라나흐Lucas Cranach가 그린 말년의 초상화에서 한스 루더는 관람자를 노려본다. 세월의 흐름에 의하여 초췌하고 주름지고 약간 두들겨 맞은 듯한 얼굴이다. 그 얼굴은 자연스럽게 끓어오르는 분노, 호전성, 그리고 원시적 지성의 뒤섞임을 전달하면서, 으르렁거림을 간신히 억누르는 것처럼 비틀려 있다. 한스 루더는 복잡하고 빠르게 변화하는 산업 현장에서 뼈 빠지게 일하면서 수십 년을 보냈다. 싸움과 어두운 갱도, 미로처럼 복잡한 신용 약정과 분개한 노동자들이 모두 그의 얼굴에 표지를 남겼다. 그의 초상화는 이 남자를 거스르면 결과를 기대하라고 말하는 것처럼 보인다. 한스는 강인한 남자라는 평판을 얻었고, 술 취한 싸움꾼들에게 맥주를 퍼붓고 빈 단지로 피투성이가 되도록 때려서 싸움을 끝낸 적도 있었다. 광산업은 유독한 가스, 위험, 경쟁, 그리고 극심한 재정적 위기가 만연한 잔혹한 사업이었다. 광부들은 서로 훔치고, 갱도의 경계를 두고 다퉜다. 그들의 불화는 술집에서의 칼 싸움으로 이어지는 것이 보통이었다. 그토록 험악한 환경에서, 번영은 고사하고 살아남는 데는 강한 체질과 적지 않은 행운이 필요했다.

푸거 집안이 입증했듯이, 광산업은 상당한 돈을 벌 가능성이 있는 사업이었다. 한스 루더는 시도하고 실패하고 다시 시도하여, 젊은 마르틴을 성공으로 가는 길에 올려놓을 만큼의 성공을 거두었다.

미래의 행로가 무엇이었든, 젊은 마르틴은 전투적인 광부의 세계에서 성장했다. 그는 욕설, 모욕, 그리고 주먹싸움에 익숙했다. 나이가 들면서 그는 젊은 시절의 경험을 광산업 대신에 인쇄와 신학적 논쟁으로 옮겨 놓았다. 아버지의 완고하고 위험을 감수하는 성격을 생각하면, 루터가 영향력 있는 주교에게 비판적이고 도발적인 편지를 보낸 행동의 뿌리를 이해하기가 어렵지 않다.[4]

한스는 교육이 마르틴의 미래를 결정할 열쇠라는 것을 알았다.

아버지에게, 아들의 교육은 가족의 미래를 위한 투자―다른 여러 자녀에게는 제공되지 않은 값비싼 투자―였다. 광산업의 핵심인 법률적 분규를 다루는 사람에게는 많은 기회가 있었고, 한스는 재능있는 아들이 그런 직업을 갖게 되기를 간절히 원했다.

어린 마르틴은 처음에 소도시 만스펠트에 있는 지역 학교에 다니면서 라틴어 문법, 논리학, 그리고 수사학의 기초를 배웠다. 이런 초기 교육이, 비록 나중에 한탄스러울 정도로 비효율적이고 강제적이었다고 생각하지만, 그의 지식의 기반이었다. 마르틴에게는 인구 4,000명 정도의 작은 도시 아이제나흐Eisenach에 사는 부유한 외가 쪽 친척이 있었다. 그는 아이제나흐의 교구 학교에 다니면서 라틴어와 문법 공부를 계속했다. 1501년에 열여덟 살이 된 그는 아이제나흐를 떠나 에르푸르트 대학에 입학했다. 중세 대학의 학문적 접근법의 기반이고 나중에 그가 진심으로 혐오하게 되는 철학으로 교육의 초점이 옮겨진 것이 그때였다. 호기심 많고 고집 센 젊은이에게 철학은 무미건조하고 매력 없는 학문이었다. 마르틴이 문학 학사 및 석사 과정을 마치는 데는 4년이 걸렸다. 에르푸르트의 법학도로서의 경력은 악명 높은 뇌우가 그를 다른 길에 올려놓기 전의 몇 주 동안에 불과했다.

이는 동부 독일의 벽지에서 사회적 신분 상승을 꾀하는 광산업자의 아들로서 받을 수 있는 완벽한 교육이었지만, 젊은 마르틴에게만 허락된 것은 아니었다. 매우 평범했던 양육과 학교 교육은 그가 살았던 시간과 장소를 말해준다. 마르틴은, 형편은 좋으나 부자는 아닌, 사회 계층에서 자신보다 위와 아래에 있는 사람들을 생각하면서 살아가기 위하여 열심히 일해야 하는 집안에서 태어났다. 만스펠트를 비롯한 광산촌에는 한스 루더처럼 숫자에 밝은 머리와 용광로의 열기를 견딜 수 있는 손을 가진 기업가들이 가득했지만, 한스는 아들을 위한 더 나은 기회를 보았고 그 기회를 제공하려고 최선을 다했다.

95개 논제를 교회 문에 붙이고, 심각하고 파괴적인 변화에 돌이킬 수 없는 기여를 하기 오래전부터, 마르틴 루터는 당시 금융에 의하여 주도된 거대한 변화의 산물이었다. 한스 루더는 새로운 자본 집약적 기술과 광범위한 유통망—푸거 집안 같은 금융업자들이 지배한—이 주도한 호황 산업인 광업으로 아들의 교육 비용을 대기에 충분한 돈을 벌 수 있었다. 마르틴은 최소한 포기하기 전까지는, 부담 없는 비용으로 문법, 철학, 그리고 법률을 공부할 수 있게 해준 인쇄된 책이 없었다면 결코 그런 교육을 받을 수 없었을 것이다. 인쇄업 또한, 우리가 살펴본 대로 이윤을 추구하는 동일한 메커니즘을 통해서 성장했다. 이들 중요한 변화가 없이는 마르틴 루터가 더 넓은 세상에 알려지지 않은 젊은이로조차도 존재할 수 없었다.

그러나 이는 다가올 변화의 맛보기에 불과했다. 끊임없는 위험과 아버지의 얼굴에 그토록 뚜렷한 표지를 남긴 돈이 지배하는 세계의 급격한 상승과 엄청난 추락이 젊은 마르틴의 감수성과 세상에 대한 이해를 형성했다. 그는 평생 동안 이자를 받는 대출의 필요성을 이해했음에도 불구하고, 대체로 자본가를 경멸하고 돈을 신뢰하지 않았다. 스필겔트Spielgeld라는 광산의 이익이 나는 주식을 '플레이 머니play money'라 부르면서 받아들이기를 거부한 적도 있었다. 가장 중요하게, 마르틴은 돈을 내고 죄에서 벗어나는 길을 산다는 생각에 본능적인 증오심을 품게 되었다. 돈은 영혼의 관심사에 대한 해결책이 아니었고 해결책이 될 수도 없었다. "그 광부는 성인, 특히 성 안나를 부를 수 있었지만," 그의 전기 작가 린달 로퍼Lyndal Roper의 말처럼 "결국에는 홀로 신과 대면했다."[5]

▌마르틴 수사와 교회

1505년 7월에 에르푸르트 아우구스티누스회 수도원의 높은 제단 앞에 무릎을 꿇고 수련 수사의 서원을 한 젊은 마르틴이 쉬운 삶을 구하지 않았음은 분명하다. 아우구스티누스 수도회는 경건함과 금욕으로 유명했다. 수도사들은 오랜 시간의 묵언, 참회, 일과의 엄격한 수행, 일일 기도 등 수도 생활의 근간을 이루는 규범을 준수해야 했다. 육체 노동, 심지어 변소 청소까지도 기도와 묵상 못지않게 서원 수사의 삶에서 중요한 부분이었다. 수도원은 아우구스티누스회 규범의 헌신적인 준수 의무를 최근까지 루터가 학생이었던 에르푸르트대학과의 밀접한 관계로 보완했다. 수도원의 45~60명 수도사 중 많은 사람이 대학의 강사였다.

아우구스티누스 수도회는 루터에게 유일한 종교적 선택지는 아니었다. 아마도 2만 4,000명 정도의 주민이 살았던 에르푸르트에는 또 하나의 아우구스티누스회 수도원 말고도 카르투시오회Carthusians, 도미니코회Dominicans, 그리고 프란치스코회Franciscans에 속한 수도원이 있었다. 엄격한 아우구스티누스회를 선택했다는 사실은 그의 성격에 관하여 많은 것을 말해준다. 아우구스티누스회는 수도원 운영을 위한 수입을 창출하는 수도회였지만, 많은 수도자들이 비난받는 경멸스러운 방종에 빠지지 않았다. 젊은 마르틴은 학문적 야망을 더욱 발전시키고, 서약을 준수하고, 집중되고 엄격한 환경에서 자신의 고통받는 영혼을 돌보는 일을 동시에 할 수 있었다.[6]

에르푸르트의 아우구스티누스회에 합류함으로써, 루터는 광대한 종교 세계의 좁은 구석으로 들어섰을 뿐이었다. 보편적 교회는 서유럽의 구석구석까지 그리고 정치에서 시장까지 사실상 삶의 모든 측면에 닿아 있었지만, 단일체의 기관이 아니라 오히려 정반대였다. 교회는 사실상 모든 영적 삶을 아우르는 통로이므로 부득이하게 대형 천막이 되어야 했다.

교회는 다양한 계층을 수용했다. 고립된 시골 교구에서 비밀리에 처자식을 거느리고, 무관심한 교구민들과의 접촉이 거의 없는 가난하고 문맹인 사제. 마을과 도시에서 수천 명의 청중을 끌어모을 수 있는 카리스마 넘치는 도미니코회 설교자. 비텐부르크 성당처럼, 르네상스 양식으로 신축되고 값비싼 금박 상자에 담긴 성유물이 가득한 성당. 이미 여러 세기 동안 런던에서 라이프치히까지 대륙의 번영하는 도시 중심부의 스카이라인을 지배하고, 부유하고 강력한 주교들이 정치적 영향력을 행사하는 본부의 역할을 하는, 우뚝 솟은 고딕 성당. 지붕이 새는 수도원에서 낡은 수도복을 걸치고 허물어져 가는 식당을 수리할 기부금을 구걸하는 나이 든 수도사. 토마스 아퀴나스Thomas Aquinas와 오컴의 윌리엄William of Ockham의 엄청나게 방대한 저작에 깊이 빠져서, 학생을 가르치고 스콜라철학에 관한 논쟁을 벌이는 대학의 신학자. 안락한 집에서 시간을 내어 기도서를 읽는 독실한 평신도. 검은 수도복과 갑옷을 입고 지중해의 푸른 하늘 아래 갤리선 갑판에서 칼을 휘둘러 무슬림 선원의 목을 베는 군인수도사의 구호기사단.

교회는 이 모든 것이었다. 부패하면서 성스럽고, 세속적이면서 신비롭고, 불가능할 정도로 부유하면서 절망적으로 가난했다. 현상 유지를 위해서 고군분투하는 수도원이 있는가 하면, 수천 마리의 가축을 소유하고 호화로운 건물 단지 주위로 여러 마일 뻗어 나간 영지를 관리하는 수도원도 있었다. 주교 중에는 마인츠의 알브레히트처럼 위대하고 강력한 가문에서 태어난 선천적인 정치적 동물도 있었고, 양 떼의 영적 소요를 돌보는 헌신적인 목자도 있었다. 교회가 단일체이거나 성 베드로 대성당의 꼭대기에서 아래쪽으로 뻗어 있는 조밀한 계층구조였다는 생각은 교회의 실상을 근본적으로 왜곡하는 것이다. 당시에 존재한 방식의 교회는, 일부는 엄격하게 통제되고 나머지는 사실상 관리감독에서 벗어나 있는, 제멋대로 뻗어 나가고 중첩되고 때로는 서로 경쟁하는 일련의 네트워크와 제도로 가장 잘 이해된다. 교회는 국왕의 정치적 정당성에서 가난한 사람들을 돌보는 일과 국제적 금융에 이르기까지 모든 것과 얽혀 있었다.

에르푸르트의 아우구스티누스회 수도원에 있는 마르틴 루터의 소박한 방은 유럽의 구석구석까지 뻗어 나간 종교적 풍경화의 외지고 자그마한 구석이었다

이 모든 것의 중심에 교황이 있었다. 1505년에 루터가 수도원으로 들어갔을 때는 교황권이 수백 년 전에 절정에 달했던 때와 같지

않았다. 교황이 보편적인 권위의 신뢰할 만한 주장을 펴면서 중세 유럽의 가장 강력한 통치자들을 위압하던 시절은 오래전에 지나갔다. 현재 교황의 직위는 율리오 2세라는 이름으로 통치하는 사납고 야심 찬 남자가 차지하고 있었다. 율리오 교황은 영성보다는 전쟁과 교황의 일시적인 정치적 영향력을 확대하는 데 훨씬 더 관심이 컸고, 부패로 악명이 높았던 전임자 알렉산데르 6세Alexander Ⅵ 교황 보르지아Borgia를 경멸했다. 보르지아의 문란한 성생활과 극단적 족벌주의 성향보다는 수십 년에 걸친 두 사람의 치열한 정치적 경쟁 때문이었다. 물론 율리오 2세도 교회의 제도적 권력을 이용하여 자기 가문의 이익을 증진하는 데 헌신하기는 마찬가지였다.

로마에서 불명예스럽게 축출된 교황들이 100년 동안 프로방스의 도시 아비뇽에 거주했던 것도 도움이 되지 않았다. 1378년부터 1417년까지, 세 명의 후보자가 교황의 삼중관을 주장한 서방교회 대분열이 끼친 피해는 훨씬 더 컸다. 교황권이 위기에 처함에 따라 공의회 운동conciliar movement은 교회 내부의 권위를 교황으로부터 정규 평의회로 옮기려고 노력했다. 이러한 도전을 견뎌내고 로마로 돌아간 교황권은 공의회주의자들보다 오래 유지되었지만, 교회의 통치자들은 한때 장악했던 완벽한 재정적 권력이나 강력한 통제력을 되찾지 못했다. 그 과정에서 교황권이 심각한 타격을 입었고, 왕들은 자신의 영토 안의 교회에 대하여 이전 세기의 교황들에게 빼앗겼던 통제권, 특히 수입과 주요 직책의 임명에 대한 권리를 상당 부분 되찾았다.[7]

율리오 2세와 후계자들이 뒤를 따른 15세기 교황들의 대응은 이탈리아로 초점을 옮기는 것이었다. 교회의 영적 우두머리로서의 의무에 더하여, 교황은 이탈리아 중부에 있는 영토의 포트폴리오를 관리했다. 로마에 있는 교황궁은 규모와 화려함에서만 르네상스 시대의 다른 이탈리아 왕자들의 궁전과 달랐다. 유럽 전역에서 흘러들어온 돈으로, 로마는 대륙 전역에서 활동하는 은행업자들을 위한 없어서는 안 될 자본 공급자가 되었다. 관료집단인 교황청curia에 이탈리아인이 점점 늘어났고, 교황들은 친인척과 지지자로 추기경단College of Cardinals을 채웠다. 족벌주의가 예술의 경지에 이르렀고, 교황직은 대가족에게 나누어줄 전리품의 원천이 되었다. 예컨대 메디치가는, 가능할 때는 언제나, 가문의 구성원을 교황의 위계 구조의 상위 순위로 밀어 넣었다.

수도원 생활의 처음 몇 년 동안, 마르틴 수사는 수천 마일 떨어진 곳에 있는 교황의 정치적 음모에 과도한 관심을 가질 수 없었다. 로마는 멀리 있는, 세속적 이해관계와 결함이 있는 관료적 관리들이 가득한 현실 정치의 중심이기보다는, 말로 할 수 없이 거룩한 곳으로 생각되었다. 그러나, 머지않아, 진실을 피할 수 없게 될 것이었다.

개혁

마르틴 루터는 빠르게 아우구스티누스 교단에서 발전할 수 있는 진정한 잠재력을 갖춘 경건하고 재능 있는 젊은이라는 평판을 얻었다. 따라서 초보 수도사 루터가 에르푸르트 수도원의 문제에 관하여 교황의 관료집단에 도움을 요청하기 위하여 로마로 가도록 선택된 것은 놀라운 일이 아니었다.

문제는 교단의 개혁을 둘러싼 논쟁이었다. 루터의 수도원을 비롯하여 독일과 그 너머의 여러 수도원은 아우구스티누스회 규범의 더욱 엄격한 해석을 선호하는 분파에 속했다. 이는 수도자의 의무를 수행하는 데 보다 느슨했던 다수의 아우구스티누스회 수도원과의 불화를 초래했다. 루터의 영적 멘토이자 직속 상사―신학자이며 교회 정치가인 요한 폰 슈타우피츠Johann von Staupitz―는 아우구스티누스 교단이 완전히 쪼개질 것을 우려하여, 개혁 및 비개혁 수도회를 통합하려는, 아무도 만족하지 못한 방안을 중재했다. 루터의 수도원처럼 교황에게까지 호소한 개혁된 수도원들의 불만이 특히 깊었다. 이 사건은 루터의 생애에서 가장 긴 여행인, 로마로의 여행을 촉발했다.

이는 이탈리아와 독일에 있는 수십 곳의 수도원과 수천 명의 수도사, 수도적 헌신의 진정한 원칙, 아우구스티누스 교단의 내부 정치학, 요한 폰 슈타우피츠 같은 사람의 야심과 관련된 갈등을 지나치게 단순화한 것이다. 갈등과 불화는 종교 시스템의 오류라기보다 특징이었다.

개혁에 대한 열망은 성직자와 평신도 모두가 종교적 삶을 경험하는 방식의 근본적인 요소였다. 중세 교회의 역사는 사실상 개혁의 역사, 교회 안팎에서 많은 문제를 해결하려 한―성공적이었든 아니든―다양한 행위자들의 지속적인 노력의 역사였다. 왕들은 성직자가 범죄를 저질렀을 때―실제로 그런 일이 흔했다―세속의 법으로 책임을 묻기를 원했다. 이른바 '범죄 성직자'의 문제는 끊임없었고 결코 만족스럽게 해결되지 못했다. 평신도는 일상적인 헌금을 넘어서는 더 깊은 참여를 추구하거나, 더 적합한 성직자—음탕한 성향이 적고, 술을 덜 즐기고, 더 많은 교육을 받은—가 자신들의 영적 소요에 봉사하기를 원했다. 때로는 변화를 바라는 교회 내부의 열망이 이단으로 낙인찍히고 화형에 처해질 때도 있었다. 또는 그런 사람들이 성인의 길이 예정된 의로운 개혁가가 되기도 했다. 15세기 초에 교회 권력을 교황으로부터 정기적으로 소집되는 공의회로 옮기려 시도했던 공의회주의자들은 교회의 파괴를 원하지 않았다. 그들은 수십 년 동안의 분열과 부패에서 교회를 구해내기를 원했다.

1510년 11월에 마르틴 루터가 로마로 떠날 때, 그와 동료들은 교회의 개선을 촉구하는 운동의 후계자이자 참여자였다. 마르틴 수사는 병든 교회를 바로잡으려는 뿌리 깊은 열망의 창조물이었다. 교회의 병폐가 정확히 무엇인지에 대해서는 견해가 달랐다. 부패와 족벌주의, 교황의 권위가 너무 크거나 아니면 충분하지 않은 것, 헌신의 부족이나 이탈리아에서 전파된 잘못된 종류의 헌신, 그리고 수준 미달의 성직자 등 수많은 불만 사항이 있었다. 이러한 개혁의 긴장—나중에 루터가 95개 논제를 제시하면서 이어받게 되는—은 활기차고 참여적인 종교 문화의 표지였다. 교회는 말기적 쇠퇴 상태에 있지 않았다.[8]

면죄부

루터는 여행길에서 만난 이탈리아 사람들이 별로 마음에 들지 않았다. 긴 여정에 지친 상태로 도착한 로마에서 루터는 분노와 공감을 동시에 느꼈다. 그는 여러 성지와 아름다운 교회에 경탄했지만, 하루 동안에 더 많은 유급 직무를 수행하려고 서둘러 미사를 진행하는 사제들을 경멸했다. 그는 로마 성직자들의 부패에 경악했다. 특히 나중에 젊은 시절에 본 것을 회상하며 탄식했다. 그렇지만 에르푸르트의 아우구스티누스회 교단에서 지위가 올라가고, 박사 학위를 취득한 후에 비텐부르크로 이주하여 학생들을 가르치면서 교구민들에게 설교하기 시작한 마르틴 수사는 완벽하게 정통적인 수도사였다. 그가 로마에서 본 것이 무엇이었든, 교황의 우월성이라는 근본적 개념에 의문을 제기하도록 하지는 않았다.

기독교 세계의 중심지를 방문하는 동안에 루터는 많은 것을 보았다. 콜로세움처럼 무너져 가는 고대의 유적, 방목하는 소들이 풀을 뜯는 광대한 들판, 끝없이 이어지는 교회와 성스러운 행렬, 그리고 바티칸에서 솟아오르는 새로운 교회. 유서 깊은 성 베드로 성당을 수리하는 일은 한 세기 내내 해야 할 일 목록에 들어 있었지만, 최근에 더욱 야심 찬 계획이 세워졌다. 단순한 리모델링으로는 충분하지 않았다. 새롭게 힘을 얻은 교황은, 기독교 세계에서 가장 정교하고 웅장한, 완전히 새로운 건물을 요구했다. 루터가 아우구스티누스 수도회에 합류한 지 얼마 지나지 않았던 1506년에 초석이 놓인 새로운 교회의 건축은 한동안 거의 진전이 없었다. 곧 명백해졌듯이 거대한 돔dome을 건축하는 공학 기술이 아니라 그 비용을 치르는 것이 문제였다.

처음으로 로마에 도착한 마르틴 수사로서는 알 수 없는 일이었지만, 새로운 성 베드로 대성당의 건축 비용은 그를 유명하게 만든 위기의 직접적 원인이 된다.

95개 논제에서 루터의 분노는 면죄부, 즉 특정한 행동—증서의 구입, 터키인의 해적행위로 피해를 입은 사람들을 위한 기부금, 가난한 사람들을 위한 구호금, 또는 특정한 교회나 성지의 방문—의 대가로 교회가 부여한 죄 사함에 떨어졌다. 그토록 다양한 프로그램을 위한 자금을 제공한 면죄부는 중세 후기 교회에서 다양한 목적으로 자금을 조달하는 모델의 중심이었다. 면죄부는 의롭고 경건한 영혼까지도 천국으로 올라가기 전에 시간을 보내야 할 수 있다는 연옥Purgatory의 교리에 뿌리를 두고 있었다. 면죄부 한 장이면 사랑하는 친척의 영혼이 연옥을 벗어나 천국으로 직행하도록 할 수 있었다. 루터 자신도 로마에 머무는 동안에, 이러한 교리에 편승하여 할아버지의 영혼을 위해서 스칼라 생타Santa Scala(28개 계단으로 이루어진 로마의 기독교 유적-옮긴이)에 무릎을 꿇었다.

면죄부는 교회가 취약계층의 사회적 후견인 역할을 하는 데 매우 중요한 문제였던 반면에 연옥은 비교적 새로운 개념이었고, 면죄부에 관한 논의가 12세기까지 거슬러 올라가는 것과는 달리, 루터가 논제를 쓰기 몇십 년 전에서야 중요한 문제가 되었다.

인쇄술의 확산은 면죄부의 신학에 관한 새로운 우려를 낳았다. 이 매체를 통해서 면죄부 캠페인은, 일반 대중이 돈을 내고 살 수 있는 죄 사함을 대량 생산하는, 본격적인 미디어 이벤트가 되었다. 면죄부의 개념이 루터와 동시대인들에게 거부감을 준 것은 기저를 이루는 신학의 근본적 변화보다는 이런 새로운 자금 조달 기법이었다. 루터가 95개 논제에서 제기한 더 심오한 문제들은 인쇄기가 싼 값에 면죄부를 생산함으로써 교회가 거둬들이는 현금의 원천이 되었다는 사실보다 덜 중요했다. 면죄부는 그저 어디에나 있었고, 영혼의 구원에 관심이 있는 성직자로서 면죄부를 피할 수 있는 사람은 아무도 없었다.

1516년에는 면죄부 판매가 교회의 주요 수입원이 되었다. 스페인에서는 면죄부가, 10년 동안에 100만 두카트 이상의 수입을 올리면서 그라나다 전쟁의 자금을 대는 것을 도왔다. 면죄부가 없었다면 길게 이어진 전투에서 버티기가 불가능했을 것이다. 외진 에스트레마두라의 소규모 판매 캠페인까지도 1492년 콜럼버스 1차 원정의 비용을 치르는 데 도움이 되었다.

면죄부는 유럽 전역에서 실행할 수 있고 효과가 검증된 자금 조달 방법이었다. 자신의 영혼과 애석하게 작별하여 지금은 연옥에 있는 친척의 영혼을 걱정하며 조바심 내는 신실한 기독교인이라면, 동전 몇 푼을 떨군 대가로 영적 확실성을 얻는 일을 망설일 사람이 있을까? 면죄부 판매의 이득은 두 가지였다. 판매의 수익은 가난 구제로부터 십자군에 이르기까지 좋은 일에 자금을 댔고, 구입자는 무서운 세상에서 영적 위안을 얻었다. 교회의 자금 기계는 가동을 계속했다.[9]

레오, 알브레히트, 그리고 야코프

루터가 마인츠의 알브레히트 주교, 레오 10세 교황, 그리고 (간접적으로) 야코프 가문을 겨냥하여 거침없는 이념적 공격을 시도하지 않았다면, 소비재로서 면죄부를 판매하는 무신경한 마케팅에 대한 공격이나 면죄부의 심오한 신학적 토대에 대한 공격까지도 그토록 심각한 결과를 낳지 않았을지도 모른다. 교회의 교리와 그 신학적 기반은 루터 같은 대학교수가 논의할 권리가 있는 주제였지만, 정치적·재정적 관계에 대한 중대한 위협은 주의해야 할 더욱 심각한 문제였다.

1517년 12월에 부하들이 루터의 편지를 받았을 때, 알브레히트 주교는 아직 28세도 되지 않은 젊은이였다. 그는 신성로마제국에서 가장 영향력 있는 가문의 하나인 호헨촐레른가의 일원이었다. 그의 형 요아힘Joachim은, 신성로마제국 황제를 선출하는 일곱 사람 중 하나인, 브란덴부르크 선제후였다. 스스로 브란덴부르크를 통치할 수 없었던 알브레히트와 그의 가족은 권력과 영향력을 확대하기 위하여 교회로 눈을 돌렸다. 1513년에 23세의 젊은 나이로, 알브레히트는 마그데부르크의 대주교가 (그리고 할버슈타트Halberstadt 관할구의 행정관도 겸직) 되었다. 마그데부르크는 부유한 관할구였고 할버슈타트도 소중했지만, 두 직책 모두 다음 해에 공석이 되는 마인츠와 비교할 수 없었다.

마인츠의 대주교직은 유럽에서 가장 중요한 직책 중 하나였다. 마인츠는 독일에서 가장 큰 관할구였고, 누구든 그 자리를 차지하는 사람은 지역 전체를 대표하는 대주교가 되었다. 마인츠의 대주교는 또한 신성로마제국의 왕자로서, 상당한 영지와 자원을 소유하는 지역의 통치자였다. 언제라도 엄청난 권력을 휘두르는 직위였지만, 이 특별한 시점에서는 더욱 가치가 있는 자리였다. 현 신성로마제국 황제 막시밀리안은 거의 60세가 되어 삶의 최후가 가까워지고 있었다. 선거가 코앞으로 다가왔고, 왕좌를 놓고 경쟁하는 후보자들이 선제후의 표를 사기 위한 뇌물로 거액을 내놓게 될 것이며, 마인츠는 인수 비용의 몇 배를 되돌려줄 것이었다.

즉, 알브레히트가 마그데부르크의 대주교직에 마인츠를 추가할 수 있다면. 그는 마인츠의 부채를 상환하고 작센 선제후로부터 도시를 보호하겠다고 약속한 뒤에 정식으로 선출되었다. 그러나 알브레히트에게는 여전히 극복해야 할 두 가지 주요 장애물이 있었다. 첫째는 그의 젊음—엄밀히 말해서 대주교가 되기에는 너무 젊었다—이었고, 둘째는 한 사람이 복수의 주교직을 맡는 것을 점점 더 못마땅하게 여기는 교황이었다. 복수의 성직록을 소유한 사제와 주교들은, 그들 직책에서 나오는 수입이 알려짐에 따라 성직 개혁가와 관심 있는 평신도의 공격을 받는 부패의 강력한 상징이었다. 어쨌든 레오 10세 교황은 실용주의자였다. 아마도 양측이 타협점을 찾을 수 있을 것이다.

그 타협점은 결국 돈이었다. 알브레히트는 대주교직 취임을 위한 교황의 특별 허가의 대가를 레오에게 지불할 것이었다. 콜럼버스의 첫 번째 항해 비용의 3~4배에 해당하는, 2만 3,000두카트의 거액이었다. 알브레히트의 수중에는 그런 현금이 없었지만, 아우크스부르크의 푸거 회사에는 있었다. 그들은 기꺼이 알브레히트에게 돈을 빌려주고, 그 돈을 로마로 송금했다.

그러자 이제 마인츠의 대주교공prince-archbishop이 된 알브레히트로부터 푸거 회사가 어떻게 투자금을 회수할 것인지의 문제가 대두되었다. 면죄부 판매 캠페인은 안성맞춤인 해결책이 될 것이었다. 공교롭게도 1515년에 이미, 로마에 새로운 성 베드로 대성당을 건축하려는 레오의 야심 찬 계획에 자금을 대기 위한, 판매 캠페인이 진행 중이었다. 그래서 마그데부르크와 마인츠 관할구의 면죄부 판매 수익금 중 절반은 알브레히트가 푸거 회사의 대출금을 상환하는 데 사용하고 나머지는 로마로 송금하게 되었다. 푸거 회사는 그 송금 업무도 처리하고 수수료를 챙길 것이었다.

목표를 달성하려면, 거의 5만 두카트의 면죄부 판매고를 올려야 했다. 그런 거액을 모으려면, 일반 대중의 관심을 불러일으켜 돈을 긁어모을 수 있는 숙련된 판매자가 필요했다. 어려운 주문이지만 불가능한 일은 아니었다. 다행히도, 알브레히트는 적임자—요한 테첼이라는 도미니코회 설교자—를 찾아냈다.

테첼은 면죄부 판매 과정을 속속들이 알고 있었다. 루터가 그의 말로 인용한 유명한 문구 "헌금통에 동전이 떨어지는 순간 연옥에 있는 영혼이 솟아오른다"는, 엄밀히 말해서 정확한 것은 아니었지만, 면죄부 장사에 대한 테첼의 접근법의 본질을 분명하게 포착한다. 그는 설득력 있고 과시적이며 지칠 줄 모르고 수백 마일을 여행하면서 면죄부를 팔 수 있는 사람이었다. 이 점에서 테첼은 당시에 인기를 얻었던 순회설교자, 군중을 끌어들이려고 일종의 공연처럼 설교한 사람들과 다를 것이 없었다. 그는 구원이라는 제품을 판매하는 일류 세일즈맨이었다.[10]

1517년에 면죄부 판매는 고도로 구조화된 사업이 되었다. 테첼과 같은 주최자들은 사전에 인쇄업자와 계약하여 면죄부 증서, 즉 구매와 죄 사함의 개요가 미리 인쇄되어 구원받을 영혼의 이름만을 기다리는 종이 조각과 아울러 다가오는 설교를 광고하는 인쇄물까지 만들어냈다. 때로 수만 장에 달하는 엄청난 양이 인쇄된 면죄부에는 수기로 구매자의 이름을 적어넣을 수 있는 공간까지 있었다. 오스트리아에서는 1490년의 초기 캠페인 동안에 5만 장의 면죄부가 배포되었다. 인쇄업자는 면죄부를 사랑했다. 면죄부 증서와 광고물은 돈벌이가 되는 계약이었다. 상당한 선행 비용과 독자층의 변덕스러운 취향 때문에 대량의 서적 출판이 본질적으로 위험했던 것에 반하여, 면죄부는 힘든 산업 환경에서 인쇄업자의 사업을 유지하게 해주는 단기적 작업이었다. 교회도 면죄부를 사랑했다. 면죄부는 사실상 돈을 찍어내면서, 애석하게 사별한 친척의 영혼을 걱정하는 신자들의 근심을 달래주는 방법이었다.

당연히 마르틴 루터는 면죄부 판매 과정과 관련된 모든 것을 혐오했다.

그 말고도 이 모든 것이 우둔하고, 불쾌하고, 신학적으로 의심스럽다고 생각한 사람은 많았다. 나중에 루터의 반대자가 되는 카예탄 Cajetan 추기경까지도, 95개 논제를 알지 못한 상태에서, 면죄부의 남용을 억제하려는 시도의 신학적 비판을 공식화하고 있었다. 이러한 엘리트 성직자들의 불만은 교회의 재정적 인센티브에 관한 일반 대중의 냉소주의와 맞물려 있었다. 예를 들어, 1503년에 면죄부 판매자가 독일의 뤼벡시를 방문했을 때, 한 관찰자는 영혼의 구원에 관한 방문자의 관심도 그가 수고의 대가로 수천 플로린을 가지고 떠나는 것을 막지는 못했다고 말했다. 이러한 정서가 되풀이하여 나타나

고 있었다.[11]

　종교개혁의 구조적 기반이 무엇이었든, 루터의 95개 논제 때문에 생겨나고 본격화된 구체적 위기는 면죄부와 마인츠의 알브레히트의 정체성에 대한 최근의 비판과 밀접하게 관련되어 있었다. 면죄부는 수많은 평신도와 성직자에게 점점 더 거슬리는 심각한 문제가 되었고, 교회의 교리와 물질적 부패에 대한 더 큰 비판에 직접적 영향을 미쳤다. 이와 함께 1517년에 요하네스 테첼이 면죄부를 판매한 상황, 즉 유럽에서 가장 영향력 있고 연줄이 좋은 사람들과의 깊은 유대관계를 생각할 때, 종교개혁의 화염이 어떻게 분출했는지를 이해하기는 어렵지 않다.

인쇄술, 루터, 그리고 종교개혁

　인쇄술이 없었다면 종교개혁이 있을 수 없었다. 이는 대중이 인식할 정도로 보편적인 정서이고, 대중 전달의 새로운 매체로 인하여 교회가 더 이상 메시지를 통제할 수 없게 되었다는 추론으로 이어진다. 대중 전달 매체를 활용하는 개혁가들이 나타나서 기독교 세계를 분열시키는 것은 시간문제에 불과했다는 것이다. 이런 이야기에는 다소간의 진실이 있지만, 필연성을 강조하는 데는 심각한 오류가 있다. 루터가 대체 가능한 인물이었다거나, 기회가 주어진 개혁가라면 누구든지 그가 한 일을 해낼 수 있었으리라는 생각도 마찬가지다. 실상은 훨씬 더 복잡했고 1517년과 그 이후 몇 년 동안 존재한 복합적인 상황에 의존했다. 루터의 강박관념과 재능은 인쇄물이라는 매체 및 당시의 다른 상황과 복잡한 방식으로 상호작용했다.

이 대학교수에게는 명확하고, 설득력 있고, 재미있는 독일어 산문을 쓰는 놀라운 재능이 있었다. 이전에 거의 전적으로 라틴어 작업을 한 신학자가 자국어에도 특별한 재능이 있는 문장가일 것을 예측한 사람은 아무도 없었지만, 이 예기치 않은 반전이 종교개혁의 기반이 되었다. 루터는 유럽의 엘리트 학자들의 관심을 끌 수 있을 정도로 라틴어 산문을 구사할 수 있음과 동시에 폭넓은 일반 독자층에도 다가갈 수 있었다. 그런 가능성을 재빨리 포착한 데는 그와 함께 작업한 인쇄업자의 역할도 중요했다. 루터와 동료 개혁가들은 단지 기존의 기술을 활용하는 데 그친 것이 아니었다. 그들은 완전히 새로운 일반 독자층, 인쇄업자가 공급하고 판매할 수 있는 광범위하게 확장되는 시장을 만들어내고 있었다.[12]

마인츠의 알브레히트가 95개 논제의 편지를 받았을 때는 이미 여러 세대에 걸쳐서 인쇄물이 사용되고 있었다. 루터는 인쇄물이 없는 세상을 알지 못했고 알브레히트도 마찬가지였다. 사실상 종교개혁에 관련된 주요 행위자 모두가 인쇄물이 있는 세상에서 살았다. 알두스 마누티우스가 인본주의 서적이 소비되는 희귀한 세계에 도달한 것은 인쇄업의 성장을 보여주는 단면의 하나일 뿐이었다. 루터의 어린 시절 교과서와 나중에 대학에서 공부한 교재들은 모두 인쇄술이 만들어낸 제품이었다. 대학교수들은 고등교육 기관 주변의 어디서나 볼 수 있는 인쇄소에서 소량의 교재를 인쇄했다. 루터가 95개 논제를 인쇄한 것도 일상적 관행에 속했다. 면죄부를 파는 사람은 인쇄된 광고지로 판매를 선전했고, 그들의 제품은 종이나 값비싼 양피지로 대량 생산되었다. 루터는 비텐베르크의 거리를 걸어가면서 수많은 광고지, 전단지, 팸플릿, 설교집, 그리고 책을 보았다. 그렇지만 인쇄술의 가장 큰 잠재력은 아직 발휘되지 않았다. 거기에는 종교개혁, 특히 루터가 맡게 되는 새롭고 중요한 역할이 있었다.

95개 논제는 교회와 학자들의 언어인 라틴어로 쓰인 심오한 전문 신학적 텍스트로 구성되었다. 논제에 대한 초기의 반응도 자연스럽게 라틴어로 이루어졌다. 라틴어는 성직자와 에라스무스나 토마스 모어 같은 학자들의 국제 공동체가 토론에 사용하는 언어였다. 그러나 독일을 비롯하여 유럽 대다수 지역의 일반인은 라틴어에 접근할 수 없었다. 95개 논제를 둘러싼 논란이 라틴어로 남아 있는 한, 논제가 촉발한 어떤 개혁운동도 학식 있는 엘리트 계층에 국한될 것이었다. 이전의 여러 개혁운동이 그런 경우였다. 평신도 대중이 교회의 결함에 대하여 어떻게 느끼든, 교회의 개혁은 그들에게 할 말이 많지 않은 문제였다.

하지만 면죄부를 둘러싼 논쟁과 그 의미가 라틴어의 굴레를 벗어나 장인, 시민, 상인, 그리고 시골의 자작농이 일상사에 사용하는 자국어의 영역으로 들어온다면, 교회의 개혁이 광범위한 견인력을 확보할 수 있었다.

거기에는 오직 한 가지 중요한 문제가 있었다. 루터가 비텐베르크 성당 문에 논제를 망치질한 1517년 10월 31일에 아무도 번역 성서와 교리문답서에서 선동적인 팸플릿에 이르기까지 종교적 인쇄물에 기꺼이 돈을 지불할 방대한 청중이 있다는 사실을 알지 못했다.

종교개혁의 급속한 성공의 열쇠는, 대부분 독일어 사용 지역에 기반을 둔, 인쇄업자들이 이러한 구매자들의 존재를 빠르게 깨닫고, 그들이 원하는 바를 알아내고, 수요를 충족할 콘텐츠를 대량으로 출판했다는 것이었다. 그리고 루터는 바로 일반 대중이 원하는 방식으로 그 아이디어를 전달할 수 있는 글쓰기 능력의 적절한 조합을 갖춘 인물이었다. 루터의 작품은 믿을 수 없을 정도로 잘 팔렸고, 그것이 팔린다는 사실―그래서 독자의 손으로 들어간다는 사실―은 종교개혁의 급속한 확산과 심각한 결과의 초석이었다.

반격

루터의 수많은 독자가 무비판적으로 그의 작품을 소비하고 그의 견해를 자신의 견해로 채택하지는 않았다. 처음부터 루터는 공격하고 위협을 가한 대상, 즉 교회 내부인들의 심각한 반대에 직면했다. 공격의 표적이 된 사람들은, 루터와 마찬가지로 인쇄물을 통하여 반격했다. 인쇄술과 인쇄물 시장의 요구를 매개로 한 갈등이 개혁적 아이디어 확산의 중심이었다.

면죄부 남용에 대한 상당히 직접적인 공격으로 시작한 일은, 반대자들이 루터의 아이디어에 함축된 급진적 의미를 파악하고 해명하도록 압박하면서, 곧 훨씬 더 큰 소용돌이로 변했다. 루터는 점점 더 극단적이고 독설적인 진술로 그들의 수사학적 트집에 대응했다. 이윤을 추구하는 인쇄업자의 눈은 이러한 논쟁의 잠재력을 감지했다. 그들은 기쁜 마음으로 개혁 논쟁에 관한 팸플릿과 서적을 시장에 풀어놓았고, 점점 더 많은 독자가 오고 가는 논쟁을 파악하게 되었다. 이는 글로 쓴 폭력이 최고조로 치솟게 되는 모든 조건—많은 투자를 한 일반 독자층과 그들이 원하는 자료를 공급하는 시장의 인센티브—을 만들어냈다.

당연하게도, 루터에 저항하는 최초의 인쇄물은 그의 1차 적수인 요한 테첼에게서 나왔다. 그는 마르틴 수사를 그토록 격분시킨 면죄부 판매의 감독을 맡았던, 특별히 꼼꼼하지는 않을지라도 유능한 도미니코회 설교자였다. 테첼의 작품은 800부가 인쇄되어, 대학생에게 배포하라는 지시와 함께 비텐베르크로 보내졌다. 분노한 군중은 그런 일이 절대로 일어나지 않도록 모든 사본을 빼앗아 불태웠다. 이는 앞으로 종교개혁이 걸어가게 되는 점점 더 사악하고 위험해지는 길의 암울한 전조였다.

루터는 판돈을 올리기로 했다. 그는 '면죄부와 은총에 대한 설교Sermon on Indulgence and Grace'라는 짧고 강력한 모국어 텍스트로 테첼에게 답변했다. 이 글은 95개 논제와 달리 동료 학자들이 아니라 독일의 독자층을 겨냥했음이 분명했다. 루터는 신학자들의 논쟁을 일반 대중의 관심사로 바꾸는 의식적인 결정을 내렸다. 인쇄업자들이 그의 결정을 따랐다. 설교는 라이프치히에서 네 가지, 뉘른베르크와 아우크스부르크, 그리고 바젤에서 각각 두 가지, 마지막으로 비텐부르크에서도 적어도 두 가지 판본으로 출간되었다.

테첼은 여러 결점에도 불구하고 바보가 아니었다. 루터가 하고 있는 일을 깨달은 그도 '20가지 잘못된 논점에 관한 주제넘은 설교에 대한 반박Rebuttal Against a Presumptuous Sermon of Twenty Erroneous Articles'이라는 모국어 텍스트로 대응했다. 매우 정중하면서도 명확한 주장을 펼친 테첼의 글은 몇 가지 요점을 제기했다. 루터는 단죄된 이단자 존 위클리프John Wiclif와 얀 후스Jan Hus—후자는 한 세기 전에 이단 혐의로 화형에 처해진—에 바짝 다가서고 있었다. 테첼의 모국어로 된 글은 뛰어난 문장력을 보여주었지만, 그와 교회 내부의 지지자들에게는 유감스럽게도, 인쇄업자들의 동의를 얻지는 못했다. 루터는 즉시 반박을 손에 넣고—"비할 데 없는 무지의 표본"이라 불렀다—또 하나의 모국어 팸플릿으로 대응했다. 그 팸플릿은 1518년 말까지 적어도 아홉 가지 독일어 판본으로 출간되었다. 끊임없이 이어지는 인쇄물을 통한 루터의 욕설은 테첼의 정신을 무너뜨렸다. 교회의 지배 계층은 공개적으로 그리고 굴욕적으로, 카리스마 있고 화려했던 면죄부 판매인에게서 손을 씻었고, 그는 곧 사망했다.[13]

그때부터 상황은 루터뿐 아니라 다른 어떤 사람의 통제도 벗어나기 시작했다. 알브레히트는 루터의 글을 로마 당국에 넘겼고, 로마의 존경받는 신학자 프리에리아스Prierias에 의해서 95개 논제가 이단이라는 결정이 내려지는 데는 불과 며칠밖에 걸리지 않았다. 논제에 대한 그의 판단은 로마에서, 그리고 이어서 아우크스부르크와 라이프치히에서 소책자로 출간되었다. 카예탄 추기경이 개인적으로 루터를 처리하기 위한 교황의 사절로 아우크스부르크에 도착했을 때, 개혁가의 운명은 이미 결정되어 있었다. 카예탄은, 최근에 면죄부 판매 관행을 심각하게 비난하는 글을 썼을 정도로, 면죄부에 대하여 깊이 우려한 인물이었다. 다른 상황이었다면 그와 루터는 적절한 절충안, 심지어 교회가 앞으로 나아갈 길을 만들어낼 수 있었을 것이다. 그러나 이 문제는 면죄부를 넘어선, 교회의 권위와 궁극적으로 전체 교회에 대한 교황의 패권에 관한 문제였다. 이 문제에 관해서는 교회와 카예탄 모두 어떤 양보도 할 수 없었다. 루터는 주장을 철회해야 하거나 아니면 파문을 당하게 될 것이었다.

이러한 결정은 루터와 지지자들과 교회 사이에 떠오르는 분쟁의 전선을 그었다. 새로운 전장이 된 인쇄물과 종교개혁 논쟁이 훌륭한 상품임을 아는 인쇄업자들로 인하여 수문이 열렸다. 만만치 않은 신학자 요한 에크Johaan Eck와 루터의 동료 안드레아스 카를슈타트Andreas Karlstadt 같은 새로운 목소리가 자신의 견해를 발표하기 시작했다. 화해는 더 이상 가능한 선택지가 아니었다.

루터의 베스트셀러

루터는 1518년과 1519년에 95개 논제에 이어진 새로운 저작을 쏟아냈다. 25권은 라틴어로 20권은 독일어로 쓰인, 45권의 작품은 심오한 신학과 목회자를 위한 지침에서 논쟁의 여지가 있는 주제까지 모든 것을 다뤘다. 마르틴 수사가 신경쇠약에 걸릴 지경으로 기진맥진한 상태에서 열심히 글을 쓰는 동안에도, 그의 책과 팸플릿은 대륙의 시장에 홍수를 일으켰다. 그는 교회나 세속 당국이 자신에게 강요할 수 있는 결과에 거의 관심이 없었다. 루터나 그의 성서 해석에 대한 모든 공격은, 타당성과 무관하게 즉각 대응되어야 했고 그러한 대응이 인쇄소를 통해서 신속하게 일반 대중에게 전달되었다.

루터가 그토록 쉽게 인쇄업의 상황, 즉 인쇄업자들이 무엇을 어떤 시간표에 따라 생산할 수 있는지, 자신의 작품이 독일과 그 너머

지역으로 어떻게 퍼져나가는지, 사람들이 무엇을 읽고 싶어 하는지, 그리고 그들이 얼마를 지불할 용의와 능력이 있는지를 파악하지 않았다면, 이중 어느 것도 중요하지 않았을 것이다. 그는 인쇄업자의 요구와 독자의 욕구 사이에 있는 최선의 절충점을 찾아내고 그에 따라 자신의 산출물을 조정했다.

이 몇 년 동안의 숫자는, 루터의 부상과 그에 수반한 인쇄업의 성장이라는, 서로 얽힌 한 쌍의 주목할 만한 이야기를 들려준다. 독일 및 그 너머의 인쇄업자들은 루터의 인기를 이용하여 판매와 영향력을 극대화하는 방법을 알아냈다. 1517년에 루터는 총 여섯 차례 인쇄된 (인쇄업의 용어로는 6판 인쇄된) 세 권의 책을 출간했다. 1518년에 쓴 17권은 적어도 87차례 인쇄되었다. 1519년에는 25권을 더 썼고, 인쇄업자들은 적어도 170가지 새로운 판본으로 그의 책을 출판했다. 이 시기에 대한 보다 근래의 추정에 따르면, 개별적 인쇄작업의 총 수는 291회에 가까웠다. 1520년은 더욱 생산적인 해였다. 적어도 275회의 개별적 인쇄작업을 통해서 27개 작품이 출간되었다. 거의 이전 두 해 동안의 생산량을 합친 규모였다. 우리는 루터의 작품이 인쇄기를 빠져나온 정확한 부수는 결코 알 수 없지만, 판당 천 부 정도를 보수적인 추정치로 생각할 수 있다. 이는 불과 3년 동안 적어도 50만 부에 달하는 그의 저작물이 유통되었음을 시사한다.

이 모든 일이 당혹스러울 정도로 빠르게 일어나면서 인쇄업, 독서, 그리고 종교개혁의 지평에 돌이킬 수 없는 변화를 초래했다. 1518년 초에 루터는 비텐베르크에 살면서 대부분 학구적인 청중을 위하여 라틴어로 글을 쓰는 무명의 대학교수였다. 1519년 말에 그는 유럽에서 가장 많은 책을 출간한 작가이자 독일어권에서 가장 유명한 인물이 되었다. 1520년 말에는, 인쇄술이 발명된 이후에 가장 많은 작품을 출간한 생존 작가였다.

이들 새로운 출판물의 다수는 아마도 대부분 짧았다. 루터가 1518년과 1519년에 출간한 45개 작품 중 21개는 8페이지 이하의 소책자였다. 이런 책들은 보통 한 면에 네 페이지가 들어가는 4절판 형식으로 인쇄되기 때문에 소책자 한 권당 용지 한 장만이 필요했다. 따라서 천 부의 출판은, 기껏해야 2~3일의 작업이 필요하고 머지않아 다 팔려나갈 것이 보장된, 진취적인 인쇄업자라면 누구라도 쉽게 투자할 수 있는 일이었다. 이 초창기에 루터가 할 일은 사본이 첨부된 편지를 독일의 인쇄업 중심지―아우크스부르크, 라이프치히, 그리고 뉘른베르크 같은 곳―에 있는 친구에게 보내서 기꺼이 출판 작업을 맡을 준비가 된 인쇄업자를 찾도록 하는 것뿐이었다. 인쇄업자들은 시장의 요구에 민감했고, 끊임없이 수익을 얻을 수 있는 새로운 길을 찾고 있었다. 루터의 작품은 인쇄작업에서 수익이 실현되기 전에 들어가는 높은 선행비용과 불확실성에 대한 완벽한 해독제였다.[14]

따라서 루터는 인쇄업계에서 광범위한 동맹군을 얻게 되었다. 그의 아이디어에 공감하는지와 무관하게, 인쇄업자에게 정말로 중요한 것은 그의 작품이 팔린다는 사실이었다.

멜시오르 로터Melchior Lotter는 라이프치히에서 성공적으로 자리를 잡은 인쇄업자였다. 그는 1518년 초에 루터에 맞선 요한 테첼의 반박문을 인쇄했고, 이어서 루터의 면죄부 비판에 대한 로마의 공식적 반박문 두 판본을 출판했다. 그러나 불과 몇 주 뒤에는 루터의 작품을 출판했고, 다음 해에는 루터의 요구에 부응하기 위하여 비텐베르크에 지점을 열기까지 했다. 머지않아 그는 루터의 가까운 협력자 중 한 사람이 되었다.

로터는 논란을 원하지 않았다. 그는 종교개혁이나 그 메시지를 진정으로 믿지 않았고, 단지 이익의 바람이 어느 쪽으로 부는지를 보았을 뿐이었다. 독일과 유럽 전역의 인쇄업자들에게서 계속 반복된 이러한 통찰력은 루터의 사상을 전파하는 열쇠였다. 라틴어든 독일어든 교회의 반응이 팔려나갔다면, 인쇄업자들이 그것을 대량 생산했을 것이다. 그러나 소비자의 관심은 루터와 다른 개혁가들이 스스로 지칭한 복음주의Evangelical, 특히 루터 자신에게 있었다.[15]

로터와의 관계에 더하여 루터는, 비텐베르크 주민 중에 가장 유명한 사람의 하나였던, 화가 루카스 크라나흐와 상호 이익이 되는 긴밀한 협력 관계를 구축했다. 프리드리히 선제후의 궁정화가이며 당대의 가장 생산적이고 번창하고 유능한 예술가인 크라나흐에게는 초상화 제작을 멀리 넘어서는 관심사와 재능이 있었다. 비텐베르크에 인쇄소를 연 멜시오르 로터의 동업자였던 그는 매우 유능하고 다각화된 사업가였다. 크라나흐의 투자에는 제지 공장과 새로운 인쇄 컨소시엄에서 생산되는 서적의 유통사업이 포함되었다. 크라나흐는 사실상 루터의 작품을 생산하고 판매하는 수직으로 통합된 인쇄 기업을 세웠는데, 그것은 광범위한 투자 포트폴리오 중 한 조각에 불과했다.

크라나흐의 참여는 자본과 인프라를 넘어섰다. 그는 인쇄물의 시각적 매력을 획기적으로 개선할 수 있는 장식용 목판화 제작의 선구자였다. 삽화가 들어간 표지는 루터의 소박한 팸플릿까지도 메시지 및 전달자의 비중과 중요성을 말해주는 아름다운 예술품으로 만들었다. 루터의 이름은 시장에서 서점을 지나가는 잠재적 독자의 눈길을 끌도록 이미지의 중앙에 두드러지게 표시되었다. 역사가 앤드류 페테그리Andrew Pettegree의 주장대로, 제품의 이미지를 고취하는 믿기 힘들 정도로 효과적인 방법이었다. 루터 자신도 참여한 독특한 시각적 스타일은 루터의 책과 팸플릿에 즉각 알아보고 매력을 느낄 수 있는 특징을 부여했다.[16]

전반적 효과는 시장에 대한 루터의—그리고 협력자들의—정통한 이해를 보여주는 형태와 기능의 결합이었다. 그의 방대한 산출물 대부분은 짧고 효과적이었고, 일반 독자가 일상의 언어로 접근할 수 있었다. 루터의 사상은 이러한 생산 수단과 전문적 브랜딩에 힘입어 확산되었다. 그와 그의 메시지를 둘러싼 논란은 아이디어의 호소력을 높이고 더 많은 교회 개혁가와 교회 옹호자 지망생들이 싸움에 참여하도록 할 뿐이었다. 개혁을 지향하는 도시의 지식인들은 자신의 소책자를 출간했다. 여론의 흐름에 역행하는 싸움을 벌이는 도미니코회 수도사들도 마찬가지였다. 인쇄기는 이런 수요를 충족하기 위한 모든 종류의 인쇄물을 쏟아냈고, 그 과정에서 인쇄업의 생존성 및 수익성을 강화했다.

이러한 동맹군에 힘입어, 루터의 산출물은 동시대인과 경쟁자들을 압도했다. 루터는 글을 썼고, 인쇄업자는 점점 더 방대한 규모로 그의 작품을 생산했으며, 일반 독자는 그것을 순식간에 먹어 치웠다. 루터는 더 많은 작품으로 응답했고, 이러한 순환이 끝없이 계속되었다. 이것이 종교개혁의, 루터가 어떤 기여를 했고 궁극적으로 어떻게 그의 통제와 이해를 벗어난 소용돌이가 되었는지의 본질이었다. 작품이 널리 확산되고 독자가 늘어남에 따라, 그의 주장은 더욱 극단적이 되었다. 그는 자신의 견해의 논리적 함의를 더 강하게 밀어붙이면서, 공개적으로 교황의 패권과 교회의 계층구조에 도전하기 시작했다. 점점 더 많은 사람이 개혁의 메시지를 접했다. 그들은 머지않아 더 많은 이익의 기회를 감지한 인쇄업자들이 기꺼이 출판하는 독자적인 아이디어를 발전시켰다.

이러한 역동성에 따라 이전에는 생각할 수 없었던 일—기독교 세계의 분열—이 일어날 가능성이 높아지고 있었다. 내리막으로 달리는 열차가 점점 탄력을 받는 것처럼, 루터가 쓴 글의 효과는 1517년의 운명적인 첫날에 비텐베르크 성당으로 걸어가면서 그가 상상하거나 바랐던 수준을 훨씬 넘어섰다.

█ 보름스 회의

█ 마르틴 수사는 두근거리는 심장에도 불구하고 차분한 호흡을 유지하려고 최선을 다했다. 비좁은 방의 열기와 숨 막힘으로 이마에 땀방울이 맺혔다. 여러 해 동안의 긴장과 최근 며칠 동안 앓았던 병때문에, 튀어나온 광대뼈가 더 날카로워졌고 어두운 갈색 눈 주위가 더 깊어졌다. 그러나 꽉 찬 방을 둘러보는 그의 시선은 여느 때와 다름없이 날카로웠다. 이 제국 회의를 구성한 신성로마제국의 주요 의

사결정자들, 호화로운 모피와 벨벳 의상을 걸친 왕자, 백작, 선제후 등 지체 높은 권력자들이 모여앉아 땀을 뻘뻘 흘리고 있었다. 회의를 주재하는 사람은 주걱턱으로 유명한 21세의 카를 5세 황제였다. 잠시 황제에게 시선을 고정한 루터는 그 젊은이가 침을 흘린다는 소문이 사실인지가 궁금해졌다.

제국 대변인의 목소리가 루터를 잡념에서 깨어나게 했다. 그는 이 책들이 루터의 책인지, 그리고 루터가 책에 있는 내용을 철회할 것인지를 물었다. 루터는 이미 그 질문에 대한 답변을 두 차례 유예받았었다. 세 번째 유예는 없을 것이었다.

마르틴 수사는 자신에게 쏠리는 사람들의 시선을 느꼈다. 그들의 강렬한 응시로 삭발한 부위의 피부가 타오르는 것 같았다. 수도사가 입을 여는 순간까지 긴장감이 방 안을 가득 채웠다. 적대적인 눈초리, 분노와 혐오로 뒤틀린 입, 꽉 움켜쥔 황제의 주먹. 그러나 마르틴 수사는 오래전에, 보름스의 시민이 팡파르와 함께 그를 환영하기 오래전에, 비텐베르크에서 이곳까지 먼 길을 온 그를 보려는 군중이 모여들기 전에, 제국의 소환장이 그의 소박한 수도원 거처에 도착하기도 전에 답변을 선택했었다. 그가 입을 여는 순간 긴장감이 최고조에 달했다. 처음에는 정확하고 신중하게 선택되었던 그의 말은 감정이 넘쳐흐르면서 빨라지기 시작했다.

"나는 내가 인용한 성서에 매여 있고, 나의 양심은 신의 말씀에 사로잡혔다. 나는 철회할 수도 철회할 의사도 없다. 양심에 반하는 행동은 안전하지도 올바르지도 않기 때문이다. 신이여, 도와주소서. 아멘."[17]

방은 폭발했다. 모욕을 당한 분노의 고함을 내뱉는 황제의 얼굴이 일그러졌다. 몇몇 관찰자의 미소와 끄덕임이 다른 사람들의 분노와 충돌했다. 마르틴 수사는 그저, 모든 것을 받아들이면서 서 있었다. 이제 어느 쪽이든 평결은 그의 손을 떠났다.

보름스 회의Diet of Worms는 놀라운 드라마가 펼쳐진 순간으로 종교개혁 1막의 절정으로 이해되는 것이 보통이다. 루터에게는 돌아올 수 없는 지점을 의미했다. 그는 공식적으로 교회와 황제에 맞선 무법자이자 적이 되었다. 세속적으로나 교회적으로나 독일의 가장 강력한 영주와 관리들 앞에서 커다란 개인적 위험을 감수하면서, 루터는 모든 후속 세대를 포괄하게 되는 갈등을 정의했다. 3년도 더 지난 면죄부 논쟁의 시초부터 그의 수호천사였던 작센 선제후 프리드리히의 보호만이, 다른 모든 완고한 이단자들처럼 화형대에서 불에 타 죽는 운명에서 그를 구해냈다.

그렇지만 보름스 회의를 종교개혁의 정점으로 이해하는 것은, 이전 몇 년 동안의 사건과 그에 수반한 구조적 변화의 기반에 대한 기본적 요소를 놓치는 것이다. 회의에서 루터가 보인 행동은, 그 자체로 공개적이고 용감한 행동이었음을 부인할 수 없지만, 진정한 절정이라기보다는 일어난 사건에 이어진 단편적 행동이었다. 초기 종교개혁의 핵심은 이미 지나갔다. 쉬지 않고 글을 써서 비텐베르크에 있는 요한 라우-그루넨베르크의 인쇄소로 가져간 루터, 아우크스부르크와 라이프치히의 인쇄업자에게 보낸 편지와 원고를 전달한 운반원들. 수천 권의 책과 팸플릿을 찍어내기 위하여 초과 작업을 마다하지 않은 인쇄업자들. 전문 신학, 신과 죄인의 관계에 기초한 온건한 목회 활동, 감히 자신을 비판하는 사람에 대한 격렬한 공격까지 루터의 모든 최신 작품을 구입하여 열성적으로 탐독한 독자들.

루터는 보름스 회의에 이르는 몇 년 동안의 초창기 종교개혁을 완벽하게 지배했다. 운명적인 등장을 위하여 도시에 도착한 그의 초상화는 존경심과 함께 다루어졌다. 귀족들은 그의 책을 소지하고 보름스 회의에 참석했다. 사람들은 공공장소에서 그의 작품에 관한 토론을 벌였다. 교황을 대리하는 특사로 보름스에 온 알렉산더는 숙박업소 투숙을 거부당하기도 했다. 루터가 거리를 지나갈 때면 낯선 사람들이, 상당한 존경의 표시로 칼자루에 손을 댔다. 그에게 적대적인 팸플릿을 출판한 인쇄업자들과 교황은 아무런 결과도 얻지 못했다. "제국의 궁정에서도 루터의 책 말고는 아무것도 팔리지 않는다. 사람들은 돈도 많았지만, 놀라울 정도로 함께 뭉쳤다."[18]

루터의 지배는 그의 놀라운 산출물, 다양한 장르의 글을 쓰는 재능, 라틴어와 그리스어 능력, 악명, 그리고 상업적 브랜드로서 그에 대한 인쇄업자들의 신뢰에 따른 결과였다. 그러나 보름스 회의 이후에는 공간과 관심을 얻으려는 다른 목소리들이 그와 경쟁하기 시작했다. 루터는 이어지는 몇 년 동안에도 여전히 가장 중요한 인물이었지만, 보름스 회의 이후에, 특히 1530년 이후에는 독점적 위상이 크게 줄어들었다. 보름스 이후에 그가 바르트부르크Wartburg 성으로 숨어들었을 때, 대의를 이어받은 다른 개혁가들—이전의 가까운 지지자였던 안드레아스 칼슈타트를 포함하여—은, 성찬식에서 빵과 포도주를 모두 바치는 문제 같은, 루터가 내켜 하지 않았고 제기할 수도 없었던 방향으로 문제를 몰아갔다. 여전히 엄청나게 중요한 인물이었지만, 종교개혁은 그를 넘어서서 나아가기 시작했다.

우리는 양적·지리적 측면에서 이러한 효과를 볼 수 있다. 1525년까지 루터의 작품은 1,465판에 걸쳐서 인쇄되고 재인쇄되었다. 이는 루터 다음으로 많은 책을 쓴 작가 안드레아스 칼슈타트의 작품이 125판 인쇄된 것의 11배에 해당한다. 그에 반해서, 유명하고 영향력 있는 스위스의 개혁가 울리히 츠빙글리Huldrych Zwingli의 작품은 같은 기간에 불과 70판이 인쇄되는 데 그쳤다. 이런 수치조차도 루터의 지배력을 과소평가한다. 이 시기에 출판물로 성공을 거둔 복음주의자—적어도 초기의 칼슈타트와 필리프 멜란히톤Philipp Melanchthon 같은 —대부분이 비텐부르크 교수의 동료나 지지자였기 때문이다.

그렇지만 1546년에 사망할 때까지 이례적인 다작의 작가로 남았다는 사실에도 불구하고, 평생에 걸친 루터의 작품 중 절반이 95개 논제가 등장한 1517년부터 1525년까지 8년 동안, 4분의 3은 1530년 이전에 출간되었다. 1525년 이전에는 그의 작품이 모든 초판에 대하여 평균적으로 여섯 차례 재인쇄되었지만, 이후에는 세 차례로 줄어들었다. 초창기에 루터의 작품을 재인쇄하는 중심지였던 스트라스부르, 바젤 그리고 아우크스부르크 같은 도시에서도 1525년 이후에는 루터의 작품 생산량이 절반에서 3분의 2 정도로 떨어졌다. 그의 독자층은 점점 북부 및 중부 독일로 한정되고 있었다.[19]

숫자는 분명한 이야기를 들려준다. 루터의 목소리는 여전히 중요했지만, 더 적은 곳에서 더 적은 독자에게 중요했다. 개혁의 지평이 변했고 운동의 고삐가 루터의 손에서 빠져나갔다. 다른 사람들이, 미사 중 성찬례에 그리스도가 임재하는가의 문제부터 구원의 본질까지, 정말로 중요한 이슈에 대하여 루터와 견해를 달리하면서 자신의 목소리를 높였다. 교회의 개혁이 필요하고 복음주의자들이 공통의 목표와 관심사를 공유한다는 전반적 합의는 순식간에 사라졌다.

정중한 의견 충돌이 루터의 강점이었던 적은 없었다. 천성이 전투적이었던 그는 세상을 적과 아군으로 구분하여 보는 성향이 있었다. 진정한 중간지대는 없었고, 적의 진영으로 간 사람에게는 화가 미칠 것이었다. 화해에도 관심이 없었던 그는 다른 사람들이 자신의 관점에 복종하는 편을 선호했다. 어떠한 반대든 선의의 불일치가 아니라 우둔하고 사악한 완고함의 증거였다. 이전에 가까운 친구였던 안드레아스 칼슈타트와의 길고 점점 험악해진 논쟁은 칼슈타트의 비참한 항복으로 끝났다.

루터와 가장 가까운 사람들, 그의 성미에 익숙하고 장점과 함께 일하는 데 능숙한 사람들만이 주변에 살아남을 수 있었다. 대부분은, 적어도 오랫동안은 그렇지 못했다. 종교개혁의 초창기에 그토록 효과적이었던 루터의 특성, 즉 싸움과 논쟁을 마다하지 않는 의지가, 그가 임계질량에 도달한 개혁 운동을 통합할 수 있는 인물이 아니었음을 의미한 것은 아이러니하다. 실제로 그의 성격과 성향은, 애초에 종교개혁이 시작되는 데 용기, 직업 윤리, 그리고 완고함이 도움이 되었던 것과 마찬가지로, 응집된 이념적 전선을 형성하는 희박한 가능성조차 사실상 무산시켰다.

마르틴 루터의 최후

종교개혁은 복음주의자와 교회의 지지자들 모두 가장 깊이 느낀 열정에 불을 붙였다. 루터는 세속적·종교적으로 사회를 지배하는 권위에 도전했다. 그가 교황의 패권과 기존의 질서에 맞선 도전―주로 출간된 자신의 믿음을 겨냥한 공격에 대한 대응의 맥락에서 이루어진―에 함축된 의미를 알아내는 데는 오랜 시간이 걸렸다. 다른 사람들은, 그 의미가 마르틴 수사 자신은 탐탁지 않았던 논리적 결론에 이르도록, 훨씬 더 멀리 나아갔다. 루터는, 단지 자신의 아이디어와 거기에 함축된 의미뿐만 아니라 더욱 급진적인 사상에 대한 출판 시장이 존재함을 입증함으로써 판도라의 상자를 열었고 폭력은 그에 따른 피할 수 없는 결과였다.

루터는 항상 자신이 모든 면에서 옳다고 확신했다. 예를 들면, 1522년에 비텐베르크로 돌아온 후 첫 설교에서 그는 교구 신자들에게 말했다. "나를 따르라 … 나는 신이 처음으로 이 경기장에 내보낸 사람이었다. 신이 이러한 말씀을 설교하도록 처음으로 계시한 것도 나였다."[20] 그렇지만 교회의 변화를 바라는 열망은 루터 자신이나, 개혁에 대한 아우구스티누스회의 특별한 전통과 앞으로 나아가는 유일한 길로 성서를 강조하는 엄격함에만 국한되지 않았다. 전통적 교회의 수호자들이 그의 유일한 적 또는 가장 중요한 적도 아니었다. 세월이 흐르면서, 복음주의자들의 새로운 도전이 등장했다.

그중 가장 만만치 않았던 인물은, 이전에 루터의 추종자로 편지를 주고받는 사이였다가―그는 "당신이 복음을 통해서 탄생시킨" 사람으로 자신을 묘사하면서 편지를 마무리했다―곧 완전히 다른 방향으로 움직인 토마스 뮌처Thomas Müntzer였다. 뮌처의 길은 영적이고 종말론적이었다. 신은 성서만이 아니라 꿈과 환상을 통해서 신자들에게 적극적으로 말씀하시고, 심판의 시간이 가까이 오고 있다. 이런 생각은 느닷없이 나타난 것이 아니었다. 신비주의는 중세 기독교에 깊이 뿌리박혀 있었고, 루터와 뮌처는 근래의 신비주의자 중 한 사람이었던 요하네스 타울러Johannes Tauler에 대한 흠모를 공유했다.

종말론적 경향 또한 결코 표면에서 멀지 않았다. 뮌처의 종말론에 대한 강조는 단지 그를 다른, 하지만 여전히 알아볼 수 있는, 개혁의 길로 이끌었을 뿐이었다. 수백 수천의 교구민이 그의 설교를 듣기 위하여 모여들었고 불을 뿜는 설교의 인쇄본이 널리 유포되었다. 뮌처는 신성한 왕국이 필요하다면 폭력과 함께, 지상에 임해야 한다고 열변을 토했다. 루터는 그를 칼슈타트보다도 더 증오하게 되었다.[21]

독일의 일반 대중 속에서 곪아 터진 불안이 지역적 파업, 동맹, 그리고 결국에는 본격적인 농민 반란으로 절정에 달하면서 뮌처의 메시지는 점점 더 극단적으로 변했다. 그와 동료인 하인리히 파이퍼Heinrich Pfeiffer라는 급진적 설교자는 뮐하우젠Mülhausen시를, 자신들이 생각하는 순수한 기독교 이상으로 통치되고 세속적 권위에 맞서는 폭력적 대결을 옹호하는, 작은 신정국가로 바꿔 놓았다. "신은 하늘의 모든 새들이 왕자의 살을 먹고, 사나운 짐승들이 거물의 피를 마시기를 명한다." 1525년에 만스펠트의 알브레히트 백작에게 보낸 편지에서 그는 말했다.[22]

독일 농민전쟁The German Peasants' War은 당시의 가장 큰 사회적 반란의 하나였고, 어떤 면에서는, 중세기부터 1520년까지 만연했던 매우 전형적인 유형의 반란이었다. 농민들은 농노제의 폐지, 사냥의 자유, 영주를 위한 힘든 노동의 의무 폐지 등을 요구했다. 농민전쟁이 다른 반란과 달랐던 점은, 농민의 요구를 뒷받침하기 위하여 복음주의적·개혁적·성서적 언어가 채택되고 교회의 재산을 명시적인 표적으로 삼은 것이었다. 사회적 가르침과 기존의 권위에 맞선 공개적 반항을 통해서 직접적으로 대중에 미친 루터의 영향력은 농민들에게도 분명했다. 농민전쟁의 기본 선언문인 12개조의 도입부는 의문의 여지를 남기지 않는다. 목표는 "복음을 듣고 그에 따라 살아가는 것"이었고 모든 다른 요구는 거기에서 따라 나왔다.[23] 다양한 농민 선언문과 뮌처의 글을 실은 85종 정도의 인쇄물이 독일 전역에서 적극적인 반군의 수를 훨씬 넘어서는 독자에게 유포되었다.

엘리트 지식층에서도 반란에 동조하는 사람이 있었다. "농민들이 몇몇 수도원을 파괴한 것은 끔찍해 보이지만," 반란이 발발한 지역 중 하나인 알자스Alsace 인근에 머물렀던 에라스무스는 말했다. "그렇지만 그들을 자극한 것은 수도원의 사악함이었다."[24]

뮌처가 복합적인 상황에 종말론적 폭력의 터치를 추가한 결과는 엄청난 규모의 유혈사태였다. 반군의 무리는 성, 수도원, 그리고 영주의 장원을 약탈하고 결국에는 독일 왕자들의 군대와 공공연한 전투를 벌이게 되었고, 그 충돌은 농민군 측의 패배로 끝났다. 뮌처는 지지자들이 학살된 뒤에 포로로 잡혀 처형되었고, 그의 머리는 모두가 볼 수 있도록 뮐하우젠의 성벽 밖에 내걸렸다. 독일 전역에서 수만 명의, 어쩌면 10만에 달하는 사람이 사회적 격변과 파괴의 광란

속에서 목숨을 잃었다.

　루터는 이중 어느 쪽에도 관여하기를 원하지 않았다. 농민 봉기에 대하여 처음으로 쓴 '평화를 위한 훈계Admonition to Peace'라는 제목의 글에서 그는 폭력과 무질서를 개탄했지만, 또한 왕자들에게도 반란이 그들의 죄에 대한 벌이라고 경고했다. 이는 루터가 기존의 사회 질서를 최대한으로 공격한 대담한 진술이었지만 곧 철회되었다. 농민전쟁으로 인한 유혈사태가 확대되면서 반란군에 대한 동정심이 사라졌기 때문이었다. 가장 악명 높은 작품의 하나인, '강도질과 살인을 자행하는 농민 무리에 반대하여Against the Robbing and Murdering Hordes of Peasants'라는 제목의 글에서 그는 분명한 입장을 취했다. "그러므로, 비밀리에 또는 공개적으로, 때리고 죽이고 찌르려는 모든 사람이 반란보다 더 유독하고 해롭고 악마적인 것은 없음을 기억하게 하라. 이는 미친 개를 죽여야 하는 것과 마찬가지다." 그는 이런 종류의 언어를 교황권과의 갈등, 그리고 때로 복음주의 개혁가들과의 다툼에서 채택했었지만, 지지자들을 향하여 사용한 적은 없었다. 그러한 변화는 그의 명성에 도움이 되지 않았다.[25]

　루터에게는 불행하게도, '강도질과 살인을 자행하는 농민 무리에 반대하여'는 약 6,000명의 농민이 학살되고 뮌처가 처형된 뒤에 나왔다. 그가 팸플릿에서 표현한 정서는 기껏해야 잘못된 취향을 드러냈고, 최악의 경우에는 독자들이 이해한 루터라는 인물—돌보는 양떼의 영적·물질적 안녕을 염려하는 친절하고 사려 깊은 목자—의 근본적인 부정이었다. 인쇄된 루터의 이상과 논쟁적이고 완고한 현실의 충돌은 필연적이었다. 농민전쟁이 그러한 단절을 불러왔다.

아마도 이 문제에 관한 루터의 입장을 분명하게 만든 것은 인쇄업자들이었다. 그들은 독일 전역에서 '강도질과 살인을 자행하는 농민 무리에 반대하여'를 되풀이하여 인쇄했다. 팸플릿이 팔려나가고 인쇄업자들은, 루터의 이전 작품에서도 그랬던 것처럼 수익을 얻었다. 그러나 루터의 명성은 결코 회복되지 못했다.

유럽을 휩쓴 복음주의 물결의 의심할 여지 없는 지도자로서의 루터의 시대는 막을 내렸다. 그의 목소리는 사악하게 울려 퍼지는 편협성과 반유대주의로 자신의 유산을 더럽히는, 수많은 목소리 중 하나에 불과하게 되었다. 추종자들이 그의 빛을 가렸고, 장 칼뱅John Calvin이 이끄는 2세대 개혁가들도 마찬가지였다.

점점 뚱뚱해지는, 더 이상 금욕적인 수도사가 아니라 결혼하여 여섯 자녀의 아버지가 된, 비텐베르크의 교구 목사는 서서히 배경 속으로 사라져갔다. 루터는 가정의 안락함 속에서 세속적 지혜, 신학적 통찰, 그리로 때로 장광설을 베풀었다. 제자들이 그의 담화를 모으고 그가 여러 개혁 운동 중 하나의 얼굴로서 출판을 계속하는 동안에도 기독교 세계의 분열은 계속되었다. 이제 뚱뚱한 원로 정치인이 된 마르틴 수사는 자신의 시대와 이어지는 시대의 과도한 극단주의와 폭력을 가능하게 한 인물이었다. 유혈과 폭력이 난무한 농민 전쟁에서 수천 명이 목숨을 잃었다. 종말론적 30년전쟁으로 절정에 이르는 다음 세기 이후에는 더 많은 사람이 죽을 것이었다.

마르틴 루터의 작은 반항에 이어진 세계는 결코 이전과 같을 수 없었다. 이 시기의 다른 많은 일과 마찬가지로, 금융과 신용이 그 모든 것을 가능하게 했다. 금융화된 광산업에 힘입은 미래 수도사의 교육. 푸거 회사의 대출과 국제적 금융이 주도하고 종교개혁을 촉발한 레오 교황, 알브레히트 주교, 그리고 테첼의 면죄부 논쟁. 그리고 복잡한 투기적 신용 거래의 산물이며 종교개혁에 힘을 실은 수백만 부의 텍스트를 생산한 인쇄기. 1517년 10월 31일에 비텐베르크 성당을 향하여 걸어갈 때 이미 그런 세계의 대표자였던 마르틴 루터는 그것이 다가오는 심연의 가장자리를 넘어설 때까지 더욱더 밀어붙였다.[26]

★★★★

8

쉴레이만 대제와 오스만 제국

Suleiman the Magnificent and the Ottoman Superpower

THE VERGE

천막 위로 쏟아지는 굵은 빗줄기가 복잡한 문양으로 장식된 붉은 천을 타고 흘러내렸다.

8월의 습한 날에 빗방울이 튀는 소리에 나지막한 대화, 간간이 들리는 웃음소리, 간헐적으로 높아지는 목소리가 섞여들었다. 묵직한 칼날이 살을 베는 반복되는 리듬이 주변 소음을 뚫고 들어왔다. 쏟아지는 빗줄기 속에서 간간이 고통에 찬 짧은 울부짖음이 들렸다. 휘어진 무거운 검이 숙련된 솜씨로 내리쳐질 때마다 포로의 머리가 몸통에서 분리되어 땅에 떨어졌다. 흩뿌려진 동맥혈이 빗줄기와 섞여서 얼마 전까지 전쟁터였던 진흙탕에 스며들었다.

화려한 천막 안에서 비를 피하고 있는 쉴레이만 대제Suleiman the Magnificent는 편안하고 당당한 자세로 황금 옥좌에 앉아 포로들이 참수되는 모습을 지켜보았다. 아름다운 붉은 깃털로 장식된 거대한 흰색 터번이 마르고 창백한 얼굴에 그림자를 드리웠다. 매부리코 밑에 가는 콧수염이 둥근 광대뼈까지 뻗어 나갔다. 떨어지는 칼날을 보면서 아무런 불편함이나 감정의 동요를 보이지 않는 이 사람이 오스만 제국의 통치자였다. 그는 수없이 많은 처형을 목격했고, 앞으로도 더 많이 보게 될 것을 알았다.

술탄sultan은 예니체리Janissaries－전문적 노예 병사slave-soldiers－가 잘린 목을 집어 들어 조심스럽게 천막 앞에 있는 날카로운 창에 꽂기 전에, 죽은 헝가리 포로의 시력을 잃은 눈에 시선을 멈췄다. 다른 머리들은 점점 커지면서 솟아오르는 피라미드, 피비린내 나는 공포의 기념비를 형성하고 있었다. 죽은 자들의 모습은 쉴레이만을 동요시키지 않았지만, 빗줄기는 참을 수 없이 퍼부었다. 그날의 상황을 기록한 그의 전장 일기에는 폭우와 참수가 동등하게 언급되었다.

제국을 운영하는 오스만 왕실의 고관, 민간과 군대의 관리들이 쉴레이만을 둘러싸고 있었다. 쉴레이만－더 정확히는 그의 장군과 병사들－은 이틀 전에 이곳 모하치Mohács에서 대승을 거두고, 헝가리의 왕을 비롯하여 수많은 병사와 귀족을 죽였다. 목이 잘리기 전에 줄지어 쉴레이만의 화려한 붉은 천막 앞을 지나가는 비에 젖어 후줄근한 2,000명의 포로는 단지 군사 조직, 병참, 그리고 전략의 걸작을 보여주는 마지막 표지였다. 이것은 술탄의 오랜 정복 과정에서 중부 유럽으로 진입하는 또 하나의 승리였다. 다음은 헝가리의 수도 부다이고 비엔나가 뒤를 이을 것이다. 그다음에는 로마가 확실했고, 그 후에는 아마도 유럽의 나머지 지역이 뒤따를 것이다. 쉴레이만의 영토는 이미 홍해에서 다뉴브Danube강까지, 서부 이란의 산맥에서 북아프리카의 사막까지 뻗어 있었다. 이제 단 한 번의 결정적 승리로 헝가리의 평원이 그의 수중에 떨어졌다. 왜 거기서 멈출 것인가?

쉴레이만이 모하치에서 압도적 승리를 거두기 2세기 전인 1324년에, 그의 조상인 오스만Osman은 아나톨리아Anatolia의 작은 군벌로 생을 마감했다. 아버지에서 아들로 이어진 왕조의 직계 자손 여덟 명이 오스만의 왕위를 이었고 쉴레이만은 아홉 번째였다. 그 과정에서 오스만 왕조는 기독교와 이슬람 세계 사이 틈새에서 근근이 살아가던 자그마한 베일릭beylik—변경의 공국—을 3개 대륙에 걸친 광대한 제국으로 변모시켰다. 여전히 (아마도 마지막으로) 군사 지도자의 역할을 수행하는 술탄인 쉴레이만의 야심은 이웃한 아나톨리아 베일릭을 약탈하고 소수의 포로를 잡는 것이 아니라 왕국들을 무너뜨리는 것이었다. 그의 오스만 제국은 모든 면에서 스페인의 트라스타마라Trastámaras 왕조, 프랑스의 발루아 왕조, 그리고 탐욕스러운 합스부르크 왕조와 맞설 수 있는, 어쩌면 그 모두를 합친 것보다 더 강력한 당대의 초강대국이 되어야 했다.

쉴레이만이 오스만 제국을 통치한 1520년부터 1566년까지는 영토의 확장, 내부적 개혁, 문화의 개화가 이루어지고 세계적 영향력을 갖추게 된 황금시대였다. 이스탄불은 세계의 중심이었고 런던, 파리, 그리고 마드리드를 왜소하게 만드는 엄청나게 부유하고 인구가 많고 세련된 고대 도시였다. 쉴레이만의 군대는 군사적 발전의 최첨단에 있었다. 술탄의 군대보다 포위전에 능하고 대포술에 숙련된 군대는 없었다. 그가 동원할 수 있는 재정적·인구통계학적 자원은 감당할 능력을 넘어서는 권력을 추구하면서 금고가 항상 비어 있는 유럽의 경쟁자들을 왜소하게 만들었다. 번창하는 무역 네트워크가 이스탄불과 알렉산드리아, 다마스커스와 알제Algiers, 바그다드와 베오그라드Belgrade를 연결했다. 무명의 재능 있는 소년들을 발탁하여 고위 관료, 예니체리 장교aghas, 그리고 기병 지휘관 같이 술탄에게만 충성을 바치는 중요 인물로 길러내는 데브시르메devsirme 시스템을 갖춘 쉴레이만보다 더 수준 높은 하인을 확보할 수 있는 통치자는 아무도 없었다. 술탄의 수많은 기독교 및 유대교 신민은, 필요한 세금을 내는 한 종교재판의 어려움을 겪지 않았다. 오스만 제국은 유럽과 서아시아 지역에서 으뜸가는 강대국이었다. 국가들이 부상하는 시대에 오스만 제국보다 더 높이 올라간 국가는 없었다.

그렇다면 여기서 의문이 제기된다. 쉴레이만의 통치는, 황금시대였을지는 몰라도 정점이자 돌아올 수 없는 지점이었다. 오스만 제국이 당시의 지배적인 강대국이었다면, 미래의 세계 질서가 왜 보스포루스해협을 둘러싼 비옥한 땅보다 부채가 있고 전쟁으로 피폐해지고 상대적으로 빈곤한 서유럽의 토양에 뿌리를 내렸을까?[1]

거친 변경

14세기 초의 아나톨리아는 불안정한 변경 지역이었다. 아시아의 서쪽 끝자락에 있는 발칸반도와 유럽 사이의 에게해 지역은 비잔틴, 무슬림, 그리고 라틴 기독교의 세계가 교차하는 곳이었다. 2,500년 이상 전에 정착한 그리스인의 뒤를 이어 1,500년 동안 로마와 비잔틴 제국이 이 지역을 통치했다. 무슬림 세계는 약 5세기 전에 셀주크 튀르크Seljuk Turk가 소아시아의 동부 지역에서 비잔틴 제국을 몰아냈을 때부터 아나톨리아에 진출하기 시작했다. 연안의 무역 항로를 누비는 이탈리아 상인과 신, 영광, 그리고 물질적 이익을 위한 수익성 있는 새로운 영역을 개척하려는 십자군의 거룩한 전사로 이루어진 서부 유럽의 기독교인이 가장 최근에 도착한 사람들이었다.

오스만 제국이 등장한 세계는 이러한 문화의 충돌, 이주, 종교적 마찰, 그리고 끊임없는 사악한 전쟁의 용광로였다. 대부분 최근에 유라시아 대초원에서 이주해온, 투르크어를 사용하는 유목민과 반유목민, 투르코만Turkomans이라 불린 무슬림이 강력한 군사력을 제공했다. 숙련된 기병이자 궁수였던 그들은 군사 지도자들이 적절한 인센티브의 조합을 통하여 활용할 수 있는 인력 풀이었다. 신의 영감을 주장하는 카리스마 넘치는 성직자들은 정기적으로 투르코만의 종교적 열정을 자극하여 전쟁과 갈등의 또 다른 동력을 제공했다. 더욱이 아나톨리아는 각축전을 벌이는 지역의 강대국—몽골 제국의 후예인 페르시아의 일칸Ilkhans, 이전에 승승장구했던 셀주크 술탄국 Seljuk Sultanate, 이집트와 시리아의 맘루크Mamluks, 그리고 크게 쇠락한 비잔틴 제국—들의 직접 통제에서 벗어나 있었다. 다시 말해서, 이 지역은 야심 차고 폭력적이고 운이 좋은 사람들이 활용할 수 있는 풍부한 기회를 제공했다.

에르투룰Ertugrul이라는 투르크 부족 족장의 아들 오스만은 이 모든 자질과 그 이상을 갖추었을 것이다. 우리는 그에 대하여 아는 것이 거의 없다. 1324년까지 계속된 그의 통치에 관한 당대의 기록은 거의 남아 있지 않다. 놀라운 일은 아니다. 오스만의 모든 활동은 사실상 콘스탄티노플 동쪽의 비티니아Bithynia라는 아나톨리아 북서부 줄은 지역에서 이루어졌다. 그의 모든 승리는 대략 동서로 150마일, 남북으로 100마일에 달하는 지역에서 일어났다. 오스만이 무엇을 건설했든, 몇몇 요새화된 피난처에서 주변 지역을 통제하고 기독교도와 무슬림을 가리지 않고 이웃을 습격하는 싸움에 나서는 작은 공국이었을 것이 분명하다. 오스만과 그의 자그마한 베일릭이 아나톨리아의 산맥, 고원, 그리고 바위투성이 해안에 흩어져 있는 수십 개의 군벌 및 작은 정치체와 구별되는 점은 거의 없었다.

1324년에 오스만이 사망하자 그의 영토는 1362년까지 통치한 아들 오르한Orhan에게 넘어갔다. 아버지를 멀리 넘어서서, 물려받은 작은 유산을 진정한 오스만 제국의 기반으로 바꿔놓은 사람이 오르한이었다. 오르한은 1326년에 비잔틴 제국의 도시 부르사Bursa를, 1331년에는 니케아Nicaea를 점령했고, 1356년에는 무슬림 통치자로부터 앙카라Ankara를 빼앗았다. 그는 또한 중요한 전투에서 비잔틴군을 격파하고 무슬림 토후국 카레시Karesi를 정복했다. 그러나 오스만 제국을 서부 아나톨리아의 지배적인 강대국으로 만든 중요한 업적도 그의 가장 중요한 행동에 비하면 빛을 잃었다. 1352년에 오스만 제국의 병사들—오스만이 비잔틴 제국의 공주 테오도라Theodora와 결혼한 덕분에 비잔틴 내전에 참가하게 된—은 처음으로 유럽에 진입했다. 그들은 갈리폴리Gallipoli반도의 바위투성이 고지에 있는, 550년 후 제1차 세계대전에서 자신들의 후손이 연합군을 괴롭히게 되는 요새에 자리를 잡았다.

다르다넬스Dardanelles해협을 따라 안전한 근거지에 뿌리를 내린 오스만 제국은 유럽으로의 확장을 계속했다. 기동력을 갖춘 정복군이 그리스로 진격하고, 트라키아Thrace 평원에서 콘스탄티노플 서쪽까지, 그리고 발칸반도 깊숙이 뻗어 나갔다. 보화, 공물, 그리고 노예등 성공적인 전쟁이 제공하는 모든 물질적 보상이 오스만 왕조, 그들의 하인, 그리고 동맹군의 금고로 쏟아져 들어왔다.

복합적인 요인이 이러한 폭발적 성장을 주도했다. 첫 번째이자가장 명백한 요인은 물질적 보상의 가능성이었다. 초기 오스만 왕조와 그들이 끌어들인 세력은 근본적으로 포식자였다. 그들의 국가는 사실상 약탈 국가였다. 처음에는 이웃한 비티니아와 서부 아나톨리아 지역을 습격했고, 이어서 더 멀리 트라키아, 그리스, 동부 아나톨리아, 그리고 세르비아까지 뻗어 나갔다. 누가 표적인지, 또는누가 그들을 따르는지는 별로 중요하지 않았다. 다수의 투르코만무슬림을 끌어들인 것은 서부 아나톨리아에서 가장 편리한 군사력자원이기 때문이었지만, 오스만 제국은 배경과 무관하게 지원 세력을 포섭하기를 마다하지 않았다. 오스만 왕조는 습격과 정복을 통해서 획득한 부와 토지를 더 많은 추종자를 끌어들이는 데 활용했다. 내리막으로 구르는 눈덩이가 내려가면서 질량과 추진력을 얻는것처럼, 오스만 제국은 습격과 정복을 통해서 지역의 패자가 되는길을 밟았다.

두 번째 중요한 요인은 종교였다. 학자들은 초기 오스만 제국이이교도를 무찌르고 이슬람 신앙을 전파하는 거룩한 전사의 국가로두각을 나타냈다고 믿었지만, 오스만 제국 초창기에 대한 (극도로 희박한) 증거를 재평가한 결과는 물질적 관심사가 더 중요했음을 말해준다. 이는 종교적 정서가 중요하지 않았다는 것이 아니고, 다른 동기와 역동적으로 상호작용하며 강화되었다는 뜻이다. 가자_{gaza}라는 성전은 사실상 전리품과 영광을 위한 습격과 동의어였다. 아킨시_{akincis}라 불린 약탈자는 반드시 무슬림일 필요조차 없었다. 실제로 오스만 제국의 통치를 받는 기독교 지역에서 징집되거나 모집된 병사가 대부분을 차지하는 경우도 많았다. 이교도에 맞서는 전쟁을 수행하는 독실한 무슬림은 물질적 보상을 기대했고 그럴 자격이 있었다. 술탄에게 충성하는 기독교도도 마찬가지였다. 얽혀 있는 두 가지 동기—세속적 이득과 영적 의무—가 그들에게 떠오르는 오스만 제국의 DNA를 불어넣었다.[2]

떠오르는 오스만의 물결

오스만 왕조—처음에는 베이_{beys}였다가 나중에 무슬림 통치권의 오랜 전통을 말해주는 훨씬 고귀한 칭호 술탄으로 바뀐—는 약탈적 기반 위에 국가를 건설했다. 그러나 습격과 기회주의를 기반으로 건설된 국가가, 조직적으로 강화되지 않는 한 오래 지속되는 일은 드물다. 각자 오래된 관행적 전통이 있는 세 세계의 교차점에 위치한 오스만 제국은 활용할 수 있는 선택지가 많았다.

오스만 제국은 토지 점유권에 관한 비잔틴 제국의 기존 시스템, 즉 군대에서 시파히 기병으로 복무하는 대가로 추종자들에게 점유권을 분배하는 방식을 그대로 이어받았다. 그에 따른 세수는 이전의 수령자 대신에 오스만 제국의 금고로 흘러들어왔다. 이웃한 일칸국_{Ilkhanid}으로부터는 세원을 등록하고 과세하는 시스템과 술탄의 궁정을 중심으로 조직적 규범을 구축하는 관료주의적 관행을 받아들였다. '궁정'은 권력의 핵심부에 있는 하인들로 구성되었고, 그들 대부분이 구애하고 달래야 하는 독립적 행위자가 아니라 자신의 지위를 통치자의 관대함과 승인에 빚지고 있는 노예였다.

무슬림 통치자들에게는 먼 곳에서 끌려와 지역의 권력 중개인보다는 술탄에게 의존하게 되는 노예를 병사로 활용하는 오랜 전통이 있었다. 오스만 제국도 이런 관행을 채택했지만, 독자적인 방식을 추가했다. 오랫동안 이집트의 맘루크가 그랬던 것처럼 코카서스Caucasus에서 체르케스Circassians인을 사들이거나 스텝 지대의 투르크인을 사들이는 대신에, 오스만 제국은 기독교도 신민에게 인두세를 부과했다.

데브시르메로 알려진 이런 관행은, 술탄에게 직접적으로 의존하면서 신분 상승을 꾀하는 야심 찬 사람들의 거대한 인력 풀을 제공했다. 술탄은 이 풀에서 무시무시한 예니체리(새로운 병사)와 전문적이고 충성스러운 보병을 모집했다. 트라키아의 먼지투성이 농촌의 가난한 소년에서 바위투성이 발칸 고원지대의 양치기까지, 데브시르메는 혈통과 출생의 우연성이 아니라 재능을 통하여 더 높은 사회적 지위를 얻을 수 있는 출세의 수단이었다. 오스만 제국의 노예제도는 온건한 제도가 아니었지만, 대서양 세계에서 점점 퍼져나가고 여러 세기 후에 아메리카 대륙에서 성숙한 형태를 취하게 되는 동산chattel 노예제도와는 근본적으로 달랐다. 오스만 제국에서 술탄 다음으로 가장 강력한 인물인 수상도 엄밀히 말해서 노예일 수 있었다. 재능이 있고 극도로 운이 좋은 사람들에게 술탄의 궁전에서 노예가 되는 것은, 그들의 출생 환경으로는 상상할 수도 없는 부와 권력으로 가는 길이었다. 이러한 능력주의 인센티브에 주도되어, 예니체리와 궁정은 확장되는 제국을 통치자와 분리하려고 끊임없이 위협을 가하는 변경의 원심력에 맞서는 균형추를 제공했다.

약탈에 대한 욕구, 어설픈 종교적 의무감, 그리고 점점 국가의 모습을 갖추어 가는 조직 구조로 무장한 오스만 제국은 별다른 저항을 받지 않고 혼란스러운 발칸반도를 휩쓸었다. 그들은 콘스탄티노플 북서쪽의 에디르네Edirne를 점령하고 제국의 수도로 삼았다. 그리스 북부와 발칸반도 중부의 넓은 지역과 함께 트라키아의 대부분이 함락되었다. 세르비아는 1389년의 코소보 대전투가 끝난 후에 오스만 제국의 속주, 말 그대로 봉토vassalage로 전락했다. 바예지드 1세Bayezid I 술탄은 콘스탄티노플을 포위하여 실제보다는 이념적인 타격을 더 많이 가한 후에, 1396년에는 니코폴리스Nicopolis에서 프랑스, 부르고뉴, 독일, 그리고 헝가리의 십자군을 격파했다. 1402년에 앙카라에서 악명 높은 정복자 티무르 렌크Timur Lenk에게 참패하여, 포로가 된 바예지드 술탄이 굴욕을 당하고 그의 후계자를 결정하기 위한 10년에 걸친 파괴적인 내전이 시작된 것도 팽창하는 오스만 제국의 진군을 멈출 수는 없었다.[3]

열아홉 살의 메흐메트 2세Mahmet II가 아버지 무라드Murad의 왕위를 이어받은 1451년에, 오스만 제국은 중부 아나톨리아의 높은 봉우리와 녹음이 우거진 초원에서 다뉴브강과 헝가리 평원의 서쪽 가장자리까지 뻗어 있었다. 그러나 메흐메트는 이렇게 넓은 영토에 만족하지 않았다. 어린 시절부터 알렉산더 대왕과 세계 정복에 집착했던 젊은 술탄은 보스포루스의 대도시 콘스탄티노플로 관심을 돌렸다. 메흐메트는 천천히, 체계적으로 제국의 방대한 자원을 이 단일한 과업에 투입하면서 비잔틴 제국의 수도를 압박했다. 최첨단 화포술, 천년 된 도시의 성벽을 무너뜨리기 위한 지뢰, 항구를 기습 공격하는 병력을 수송한 대형 갤리선, 그리고 인해전술 공격으로 그는 마침내 1453년 5월에 도시를 함락시켰다. 이제 유럽과 아시아가 만나는 장소가 그의 것이었다.[4]

새로운 수도에 안전하게 자리 잡은 메흐메트는 남은 통치 기간에 사실상 해마다 전쟁을 벌였다. 그의 군대는 왈라키아Wallachians, 세르비아, 이란의 백양 투르코만White Sheep Turkomans, 아나톨리아의 반항적인 속국 알바니아, 그리고 베네치아와 싸웠다. 몇몇 고립된 지역을 제외한 그리스와 발칸반도 전체가 오스만 제국의 수중에 떨어졌다. 다뉴브강으로 보호되는 헝가리만이 정복을 면했다. 해양으로 진출한 베네치아 공화국과 16년에 걸친 파괴적인 전쟁을 벌이는 동안에 오스만 제국의 공격군은 에게해와 아드리아해의 주요 항구를 점령하면서 베네치아에서도 볼 수 있도록 불을 질렀고, 기독교 세계에서 가장 부유한 국가 중 하나를 거의 파산시켰다. 메흐메트가 사망하기 1년 전인 1480년에 오스만 제국의 군대는, 남부 이탈리아에 상륙하여 오트란토Otranto 항구를 약탈함으로써 미래에 관한 그의 의도를 분명한 메시지로 전달했다. 다음은 로마였다. 다음 해에 미심쩍은 상황에서 사망하지 않았다면, 메흐메트가 로마를 점령하는 데 성공했을지도 모른다.

메흐메트의 아들 바예지드 2세(통치 기간, 1481~1512년)는 정복자로서의 열의가 덜했다. 그는 아버지가 벌인 끊임없는 전쟁에 지쳤고, 서쪽의 정치적 전망이 불리해진 것도 정복의 가능성을 제한했다. 할아버지 메흐메트의 전쟁광적 성향을 물려받은 것은, 바예지드 2세의 아들이자 쉴레이만의 아버지, 후세에 '냉혹자the Grim'로 알려지는 셀림Selim이었다. 이슬람 세계와 동방으로 관심을 돌린 그는 1514년 찰디란Chardiran 전투에서 페르시아의 사파비Safavids 왕조와 카리스마 넘치는 지도자 이스마일Ismail의 원대한 야망을 격파했다. 2년 뒤에 이집트의 맘루크를 물리친 셀림의 군대는 시리아, 레반트, 이집트를 점령하고 거룩한 도시 메카와 메디나의 수호자가 되었다. 불과 몇 년 만에 제국의 규모를 두 배로 키운 셀림은 오스만 제국을 이슬람 세계의 변두리에 있는 조역에서 최고의 강대국으로 탈바꿈시켰다.

▌두 세계와 맞서다

1520년에 아버지의 갑작스러운 죽음으로 왕위를 계승한 25세의 쉴레이만은 여러 세기에 걸친 공격적 정복과 확장의 수혜자이자 결과물이었다. 새로운 술탄에게는 선임자 모두로부터 조금씩 물려받은 특성이 있었다. 큰 매부리코, 마른 얼굴, 날카로운 시선 등 신체적 특성은 증조부인 메흐메트를 닮았다. 얼굴을 가르는 가느다란 콧수염은 셀림을 닮았지만, 공격적인 전쟁광으로 정의되었던 냉혹자에 비하면, 할아버지 바예지드의 사색적이고 신중한 성격도 물려받았다.

그러나 오스만 왕조의 모든 구성원에게는 충격적이고 피비린내 나는 잔인성이 있었다. 메흐메트는 자신을 거역한 베네치아 선장을, 보스포루스해협을 통과하는 배들이 잘 볼 수 있도록 무딘 말뚝에 꿴 적이 있었다. 셀림은 이란의 사파비 왕조에 맞서는 전투에 나서면서 자신의 투르코만 신민 수만 명을 처형하도록 명령했고, 아마도 아버지 바예지드의 암살도 명령했을 것이다. 쉴레이만도 모하치의 처형을 감독한 데서 증명되듯이, 움츠러드는 성격과는 거리가 멀었다. 관찰자들이 자주 언급한 새로운 술탄의 창백함은 폭력을 행사할 때 약해지는 위장의 결과가 아니었다.

오스만 제국이 존속한 대부분 기간에 팽창의 초점은 유럽이었다. 기동성 있는 남부 코가서스의 투르코만이나 이집트의 맘루크와 세르비아, 헝가리, 또는 베네치아와의 싸움 중 선택권이 주어졌을 때 대대로 술탄들은 서쪽을 선택했다. 물질적 보상이 더 매력적이었고, 기독교도와 싸우도록 군대에 동기를 부여하기가 더 쉬웠으며, 오스만 제국의 조직이 서쪽에서의 전투에 더 적합했다. 냉혹자 셀림은, 처음에는 종교적으로 의심스러운 사파비 왕조에 이어서 흔들리는 맘루크를 처리하면서, 8년에 걸친 통치 기간 대부분을 그러한 추세에 역행하면서 보냈다. 그 결과 쉴레이만에게는 훨씬 더 크고 부유하고 코스모폴리탄적일 뿐만 아니라, 이전의 통치자들이 직면했던 것과는 다른 규모와 구조적 결함도 있는 제국이 남겨지게 되었다.

메흐메트는 사실상 통치 기간 내내 전쟁을 벌였고, 치열한 전투가 벌어지는 전쟁터에서 많은 시간을 보냈다. 셀림도 마찬가지였다. 쉴레이만은, 가장 중요한 예니체리의 충성심을 유지하고 중요한 신민들 앞에 친히 모습을 나타내기 위하여 전투에 나서야 했다. 그는 오스만 제국이 이슬람 세계에서 새로 얻은 명성을 유지하기 위하여 군사적 관심을 서쪽으로 돌려야 함과 동시에 새로운 영토를 굳혀야 했다. 세계적 규모의 정복은 아버지의 명함—실제로 셀림의 영토 확장이 16세기의 장기적인 세계대전의 시작이었다고 말하는 역사가도 있다—이었지만, 획득한 영토를 실제로 통치하는 데는 다른 접근법이 필요할 것이었다. 쉴레이만은 이 모든 요구 사항을 동시에 처리해야 했다.[5]

유럽의 관찰자 대부분은 셀림이 사라진 것을 기뻐했다. 통치 기간의 첫해에 이집트를 흡수하고 사파비 왕조를 복속시킨 것을 보고, 오스만 제국을 지켜보는 전문가 대부분은 냉혹자가 서쪽으로 관심을 돌리리라고 생각했다. 그는 오랫동안 서쪽에 관심이 있었다. 술탄은 최근에 중부 및 서부 지중해의 전략적 요충지인 알제 항구를 장악한 해적, 무시무시한 바르바로사Barbarossa 일당을 신하로 받아들였다. 북아프리카 해안이 셀림의 명목상 통제하에 들어가면서 지중해 전역에서 오스만 제국의 공격, 심지어 정복의 길이 열리게 되었다. 스페인까지도 심각한 위험에 처했다. 유럽의 모든 강대국이 확대일로인 이탈리아 전쟁에 휘말린 상태에서, 오스만 제국의 침입에 협력적인 대응이 이루어질 가능성은 거의 없었다. 교황과 왕들 모두 최선의 노력을 기울였음에도 아무것도 성취하지 못했다. 1444년에 바르나Varna에서 마지막 십자군 원정이 참담한 실패로 끝난 뒤에, 종교 및 세속의 통치자들은 오스만 제국의 침입을 저지하기 위하여 소규모의 전투를 벌이는 산발적 노력을 기울였을 뿐이었다. 관심을 가진 사람은 누구나 멀리 동방에서 이루어진 셀림의 정복으로 오스만 제국이 훨씬 더 위험한 국가가 되었다는 사실을 깨달았다. 술탄의 이집트 및 페르시아 진출을 바라본 서방은 두려움에 휩싸였지만, 강력한 셀림의 노여움을 사는 당사자가 되려는 통치자는 아무도 없었다.

쉴레이만은, 아버지의 무시무시한 명성과 대조적으로 자질이 떨어진다고 생각되었다. "모두에게," 이탈리아의 역사가이며 성직자인 파올로 지오비오Paolo Giovio는 기록했다. "온순한 어린 양이 사나운 사자를 계승한 것으로 보였다…쉴레이만은 젊고 경험도 없었기 때문에…모두에게 고요한 휴식이 주어졌다." 셀림의 사망 소식을 접한 레오 10세 교황은 "로마 전역에서 호칭기도Litany를 비롯한 기도 소리가 울려 퍼지도록 명령했다."[6]

그들의 기쁨은 너무 성급했다. 왕위에 오른 쉴레이만은 이미 성인이었고, 여러 해 동안의 공직 수행과 소규모 통치를 통해서 술탄이라는 새로운 역할의 준비가 잘되어 있었다. 더욱이 그는—오스만 제국의 왕위 계승에서는 보기 드문 일로—아버지의 유일한 잠재적 후계자였다. 술탄에게는 여러 아들이 있을 수 있지만, 자동으로 아버지를 계승하도록 선호되는 아들은 없었고, 오직 한 아들만이 승리를 거둘 수 있었다. 그 결과는 오스만 제국의 잠재적 후계자들 사이에서 수년 심지어 수십 년 동안 이어질 수 있는 그늘지고, 기만적이고, 위험한 자리다툼이었다. 셀림은 왕위를 이어받았을 때 40세가 넘은 나이였고, 1512년 왕위 계승을 확실히 하기 위하여 신중하게 음모를 꾸미고 아버지를 축출하고 세 명의 형제와 여러 조카를 제거하면서 수십 년을 보냈다.

이러한 잠재적 후계자들 사이의 내부적 그림자 전쟁은 끊임없는 갈등의 근원이었고, 방대하고 강력한 제국 내부에 존재하는 모든 긴장의 초점이었다. 술탄이 사망하는 순간, 모든 단층선―술탄의 궁정과 변경의 영주, 전투로 단련된 예니체리와 궁정의 고관, 자유를 사랑하는 반유목민과 세금 징수원 사이의―이 터졌다. 이웃 국가들도 잘 알고 있는, 오스만 제국의 가장 큰 약점이 드러나는 순간이었다. 그러나 피를 보기를 마다하지 않는 셀림의 무자비함 덕분에 누가 그를 계승할지에는 의문의 여지가 없었다. 따라서 쉴레이만은 통치자의 죽음에 따르기 마련이었던 내전을 피하고 지루한 통합 과정을 생략할 수 있었다. 어렵지 않게 술탄의 역할을 맡은 그는, 새로운 통치자에게 기대되는 대로 예니체리에게 급료를 지급하고, 일을 시작했다.[7]

전해지는 기록은 다양한 형태를 취한다. 셀림은 냉철하고 공격적인 정복자였지만 백성의 사랑을 받지는 못했다. 쉴레이만의 첫 번째 의도는 그런 사람들의 반감을 바로잡는 것이었다. 즉위하고 얼마 지나지 않아 새로 획득된 시리아에서 이웃 페르시아의 이스마일 왕의 부추김을 받은 반란이 일어났을 때, 쉴레이만은 불필요한 유혈사태를 최소화하면서 반란을 일으킨 지방 총독과 잠재적 위험성이 있는 사파비 왕조 모두를 처리했다. 그는 셀림이 이스탄불로 강제 추방한 이집트의 유력 인사들을 풀어주고, 이란과의 자유 무역을 회복하고 투옥된 상인 다수를 석방했으며, 아버지의 관료 중 가장 인기가 없었던 카페르 베이Cafer Bey를 처형했다.

'흡혈귀'로 알려진 인물의 공개 처형으로 통치를 시작한 것은 공정한 통치자로 인정받기를 원하는 쉴레이만의 열망을 보여주는 강력한 메시지였다. "피할 수 없고 구속력 있는 운명과도 같은 나의 숭고한 계명은," 그는 즉위하고 얼마 후에 이집트 총독에게 보낸 서한에서 말했다. "부자와 빈자, 도시와 시골, 신민과 공물을 바치는 자 모두가 서둘러서 그대에게 복종해야 한다는 것이다. 토후emir든 수행자fakir든, 그러한 의무를 다하는 데 더딘 자가 있다면, 궁극적인 처벌을 가하기를 주저하지 말라." 쉴레이만의 말은, 사회에서 가장 고귀한 사람이라도 정의와 술탄의 명령에 거역하면 바로잡아야 한다는 것이었다.[8]

젊은 쉴레이만은 확고한 의지로 정의를 베풀면서 전쟁광인 아버지에게서 물려받았을 본능적 충동을 아직 나타내지 않았지만, 오스만 제국의 모든 통치자는 전쟁을 벌일 것으로 기대되었다. 예니체리는 바쁘게 유지되어야 했다. 시파히 기병은 소집되어 장비를 갖추고 전투에 나서야 했다. 오스만 제국은 여전히 다양하고 중요한 방식으로 정복을 중심으로 돌아갔다. 국가의 재정과 사회적 역학이 현실적으로 무력 충돌과 영토의 확장을 요구했다. 새로운 땅과 약탈이 정치적 질서의 주요 이해당사자들의 야심과 요구를 충족했다. 술탄은 다루기 힘든 유격대akincis와 변경의 침략군에게 할 일을 주어야 했다. 또한 지방의 총독과 예니체리 장교를 바쁘게 만들어야 했다. 술탄의 지위에 지워진 이념적 무게는 전쟁을 요구했고, 동포인 무슬림보다는 기독교도와의 전쟁이 더 바람직했다.

베오그라드와 로도스

이스탄불을 떠나는 도로의 판석 위에서 끊임없이 쿵쿵대는 철 말발굽과 무거운 군홧발 소리에 진군의 나팔과 북소리가 묻혔다. 아나톨리아, 트라키아, 그리고 그리스 지역에서 온 시파히 기병이 선두에 섰다. 그들의 허리띠에는 강력한 리커브 활의 화살이 가득한 장식된 화살통과 초승달 모양으로 구부러진 검이 매달려 있었다. 시파히 기병 뒤에는 앞면이 평평한 높은 모자를 쓰고, 긴 화승총과 흉포한 장병기를 든 예니체리가 있었다. 이들이 술탄의 군대의 핵심이었다. 기습 기병대, 작고 빠른 말을 탄 유격대, 징집되거나 자원한 보병, 도끼와 방패를 든 아자브azabs인의 무리가 그 뒤를 따랐다. 한가운데에는 귀중한 보석과 이국적인 깃털로 장식된 무거운 흰색 터번을 쓰고 거대한 말에 오른 쉴레이만이 있었다. 1521년 2월 6일의 쌀쌀한 이른 아침 햇살이 강철 갑옷, 드러난 칼날, 그리고 이날을 위하여 빛이 나도록 광택을 낸 대포 포신에서 반사되었다. 진군하는 오스만 제국 전쟁 기계의 무시무시한 모습은 의도된 것이었다. 술탄과 조언자들은 지켜보는 스파이와 대사들이 보고서를 작성하여 서유럽의 통치자들에게 보낼 것을 알았다. 그 메시지는 크고도 명확해야 했다.

왕위에 오른 쉴레이만은 헝가리의 젊은 왕 루이 2세Louis II에게 사절을 보내 평화의 대가로 공물을 요구했다. 전해지는 이야기는 다양하다. 오스만 제국의 사절은 귀와 코를 베인 채로, 또는 완전히 죽은 채로 돌아왔다. 어느 쪽이든 쉴레이만은 전쟁을 위한 구실을 확보했다.

그렇지 않더라도 헝가리와의 전쟁은 불가피했다. 헝가리는 불안정한 발칸반도에서 오스만 제국의 영토와 국경을 맞댄 기독교 왕국이었다. 두 나라는 한 세기가 넘는 분쟁을 겪었다. 그렇지만 헝가리는 강력한 왕 마티아스 코르비누스_{Matthias Corvinus}가 중부 유럽을 지배했던 15세기 후반의 전성기가 한참 지난 쇠락한 국가였다. 루이 2세는 열다섯 살 먹은 소년에 불과했고, 헝가리의 강력한 귀족들은 국가의 재정을 고갈시키고 왕국의 군사적·재정적 역량의 상당 부분을 파괴했다. 공격하기에 이보다 더 좋은 기회는 없을 것이었다.

쉴레이만은 곧바로 헝가리로 쳐들어가기보다는, 오늘날 세르비아의 수도인 남쪽의 베오그라드 요새로 눈을 돌렸다. 오스만 제국의 통치자들은 오랫동안 그 도시를 표적으로 삼아왔다. 위대한 술탄 메흐메트 2세조차도, 1456년에 헝가리와 서쪽에서 온 십자군의 연합군에 참패하여, 베오그라드의 위압적인 성벽 밖에서 죽음을 맞을 뻔했었다. 메흐메트는 간신히 탈출하여 목숨을 건졌지만, 1521년의 헝가리는 1456년처럼 적에게 위압감을 주는 국가와는 거리가 멀었다. 쉴레이만의 제국은 정복자 메흐메트의 제국이 아니었다. 시대가 변했고, 이번 전쟁의 결과 또한 이전과는 다를 것이었다.

쉴레이만은 7월의 더위 속에서, 오스만 제국에 항복하기를 거부했던 헝가리 요새 수비대원들의 창끝에 꿰어진 머리가 그림자를 드리우는 길을 따라, 세르비아를 거쳐서 베오그라드로 향했다. 그달의 마지막 날, 그는 자신의 군대가 몇 주 동안 포위전을 준비하고 있는 도시의 성벽 외곽에 도착했다. 공성전에 관한 한, 유럽의 어떤 나라도 오스만 제국의 적수가 될 수 없었다. 우박처럼 쏟아지는 끊임없는 포격, 성벽의 수비군을 저격하는 예니체리, 참호와 지하 갱도를 파는 삽과 곡괭이 소리, 잠재적 약점을 노린 되풀이되는 공격. 오스만 제국 군대는 도시의 성벽을 방어하는 수비군에게, 성채가 무너지거나 수비군이 항복할 때까지, 지속적으로 압박을 가했다. 그들의 방식은 경쟁자들이 흉내 낼 수 있는 수준을 멀리 넘어서는 것이었다. 베오그라드의 경우에는 몇 번의 예비 공격과 한 달 동안의 맹렬한 포격에 이어진 대규모 굴착 작업이 성곽의 탑을 무너뜨렸다. 도시의 세르비아 출신 수비군은 1521년 8월 말에 항복했지만, 저항을 계속한 헝가리인은 마지막 한 사람까지 학살되었다. 베오그라드를 수중에 넣음에 따라 쉴레이만이 중부 유럽으로 가는 길이 열렸다.[9]

1522년 봄에 쉴레이만은, 베네치아의 사절에게 수송의 편의를 위하여 포대를 베오그라드에 남겨두었다는 말까지 하면서 헝가리에 대한 새로운 전투를 암시했지만, 실제로는 다음 해의 다른 목표를 정해두고 있었다. 바로 여러 세대에 걸쳐서 이슬람 세계의 측면에 박힌 아픈 가시였던, 구호기사단의 사령부 로도스Rhodes 섬이었다. 사망하기 직전인 1480년에 로도스 정복을 시도했던 메흐메트 2세조차도 견고한 요새에 주둔한 지략이 풍부하고 잘 훈련된 기사단을 당해내지 못했었다.

기사단은 위풍당당한 요새와 보호된 항구에서 잘 무장된 빠른 갤리선을 내보내 동지중해를 항해하는 선박들을 습격했다. 십자군 전쟁이 끝난 뒤에도 오랫동안 질서를 유지하기 위하여 서방의 독실한 기독교인들이 보내는 기부금과 함께, 포로와 전리품이 로도스로 쏟아져 들어왔다. 해상에서 벌어지는 구호기사단의 성전은 교역을 방해하고 메카로 가는 순례길을 위험에 빠뜨려서 무슬림 세계의 통치자들을 당혹스럽게 했다.

더욱 당혹스럽고 위험한 것은 기사단이 오스만 제국의 미묘한 정치 상황을 파악한 노련한 감시자라는 사실이었다. 과거 1480년대에 바예지드 2세의 동생 셈Cem 왕자가 유럽의 기독교 국가로 탈출한 것도 그들의 개입 덕분이었다. 그가 기독교 세력의 지원을 등에 업고 오스만 제국으로 돌아올 가능성만으로도 바예지드가 서방에 대한 전쟁을 시작하는 것을 막기에 충분한 위협이 되었다.

쉴레이만은 증조부가 실패한 일을 성공시켜서 현실적이고 잠재적인 위협을 완전히 끝장내기로 결심했다. 베오그라드를 점령한 후에는, 서쪽으로부터 지원이 오지 못할 것이 분명했다. 신성로마제국 황제이자 스페인의 국왕인 카를 5세는 이탈리아 전쟁으로 바빴다. 기사단을 돕겠다고 약속했지만 금세 약속을 어긴 프랑스의 프랑수아 1세도 마찬가지였다. 교황에게는 멀리 동쪽에서 벌어지는 전투에 전념할 자원이 없었다. 구호기사단은 자력으로 버텨야 했다. 그러나 수십 년 동안 잘못된 통치에 시달리고 내부적 갈등으로 분열된, 무질서한 헝가리인과는 달리 구호기사단과 그들의 거점인 로도스 섬은 수 세기 동안 여러 단계를 거쳐서 구축되고, 화약기술과 방어공학이 함께 발전함에 따라 반복적으로 업데이트된 최첨단 군사 요새였다.

10만에 달하는 병력을 지휘하기 위하여 1522년 7월 28일에 로도스 섬에 도착한 쉴레이만은 즉시 가공할만한 장애물에 직면했다. 다각형 방어벽 뒤로는 원형 총포구가 설치된 둥근 탑이 솟아 있었고, 외부 방어탑은 대포가 즐비하고 두께가 12미터에 달하는 곳도 있는 주 성벽에 연결되어 있었다. 취약한 석조 구조물 앞에는 토성이 설치되어 대포 공격의 충격을 흡수했다. 각진 보루는 넓은 석조 도랑을 내려다보았고, 그 앞에는 글라시glacis라는 흙벽을 앞세운 더 넓고 불편한 도랑이 또 하나 있었다. 설사 공격군이 쏟아지는 포탄, 총탄, 그리고 석궁 화살을 견디고 이들 도랑까지 오더라도, 숙련된 전문적 병사가 배치된 높은 석조 장애물을 올려다보아야 했다. 더욱이 4킬로미터의 토벽은 안쪽으로 구부러져서, 돌출된 탑에서 주 요새에 도달한 불운한 공격자를 향해 포격과 총격으로 측면 공격을 가할 수 있었다. 구호기사단은 로도스 요새를, 겹겹이 덫에 걸린 포위 공격군이 피를 쏟게 되는 죽음의 함정으로 만들었다.[10]

수십만 병사와 노동자, 그리고 대포를 실은 수백 척의 선박과 함께 로도스의 바위투성이 해변에 발을 디딘 쉴레이만에게는 이중 어느 것도 미스터리가 아니었다. 그는 로도스를 점령하는 데 시간, 자원, 그리고 무수한 목숨이 필요할 것을 알았다. 기사단은 줄기차게 이어지는 공격을 격퇴하고, 지뢰로 파괴된 성벽을 보수하고, 오스만군의 끊임없는 포격을 견뎌냈다. 술탄의 병사 수천 명이 성벽에 대한 무익한 공격에서, 지난번보다 더 피투성이가 되어 쓰러졌다. 11월 30일의 마지막 공격은 세상의 종말이 온 것 같은 폭풍우 속에서 이루어졌고, 물에 잠긴 도랑을 오스만 병사의 시체로 가득 채웠다.

그러나 오스만군에 못지않은 피해를 입은 기사단은, 몇 차례의 결정적이지 않은 충돌이 있은 뒤에, 항복 제안을 받아들였다. 항복의 조건은 그런대로 관대했다. 인질 몇 명을 남겨두는 것 외에, 기사단은 어디든 원하는 대로 자유롭게 갈 수 있었다. 갑옷을 걸친 기사단의 단장인 빌리에 드 릴라당Villiers de l'Isle Adam은 최고의 기사 18명을 선택하고 술탄을 만나기 위해서 걸어 나갔다. 그는 술탄의 손에 입을 맞췄고, 두 사람은 길고 가슴 아픈 침묵을 교환했다.

"그 남자를 자기 궁전에서 쫓아낸 일이 정말로 가슴 아프다." 나중에 쉴레이만은 자신의 수상에게 말했다. 빌리에 역시 쉴레이만이 "진정한 의미의 기사였다"고 말했다.

구호기사단은 1523년 1월 1일에 영원히 로도스 섬을 떠났다. 쉴레이만은 비록 끔찍한 대가를 치르기는 했지만 승리를 거두었다. 이 포위 공격은 베오그라드에서의 손쉬운 승리보다 오스만 제국의 역량을 훨씬 더 정확하게 보여주었다. 유럽에서 그렇게 많은 병사, 대규모의 지원 함대, 그리고 수백 대의 대포를 동원하고, 항전 의지가 확고한 적에 맞서서 수만 명의 사상자를 내면서 5개월 이상의 전투를 벌일 수 있는 국가는 없었다. 카를 5세나 프랑수아 1세가 같은 일을 시도했다면 틀림없이 파산이라는 재앙으로 이어졌을 것이다. 그러나 쉴레이만은 다른 사람이 실패했을 일에서 성공을 거두었다.

▌모하치

마르틴 루터의 종교개혁이 기독교 세계의 사회적·종교적 구조를 찢어발기고, 왕자와 왕들이 팜플로나Pamplona에서 밀라노와 피카르디로 뻗어 나간 일련의 전투로 서로의 자원을 고갈시키는 동안에, 쉴레이만은 지켜보면서 기다렸다. 로도스 포위 공격의 값비싼 대가는 그의 방대한 자원조차도 한계점에 이르게 했고, 다시 원정에 나설 준비를 갖추는 데 시간이 필요했다. 문제를 더욱 복잡하게 만든 것은, 그가 가장 신뢰한 신하의 한 사람이 이집트에서 반란을 일으켜, 술탄이 질서를 회복하기 전에, 이 부유하고 소중한 지역을 제국에서 분리하는 데 성공할 뻔한 일이었다. 쉴레이만이 크게 의지할 수밖에 없었던 새로운 수상, 이브라힘 파샤Ibrahim Pasha라는 그리스 출신 노예는 술탄의 가장 가까운 친구이자 재능이 탁월한 인물이었다. 이브라힘 파샤의 부상과 급격한 추락의 이야기는 그 자체로도 한 편의 영웅전이 될 수 있지만, 우선은 그토록 유능한 부하의 도움을 받을 수 있었던 것이 쉴레이만에게 축복이었다고 말할 수 있다.

쉴레이만은 당분간 서쪽을 향한 전투를 계획하지 않았다. 오히려 그는 페르시아의 사파비 왕조를 창시한 이스마일 왕이 방탕과 실의로 37세의 젊은 나이에 사망하고 타흐마스프Tahmasp라는 열 살 먹은 아들을 후계자로 남긴 동쪽을 염두에 두고 있었다. 쉴레이만은 새로운 왕Shah에게 위협적인 서한을 보냈다. "나는 타브리즈Tabriz와 아제르바이잔Azerbaijan에 맞서서 무기를 들고 이란과 투란Turan, 사마르칸트와 호라산Khorasan에 천막을 치기로 결정했다…그대가 내 문 앞에 와서 신의 사랑에 의지하여 한 조각의 빵을 청하기를 원한다면, 나는 기꺼이 의무를 다할 것이며 그대의 나라는 아무것도 잃지 않을 것이다.…나는 보이는 곳에 그대를 잡아둠으로써, 신의 은총으로 그대가 세상에 끼치는 해악을 제거할 것이다."[11]

타마스프와 페르시아에는 다행스럽게도, 1525년 2월의 파비아 전투에서 프랑스가 참패함으로써 서쪽에 더 유망한 전략적 지평선이 열렸다. 프랑스의 프랑수아 1세 국왕은 전투 중에 포로가 되었고, 그의 왕국은 스페인 국왕이며 신성로마제국 황제인 카를 5세와의 계속되는 싸움에서 동맹군이 절실하게 필요했다. 그 누가 스페인에서 나폴리와 중부 유럽까지 뻗어 있는 카를 5세의 광대한 영토를 침범할 힘을 가진 오스만 제국의 최고 통치자보다 귀중한 동맹군이 될 수 있을까? 도움을 청하는 메시지를 휴대한 두 명의 사신 중 한 사람은 보스니아에서 살해되었지만, 다른 사람은 이스탄불에 도착하여 술탄에게 상당히 좋은 인상을 주었다. 쉴레이만은 그 보답으로 투옥된 프랑수아에게 "용기를 가지고 상심하지 말라"는 서한을 보내서 희망을 제시했다. 오스만 제국이 카를 5세에 맞서는 전쟁에 나설 것이었다.[12]

예니체리에게는 전쟁이 필요했다. 1525년 3월에 이스탄불에서 한동안 전투가 없이 막사에 머무르게 된 그들은 안절부절못하는 상황에서 난동을 일으켰다. 쉴레이만은 몇몇 장교와 주동자를 처형한 후에 나머지 병사들에게 거액의 현금을 안겨주면서 잠시나마 소동을 가라앉혔다. 하지만 그것은 단기적인 해결책이었고, 쉴레이만은 그들을 새로운 프로젝트에 투입할 필요가 있었다. 그 프로젝트는 오스만 제국과 카를의 신성로마제국 영토의 부드러운 아랫배 사이에 마지막으로 남아 있는, 헝가리의 정복이 될 것이었다. 헝가리 너머에는 합스부르크 왕조의 본거지인 비엔나와 오스트리아가 있었다. 헝가리와 오스트리아를 점령할 수 있다면, 쉴레이만의 통치가 다뉴브강에서 라인강까지 확장될 수 있었다. 그런 프로젝트는 예니체리를 오랫동안 바쁘게 만들 것이었다.

헝가리 국왕 루이 2세는, 5년 전에 쉴레이만이 베오그라드로 진군했을 때와 다름없이, 1526년 봄에 오스만 제국의 침략을 격퇴할 능력이 없었다. 너무 일찍 백발이 된 젊은 루이—그는 1526년의 전투가 진행되는 동안에 스무 살이 되었다—는 무슬림 적수의 위압적인 그림자 속에서 평소보다 더욱 창백하고 허약해 보였다. 루이는 처남인 카를 5세에게 도움을 청했지만, 프랑수아 1세의 유럽 연합군과 맞서고 있었던 카를 5세는 아무런 도움도 제공할 수 없었다. 그의 다른 처남, 오스트리아의 대공이며 카를 5세의 동생인 페르디난드는 신성로마제국 의회에 자금과 병력 지원을 간청했지만, 의회는 머뭇적대면서 아무것도 보내지 않았다. 침략을 물리칠 군대의 핵심인 헝가리의 귀족들은 전투로 단련된 오스만의 전쟁 기계와 맞설 의지가 없었다. 더욱 우려스러운 것은, 헝가리의 엘리트 계층이 이전 세대와 마찬가지로 지저분한 정치적 다툼을 벌이는 상황에서, 진격해 오는 오스만 제국에 맞설 연합전선을 형성하기가 불가능하다는 사실이었다.[13]

적어도 일부 헝가리인에게는 싸우려는 의지가 있었다. 그들은 모하치 평원을 전장으로 선택했다. 모하치 평원은 오스만군의 진격로에 있고, 흩어져 있는 헝가리군이 집결하기에 편리하며 방어군이 다수를 보유한 기병이 활동하기 좋은 곳이었다. 1526년 8월 28일 저녁에 도착한 오스만 제국군은 평원의 경계를 이루는 습지와 덤불을 사이에 두고 헝가리군과 대치했다. 약 5만 명의 유능한 병사로 구성된 오스만군의 병력은 헝가리가 전장에 투입한 병력의 대략 두 배였고, 대포와 총기의 화력도 상당히 우월했다. 그에 반해서 헝가리군에는 다수의 중무장 중기병이 있었는데, 이들 중세 기사의 후예가 시대에 뒤떨어진 것은 아니었지만, 근대의 전장은 그들이 전문 보병 및 대포와 함께 사용될 것을 요구했다. 오스만군에 비해서 헝가리군에는 그런 요소가 매우 부족했다.

헝가리군이 방어선 뒤에 진을 치고 준비된 장소로 오스만군이 돌격해 오도록 했다면, 병력 수와 구성의 불리한 점이 치명적이지 않았을 수도 있다. 오스만군이 습지를 헤치고 모하치 평원으로 나오려 애쓰는 동안에 즉시 공격을 가했다면, 침략자들을 조각내어 격파했을지도 모른다. 그 대신에 헝가리군은 오스만군을 기다렸다. 헝가리군이 침략자를 저지하려는 움직임을 시작하기 전에 이미 오스만군의 3분의 1이 전장에 배치되었다. 그렇지만 헝가리군은 공격하기에 적절한 순간을 선택했다. 이미 이른 오후가 된 시간이었고, 배치된 오스만군은 헝가리군이 움직이지 않을 것으로 생각했다. 나머지 병력이 합류하기 전에 선발대를 격파하려 한 헝가리군은 오스만군의 예상이 틀렸음을 입증했다.

이는 매우 훌륭한 계획이었다. 철갑으로 보호된 말에 오른 중기병의 물결이 대오를 갖추지 못한 왼쪽 측면에 충돌하여 오스만군을 혼란에 빠뜨렸다. 헝가리군에게는 불행하게도, 쉴레이만에게는 예니체리와 대포의 지원군이 있었다. 쉴레이만은 며칠 동안 내린 비로 진흙탕이 된 가파른 비탈길을 내려오면서 전장의 상황을 파악했다. 그는 울부짖으며 쫓겨 오는 자신의 선발대를 헝가리 중기병이 맹렬히 추격하는 광경을 보았다. 말발굽 소리가 천둥처럼 울렸다. 비명과 고함 소리, 강철이 서로 부딪히는 소리, 칼날이 살을 파고드는 소리, 화승총과 대포의 굉음이 습하고 무거운 여름 공기를 갈랐다. 화승총의 도화선에서 피어오른 연기가 돌격해 오는 헝가리군을 겨냥하는 예니체리의 콧수염 기른 얼굴을 가렸다. 포병은 대포를 제 위치로 끌고 와서, 포탄과 화약을 포신에 쑤셔 넣고, 헝가리 중기병의 무리를 겨냥했다.

쉴레이만의 세계가 흰색 연기의 잔물결 속에서 폭발했다. 무거운 화승총탄이 강철 갑옷을 관통했다. 포탄이 말의 배를 갈랐다. 화승총을 다시 장전한 예니체리는 그들 앞으로 달려드는 헝가리 중기병에게 서너 번의 일제 사격을 퍼부었다. 납과 철의 소나기에서 용케 살아남은 일단의 기사가 쉴레이만 자신을 목표로 달려들었다. 술탄은 그들이 접근하는 것을 볼 수 있었다. 화살, 총탄, 칼날이 그들의 갑옷에 부딪히는 소리가 들렸다. 절망적이고 혼란스러운 아수라장에서 날카로운 창끝이 쉴레이만의 흉갑을 튕겨 나갔다. 술탄의 경호병들이 달려들어 공격자가 탄 말의 다리를 자르고 기수를 땅바닥으로 끌어 내려 칼과 단검으로 마무리했다.

전에도 오스만 제국 군대와 충돌한 경험이 있는 노련한 용병이 다수인 헝가리 보병이 기병의 뒤를 따랐지만, 오스만군의 예니체리와 총포대를 통과할 수는 없었다. 그들은 싸움터 한가운데에 갇혔고 앞섰던 중기병은 총격으로 분쇄되었다. 오스만군은 세 방향에서 헝가리 보병을 포위하고 거의 마지막 한 사람까지 사살했다. "방패는 장미의 심장처럼 갈라지고, 투구는 장미 봉우리의 입술처럼 피로 가득 찼다. 보라색 구름처럼 피어오른 피의 안개는 승리의 약혼자 머리 위의 장밋빛 하늘 같았다." 전투에 참가한 오스만 제국의 역사가 케말파사드제Kemalpasadze는 당시의 상황을 시적으로 묘사했다.[14]

밤이 되면서 소수의 가련한 생존자―루이 왕도 그중에 있었다

—가 살길을 찾아 후퇴했다. 스무 살 난 왕은 탈출에 성공할 뻔했지만, 도랑을 건너던 그의 말이 발이 걸려 넘어지는 바람에 그 밑에 깔렸다. 루이는 물에 빠져 죽었고, 헝가리 독립 왕국도 그와 함께 사망했다.

전투가 끝난 뒤의 상황은 참혹했다. 수천 구의 시체가 모하치 평원에 널려 있었다. 2,000명은 오스만군의 포로가 되었다. 이들 후줄근한 생존자들은 곧 사형집행인을 만났고, 그들의 머리는 쉴레이만의 붉은 천막 앞에서 창끝에 꿰이거나 임시 피라미드로 쌓이는 운명을 맞았다.

며칠 동안 폭우가 쏟아진 뒤에 이동을 시작한 오스만군은 헝가리의 수도 부다를 점령했다. 왕국의 작은 조각만이 오스만 제국의 통제 밖에 남게 되었다. 이제 술탄의 통치는 나일강에서 헝가리 대평원을 가로질러 오스트리아와 중부 유럽의 문 앞까지 와 있었다.

▌ 비엔나

쉴레이만의 다음 단계는 모하치 전투의 승리보다 훨씬 더 어려울 터였다. 그의 궁극적인 적수는 항상 스페인 국왕, 신성로마제국 황제, 부르고뉴 대공이며 합스부르크 왕조의 실질적 수장인 카를 5세였다. 카를의 동생이며 오스트리아의 대공이자 카린시아Carinthia, 스티리아Styria, 그리고 이제는 오스만 제국이 장악한 헝가리와 접경하는 티롤 지역의 통치자가 된 페르디난드에게는 비어 있는 왕위 몇 개를 더 차지하여 기존의 영토를 확장하려는 야심이 있었다. 매부인 루이 2세가 사망함에 따라 그런 기회가 열렸다. 보헤미아 의회가 페르디난드를 왕으로 선출함에 따라 루이의 두 왕좌 중 하나가 합스부르크 가문으로 넘어오게 되었지만, 완고한 헝가리인의 대다수는 외국의 왕자보다 트란실바니아의 유력자 자폴리아Zápolya를 선호했다.

그렇다고 해서 페르디난드가 자신의 주장을 펼치면서, 독일의 전문 용병으로 구성된 군대를 이끌고 헝가리로 진격하여 왕국 일부를 점령하는 것을 막지는 못했다. 도움을 찾아다닌 자폴리아는, 탐욕스럽고 야심에 찬 합스부르크 왕조보다 힘이 약한 헝가리의 유력자를 이웃에 두는 쪽을 훨씬 선호한, 쉴레이만의 도움을 얻게 되었다. 제국의 위신과 강대국 정치의 관점에서 쉴레이만은 언제나 합스부르크가와의 충돌이 다가오고 있음을 알았다. 이제 그 충돌이 현실이 되기 직전이었다.

모하치 전투 이후 몇 년 동안, 쉴레이만은 페르디난드와 자폴리아의 다툼을 옆에서 지켜보고 있었다. 그는 아나톨리아에서 일어난 몇 차례 반란을 처리해야 했고, 통치 초기의 전투로 인하여 돈과 인력이 고갈된 상태였다. 더욱이 중부 유럽의 심장으로 들어가 비엔나의 성문을 향하는 전투는, 오스만 제국조차도 한계점으로 밀어붙일 수 있는 병참의 난제를 제시했다.

비엔나처럼 요새화된 도시를 점령할 수 있는 군대는 규모가 커야 했다. 심지어 1526년에 쉴레이만이 헝가리로 이끌었던 군대보다도. 포위전을 위해서는 병력과 장비 외에도 대포, 화승총, 그리고 지뢰를 위한 화약, 대포를 위한 철과 돌 포탄, 병사와 노동자를 위한 식량, 수천 마리의 말과 짐을 나르는 짐승을 위한 사료를 대량으로 비축해야 했다. 그 모든 것이 천 마일 이상 떨어진 이스탄불에서 산맥과 큰 강을 포함하는 험한 지형을 통과하여 운송되어야 할 것이었다. 필요한 보급물자 일부는 비엔나에서 가까운 오스만 제국 영토—세르비아, 보스니아, 그리고 헝가리의 점령된 지역—에서 조달할 수 있었지만, 필요한 물량을 확보하고 배송을 관리하는 일은 여전히 어려운 문제였다. 그 모든 것으로는 어려움이 충분치 않다는 듯이, 시간 또한 까다로운 요소였다. 겨울을 나면서 포위전을 벌이는 일은 불가능했으므로, 작전이 가능한 기간이 믿기 힘들 정도로 짧았다. 너무 일찍 출발하면 보급물자와 병력을 배치할 준비가 미흡할 것이고, 너무 늦게 출발하면 비엔나에 적절한 포위 공격을 가할 시간이 충분치 않을 것이었다.

쉴레이만이 이끄는 대군은 1529년 5월 10일에 이스탄불을 떠났다. 수천 명의 예니체리, 지방에서 온 시파히 기병의 행렬, 수백 대의 대포, 그리고 셀 수 없을 정도로 많은 유격대와 지원 부대. 그러나 출발과 거의 동시에 변덕스러운 날씨가, 그 어떤 적이라도 가능하지 않았을 방식으로, 술탄의 군대가 진군하는 속도를 늦췄다. 군대의 진로를 강타한 빗줄기로 다리가 떠내려가고, 막사가 물에 잠기고, 도로가 엉망진창의 진흙탕으로 변했다. 베오그라드에 도착하는데만 예정보다 한 달이 지체되어 꼬박 두 달이 걸렸다. 쉴레이만은 9월 27일이 되어서야 비엔나에 도착했다. 끊임없이 쏟아지는 폭우로 진창에 빠지면서 예정보다 늦어진 대형 공성포는 그보다 훨씬 뒤에 도착했다.

설사 조건이 완벽했더라도, 비엔나는 위압적인 장애물이었다.

오스만 제국의 공격을 충분히 예상한 오스트리아군은 중세의 성벽을 포격에 더 잘 견딜 수 있도록 보강했다. 그들은 또한 방어용 도랑을 치우고 깊이를 늘리고, 72문의 대포와 수천 명의 소총수에게 명확한 사계를 제공하기 위하여 성벽 밖에 있는 수백 채의 가옥을 무너뜨렸다. 피로 물든 이탈리아의 전쟁터에서 방금 돌아온 노련한 독일 용병과 전투로 단련된 스페인 화승총병이 수천 명의 현지 병력과 함께 수비군을 형성했다. 페르디난드는 고령이지만 뛰어난 군인을 방어전의 지휘관으로 임명했다. 플랑드르에서 스위스와 롬바르디아에 이르는 전장에서 50년이 넘는 경험을 쌓은 니콜라스 폰 살름 Nicholas von Salm 백작은 자신이 할 일을 잘 알고 있었다.

쉴레이만은 비엔나에서 3~4마일 떨어진 산비탈에 설치된 붉고 화려한 천막에서 전투의 상황을 지켜보았다. 큰 대포를 뒤에 남겨둔 술탄의 병사들은 성벽 밑으로 땅을 파서 돌파하려 했지만 작은 구멍을 만들어내는 데 그쳤다. 작은 대포로는 강화된 방어물을 부술 수 없었다. 줄기차게 쏟아지는 빗줄기가 오스만군의 막사를 때렸다. 밤에는 때 이른 서리가 내리는 추위에 시달렸다. 수비군은 완강하게 버티고 오스만군의 사기는 돌이킬 수 없을 정도로 곤두박질쳤다. 흉벽을 넘어서는 첫 번째 병사에게 엄청난 금액의 황금이 포상금으로 제시된 마지막 공격도 이전보다 더 많은 사상자를 내고 실패로 끝났다. 수비군에게 별로 인상적이지 못한 힘을 보여준, 알바니아와 그리스에서 온 예니체리, 아나톨리아 구릉지대에서 온 시파히, 그리고 보스니아 유격대의 시체가 비엔나 성벽 밖 들판에 널려 있었다.

마침내 쉴레이만은 퇴각을 명령했다. 그에게는 사실상 선택의 여지가 없었다. 나빴던 날씨는 더 악화하고 있었다. 반란을 일으킬 지경인 예니체리가 다른 병사들보다 더 나은 분위기였다. 막사를 불태우고 고향으로 출발하는 쉴레이만과 이브라힘 파샤는 승리를 선언했지만, 전투의 결과에는 의심의 여지가 없었다. 정점에 도달한 오스만 제국에는 내리막길만 남아 있었다.[15]

오스만 방식

한편으로, 비엔나 포위전은 오스만 제국의 정점이었다. 오스만 침략자들은 포로를 잡고 마을을 불태우면서 북부 이탈리아에서 보헤미아까지 난장판을 초래했지만, 비엔나의 실패가 완전한 정복의 위협을 무디게 했다. 헝가리 요새의 포위전으로 너무 지체된 1532년의 두 번째 공격 시도에서 쉴레이만은 비엔나까지 가지도 못했다.

다른 한편으로, 1529년의 좌절은 오스만 제국의 관심을 훨씬 더 실행 가능한 (그리고 훨씬 더 걱정스러운) 다른 방향으로 돌렸다. 기독교 국가들의 정치에 대한 오스만 제국의 개입을 심화하고, 카를 5세와 동생 페르디난드에 맞선 프랑스와 동맹을 맺기에 이르렀다. 지중해 지역은 쉴레이만과 후계자들이 스페인과 동맹국들의 세력과 맞서는 수십 년 동안 이어진 분쟁의 장이 되었다. 하이레딘 바르바로사 Hayreddin Barbarossa를 비롯한 북아프리카의 해적과 맺은 동맹은 이탈리아와 스페인의 해안을 교전 지역으로 바꿔놓았다. 무슬림 세계에서도 기회가 손짓을 보냈다. 사파비 왕조와 벌인 일련의 전투로 바그다드, 남부 메소포타미아, 티그리스와 유프라테스강 하구, 그리고 페르시아만의 해안 지역이 술탄의 영토에 추가되었다. 이 방향에 대한 관심이 커짐에 따라 오스만 제국 해군은, 광대하고 수익성 높은 해상 무역의 패권을 놓고 신참자들이 포르투갈인과 충돌하던 인도양으로 진출했다. 오스만 제국은 유럽인 못지않게 탐사의 시대에 참여한, 유라시아에 있는 제국의 영역 너머로 뻗어 나간 세계의 신참자였다.[16]

쉴레이만의 제국은 동시대 국가들에게 무적은 아니었다. 술탄은 징기스칸이나 그에 앞선 티무르Timur의 전통을 이어서 세계 정복을 이루지 못했다. 그러나 그의 오스만 제국은 당시에, 다른 국가들과는 격차가 있는 가장 강력한 국가였다. 쉴레이만은 1542년과 1544년 사이에 오스만 제국의 작전 범위 가장자리에서 벌어진, 그들에게 훨씬 더 가까운 곳에서 맞선 두 번째 실제적 충돌에서, 합스부르크 왕조—경쟁의 측면에서 유일하게 진정한 경쟁자였던—에 굴욕을 안겼다.

이중 어느 것도 우연이나 전적으로 우발적인 결과가 아니었다. 대신에, 당시 오스만 제국의 우월성은 여러 세대에 걸친 헌신적인 통치자와 유능한 부하들이 마련한 확고한 관행과 구조적 기반에서 자라난 것이었다. 오스만 제국의 국가 건설 과정은 경쟁하는 기독교 국가들과는 매우 다른 선례를 따라 진행되었고 크게 다른 형태를 취했다. 하지만 근본적으로 다른 과정은 아니었다. 목표는 중앙 집중을 통해서 통치자에게 더 많은 권력을 부여하는 것이었고, 통치자는 세금 징수, 관료 기구, 그리고 군사적 역량을 통해서 그러한 권력을 행사했다. 그러나 쉴레이만의 시대에 강력했던 (그리고 18세기까지 초강대국으로 남아 있었던) 오스만 제국의 미래에 나타난 약점 또한 당시의 바로 그 효율성에서 자라났다. 쉴레이만이 통치한 기간은 황금시대이자 전환기였고, 이후 술탄의 후계자들에게는 오스만 제국과 경쟁국가 사이의 구조적 차이가 덜 돋보였다.

쉴레이만이 물려받은 오스만 제국은 기본적으로 정복과 영토의확장을 중심으로 돌아가는 국가였다. 찰스 틸리가 서유럽의 상황을 언급한, "전쟁이 국가를 만들고 국가가 전쟁을 만들었다"는, 유명한 말은 유럽 못지않게 오스만 제국에도 해당되었다. 오히려 오스만 제국에는 더 직접적인 연결고리가 있었다. 정복의 과실인 약탈과 노예가 국가 기구의 운영과 미래의 전쟁을 위한 재원이 되었다. 새로 획득된 영토는 더 많은, 국가로부터 티마르timar라는 토지 소유권을 부여받고 오스만 제국 군대의 근간을 이루는 시파히 기병을 낳았다. 서유럽의 봉토와 달리, 티마르는 세습되지 않고 소유자가 사망하면 국가에 반환되었다. 새로 정복된 기독교인에게는 데브시르메, 즉 술탄의 궁정과 예니체리에 유능한 신규 인력을 제공하는 인적 의무가 부과되었다. 오스만 제국이 관할하는 모든 토지는 병사의 모집, 곡물, 가축, 목재, 금속 또는 무엇이든 단일한 전투나 장기적 분쟁에 필요하다고 여겨지는 자원을 조달하기 위하여 활용될 수 있었다. 이동하는 오스만 군대는 자국의 백성을 약탈하는 대신에 복잡한 병참 체계에 의존하는 것이 보통이었다. 쉴레이만의 일기에는 이런 특정한 범죄를 저지른 예니체리를 참수한 사례가 여러 차례 언급된다.

간단히 말해서, 성공적인 정복은 오스만 제국이 더 효율적이고 규모가 큰 전쟁을 벌일 수 있는 수단, 즉 더 많은 병사와 자원, 더 큰 국가적 역량, 그리고 국가적 이익을 창출했다. 폭압적이거나 부실

함과는 거리가 멀었던 오스만 제국의 과세제도는 대단히 효율적이었고, 관료적 전문가에 의하여 대체로 잘 관리되었다. 지역의 관리는 정기적으로 관할 지역의 세금 등록부를 갱신했다. 무슬림이 아닌 백성이 내야 했던 지즈야jizya라는 인두세는 제국의 가장 큰 수입원이었다. 모든 농민이 대개 지역의 티마르 소유자에게 세금을 내야 했다. 다른 지역에서는, 부유한 상인들이 자본을 분담한 컨소시엄이 특정 지역이나 산물에 대한 과세권을 사들여서 국가에 현금을 제공하도록, 세금징수 업무가 지역의 전문가에게 위임되는 경우도 있었다. 국가의 관료는 이들 세금 징수 청부인들을 면밀하게 관리하고 정기적으로 부정행위를 처벌했으며, 그들이 빚진 금액에 대한 정보를 갱신하고, 재정적 침체를 막기 위하여 몇 년에 한 번씩 계약을 갱신했다. 광업과 소금 같은 특화된 자원은 또 다른 중요한 수입원이었다. 이 모든 것이 술탄에게 더 많은 정복에 나설 수 있는 거액의 현금을 제공했다.

끊임없이 무일푼 상태에 빠지는 기독교도 경쟁자들과 달리 막대한 세금, 공물, 그리고 약탈물이 국가의 금고로 흘러들어오는 쉴레이만은 일상적으로 재정 흑자를 누렸다. 예를 들어 1527~28년에는 실제로 국고가 넘쳐났다. 그해의 잉여금은, 대략 235만 두카트에 해당하는, 1,027,016,000아카였다. 이는 야코프 푸거가 카를 5세에게 신성로마제국 황제로 선출되는 비용으로 빌려준 돈의 네 배가 넘는데, 카를은 대출금 상환을 위해서 여러 해 동안의 미래 소득을 담보로 제공했었다. 그해는 특별한 경우였지만 그보다 작은 흑자가 일상적이었고, 적자가 나더라도 2년 이상 이어지는 일이 거의 없었다. 이러한 통상적 수입원 외에도 중요한 군사 작전—로도스나 비엔나 공격 같은—이 특별세를 정당화함으로써 술탄은 더욱 부유해졌다.[17]

단순한 세금 액수를 제쳐두더라도, 고도로 조직화된 체계는 오스만 제국의 조세제도를 특징지었다. 군인은 제때에 급료를 받았고 상여금을 비롯한 추가 지급의 여력도 충분했다. 1525년에 예니체리가 분란을 일으켰을 때 쉴레이만은 주동자 몇 명을 처형하기는 했지만, 무마금으로 20만 두카트—천만 아카 이상—를 지불하기도 했다. 1529년의 비엔나 포위전에서 쉴레이만은 위험한 공격의 유인책으로 병사 1인당 1,000아카의 상여금을 제공할 수 있었다. 신속한 승리를 기대하면서 제공한 이 상여금은 쉴레이만에게는 푼돈이나 다름없었지만, 비엔나 수비군 한 사람의 8개월 치 급료에 해당하는 금액이었다. 이와는 대조적으로, 란츠크네히트, 스위스 장창병, 그리고 스페인 화승총병의 급료 지불은 항상 지체되었고, 그것이 바로 1527년 로마의 약탈로 이어졌다.

화폐의 불필요한 국지적·지역적 유출을 방지하기 위하여, 관리들은 세금 영수증과 수입을 여러 단계로 관리했다. 재정과 관련된 정보는 중앙의 관료 기구로 흘러 들어가 술탄의 주요 관리들이 무엇이 가용하고 가능한지에 대한 최신 정보를 유지할 수 있도록 했지만, 현금은 그럴 필요가 없었다. 지방 마을이나 도시의 관리는 다리의 보수나 다가오는 군사 작전을 위한 물자의 수집을 명령하고 지역에서 가용한 자금을 이용할 수 있었다. 그러한 자금 사용 내역은 중앙 재무부서의 회계 처리를 위하여 추후에 통보되었다. 앞에서 언급된 인상적인 흑자 재정과 잉여금은 이렇게 지역에서 관리하는 세금이나 티마르 시스템을 통해서 시파히에게 분배되는 세금이 포함되지도 않은 금액이었다.

오스만 제국이 이용할 수 있는 자원은 어마어마했다. 쉴레이만은 수도에서 600마일이나 떨어진 모하치까지 5만 명의 병사를 데려왔다. 그와 맞선 헝가리군도 전해에 프랑수아 1세가 파비아 전투에 동원한 병력과 비슷한, 당시의 기준으로는 작은 규모가 아니었다. 모하치 전투에 임한 쉴레이만의 5만 병력은 규모와 질에서 탁월한 군대였지만, 1522년에 로도스로 데려간 병력보다 규모가 작았던 것은 확실했다.

단순한 병력 수를 넘어서, 술탄과 신하들은 자원이 무엇이고 어디에 어떻게 효율적으로 배치될 수 있는지를 다른 어떤 통치자보다 정확하게 파악했다. 술탄은 독립적인 용병 계약자나 품질이 의심스러운 군수물자 공급자에게 의존할 필요가 없었다. 전투를 위한 대포가 필요하면 이스탄불의 제국 주조소를 이용할 수 있었다. 예를 들어, 1517년과 1519년 사이에 총 673문의 대포와 박격포가 주조소에서 생산되었는데, 그중 다수가 당시의 가장 큰 화포였다. 제국의 관리들은 화약의 핵심 성분인 초석의 생산을 면밀하게 감시했다. 오스만 제국의 군수지원에서, 특히 16세기가 되면서, 기업가들이 중요한 역할을 수행하기는 했지만, 멀리 서방에서처럼 전쟁의 수행이 민영화되거나 비싸지는 일은 없었다. 오스만 제국에는 괴츠 폰 베를리힝엔이나 게오르크 폰 프룬츠베르크 같은 인물이 없었다. 전쟁의 비용이 점점 더 비싸지고 전쟁의 규모가 옛 모습을 찾아볼 수 없을 정도로 부풀어 오르는 시대에, 오스만 제국은 더 많은 돈을 쓰고 더 많은 인적·물적 자원을 활용하고 경쟁자들보다 더 멀리까지 군사력을 투사할 수 있었다. 물론 그 모든 것이 완벽하지는 않았다. 이 시스템에는 다수의 관리자가 필요했고, 지역적 강압은 농민이나 심지어 상대적 특권층인 티마르 소유주들의 불만을 유발할 수 있었으며, 예니체리는 탐욕스럽게 선물과 뇌물을 요구할 수 있었다. 그렇지만 당시의 모든 기독교 통치자는 효율성 및 수익성이 절반에 불과한 재정 시스템에 의존했다. 마르틴 루터가 '독일 기독교 귀족에게 고함Address to the Christian Nobility of the German Nation'에서 못마땅하게 언급한 대로, 쉴레이만은 심지어 기독교도로부터도 "투르크보다 나은 세속적 통치는 없다"는 말을 들었다.[18]

그러나 장기적으로 볼 때, 서유럽의 통치자들이 가용한 자금을 확보하기 위하여 통의 밑바닥을 긁어야 했다는 사실은 그들—그리고 아마도 더 중요하게, 그들의 금융업자들—에게 점점 더 정교해지는 금융 도구를 제공했다, 엄청난 부와 권력 그리고 일상적으로 재정 흑자에 힘입은 오스만 제국은, 서유럽의 국가 재정에 혁명을 일으킨 유형의 이자를 지급하는 영구적 국가 부채를 개발할 필요가 없었다. 상인을 비롯하여 부유한 채권자들의 대출은 금융업자와 국가 기관 사이의 장기적, 독립적, 그리고 궁극적으로 생산적인 관계를 형성한 기초가 아니라 즉각적인 비용의 해결을 위한 단기적 처방이었다.

오스만 제국에는 신성로마제국을 특징지은 유형의 탐욕스럽고 자유분방한 군사기업가도 없었고, 16세기 후반에 스페인 군주들의 방대한 야망에 자금을 댄 야코프 푸거와 제노바의 금융업자 같은 인물도 부족했다. 통의 바닥을 긁는 서유럽 방식―전쟁을 벌이고 재정적 문제는 될 대로 되게 하라―의 궁극적 결과는 부채, 막대한 이자 지급, 그리고 파산이었지만 그러한 접근법은 미래를 위한 핵심적인 기반을 마련했다. 오스만 제국이 결국 채택하게 되는, 세수와 궁정 고위관리의 단기적, 비효율적, 고금리 대출에 점점 더 의존하는 임시방편적 조치는 장기적으로 실행 가능한 방식이 될 수 없었다. 결국 이러한 재정적 메커니즘에 힘입어, 서유럽의 기독교 국가들은 더욱 값비싼 군사 기술에 투자하고, 집에서 더 멀리 떨어진 곳에서 더 오랫동안 전쟁을 벌이고, 오스만 제국을 능가하게 되었다.

지평선 너머로 이런 미래를 내다보는 선견지명을 갖춘 사람은 아무도 없었다. 재정적 결핍보다는 핵심적 영역으로부터의 거리가, 쉴레이만과 후계자들의 통치 기간에 오스만 제국의 야망을 제한한 훨씬 더 중요한 요인으로 판명되었다. 1565년의 몰타Malta 점령 실패, 1571년 레판토Lepanto 해전의 참패, 심지어 합스부르크 왕조와 맞선 1593~1606년의 장기전쟁Long War의 교착상태까지. 이중 어느 것도 오스만 제국의 최후를 나타내지는 않았다. 그러나 분명한 것은―심지어 쉴레이만의 통치가 끝난 1566년에도―오스만 제국이 더 이상 정복 국가가 아니라는 사실이었다. 그들은 더 이상 영토의 확장에 따르는 뜻밖의 수입에 의존할 수 없었다. 오스만 제국의 전쟁 수행 능력이 실제로 큰 타격을 받은 것은 아니지만, 전쟁이 점점 더 길어지고 어려워지고 수익성이 줄어들었다. 그런 상황에서 지속적인 근본적 개혁이 없이 오스만 제국의 재정 시스템에서 균열이 나타나기 시작한 것은 시간 문제에 불과했다.

쉴레이만의 오랜 통치 기간은 핵심적인 과정이 진행된 전환기였다. 제국의 마지막 주요 영토 획득은 그의 헝가리와 메소포타미아 정복과 함께 이루어졌다. 쉴레이만은 여러 전쟁터로 병사들을 이끌면서 여러 세기 동안 오스만 왕조를 정의한 개인적 리더십을 구현했지만, 이후의 술탄들은 거의 그렇게 하지 않았다. 오스만에서 셀림까지 오스만 제국의 통치자를 정의했던 치열한 경쟁—왕좌를 차지하기 위한 필사적인 경쟁—은 쉴레이만 이후에 사실상 사라졌다. 실제로 쉴레이만은 1553년에 가장 유망한 아들이었던 무스타파Mustafa를 처형했다. 다른 아들 바예지드는 실패한 반란으로 목숨을 잃었다. 쉴레이만의 마지막으로 남은 아들 셀림 2세는 더욱 인상적이지 못한 인물이었다. 그의 후계자들은 더 나빴다.[19]

반면에, 그들은 개인적으로 인상적일 필요가 없었다. 오스만 제국은 직업적 관리들이 운영하는 관료주의 국가로 자리를 잡았다. 술탄은 병사들을 전장으로 이끌고 친히 전투에 나설 필요도, 적극적으로 정책을 지시할 필요도 없었다. 그에게는 그런 일을 대신할 수상과 고문단을 비롯한 강력한 관리들이 있었다. 오스만 제국은 일류 강대국으로 남아 있었지만, 가장 강력했던 순간에 태동한 약점이, 서서히 그러나 확실하게 전모를 드러냈다. 강점과 약점이 있었던 오스만 제국은, 스페인과 독일의 합스부르크 왕조를 비롯하여 당시의 어느 유럽 왕조 못지않게 항상 유럽의 핵심적인 일원으로 남아 있었다.

카를 5세와
보편적 통치

Charles V and Universal Rule

— THE VERGE —

짙푸른 바닷물을 휘젓는 세찬 바람에 바위투성이 좁은 해변으로 밀려오는 파도에서 흰 물결이 솟아올랐다. 대기를 가르는 굵은 빗방울은 바람 때문에 거의 수평으로 흩날렸다.

여러 척의 작은 선박이 힘겹게 파도를 헤치고 있었다. 빗줄기 사이로 험준한 절벽과 나무로 덮인 언덕이 솟아 있었고 그 옆으로 작은 강어귀의 자그마한 항구가 보였다. 안개 속에서 갈색 돛대가 보일 듯 말 듯 한 선도함 뒤로 닻을 내린 함대를 보호하기에는 너무 작은 만이었다.

두꺼운 망토를 두르고 유행하는 챙 넓은 모자를 비스듬히 눌러 쓴 젊은이가 선도함에 앉아 있었다. 그의 이름은, 성급하고 용감한 것으로 유명했던 할아버지에게서 물려받은 카를Charles이었다. 가려 줄 턱수염이 없이 앞으로 돌출한 주걱턱 때문에 소금기 있는 바닷 공기를 들이쉬는 젊은이의 입이 약간 벌어졌다. 갈색이 도는 금발의 생머리가 목까지 늘어져 있었다. 청년은 배가 강으로 접근하는 동안에 아무 말도 하지 않았다. 그는 말을 하는 경우가 드물었다. 불편한 혀와 기형에 가까운 턱으로 인하여 말하기가 다소 귀찮은 일이었기 때문에 다른 사람이 자신을 대신해서 말하도록 하는 편을 선호했다. 그와 같은 지위에 있는 사람은, 이제 겨우 성인의 문턱에 섰을지라도 그런 사치를 누릴 수 있었다.

'그래, 여기가 스페인이로군.' 카를은 몰아치는 빗줄기를 피하려고 모자를 끌어내리면서 생각했다. 자신이 자라난 땅과는 많이 달랐다. 아스투리아Asturia 해변의 눈에 띄는 언덕과 들쑥날쑥한 바위는 저지대 국가의 길고 평평한 해안에 이어지는 넓은 범람 평야와 극명한 대조를 이루었다. 생각해보니, 카를은 자신이 스페인에 대하여 아는 것이 거의 없음을 깨달았다. 이 첫 번째 방문에서 그가 본 것은 상서로운 풍경이 아니었다. 낮게 드리운 구름 아래 빗줄기 속으로 희미하게 보이는 작은 만은 의도한 목적지가 아니었다. 예상치 못한 날씨가 해안을 따라 이 가난한 항구에 이르도록 그들을 몰아붙였다. 이곳은 스페인의 새로운 왕, 특히 백성에게 좋은 인상을 주기를 원하는 외국인 왕이 도착하기에 어울리는 장소가 아니었다.

카를은 육지가 보이는 것에 감사했다. 제일란트Zeeland에서 남쪽으로 향한 열흘 동안의 항해는 역풍에 시달렸다. 그는 기침을 했고 재채기가 나오려는 것을 느꼈다. 그의 체질은 정기적인 사냥과 승마 요법에도 불구하고 튼튼했던 적이 없었고, 친구와 조언자들이 일상적으로 그의 건강을 걱정했다. 카를이 죽는다면 상황이 복잡해질 것이었다. 그에게 있는 여러 왕조의 혈통이 최후를 맡게 된다. 그것은 다소 평범한 17세 청년에 대한 일시적인 우려가 아니라 유럽 대륙 전체의 정치적 미래에 관한 근본적인 문제였다.[1]

이 스페인의 새로운 왕은 카스티야의 이사벨라와 아라곤의 페르디난드의, 그리고 신성로마제국 황제 막시밀리안과 부르고뉴의 마리의 손자였다. 그들의 광대한 영토─그라나다와 아스투리아, 시칠리아와 나폴리, 플랑드르와 홀랜드Holland, 오스트리아와 티롤─가 모두 그에게 속하게 될 것이었다. 불과 몇 년 후에는, 야코프 푸거의 돈이 그에게 신성로마제국 황제직을 사주게 된다. 세계를 뒤흔든 무자비한 신세계 정복, 즉 아즈텍과 잉카 제국의 정복도 그의 감독하에 이루어지고 대량 학살의 물질적 보상이 그의 국고를 살찌웠다. 그다지 겸손하지 않은 비텐베르크의 교수이자 수도사인 마르틴 루터도 젊은 황제의 지배를 받는 영토 안에서 선동적인 명성을 얻었다. 루터의 영향력은 그를 막으려는 카를의 거듭된 노력에도 불구하고 널리 확산되었다. 괴츠 폰 베를리힝엔은 카를의 주화를 받았고, 그 대가로 황제의 군대에서 싸웠다. 카를과 부하들은, 비엔나의 성문에서 북아프리카의 모래사막에 이르기까지 모든 곳에서 쉴레이만 대제와 맞섰다.

국가의 건설과 왕조의 통합, 글로벌 제국의 확장, 그리고 금융업자들의 광범위한 영향력이 당시의 중요한 추세였고, 카를은 그 모두를 구체화했다. 그의 행동─아마도 더욱 중요하게는 행동의 부재─은 종교개혁의 불길을 부채질하고 마르틴 루터를 대의를 위한 살아 있는 순교자로 바꿔놓았다. 당시에 카를이 기독교 세계의 가장 강력한 통치자로 등장한 것은, 필연성과 믿기 힘들 정도의 우연성이 결합한, 수십 년에 걸친 중대한 구조적 변화와 아울러 출생, 사망, 법적 세부사항, 그리고 정신병이라는 전적으로 우발적인 사건들의 결과였다. 황제 자신도 인과관계의 거미줄 한가운데 있는 거미이자 절망적으로 간힌 희생자였다. 그는 멈출 수 없이 진행되는 사건의 물결 속에서, 모든 일을 할 수 있음과 동시에 아무것도 할 수 없었고 전능함과 동시에 완전히 무력했다.

이런 의미에서, 카를은 이 시기의 유럽을 의인화한다. 그는 부르고뉴의 왕자, 스페인의 국왕, 그리고 신성로마제국 황제였고 자신의 주장과 혈통만으로 광대한 대륙을 끌어모았다. 그는 무언가의 끝이고 다른 것의 시작이었다.

█ 상당히 평범한 젊은이

1521년 보름스 회의에서 21세의 카를이 마르틴 루터를 내려다 보았을 때, 그는 부르고뉴, 브라반트, 로티에르Lothier, 림뷔르흐Limburg 및 룩셈부르크의 공작, 나무르Namur의 남작, 부르고뉴의 궁정백Count Palatine, 아르투아Artois, 샤롤레Charolais, 플랑드르, 에노Hainaut, 홀랜드, 제일란트 및 바르셀로나의 백작, 카스티야, 아라곤, 시칠리아 및 나폴리의 왕, 신성로마제국 황제, 그리고 로마의 왕이었다. 그는 최근에, 할아버지 막시밀리안과 합스부르크 왕조의 오랜 가계에 속했던, 오스트리아 대공의 직위를 동생인 페르디난드에게 넘겨주었는데, 이 인상적인 너그러움은 승계 과정의 사고와 구조적 모멘텀에 빚진 것이었다.

수많은 직위와 토지 및 수입에 대한 권리, 그와 함께하는 동맹이 결합하여 카를은, 역사상 최고는 아닐지라도, 여러 세기 동안의 유럽에서 가장 강력한 통치자가 되었다. 프랑스, 이탈리아의 일부, 영국의 섬들, 그리고 스칸디나비아를 제외하고는 사실상 중부 및 서부 유럽 전역이 그를 궁극적인 통치자로 인정했다.

어떻게 한 사람이 그렇게 많은 직위를 모으고, 다뉴브강에서 지브롤터해협의 바위투성이 해변에 걸친 수많은 권리를 주장할 수 있었을까? 그것은 오스트리아와 스페인에서 시작된 두 중요한 왕조, 합스부르크가와 트라스타마라가의 수 세기에 걸친 축적의 결과였다.

중세 후기의 유럽에는 공격적이고 탐욕스러운 귀족 가문이 가득했다. 그들 모두가 영국 중부의 최하층 시골 귀족으로부터 보석을 휘감은 프랑스의 통치자까지 싸우고, 사들이고, 특히 결혼을 통해서 가능한 한 많은 땅과 직위를 확보하려 했다. 땅과 직위를 놓고 다투는 주장은, 수십 명의 전투원이 참가하는 지역적 다툼에서 수만명의 병사가 동원되는 국제적 분쟁까지 다양한 규모의 전쟁을 촉발했다. 유동 자금을 확보한 운 좋은 사람들은, 현직의 통치자에게 돈을 주고 사들이거나 자신의 주장을 인정하도록 대의기구를 매수하는 방법으로, 손쉽게 새로운 영토나 직위를 사들일 수 있었다. 단 한번의 결혼으로, 당사자가 어떤 권리 주장을 상속했는지에 따라 카운티, 왕국, 또는 대륙 전체에 걸친 힘의 균형이 무너질 수 있었다. 귀족들에게 이런 다툼은 위험하고 진지한 사업일 뿐만 아니라 사실상 즐기면서 시간을 보내는 방식이기도 했다.

이들 중 합스부르크와 트라스타마라보다 더 성공적인 가문은 없었다. 합스부르크가는 오늘날의 스위스 아르가우Aargau에 있는 성 하나로 시작했다. 이어서 오스트리아 공국을 손에 넣은 그들은 다시 뒤돌아보지 않았다. 13세기에는 가문의 구성원들이 신성로마제국 황제로 선출되었다. 1438년 이후로, 합스부르크가는 계속해서 황제의 직위를 유지했다. 그중 가장 큰 도약을 이룬 인물은 카를의 할아버지 막시밀리안이었다. 그는 물려받은 영토 외에도 사촌인 지기스문트가 소유했던 티롤 지역을 생산량이 풍부한 은 광산과 함께 획득했다. 더욱 중요하게 그는, 담대공 샤를의 외동딸이며 프랑스 주변 지역에 흩어져 있는 죽은 공작의 모든 땅과 권리를 물려받은, 부르고뉴의 상속녀 마리와 결혼했다. 아버지 프리드리히가 1493년에 사망한 뒤에 막시밀리안이 신성로마제국 황제로 선출된 것도 예견된 결과였다.[2]

마찬가지로 유능했던 트란스타라마가는 스페인의 중요한 두 왕국 카스티야와 아라곤과 아울러 다른 지역에 대한 다양한 권리 주장을 획득했다. 그중에 가장 주목할 만한 곳은 시칠리아와 나폴리였다. 사촌 간이었던 이사벨라와 페르디난드의 결혼을 통하여, 이 모든 주장은 그들의 장녀 후아나에게 통합되었다. 후아나는 오랫동안의 교묘한 공작과 예리한 계산을 거쳐서 막시밀리안과 세상을 떠난 부르고뉴의 마리의 아들이며 아마도 합스부르크 가문에서 잘생긴 외모라는 축복을 받은 유일한 인물인 미남왕 필리페와 결혼했다.

필리페와 후아나는 바람 잘 날이 없고 적대적인 관계를 유지했다. 필리페는 수많은 혼외정사를 벌여서 후아나에게 큰 고통을 안겼다. 그녀가 단순히 신경질적이었는지 아니면 다소 심각한 정신질환이 있었는지에 대해서는, 심각한 우울증에서 정신분열증까지 앓았다는 추정과 함께 공개적으로 많은 논란이 있다. 그렇지만 확실한 것은 처음에는 남편이, 그가 사망한 뒤에는 무자비하고 권력에 굶주린 아버지 페르디난드가, 그녀가 스스로 통치하기에는 너무 불안정한 인물로 보여지기를 원했다는 사실이다. 그들은 이러한 인식으로부터 정치적 이득을 얻었다. 필리페와 나중에는 페르디난드가 후아나의 직함과 권리를 그녀—또는 다른 누구든지—의 간섭 없이 이용할 수 있음을 의미했기 때문이다.[3]

1500년에 필리페와 후아나 부부의 장남으로 태어난 카를은 즉시 개인적 관계와 왕조의 권력 다툼이 뒤섞인 대단히 부정적인 상황에 빠져들었다. 그는 거의 전적으로 부르고뉴령 네덜란드Burgundian Netherlands에서 자라났고, 부모는 그의 양육에 거의 관여하지 않았다. 필리페와 후아나는 1506년에 이사벨라 여왕의 사망으로 공석이 된 왕위를 계승하려고 스페인으로 떠났고, 얼마 후에 필리페가 사망했다. 남편의 죽음으로 정서적·정치적 상실감에 빠진 후아나는 10년이 넘도록 장남을 다시 만나지 않았다. 그녀의 아버지 페르디난드는 1504년에 아내가 사망할 때까지 보유했던 카스티야의 통치권을 포기하려 하지 않았다. 그가 나폴리와 시칠리아에 대한 야망을 지원하기 위하여 카스티야의 자원을 계속해서 사용할 수 있도록 보장하는 유일한 방법은 자신의 딸이 여왕으로서 통치권을 행사하기에 부적합한 인물임을 선언하는 것이었다. 그는 후아나를 수도원에 가두도록 명령했다. 그녀는 800마일 떨어진 플랑드르에 있는 어린 아들은

말할 것도 없고, 외부 세계와 거의 접촉할 수 없었다.[4]

페르디난드는 이사벨라가 사망한 뒤에 재혼했지만 아라곤, 시칠리아, 그리고 나폴리를 물려줄 자식을 낳지 못했다. 따라서 그가 사망하면 그들 왕위는 장손자인 어린 카를에게 승계될 것이었다. 감금된 딸을 대리하여 실질적으로 행사하던 카스티야의 왕권도 마찬가지였다. 그리고 부르고뉴령의 모든 영토─홀랜드, 브라반트, 플랑드르, 에노 등─가 이미 미남왕 필리페의 장남인 그의 소유였다. 아버지 막시밀리안이 사망하면 필리페가 물려받았을 직위, 즉 오스트리아 대공과 신성로마제국 황제로 선출될 기회도 막시밀리안의 장손자에게로 넘어갔다. 그 역시 카를이었다.

어린 소년을 이와 같은 위치에 올려놓은 것은 유럽에서 가장 탐욕스러운 두 왕조의 끊임없는 전쟁, 구매, 그리고 유리한 결혼이 여러 세기에 걸쳐 축적된 결과였다. 중세 말기에는 강력한 왕조가 이전에 다른 통치자에게 속했던 영토를 통합함으로써 더욱 강력해지는 경향이 있었다. 그것은 부분적으로 구조적인, 시대를 지배하고 군사 및 정치 기술을 변화시킨 중앙집중화에 따른 결과였다. 그렇지만 이 모든 상속의 선이 카를 한 사람에게로 합류하게 된 데는 일련의 예측할 수 없었던 사건도 필요했다. 1477년에 담대공이 전쟁터에서 사망한 것, 5년 뒤에 불의의 승마 사고로 인한 부르고뉴 마리의 사망, 이사벨라와 페르디난드의 외아들 필립Philip의 병약함과 때 이른 죽음, 카스티야의 왕으로서 미남왕 필리페의 통치 기간이 충격적으로 짧았던 것, 그리고 후아나 여왕의 무력화.

물론 카를 자신은 출생이라는 우연적 사건 외에는, 수중에 떨어진 막대한 자원과 책임을 획득하기 위하여 아무것도 하지 않았다. 최근에 카를의 뛰어난 전기를 쓴 작가 제프리 파커Geoffrey Parker는 말한다. "젊은 카를에게는 주목할 만한 점이 거의 없었다."[5]

이는 세계적 통치자가 될 사람에게 특별히 상서로운 출발은 아니었다.

스페인으로 오다

젊은이로서 카를은 자립성의 기미, 또는 어떤 해설자든 언급할 가치가 있다고 생각한 징후를 별로 보여주지 않았다. 식사 자리든 공식 행사든, 대중 앞에서 침묵하는 것이 그를 정의하는 특징이었다. 관찰자들은 그가 약간 느린 것인지 아니면 심하게 내성적인지를 판단하기가 어려웠다. 성격을 드러내는 단편적 일화는 별로 진정한 통찰을 제공하지 못한다. 카를은 열두 살 때, 어린 주인을 조종하여 경쟁자를 해고하려 했다고 하인을 꾸짖었다. 그는 상대의 면전에서 욕을 하는 것에 개의치 않고 항상 진실을 말했다. 아첨과 고자질에는 관심이 없었다.

이런 일화는 상투적인 설명이었다. 그의 할아버지 두 사람은 모두 10대 시절에 신부를 얻기 위하여 위험을 무릅쓴 기사도적 로맨스의 영웅이었다. 막시밀리안은 1477년에 마리가 부르고뉴의 상속녀가 된 순간의 기회를, 페르디난드는 1469년에 이사벨라와 결혼할 기회를 잡았다. 카를은 그런 일을 한 적이 없었다.

전반적으로 그는 쉬에브흐Chièvres의 영주 윌리엄 드 크로이William

de Croÿ와 나중에 하드리아노 4세_{Adrian IV} 교황이 되는 위트레히트_{Utrecht}의 하드리아노를 포함한 조언자들에게 크게 의존했다. 미래에 대한 카를의 의도를 암시한 유일한 사건은 브뤼셀에 있는 자신의 방 창턱에 단검으로 "아직도 더 멀리_{still further}"라는 의미의 'Plus oultre'를 새겨놓은 일이었다. 이 라틴어 문구는 이후 40년 동안 그의 좌우명이 되었다. 젊은 카를은 분명 누군가가 큰 소리로 읽어 주었을 트로이 전쟁에 관한 영웅적 로맨스에서 이 구절을 골랐을 것이다.[6]

1517년에 배에서 내려 새로운 스페인 왕국의 해변으로 향한, 여전히 신하들 앞에서 대체로 침묵을 지키는 카를은 특별히 눈에 띄는 젊은이가 아니었다. 그는 중키에 체격이 좋았는데, 즐겨한 활동인 사냥과 승마를 끝없이 반복한 결과였다. 하지만 그의 얼굴은 누가 보더라도 잘생겼다고 할 수 없었다. 크고 날카로운 코 밑의 입은 앞으로 돌출한 주걱턱 때문에 약간 벌어져 있었다. 아무리 솜씨가 좋거나 후원자를 돋보이게 하려는 초상화가라도 그 얼굴에 대하여 할 수 있는 일이 많지 않았다. 그렇지만 얼굴이 이성에 대한 그의 인기를 줄이지는 않은 듯하다. 카를은 평생 동안 대단한 바람둥이였고, 당시의 고위층 귀족 남성들과 마찬가지로 일찍부터 여성 편력을 시작했다. 그의 정복 대상이 된 다양한 숙녀들—시녀, 귀족 여성, 시민의 아내와 딸, 궁정의 하녀—은 적어도 네 명의 사생아를 낳았다. 그는 또한 아내이자 고종사촌인 포르투갈의 이사벨라와도 왕성한 관계를 맺어 일곱 자녀를 낳았고, 그중 셋은 성인이 될 때까지 살아남았다.[7]

신체적으로 특별한 점이 없었던 그는 정신적으로는 더욱 평범한 인물이었다. 당시의 한 베네치아 외교관은 이렇게 논평했다. "그는 말이 거의 없고 지능도 뛰어나지 않다." 한 영국인의 말은 더 신랄했다. "카스티야의 왕은 바보에 불과하다." 카를은, 특별히 부지런하거나 학구열이 있는 학생은 아니었을지라도, 당시 귀족 계층의 기준으로 훌륭한 교육을 받았다. 하지만, 카스티야어나 아라곤어를 구사하지 못했다. 여러 해 동안의 교육에도 불구하고, 라틴어 실력도 별로 뛰어나지 않았다. 프랑스어가 그의 모국어이자 가장 편안한 언어였다.[8]

카를은 스페인에 가본 적이 없었고, 새로운 왕국의 중요한 권력 중개인이나 귀족 계층과 직접적인 개인적·정치적 관계도 없었다. 그의 조언자와 부하들도, 소수의 네덜란드인과 독일인을 포함하여, 대부분이 프랑스어나 플랑드르어를 사용하는 북부 유럽 출신이었다.

이는 별로 바람직한 상황이 아니었다. 새로운 백성들은 그에게 무엇을 기대할지를 알지 못했고 그 반대도 마찬가지였다. 간단히 말해서 카를은, 통치권에는 의문의 여지가 없으나 통치의 경험이 전혀 없는 상태로, 왕조적 관련성은 크지만 개인적 연결이 거의 없는 곳에 도착했다. 이는 여러 세기 동안의 정략적 결혼과 근친상간에 가까운 귀족층의 내부 교배에 따른 논리적 결론이었다. 통치자가 새로운 영토에 도착하는 것은 처음 있는 일이 아니지만, 카를처럼 크고 강력하고 내부적으로 복잡한 자신의 왕국에 익숙하지 않았던 통치자는 전례가 없었다. 이러한 익숙함의 결핍은 최선의 상황에서도 다루기가 쉽지 않았을, 점점 더 심각해지는 일련의 문제를 만들어냈다.

최근에 획득한 광활한 영토에 대한 잘못된 관리는, 심지어 카를이 부르고뉴령 네덜란드의 집을 떠나기 전부터 시작되었다. 카를은 할아버지가 사망하자마자, 어머니가 아직 살아있다는 사실에도 불구하고, 왕의 칭호를 주장하여 아라곤의 왕실 평의회를 동요시켰다. "우리의 견해로는, 전하가 이런 조치를 취하면 안 됩니다." 그들은 1516년 2월에 서한을 보냈다. "이는 신성한 율법이나 세속적 규범에 맞지 않습니다. 전하는 이 왕국을 평화롭게 소유하고 계십니다. 이제부터 전하가 원하는 대로 왕국을 통치하고 크고 작은 명령을 내릴 수 있음을 아무도 부정하지 않습니다. 따라서 우리 여왕의 생전에 왕이라는 칭호를 사용할 필요는 없습니다." 이 말은 비현실적─후아나가 오래 살지도 몰랐고, 왕자는 왕이 아니었다─일 수도 있었지만, 카를과 조언자들은 거기에 표현된 의구심과 적의를 알아차렸어야 했다.

그들은 그러지 않았다. 게다가 젊은 왕과 조언자들은 책임을 맡기 위하여 즉시 출발하는 대신에, 그라나다에서 나폴리에 이르기까지 왕국이 건재하다는 보고를 받으면서 브뤼셀에서 꼼짝도 하지 않았다. 이는 전적으로 잘못된 일은 아니었다. 오랫동안 이사벨라와 페르디난드의 고문으로 일했고 카스티야의 유력한 섭정이었던 히메네스 데 시스네로스Jiménez de Cisneros 추기경이 일을 잘 처리하는 것 같았고, 나폴리의 총독은 페르디난드의 사망 소식이 전해지면서 일어난 소규모 반란을 진압했다. 스페인에 발을 들여놓은 적도 없는 카를은, 북아프리카의 알제 항구를 점령하기 위한 원정대의 파견을 명령할 정도로 자신감이 있었다. 그와 조언자들, 특히 쉬에부흐의 영주는 천 마일 밖에서 일어나는 일보다는 프랑스의 새로운 왕 프랑수아 1세의 대담성과 그가 네덜란드에 가하는 위협을 더 우려했다.[9]

일이 어긋나는 데는 오랜 시간이 걸리지 않았다. 알제를 정복하려는 시도는 재앙으로 끝났다. 시스네로스도 실제로 카스티야의 상황을 완벽하게 통제하지 못했다. 그의 오만함, 탐욕, 그리고 명확한 권한의 부족은 영향력 있는 귀족들의 동요를 초래했다. 그들 중 일부는 자신들의 불만을 신왕에게 분명히 밝히기 위하여 브뤼셀까지의 여행도 마다하지 않았다. 그들은 카를이 1517년 10월까지 스페인으로 오지 않는다면 그가 없는 상태로 의회가 소집될 것이라고 했다. 그러면 반란이나 그보다 더 나쁜 사태로 이어질 수도 있었다.

그렇게 해서 카를은 1517년 9월 20일에, 목적지에서 멀리 떨어지고 자신이 생각하는 문명지와도 거리가 먼 곳인, 북부 스페인의 해변에 도착했다. 작은 항구 비야비시오사Villaviciosa에서 오랫동안 만나지 못한 어머니가 갇혀 있는 토르데시야스Tordesillas까지 가는 여행은 여러 달이 걸렸다. 카를은 여행 중에 병에 걸렸고, 유니콘 뿔 가루를 비롯한 다양한 약으로 치료하려는 시도는 성공하지 못했다. 숙박 시설과 음식도 그가 자라난 부르고뉴령 궁정에서의 호화로움에 비하면 형편없었다. 토르데시야스로의 여행은 카를이 의회가 소집되는 바야돌리드로 곧장 가지 않았고, 따라서 스페인에서 가장 영향력 있는 사람들이 그가 대관식에 모습을 나타내기를 기다리도록 했음을 의미했다. 이중 어떤 것도 즉시 카를이 스페인을, 또는 스페인이 그를 사랑하도록 하지 못했다.[10]

시스네로스는 카를이 상륙하여 토르데시야스로 향한 직후인 1517년 11월 초에 사망했다. 그의 결점이 무엇이었든, 시스네로스는 스페인 정계의 거물이었고 수십 년의 경험을 쌓은 행정적 의사결정의 베테랑이었으며, 카를의 조부모의 성공적이었던 통치로 이어지는 살아있는 연결고리였다. 추기경은 또한 스페인에서 가장 중요하고 수익성이 높은 교구인 톨레도의 대주교이기도 했다. 그가 사망함에 따라 주교직이 공석이 되었다. 시스네로스를 잃은 것만으로도 충분히 나쁜 상황이었다. 그런데 아무 경험도 없는 열아홉 살짜리 외국인, 쉬에브흐 영주의 조카를 연수입 8만 두카트의 직위에 임명한 것은 상황을 훨씬 더 악화시켰다. 이는 외국인에게 고위 성직을 부여하면 안 된다는 이사벨라의 유언을 명백하게 위반하는 일이었다. 카를은 이미 소소하게 이사벨라의 유언을 위반했었지만, 톨레도는 훨씬 더 중요한 문제였다. 마찬가지로 중요했던 것은, 스페인에서 가장 영향력 있는 인물의 한 사람—페르디난드의 사생아로 사라고사Zaragoza의 대주교이며 아버지가 사망한 후에는 아라곤의 섭정이었던 알폰소 데 아라곤Alfonso de Aragon—도 톨레도를 원했다는 사실이었다. 카를이 알폰소에게 대주교직을 주지 않았을 뿐만 아니라, 자기를 만나러 올 필요도 없다고 삼촌에게 통보한 것이 대단히 무례한 행동이었다는 데는 모든 사람의 의견이 일치했다.[11]

이 모든 것은 카를이 열네 살 난 동생 페르디난드를 어떻게 다루었는지에 비하면 사소한 문제였다. 플랑드르에서 양육된 카를은 모든 면에서 부르고뉴의 왕자였지만, 페르디난드는 평생을 스페인에서 보냈다. 할아버지 페르디난드와 이름을 공유했고 심지어 생일까지 같았다. 모든 면에서 형 카를이 부르고뉴의 왕자였다면 페르디난드는 스페인의 왕자였다. 늙은 왕이 죽기 전에 카를의 대리인인 위트레히트의 하드리아노와 아라곤의 페르디난드 사이의 복잡한 협상에 따라 할아버지가 가장 아끼고 감쌌던 젊은 페르디난드를 위한 계획이 마련되었지만, 카를은 그러한 합의를 무시했다. 사라고사로 가면서 페르디난드의 독자적인 궁정을 세워 주겠다고 약속했던 젊은 왕은, 대신에 그를 가본 적도 없는 네덜란드로 보냈다. 그 과정에서 카를은 동생을 모든 어린 시절 동료들과 갈라놓았다. 아라곤은 관리하기 어려운 지역이었고, 강력한 아라곤 사람들의 이해관계가 페르디난드를 카를의 대안으로 키우려 시도할 수 있다는 암시가 있었기 때문이었다. 새로운 왕은, 그런 위험을 감수하기를 거부하면서 동생의 안위와 전반적 안녕을 희생시켰다.

그것은 정치적으로 필요했을지는 몰라도 비정한 조치임이 분명했다. 그러나 페르디난드의 형편도 후아나보다는 훨씬 나았다. 카를은 여왕이 탈출할 수 없는 점점 더 정교한 환상의 세계에 갇혀 있기를 고집했다. 그녀는 아버지 페르디난드의 죽음뿐만 아니라, 바깥세상에 관한 중요한 소식을 전혀 듣지 못했다. 이는 확실히 불필요하고—후아나가 활동적인 삶으로 복귀하기를 외치는 사람은 아무도 없었다—극도로 잔인한 일이었다.

젊은 카를은 그렇게 스페인의 통치를 시작했다. 백성들이 이미 친숙했던 왕자를 제거하고, 어머니를 고립시키고, 아라곤의 섭정인 삼촌을 모욕하고, 스페인 사람들을 경멸하는 외국인 조언자들로 자신의 궁정을 채웠다. 카를이 카스티야어를 빨리 배우고 대중 앞에서 스스로 말하는 능력을 키운 것 같은 상쇄점이 있었더라도, 실수에 비하면 빛을 잃었다. 그는 중요한 사람들을 만나고, 대의기구(카스티야, 아라곤, 그리고 카탈로니아 의회)로부터 넘겨받은 조세권에 대한 보상을 약속하면서 서서히 새로운 왕국을 장악해나갔다. 어떤 통치자든, 정확히 누가 책임자인지에 대하여 이미 10년이 넘는 분쟁이 계속되고 있었던 스페인의, 표면 밑에서 끓어오르는 힘을 성공적으로 관리할 수 있었을지는 의문스럽다. 카를은 확실히 그럴 수 없었고, 몇 해 지나지 않아 심각하고 공개적인 반란이 일어나게 된다. 머지않아 코무네로스communeros가 카를의 가장 중요한 소유물을, 그가 새로운 왕국으로 오기 전에는 상상할 수 없었던 방식으로 위협하게 될 것이었다.

왕좌를 사기

코무네로스가 스페인에 불을 지르기 전에, 10대의 왕에게는 다른 문제가 대두되었다. 새로운 왕국을 통치한 지 1년 반이 지난 1519년 1월 말, 카를은 할아버지 막시밀리안이 사망했다는 소식을 접했다.

카를에게 할아버지의 죽음은 개인적인 비극이었다. 두 번이나 과부가 된, 부르고뉴 영토의 섭정으로 어린 왕자를 효과적으로 키워낸 마가렛Margaret 고모를 제외하고 카를의 삶에 가장 큰 영향을 미친 사람은 막시밀리안이었다. 늙은 황제는 허풍쟁이였고 자신의 능력을 훨씬 넘어서는 원대한 야망으로 가득 찬 인물이었다. 때로 탁월한 영감을 보여준 순간도 있었지만, 그가 대체로 바보였다는 것은 동시대인, 부친 프리드리히 3세, 그리고 딸 마가렛에게 잘 알려진 사실이었다. 막시밀리안은 스스로의 말처럼 실패했다. "제국을 위해서 나의 피, 돈, 젊음을 바쳤지만 아무런 보상도 얻지 못했다," 그는 1513년에, 손자의 왕좌를 확보하려는 첫 번째 시도로, 궁정백Count Palatine인 프리드리히에게 말했다. 카를은, 왕조의 미래에 대한 자신의 모든 원대한 희망을 투자한, 막시밀리안이 아끼는 후계자였다. 스페인과 부르고뉴의 자원을 활용할 수 있는 카를은 막시밀리안이 이루지 못했던 일을 성취할 수 있었다. 늙은 바보의 기사도적인 꿈, 끊임없는 음모와 계략, 뒤통수 치기와 종종 실패로 돌아간 책략 등 모든 것이 장손자에게서 결실을 맺게 되었다.[12]

막시밀리안의 죽음은 자신의 인생에서 몇 안 되는 어른 중 하나를 잃은 18세 청년에게 개인적 타격이었을 뿐만 아니라, 최대의 정치적 위기이기도 했다. 젊고 공격적인 프랑수아 1세 프랑스 국왕이 짧은 몇 년 동안의 통치 기간에 영광스러운 업적을 쌓고 있었다. 그는 1515년에 북부 이탈리아에서 벌어진 마리냐노Marignano 전투에서 강력한 스위스 군대를 개인적으로 격파했다. 8년에 걸친 이탈리아 전쟁을 프랑스에 유리한 조건으로 끝내게 된 승리였다. 초기의 업적으로 명성을 높힌 프랑수아는 자신도 신성로마제국의 왕좌를 위해서 얼마든지 대가를 지불할 용의가 있음을 분명히 했다. 바보가 아니었던 선제후들도 그의 제안에 기꺼이 귀를 기울였다. 그들은 최소한 프랑수아의 제안—그리고 영국 왕 헨리 8세의 다소 덜 진지한 제안—을 자신의 표를 팔기 위한 입찰 전쟁에 활용할 수 있었다.

독일어를 한 마디도 못했음에도 불구하고—그는 프랑수아나 헨리와 다름없이 독일인이 아니었고, 제국의 광대한 독일 땅에 발을 들인 적도 없었다—카를은 할아버지의 왕좌가 자신의 가장 강력한 경쟁자에게 넘어가는 것을 용납할 수 없었다. 프랑수아에게는 밀라노와 나폴리에 대한 카를의 관심사에 맞서는 계획이 있었다. 더 심각한 것은, 적어도 카를의 관점에서, 프랑수아가 항상 자신이 소유한 부르고뉴령 네덜란드에 대한 위협이 되리라는 사실이었다. 이전 세대의 프랑스 왕들이 그랬던 것처럼 군대를 이끌고 아르투아, 플랑드르, 그리고 브라반트로 들어가는 프랑수아를 생각하는 것만으로도, 젊은 통치자의 본능적인 반응을 불러일으키기에 충분했다. 카를은 그곳에서 자라났고—그는 여전히 (그리고 앞으로도 언제나) 자신을 부르고뉴의 왕자로 생각했다—그곳의 영토를 가장 중요하게 여겼다.

막시밀리안은 사망하기 몇 해 전부터 이러한 만일의 사태에 대비한 계획을 세웠다. 이탈리아에서의 마지막 전투가 씁쓸한 웃음거리로 끝나고 건강이 악화함에 따라 노력을 배가한 그는 손자가 신성로마제국 황제로 선출될 수 있도록 마지막 에너지를 쏟아부었다.

신성로마제국 황제는 일곱 명의 선제후가 선출했다. 마인츠, 콜로뉴, 그리고 트리어의 대주교, 보헤미아의 왕, 브란덴부르크 후작, 라인란트 지역에 여기저기 흩어져 있는 팔츠Palatinate와 작센의 선제후가 그들이었다. 그들 각자에게는 가격표가 있었고, 막시밀리안은 그 가격이 얼마이고 어떻게 지불될 수 있을지를 결정하는 일에 착수했다. 끊임없이 빚을 지고 사실상 무일푼이었던—막시밀리안은 종종 야코프 푸거로부터 가계 비용을 충당하기 위하여 1,000플로린이라는 비교적 적은 금액을 대출받았다—늙은 황제는 스스로 그런 돈을 마련할 여유가 없었다. 그러나 손자 카를은 새롭게 빛나는 두 곳의 왕국을 소유했고 거기서 나오는 수입을 활용할 수 있었다.

처음에 카를은 할아버지에게, 황제의 직위를 사들이는 데 사용하도록, 10만 플로린이라는 거액을 건넸다. 그러나 턱없이 모자란 금액이었다. "이 왕관을 얻기를 열망한다면, 그 어떤 자원이든 아끼지 말아야 한다." 막시밀리안은 손자에게 직설적으로 말하면서, 돈뿐만 아니라 자신이 적절하다고 생각하는 결혼 동맹을 맺을 권리를 요구했다. 일주일이 지나도록 만족스러운 대답을 받지 못한 막시밀리안은 더욱 직설적인 설득의 편지를 보냈다. "어떤 잘못이나 태만함이라도 있다면, 우리가 왕조와 후손을 드높이기 위해서 평생 동안 그토록 많은 어려움을 겪고 노력을 기울였음에도, 너의 태만함으로 인하여 모든 것이 무너지고 왕국, 자치령과 영주의 지위, 따라서 우리의 승계까지 모든 것이 위태로워지는 굴욕을 맛보게 될 것이다."13

당시에 부르고뉴 영지와 스페인 모두의 재정을 담당한 최고위 관리였던 쉬에브흐는 막시밀리안의 재무관 야코프 빌링거Jacob Willinger로부터 더욱 직설적인 메시지를 받았다. "이 사업의 중요성을 이미 알겠지만, 다시 한번 그대의 기억을 일깨우려 한다." 그는 말했다. 카를이 황제로 선출되면, "우리의 적과 우리가 잘못되기를 바라는 자들을 복종시킬 것이고, 그렇지 않으면 우리가 완전한 비참함과 혼란에 빠져서 항상 쓰라린 후회를…내가 방금 한 말에 유의하지 않는다면, 우리는 패배할 것이다. 이 문제를 놔두고 잠들지 말라!"14

막시밀리안은 이 일에 평생을 바쳤고, 필요하다면 얼마든지 손자의 이름으로 돈을 쓸 용의가 있었다. 늙은 황제는 언제나 다른 사람의 돈에 대해서 관대했고, 삶의 막바지에서 그런 생각을 바꿀 이유가 없었다. 죽기 직전에 막시밀리안은, 50만 플로린을 선지급하고 해마다 수십만 플로린의 연금을 지급할 것과 함께 다른 유인책들을 약속하고, 선제후들과 잠정적 합의에 도달했다. 그러나 막시밀리안은 합의가 서명되고 밀봉되어 전달되기 전인 1519년 1월 12일에 사망했다.

막시밀리안의 죽음과 함께 이전의 모든 합의도 사라졌다. 프랑수아의 외교관들은 라인강 유역 팔츠 지역의 통치자인 선제후에게 프랑스 왕의 "힘과 부, 무력의 선호, 전쟁에 관한 전문지식과 경험"을 분명하게 상기시켰다. 이는 유인책인 동시에 은근한 협박이었다. 프랑수아는 독일에 있는 대리인에게 보낸 서한에서 말했다. "뇌물이나 무력을 사용해야만, 원하는 것을 얻을 수 있다." 그는 두 가지 방법을 모두 채택할 준비를 갖추고 있었다. 확실하게 자리를 잡은 프랑수아에 비하여 미숙하고 별로 인상적이지 못한 카를은 형편없는 선택지로 보였다. 그 무엇도 프랑수아의 주장을 지지하여 제국으로 넘어 들어올 프랑스 군대를 막을 수 없었다.[15]

그렇지만 어떤 대가라도 치를 결심이었던 카를에게는 막시밀리안에게서 물려받은 열쇠, 즉 야코프 푸거의 신뢰가 있었다. 푸거는 빈틈없는 인물이었다. 그는 30년 이상 이어온 합스부르크 가문과의 사업에서 엄청난 이익을 얻었다. 황제의 왕관을 사들이기 위한 재정 대리인 역할은 이전의 그 어떤 금융업자도 감히 꿈꾸지 못한 부의 문을 열어줄 것이었다. 왜? 스페인과 나폴리 왕국, 그리고 오스트리아에서 세습된 영토와 저지대 국가에서 물려받은 부르고뉴가 유럽의 역사상 그 어떤 통치자도 지배한 적이 없는 재정의 기반이 될 것이기 때문이었다. 그런 군주에게 돈을 빌려주는 것은 상상할 수도 없는 부로 가는 길이었다. 푸거는 프랑수아 왕의 신용장을 현금화하는 것을 거부하고, 대신에 카를에게 50만 플로린 이상을 즉시 제공하는 결정에 대하여 두 번 생각할 필요가 없었다. 대출의 담보는, 숙련되고 정확한 회계원들이 아우크스부르크의 회계실에서 세부적으로 추산한, 스페인의 미래 세금 수입이었다.

이것이 카를이 신성로마제국 황제로 선출되는 데 핵심적 역할을 했다. 대륙의 광대한 지역의 자원이 아우크스부르크를 중심으로 한 금융 네트워크를 통해서 유입된 것이다. 고귀한 가계와 야심 찬 할아버지가 카를을 신성로마제국 황제가 될 수 있는 위치에 올려놓았지만, 왕관을 사들인 것은 푸거 가문과 그들이 대표하는 금융의 세계였다.

지나친 욕심

1520년에 카를은 이후 35년 동안의 삶을 정의할 직위와 권리를 획득했다. 직위와 권리의 결합으로 그는 대륙의 역사상 샤를마뉴 Charlemagne 대제 이후로 가장 강력한 통치자가 되었다. 새로운 황제의 영토는 북해, 발트해, 아드리아해, 대서양, 지중해, 심지어 거의 알려지지 않은 멀리 신세계의 카리브해와 태평양까지 닿아 있었다. 플랑드르, 남부 독일, 그리고 번화한 안달루시아의 항구를 포함하여 유럽에서 가장 부유한 지역이 그의 통치를 받았다. 그가 신성로마제국 황제로 선출된 것은, 황제의 왕관에 대한 카를의 주장만큼이나,

그들 다양한 지역의 부와 금융 네트워크를 위하여 활용하는 것을 의미했다.

많은 관찰자에게 카를은 보편적 군주제의 가능성을 대표했다. 보편적 군주제는 보편적 평화, 즉 보편적 신앙과 그것을 관리하는 보편적 교회를 중심으로 삼은 뿌리 깊은 중세기적 세계관─교황의 주장, 단테, 그리고 로마법을 포함한 다양한 출처에서 나온 다면적 세계관일지라도─의 승리를 의미했다. 이러한 보편화의 전통은, 통치권과 교회의 역할에 관한 새로운 인본주의적 사상이 등장하는 와중에도, 대륙 전역의 지식인들과 함께 명맥을 유지했다. 카를의 새로운 수상이며 노련한 법률가이자 행정가인 이탈리아인 메르쿠리노 디 가티나라Mercurino di Gattinara는 카스티야 의회에서 카를의 입을 빌려 행한 연설에서 이러한 보편화를 주장했다. "마침내 제국이 나에게 맡겨졌다. 내 생각에, 기꺼이 명령하신 신과 함께한 독일의 일치된 동의에 의하여⋯제국은 신 자신에게서만 나오기 때문에."[16]

카를에게는 역사상 그 어떤 통치자보다도 많은 권리 주장이 있었다. 하지만 그들 권리의 충돌은 혜택인 만큼이나 구속복이었다. 권리들은, 직함을 소유한 카를 개인에게 속한다는 것 말고는, 어떤 방식으로도 통합되지 않았다. 그를 브라반트 공작으로 만든 주장은 그가 나폴리의 왕이 되려는 주장과는 아무런 관계가 없었고, 나폴리 왕국의 백성은 자신들의 통치자를 브라반트 공국의 백성과는 다르게 생각했다. 한 지역에서 거둔 세금은 쉽사리 다른 지역으로 이전될 수 없었다. 전쟁을 위한 돈이 필요하면 신성로마제국, 카스티야, 그리고 아라곤의 의회에 개별적으로 요청해야 했고, 그들은 카를의 영토에 있는 수많은 대의기구 중 셋에 불과했다. 이들 각 지역의 백성에게는, 자신들이 통치자에게서 무엇을 원하는지, 통치자가 자신들에게 무엇을 빚졌는지, 그리고 자신들의 궁극적 관심사가 어디에 있는지에 대한 나름의 생각이 있었다. 보편적 군주제에 관한 카를의 주장이 무엇이었든, 세계 통치에 대하여 그가 채택한 의식 및 상징과 상관없이, 조언자들의 매우 이념적인 선전에도 불구하고, 카를은 자신이 원하는 일을 백성들이 하도록 만들 수 없었다.

브라반트의 귀족이나 작센의 성직자들이 왜 밀라노 공국에 대한 카를의 개인적 계획이나, 그라나다와 시칠리아의 해안을 보호하기 위하여 북아프리카의 알제 항구를 공격하는 전투에 관심을 가질 것인가? 피카르디에서 프랑스 국왕과 맞선 전투에서 나폴리의 남작이 무슨 이익을 얻을 것인가? 스페인 해안 바스크 항구의 양모 상인들이 헝가리에서 오스만 제국과 맞서는 전투를 지원하기 위하여 세금을 내야 할 것인가? 이런 관점에서, 카를의 힘과 역량의 한계는 명백했다.

이것이 카를의 통치에서 핵심적 난제였다. 문서상으로는 아무리 강력하게 보일지라도, 한 사람이 그토록 이질적인 영토의 집합―각자 고유한 귀족 계층, 위계질서, 문제, 관심사, 정치 구조, 그리고 특성이 있는―을 통치하는 것은 대단히 어려운 일이었다. 카를은 일찍 일어나서 하루 종일 업무를 처리하는 부지런하고 성실한 일꾼이었지만, 한 사람이 그렇게 많은 작업량을 스스로 처리할 수는 없었다. 중세기 정치의 다양성이 부과하는 청구서와 부상하는 국가에 부여되는 무한한 가능성이 만나는 지점으로서, 서로 반대되는 책임의식과 지지층은 천 가지 다른 방향으로 카를을 동시에 끌어당겼다.

그러한 모순과 문제는 즉시 분명한 모습을 드러냈다. 카를은 1520년 초에 스페인을 떠나 신성로마제국의 새로운 영토로 향했다. 그로부터 몇 달 만에, 코무네로스로 알려진 대규모 반란이 카스티야 전역으로 확산되었다. 톨레도, 부르고스, 바야돌리드를 비롯한 여러 도시에서 폭동과 소요사태가 발발했다. 코무네로스는 진행되는 상황에 대한 도시들의 깊은 불만과 그들의 강력한 정체성 인식에서 태어나 분노를 표출하는 수단을 제공한 광범위한 반란이었다. 그에 반해서, 시골 지역에서는 소요가 반엘리트anti-elite 봉기의 형태를 취했다. 토르데시야스로 진군한 반군은, 아들을 대체하는 데 이용하려는 의도로 후아나 여왕을 석방했다.

멀리 독일 땅에서 다른 걱정거리가 많았던 카를은 상황의 심각성을 파악하지 못했다. 스페인에서 그의 대리인이었던 위트레히트의 하드리아노는 이베리아반도 출신이 아니었고, 반란으로 표면화된 끓어오르는 긴장의 뿌리나 규모에 대한 진정한 이해가 없었다. 그 문제에 관해서는, 관리들에게 반군이 장악한 지역의 세금 수입을 보내도록 계속해서 요구한, 카를도 마찬가지였다. 다른 상황이었다면 완전한 코미디였을 것이다. 카를에게는 다행하게도 후아나가 허수아비로 이용되기를 거부했고, 젊은 왕은 결국 유능한 대리인을 임명하여 군대를 모으고 공개적 전투에서 반란군을 격파하도록 했다. 그것으로는 충분치 않다는 듯이 발렌시아에서도 거의 비슷하게 심각한 소요사태가 발발했고, 카스티야와 마찬가지로 공개적 전투만이 위기의 유일한 해결책이었다. 발렌시아에서의 대규모 처형, 자모라Zamora의 주교를 고문하고 교수형에 처한 것, 막대한 액수의 벌금 부과가 포함된 가혹한 탄압으로 반란은 끝났지만, 가혹한 조치로는 애당초 반란을 촉발한 대의성, 과세, 그리고 왕실의 통제라는 근본적 문제를 해결할 수 없었다.[17]

그리고 스페인은 카를이 통치하는 영토 중 하나에 불과했다. 반란과 거의 동시에 왕이자 황제는, 골치 아픈 메시지를 널리 퍼뜨리고 있는 마르틴 루터라는 아우구스티누스회 수도사를 처리해야 했다. 카스티야의 코무네로스와 발렌시아의 반군이 반란을 일으킨 동안에 루터는 보름스 회의에 출석했다. 쉴레이만 대제가 베오그라드로 진격할 때, 처남인 헝가리 왕 루이 2세를 돕는 일에 카를이 별로 관심이 없었던 것은 놀라운 일이 아니었다. 그 또한 동시에 일어난 일이었다. 카를은 단지, 오스만 제국의 중부 유럽 진출의 전략적 시사점이 무엇이었든 간에, 다른 일에 관심을 기울일 여유가 없었다.

중요한 것들이 균열을 통해서 떨어져 나가는 일이 되풀이되었다. 이는 카를의 생애와 통치 기간 전체에 걸쳐서 반복된 주제였고, 세월이 흐를수록 악화했다.

▌전쟁과 평화

카를이 권력을 행사하는 데는 많은 장애물이 있었지만, 그가 어떤 일에 마음을 정하고 자원을 동원했을 때 가능성은 거의 무한대였다. 가티나라를 비롯한 이론가들의 지도를 받은 카를은 보편적 군주제의 아이디어를 받아들였다. 그는 또한 합스부르크 및 트라스타마라 왕조가 여러 세대에 걸쳐서 주장한 권리를 추구하는 것이 자신의 의무라고 믿었다. 하지만 그에게는 원대한 전략도, 통합된 목표나 힘의 균형에 관한 신중한 저울질도, 전쟁과 평화에 따르는 위험과 기회에 대한 깊은 이해도 없었다. 카를과 조언자들은 어리석음과는 거리가 멀었지만, 그들의 계산법은 오늘의 우리와 근본적으로 달랐다. 전쟁은 왕들의 기본적 의무이자 소일거리였다. 거기에는 나름의 논리와 이유가 있었다.[18]

카를에게는 군사적 야망을 위한 배출구가 많았다. 그는 1494년부터 이탈리아와 유럽의 여러 지역을 괴롭힌 일련의 분쟁인 이탈리아 전쟁이 소강상태를 보이는 동안에 스페인과 신성로마제국의 왕좌를 획득했다. 그의 할아버지 페르디난드와 막시밀리안은 여러 단계에서 이 전쟁에 깊이 관여했다. 카를의 가계도에서 합스부르크 가문보다는 트라스타마라 가문이 이 끝이 없는 전쟁의 가능성을 이용하는 데 더 성공적이었다. 막시밀리안은 많은 돈을 쓰고, 정치 공작과 뒤통수 치기로 편을 바꾸기도 하면서 여러 해를 보냈지만, 실질적 이득을 얻지 못했다. 반면에 페르디난드는 분쟁의 최초 원인이었던 나폴리 왕국을 손에 넣음으로써, 이탈리아의 확고한 거점을 왕조에 제공했다. 이제 나폴리를 소유하게 된 카를에게 이탈리아는 장기적 관심사가 되었다. 그러나 중요한 것은, 수많은 직위와 토지를 계승함에 따라 그의 영토가 피카르디에서 카탈루냐까지, 모든 곳에서 프랑스 왕 프랑수아 1세의 영토와 국경을 접하게 되었다는 사실이었다.

코무네로스가 반란을 일으키고 마르틴 루터가 보름스 회의에서 자신의 주장을 철회할 의사가 없음을 선언하는 동안에도 두 줄기의 프랑스군이, 하나는 프랑스 동부의 뫼즈Meuse강을 따라 또 하나는 스페인 북부의 나바라로 이동하고 있었다. 설상가상으로, 프랑스 왕은 라인강 지역의 작지만 강력한 영주인 구엘더스 공작Duke of Guelders에게 프리슬란트Friesland에 있는 카를의 영토를 침략하도록 부추겼다. 카를은 자신의 영토와 권위를 위협하는 수많은 군사적 도전 중 첫 번째로 세 가지 위협 모두를 처리해야 했다.

비록 이탈리아반도에서 멀리 떨어진 곳에서 벌어졌지만, 이들 교전은 이탈리아 전쟁의 새로운 충돌이 시작되는 대치였다. 1494년 이후에 당혹스러울 정도로 다양한 구성으로 모인 여러 세력은, 햇볕에 그을린 남부 이탈리아에서 영국 북부의 황무지까지, 모든 곳으로 전장을 확대했다. 이탈리아 전쟁은, 영국과 스코틀랜드를 포함하여 서부 유럽의 모든 강대국을 끌어들였다. 한번은 베네치아 공화국이 프랑스, 스페인, 신성로마제국, 그리고 교황의 연합 세력과 맞선 적도 있었다. 막시밀리안 황제는, 혼란의 와중에서 이득을 얻으려는 (그리고 대개 실패한) 의도로 여러 차례 편을 바꿨다. 그러나 이탈리아 전쟁은 대체로 이탈리아의 전장에서 프랑스와 스페인이 맞선 분쟁이었다. 프랑스의 왕은 나폴리에 대한 권리를 주장했고 아라곤의 왕도 마찬가지였다. 이탈리아의 세력들은 한쪽 편을 들 수밖에 없었다. 그 결과로 1521년까지 수십 년 동안 다양한 용병의 군대가 이탈리아반도를 휩쓸면서 약탈, 살인, 방화를 자행하고 때로는 엄청난 수로 서로를 학살했다.

이제 카를이 오랜 투쟁을 이어받아, 이전에 할아버지가 그랬듯이 자기 몫의 피해를 초래할 시간이었다. 1521~22년에 카를과 조언자들은 어디서 싸울 것인지를 두고, 황제가 적어도 세 명의 사생아를 낳고 사냥과 테니스로 많은 시간을 보내는 것에 방해가 될 정도는 아니었지만 오랜 시간을 보냈다. 그는 이모 캐서린이 헨리 8세와 결혼했고, 현재 그들의 딸 메리와 자신이 약혼한 상태인 영국을 장기간 방문했다. 카를의 직접적 개입이 없이, 그가 급료를 지급하는 스페인 상비군과 독일 용병은, 프로스페로 콜론나Prospero Colonna라는 노련한 이탈리아 용병의 지휘하에 1522년 4월 비코카Bicocca 전투에서 프랑스군을 격파했다. 그해 말에 황제는 코무네로스의 처벌을 감독하면서 스페인 체제를 마음껏 즐겼다. 프랑스에서 가장 중요한 귀족의 한 사람인 부르봉 공작이 프랑수아 1세를 버리고 스페인의 왕이자 신성로마제국 황제 쪽으로 돌아서자 상황이 더욱 좋아 보였다. 당시의 다른 모든 통치자처럼 지칠 줄 모르게 탐욕스럽고 현금이 아쉬웠던 프랑수아 1세는 공작이 상속받아야 할 토지의 권리를 승인하지 않았다. 유능한 군인이며 영향력 있는 인물이었던 부르봉을 프리에이전트fee agent로 만드는 데는 그것으로 충분했다. 그는 카를의 편에 섰다.

헨리 8세와의 연합공격 계획이 결실을 맺지는 못했지만, 카를은 1524년에 주도권을 잡았다. 그의 나폴리 총독인 샤를 드 라노이Charles de Lannoy는 북부 이탈리아의 대부분 지역에서 프랑스 수비대를 몰아냈다. 부르봉은 프랑스 안에서 프랑수아와 맞서는 음모를 실행하는 데는 실패했으나, 제국의 군대와 함께 프로방스를 침략하여 마르세이유를 포위하고 아름다운 전원 지역을 불태웠다. 상황이 바뀐 것은 그때였다. 프랑수아 1세는 1525년 2월에 부르봉의 퇴각로를 차단하고, 강력한 군대와 함께 북부 이탈리아로 들어와 파비아의 제국 수비대를 포위했다. 카를은 사실상 돈이 바닥난 상태였다. 그의 군대는 퇴각하고 있었다. 영국과의 동맹은 끝났다. 그는 이탈리아의 지위, 어쩌면 나폴리 왕국까지 잃게 될 것이고 상황은 더 악화할 수 있었다. 카를과 그의 궁정은 무슨 새로운 소식이든 나쁜 소식일 것을 확신하면서 전전긍긍했다.

1525년 3월 10일 정오 무렵, 황제가 조언자들과 이탈리아의 심각한 상황을 논의하고 있을 때, 피곤한 말을 몰고 숨 가쁘게 달려온 전령이 마드리드의 왕궁으로 들어섰다. 전령은 메시지를 전했고, 얼어붙은 채로 한동안 입을 열지 못한 카를은 전령의 말을 되풀이했다. "프랑스 왕이 아군의 포로가 되고, 우리가 전투에서 승리했다고?" 다시 입을 다물고 자신의 거처로 물러난 황제는 성모 마리아상 앞에 무릎을 꿇고 30분 동안 감사 기도를 올린 뒤에야 자신의 승리를 축하하기 위하여 모습을 드러냈다.[19]

파비아 전투는 프랑스에 엄청난 규모의 재앙이었고, 1415년 아쟁쿠르 전투 이후로 최악의 패배였다. 프랑스군은 분쇄되고 북부 이탈리아에서의 전략적 위치를 절망적으로 상실했다. 중요한 프랑스 귀족들이 전쟁터에서 사망했다. 포로가 된 프랑수아는 통치자가 개인적으로 국가를 구현하는 시대의 궁극적인 지렛대였다. 카를이 원하는 것은 무엇이든—영토에 대한 프랑수아의 주장 일축, 노골적인 영지 공여, 말 그대로 왕의 몸값—그의 손 안에 있었다. 카를은 모든 카드를 손에 쥐었고 내놓기만 하면 되었다.[20]

아마 예상할 수 있는 일이었겠지만, 이 모든 웅대한 가능성이 혼돈과 재앙으로 녹아드는 데는 그리 오랜 시간이 걸리지 않았다.

뭉치고 흩어지고

카를의 독일 용병과 스페인 화승총병이 파비아에서 프랑스군을 난도질하기 불과 며칠 전에, 바이에른의 도시 메밍엔에 속한 영토에 거주하는 농민들이 길고 상세한 요구 사항 목록을 도시 당국자에게 제출했다. 여기에는 독일을 뒤흔든 복음주의적 종교개혁의 물결도 한몫을 했다. 마을 사람들은 교회에 신세를 지는 대신에 자신들의 설교자를 선출하도록 해줄 것을 요구했다. 이것만으로도 충분히 급진적이었지만, 그보다 훨씬 더 멀리 나아간, 평등주의적 기독교 형제회가 개혁적 종교의 논리적인 최종 목표였다. 메밍엔 주민은 그들을 억압하고 사회 상위층에 굴종하도록 하는 계층구조의 전반적 재편을 원했다.

이런 일에서 그들은 전혀 외롭지 않았다. 1524년의 수확기와 1525년 초반에 걸쳐서 남서부 독일은, 여러 세대 동안 유럽에서 일어난 농민 반란 중 가장 큰, 대규모 농민 반란에 휘말렸다. 파비아 전투가 끝난 뒤에는 반란이 서부 및 중부 독일로 확대되어 라인강 유역의 팔츠, 바덴, 뷔템부르크, 그리고 튀링겐Thuringia까지 뻗어 나갔다. 곧 농민군과 독일 왕자들의 군대 사이의 전투가 이어졌다. 그때부터 상황이 악화했다. 더욱 공격적인 농민군은 귀족들을 죽이고 그들의 성을 약탈했다. 독일의 왕자들은 강력한 란츠크네히트 용병을 고용하여 학살, 고문, 대규모 처형을 자행하도록 하는 것으로 반격했다. 루터의 영향력이 반란을 일으키는 데 도움이 되었을 수도 있지만, 그는 선동적이고 냉담한 말로 그것을 부인했다. 이 모든 일이 합스부르크 가문의 몇몇 세습 영토를 포함하여, 궁극적으로 신성로마제국 황제 카를에게 속한 지역에서 일어났다. 그러나 다른 곳에서 바빴던 카를은, 자신을 위하여 일을 처리해주도록 동생 페르디난드와 슈바벤 동맹의 귀족들에게 의존했다. 그는 단순히 농민 문제가 사라지기를 바랐다.[21]

농민 문제는 사라졌지만, 독일 전역에 헤아릴 수 없이 많은 죽음과 끔찍한 파괴의 흔적을 남겼다. 농민전쟁은 천 마일 떨어진 스페인에서 프랑스에 대한 승리를 가장 잘 활용하는 방법을 궁리하고 있던 카를에게 직접적인 영향을 미치지는 않았으나 다가올 문제들을 암시하는 징후였다.

1526년 봄까지, 카를은 프랑수아를 사로잡음으로써 얻은 이점을 대부분 탕진했다. 투옥된 왕은 자유의 대가로, 두 아들과 상속자를 인질로 내주는 것을 포함하여 카를의 요구에 동의했지만, 국경 너머로 돌아오자마자 모든 것을 부인했다. 그동안 프랑수아의 유능한 어머니는 황제와 맞서기 위한 동맹을 결성하느라 분주했다. 클레멘트 7세 교황, 베네치아 공화국, 피렌체, 그리고 폐위된 밀라노 공작 프란체스코 스포르자Francesco Sforze가 코냐 동맹League of Cognac에 참여하고 영국의 헨리 8세는 보증인 역할을 하면서 프랑수아에게 가담했다. 프랑스 왕자들의 귀환, 헨리 8세에게 빚진 80만 두카트의 상환, 그리고 이탈리아의 영토 분할에 관한 다양한 보장을 포함한 그들의 요구

는 충격적이었다.[22]

　이는 카를에게 고뇌의 시작에 불과했다. 헝가리 왕 루이 2세는 합스부르크의 매부에게 점점 더 간절하게 도움을 탄원했다. 술탄 쉴레이만이 헝가리를 주시하면서 움직이고 있었다. 카를과 페르디난드는 침략해오는 오스만 제국에 맞서 곤경에 빠진 처남에게 도움을 주기를 거부했다. 이제 오스트리아의 대공이며, 형을 대리하여 골치 아픈 루터교 개혁가들을 관리하고 농민전쟁의 마지막 잔불을 끄고 있었던 페르디난드는 당면한 위협을 완벽하게 이해했다. 그러나 아직도 멀리 스페인에 있는 카를은 아무것도 하지 않았다. "우리가 평화를 이룰 수 있다면, 내가 가진 모든 것을 헝가리에 배치할 것으로 믿어도 좋다." 그는 페르디난드에게 편지를 보냈다. "그러나 나 자신의 소유와 관련된 전쟁이 계속된다면—계속될 것이 틀림없지만—자신의 방어를 돌보지 않고 모든 자원을 그곳에 배치해야 할지는 너의 판단에 맡긴다." 카를은 대신에 독일의 루터교도에게 종교 자유권toleration을 팔아서 오스만 제국의 위협에 대응하는 군대를 마련하는 방안을 페르디난드에게 제안했다. 루이의 마지막 탄원이 도착했을 때 카를은 여전히 꿈쩍도 하지 않았다. "나는 이미 프랑스 왕이라는 성가신 터키인을 상대해야 한다." 그는 헝가리 왕에게 보낸 서한에서 말했다.[23]

　쉴레이만은 합스부르크의 친척으로부터 병력이나 자금 지원을 받지 못한 헝가리의 왕을 모하치 전투에서 격파하고 그와 다수의 헝가리 귀족을 죽였다. 오스만 제국이 중부 유럽으로 들어오는—합스부르크가의 세습 영토인 스티리아, 오스트리아, 그리고 티롤로 들어오는—길이 열렸다. 1526년에 헝가리에서 오스만 제국에 맞서 싸우는 데 어떤 노력과 자금이 필요했든, 이후 몇 년 동안 합스부르크의 문전에서 오스만 제국과 맞서는 데는 훨씬 더 큰 비용이 들 것이었다.[24]

카를의 분열된 관심에 대한, 말 그대로 통치와 전쟁의 비용은 말할 것도 없고, 청구서의 만기가 도래했다. 황제가 그것을 해결할 수 있었을까? 거기에는 뒤얽힌 문제들이 있었다. 카를은 코냑 동맹이 제기한 즉각적이고 매우 실제적인 위험보다 오스만 제국이 자신에게 더 위험한 존재라는 것을 확신하지 못했다. 쉴레이만이 헝가리로 진군하는 동안에도, 페르디난드는 형의 명령에 따라 독일에서 용병을 모집하여 이탈리아의 전장으로 보내고 있었다. 설사 루이와 페르디난드가 가장 큰 위협은 헝가리에 있다는 것을 카를에게 설득할 수 있었더라도—교황을 포함하여 그의 영토 앞에 늘어선 기독교 군대를 생각하면 가능성이 희박하지만—자원이 너무 부족했다. "나는 이미 찾을 수 있는 마지막 두카트까지 현금을 모아 이탈리아로 보냈다." 헝가리가 함락되었다는 소식이 도착했을 때 그는 말했다. 카를은 모하치의 재앙 이후에야 오스만 제국이 최대의 위협임을 깨달았지만, 때가 너무 늦었다.

상황이 악화할 여지는 여전히 많았다. 카를이 확보한 자금은, 노병 게오르크 폰 프룬츠베르크가 독일에서 남쪽으로 데려온 1만 6,000명의 값비싼 란츠크네히트 용병을 포함한 대규모의 위풍당당한 군대를 이탈리아에 집결시키기에 충분했지만, 그들에게 급료를 지급하기에는 충분치 않았다. 나폴리의 수비대에서 온 스페인 병사의 일부는 20개월 동안 동전 한 푼 구경하지 못했다. 독일 병사들도 여러 달 전에 집을 떠난 이후로 급료를 받지 못했다. 문제를 더욱 복잡하게 만든 것은, 누가 실제로 군대를 지휘할지를 카를이 명확하게 밝힌 적이 없다는 사실이었다. 부르봉 공작인가? 아니면 가장 많은 병력을 지휘하는 프룬츠베르크인가? 또는 나폴리의 총독 샤를 드 라노이인가?

대재앙의 무대가 마련되었다. 병사들은 급료를 받기 전에는 명령을 따르기를 거부했다. 가장 경험 많고 존경받는 지휘관 프룬츠베르크는, 병사들의 반란이 일어나고 더 이상 지휘할 수 없는 지경에 이르자, 뇌졸중 발작을 일으켰다. 라노이는 클레멘트 교황과 협정을 맺었지만, 말을 들으려 하지 않는 병사들에게 강제할 수는 없었다. 병사들은 충성의 대가로 약탈을 약속한 부르봉 공작을 좋아했고, 이는 롬바르디아에서 남쪽으로 로마까지 이르는 광란의 여행을 의미했다. 1527년 5월 6일에 굶주리고 분노한 군대가 영원의 도시를 공격했다. 수천의 시체가 거리에 쌓이고, 도시 전체가 옛 모습을 알아볼 수 없을 정도로 약탈당했다.[25]

로마의 약탈은 모든 것을 가지려 한 황제의 지나친 시도에 따른 논리적 종착점이었다. 2년 뒤에는 쉴레이만 대제가 군대를 이끌고 비엔나의 성문 밖에 나타났다. 가문의 세습 영토를 보호하기 위하여 카를이 할 수 있는 일은 많지 않았다. 비엔나의 생존과 오스만 군대의 퇴각은, 카를이 했거나 할 수 있었을 일 만큼이나 악천후와 제한된 병참 지원 때문이었다. 은행업자들은 그에게, 황제의 광대한 영토에서 나오는 미래의 수입으로 상환이 보장된 대출을 해주었겠지만, 그가 원하는 모든 것에 비용을 치를 돈은 전체 유럽에서도 충분하지 않았다.

글로벌 제국

카를에게는 다행하게도, 황제는 또한 대서양 건너편의 뜻하지 않은 수입의 원천에 접근할 수 있었다. 콜럼버스의 탐험에 뒤이어, 스페인 왕에게 명목상의 종주권이 있는 다양한 정복 및 식민지화 프로젝트가 카리브해 지역에서 싹텄다. 새로운 왕이 처음으로 스페인에 도착했을 때, 이들 소유물은 대단한 것이 아니었다. 카리브해의 여러 섬과 파나마 지협의 몇몇 전초기지 중에 특별히 부유하거나 유망한 곳은 없었다. 수백 명의 아프리카인 노예와 그보다 훨씬 더 많은 원주민과 함께 불과 5,000명 정도의 스페인인이 그곳에 거주하고 있었다. 그러나 카를의 통치 기간에 멕시코와 페루를 포함하여 광대한 지역을 차지한 스페인의 신세계 영토가 네 배 이상으로 늘어나고, 그 모두가 카스티야 왕의 직접 통치를 받게 된다. 멀리 떨어진 곳에서, 그리고 약탈을 자행하면서 프로젝트를 수행하는 부하들에게 피상적인 주의만을 기울이면서, 카를은 인류 역사상 가장 광범위하고, 끔찍하고, 수익성 높은 정복 사업의 하나를 감독했다.[26]

새로운 질병과 거의 상상할 수 없을 정도로 착취적인 잔인성의 결합은 토착 원주민을 황폐화했다. 콜럼버스가 도착한 지 두 세대 만에, 카리브해 지역에서 스페인인이 도착한 모든 곳의 원주민이 거의 전멸했다. 새로운 식민지의 노동력을 제공하기 위한 지역적 노예 교역이 번창하고, 예상대로 치명적인 결과를 초래했다. 예를 들면, 히스파니올라 섬으로 강제 이주한 원주민 1만 5,000명은 10년 만에 2,000명 만이 살아남았다. 추정치에 따르면, 1493년과 1518년 사이의 스페인 통치 기간에 카리브해 지역의 가장 큰 섬 네 곳에서만 약 20만 명의 원주민이 사망했다. 스페인의 강철, 유럽의 질병, 정서적 황폐화, 영양실조, 그리고 과도한 노동. 그 모두가 최초 탐사 과정부터 내재된 수익을 추구하는 인센티브에 주도되었고, 엄청난 인명 피해를 초래했다.[27]

이 과정은 카를과 함께 시작되지 않았고, 그의 후계자들의 시대에도 나을 것이 없었지만, 아메리카 대륙의 광대한 영토에 대한 스페인 통치의 연장은 폭력과 착취의 규모를 근본적으로 바꿔놓았다. 멕시코 정복을 이끈 요령 있고 무자비한 약탈자 에르난 코르테스는 1519년에 촐룰라Cholula라는 도시에서 (자신의 설명에 따르면) 한꺼번에 3,000명 이상의 원주민을 학살했다. 그와 부하들은 다음 해에 멕시코의 수도 테노치티틀란에서 훨씬 더 나쁜 짓을 저질렀다.[28]

카를은 새로운 영토의 이국적인 동식물에 대한 지속적인 관심을 유지했다. 그는 할아버지 페르디난드가 소유했던 앵무새의 화려한 깃털을 좋아했다. 황제는 때때로 토착 원주민의 안위에도 관심을 보였는데, 이는 아이러니하게도 아프리카 노예를 대규모로 수입하는 정책의 추진으로 이어졌다. 하지만 결국 카를은 아메리카의 영토가 제공하는 부에만 일관된 관심을 가졌다. 그는 병사의 급료를 지불하고, 선박을 건조하고, 외국의 통치자를 매수하고, 수많은 채권자를 만족시키기 위한 돈이 필요했다. 신세계는 그 돈의 많은 부분을 제공할 것이었다.

1520년 3월에 처음으로 신세계에서 유입된 현금이 도착했다. 코르테스는 쿠바의 총독과 자신의 분쟁에 대한 카를의 호의적언 견해를 확보하기 위하여, 대부분 촐룰라의 끔찍한 대학살 중에 모은 막대한 보물을 실어 보냈다. 카를은 즉시 그 돈을 영국과 네덜란드로의 항해 비용으로 마지막 한 푼까지 써버렸다. 촐룰라의 피가 황제의 유럽 모험을 위한 자금을 제공했다.

이것은 금세 패턴이 되었다. 카를은 도착한 돈이 배에서 내리기가 무섭게 소비하는 방법을 찾아냈다. 1524년에 테노치티틀란과 멕시코 심장부의 야만적인 정복이 끝난 후에 코르테스가 보낸 12만 페소pesos의 금화는 즉시 진행 중인 이탈리아 전쟁 비용으로 소비되었다. 아메리카 원주민 수만 명의 잔혹한 죽음이 몇 달 동안 황제의 습관적인 군사 활동에 자금을 댈 수 있었지만, 그 후에는 다시 돈이 떨어졌다.[29]

카를은 부하들이 아메리카에서 약탈하는 엄청난 부의 원천을 활용했지만, 진정한 통제력을 행사하지는 못했다. 1529년에 그가 프란시스코 피사로Francisco Pizarro에게, 모험가가 파나마에서 페루로 출발하기 전에 내린 지시를 생각해보라. "그 지역에 관한 가용한 정보에 따르면, 그곳의 주민은 우리의 거룩한 가톨릭 신앙을 이해할 수 있는 지성과 능력이 있으므로, 무력으로 그들을 정복하여 굴복시킬 필요가 없다. 대신에 사랑과 관대함으로 그들을 다뤄야 할 것이다." 말할 필요도 없이, 피사로는 실제로 그렇게 행동하지 않았다. 1532년 11월에 피사로와 그의 소규모 병력은 모여 있는 잉카의 귀족들에게 대포를 쏘고 기병으로 짓밟았다. 2,000명 이상이 살해되고 아타우알파Atahualpa 황제가 포로로 잡혔다. 그의 몸값은 6톤이 넘는 금과 12톤이 넘는 은이었다. 피사로는 몸값이 도착한 후에 아타우알파를 목졸라 죽였다.[30]

1535년까지 카를은 진정한 글로벌 제국을 주장할 수 있었다. 그는 마젤란의 세계 일주 비용을 댐으로써 향신료 생산지인 말루쿠제도의 소유권을 확보했다. 카를의 삶에서 다른 모든 것과 마찬가지로 이 또한 소모성이었다. 그는 오스만 제국의 공격으로부터 비엔나를 방어하기 위한 자금이 필요하게 되자 포르투갈 왕에게 비싼 값으로 소유권을 팔았다. 멕시코의 광산과 들판은, 강제 노동에 동원된 원주민의 피와 땀으로 생산된, 보화가 정기적으로 선적되는 원천이 되었지만, 결코 충분하지 않았다.

1534년에 놀라운 잉카의 보물이 처음으로 세비야에 도착했을 때, 카를은 보물을 보고 경탄하지 않았다. 대신에 가장 눈에 들어오는 약탈품 하나만 남기고 나머지는 녹여서 주화를 만들게 했다. 항상 그랬듯이 그는 돈이 필요했다. 황제는 북아프리카로 관심을 돌렸고, 중요한 항구 튀니스를 점령하기 위하여 모든 에너지와 자원을 집중시켰다.

▎튀니스

▎카를 5세의 짧은 금발을 적시고 흘러내린 땀 때문에 말끔하게 손질한 턱수염이 돌출한 턱에 달라붙었다. 얼굴의 나머지 부분에서 턱

이 정확히 얼마나 튀어나왔는지를 가리는 목적으로 기른 턱수염이 소용없게 되었다. 그러나 적어도 전투가 한창인 이곳에서는 황제의 주걱턱에 신경을 쓰는 사람이 아무도 없었다. 대포의 굉음, 화승총성, 강철과 강철이 부딪히는 소리. 북아프리카의 튀니스 항구, 라 골레타La Goletta의 성벽 밖에 집결한 수천 명의 병사가 도시를 공격했다. 푸른 바닷물이 회갈색 해변과 만나는 항구에서는 낮고 날씬한 갤리선과 측면이 높은 갈레온galleon선의 함대가 도시의 수비군에 포격을 가했다. 1535년 7월 14일은 처음으로 전투를 경험하는 카를에게 35년 동안 살아오면서 경험해보지 못한 방식으로 삶의 가치를 느끼게 해준 날이었다. 수십 년 동안 대규모의 전쟁 비용을 대고, 궁전과 야영지에서 전쟁을 지휘하던 것이 마침내 야전에 자리를 내주었다. 이제 그는 항상 원했던 일을 하고 있었다. 실제로 카를은, 조언자들의 권고와 판단에 반해서, 친히 전투에 나서 무슬림과 맞서는 병사들을 이끌기를 고집했다. 황제는 대포탄이 성벽을 부수고 칼날이 취약한 살을 파고드는 광경을 만족스럽게 지켜보았다. 자신이 바로 이런 일을 실현시킨 사람이었다.

이 군대와 그들을 태운 배들은 카를의 광대한 제국 구석구석에서 모여들었다. 알프스를 넘어 남쪽으로 진군하여 제노바 근처에서 승선한 독일의 란츠크네히트 용병, 나폴리와 시칠리아에서 여러 해 동안 복무했던 낡은 화승총을 들고 찌그러진 갑옷을 입은 스페인 병사들, 전쟁이 그치지 않은 반도의 군사적 전통을 계승한 경험이 풍부한 이탈리아 용병, 오래전 십자군 기사의 후예이며 몰타 섬에 본거지를 둔 구호기사단, 처남인 포르투갈 왕이 인도 항해에서 얻은 수익으로 건조하여 제공한 훌륭한 군함. 유럽의 기독교 세계 전역에서 모인 약 2만 6,000명의 병사가 2만 5,000명의 선원이 배치된 400척의 배를 타고 이 무슬림 해적행위의 온상으로 모여들었다. 엄청난 원정의 비용을 댄 것은 잉카인을 죽이고 강탈한 보물이었다. 피 묻은 돈이 더 많은 피를 불렀다.

라 골레타의 점령에 이어 튀니스가 함락되고, 무시무시한 통치자이자 악명 높은 해적인 바르바로사가 달아난 때가 카를의 전성기였다. 황제의 병사들은 엄청난 규모의 보화와 노예를 약탈했다. 스페인과 프랑스 해안을 습격하는 해적의 끔찍한 위협도 당분간 무력화되었다.

카를 5세는 동료 기독교 통치자들과 싸우느라 엄청난 양의 보화를 소비했다. 이탈리아에 대한 집착으로 중부 유럽에서의 책임을 소홀히 한 결과는 처남의 죽음과, 오스만 제국의 위협에 맞서 오스트리아와 보헤미아를 방어하기 위한, 훨씬 더 값비싼 일련의 전투로 이어졌다. 그러나 튀니스에서는, 카를이 무슬림이라는 적절한 싸움 상대를 찾았고 마침내 자신의 방대한 자원을 가치 있는 명분에 돌렸다는 데 모두가 동의했다. 심지어 카를 평생의 적수였던 프랑스의 프랑수아 1세와 마지못한 일시적 휴전이 이루어지기에도 충분한 명분이었다.[31]

하지만 카를의 모든 노력이 그랬듯이, 원정의 성공은 일시적인 성공, 심지어 환상에 불과한 것으로 밝혀졌다. 알제로 달아난 바르바로사는 쉴레이만 대제와의 동맹을 강화하고, 오스만 제국의 함대 전체를 통솔하게 되어, 자신의 힘을 10배로 확대했다. 그는 이후 몇 년 동안 이탈리아를 습격하여, 이전의 습격이 바늘로 찌른 것으로 보일 정도로, 수천 명을 죽이고 엄청난 수의 포로를 잡아 무슬림 세계의 노예시장을 범람시켰다. 그러나 튀니스 전투의 비용은 엄청났다. 추정치에 따르면 카를이 왕좌를 사는 데 쓴 것보다 많은 1,076,652두카트였다.

잉카의 보물이 이 모든 전투의 추진력을 제공했다. 카를은 바르셀로나에 군대를 집결시켰고, 그중에서 카탈루냐로 소환된 사람들은 모두 왕국의 화폐 주조 장인이었다. 그들은 병사, 선원, 선장, 무기 제작자, 비스킷 제조자, 소금에 절인 고기를 준비하는 사람, 그리고 물론 은행업자에게 비용을 지불하기 위하여 피비린내 나는 횡재의 마지막 온스까지 신속하게 주화로 바꿔야 했다. 안데스 지역의 수익까지도 규모가 더 큰 다른 원정을 위한 담보에 불과했고, 당시의 점점 더 복잡해지는 금융 방식을 통해서 공급되었다. 카를 5세만큼 자원을 멀리까지 확장하고 창의적이고 광범위하게 금융업자에게 의존한 사람은 없었고, 튀니스 원정은 그 방법과 이유의 축소판이었다.

1535년까지 유럽에는 스페인보다 (해외의 제국이 있었던 상업적 도시국가 베네치아 외에는) 대규모 군사 원정을 위한 자금을 조달한 경험이 많거나 더 나은 도구를 가진 나라가 없었다. 카스티야와 아라곤은, 그라나다 정복을 위한 전투가 시작된 1482년 이래로 계속해서 전쟁을 벌였다. 그 이후로, 끊임없는 전투의 북소리가 중단된 평화기는 몇 년에 불과했다. 나폴리, 밀라노, 베네토, 로마냐, 제노바, 프로방스, 카탈루냐, 나바라, 그리스 해안. 이들은 스페인의 자원이 전투를 위하여 사용된 지역의 일부에 불과하다. 카를의 야망은 욕심 많았던 할아버지보다도 원대했고, 다행히도 그에게는 야망의 실현을 도와줄 노련한 재정 고문들이 있었다. 그중에 가장 두드러졌던 프란시스코 데 로스 코보스Francisco de los Cobos는 아마도, 카를의 수많은 왕국의 척추에 해당하는, 카스티야 왕국의 복잡한 재정을 완벽하게 이해한 유일한 인물이었을 것이다.

1534년에 잉카의 보물이 도착하기 시작할 때, 그 총 가치는 약 200만 두카트에 달했다. 스페인 왕 카를이 받을 자격이 있는 관습적인 5분의 1의 왕실 지분은 약 40만 두카트가 될 것이었다. 엄청난 거금이었지만 계획된 원정을 위해서는 턱없이 부족한 금액이었다. 그렇지만 코보스에게는 나머지 자금을 마련할 아이디어가 있었다. 그는 스페인 국가 재정의 기본적 도구인 국채juro에 의존했다. 국채는 즉각적인 현금 지불에 대하여 낮은 이자율로 장기 상환되는 채권이었다. 이 경우에 카를과 코보스는 단순히 도착한 잉카의 보물 모두를 격리시키고, 그 대가로 국채를 받을 것을 예정된 수령자들에게 요구했다. 이는 카를과 조언자들이 튀니스 원정에 필요한 자금 대부분을 마련하게 해준, 두 가지 수입 원천의 창의적 조합이었다. 그러나 여전히 자금이 충분치 않았고, 나머지 보화가 수송되는 동안의 간극을 메우고 전투 준비를 계속하기 위해서는, 푸거 회사에서 대규모 대출을 받는 임시방편적 조치가 필요했다. 12만 두카트의 자금이 추가로 안트베르펜의 은행업자에게 송금되어, 카를의 고모이며 저지대국가의 섭정인, 이례적으로 재능이 있고 안정적인 오스트리아의 마가렛에게 전달되었다. 이는 프랑수아 왕이 합의된 휴전 기간에

합스부르크 왕조를 시험하려 할 가능성에 대비하는 조치였다.[32]

튀니스 전투에서는, 아메리카의 보화를 담보로 삼아, 이전 수십 년 또는 수 세기에 걸쳐서 개발된 모든 금융 도구가 활용되었다. 가장 두드러진 은행업자들의 서비스에 힘입어, 돈이 아우크스부르크에서 스페인으로, 다시 안트베르펜으로 흘러갔다. 그 자금이 지원한 전투는, 축적과 통합의 긴 과정을 거쳐서 카를 한 사람에게 집중된, 왕조의 광대한 영토 전역에서 병사들을 끌어들였다. 장창, 화약을 이용한 총기, 대량의 대포를 사용한 그들은 변혁의 시대에 최첨단의 전쟁을 대표했다. 전투가 끝난 뒤에는 카를을 신앙의 수호자, "투르크의 파괴자", "아프리카의 조련사"로 묘사한 인쇄 선전물이 널리 유포되어, 황제의 승리 소식을 말과 목판화 이미지로 유럽 전역에 전파했다. 카를이 성취한 업적의 엄청난 규모와, 그것을 모든 사람이 알도록 한 일은 당시의 전반적 변화의 규모를 반영했다.[33]

▌카를의 최후

튀니스에 이어 이탈리아반도 전역에서의 승리를 축하하면서, 카를이 시칠리아, 나폴리, 로마, 그리고 피렌체를 순방한 때는 황제 치세의 절정기였다. 그러나 승리는 오래가지 못했다. 그해에 이미 프랑수아 1세와 카를은 또 다른 파괴적인 전쟁을 시작했었다. 오스만 제국의 위협이 늘어나고 있었고, 찾기 힘든 해적 바르바로사—카를이 튀니스에서 제지하지 못한—가 오스만 해군의 지휘관이 됨으로써 엄청나게 심각한 위협이 되었다. 1538년의 프레베자Preveza 해전에서 바르바로사는 카를의 부하들이 이끄는 기독교 함대를 격파하여 수만 명의 사상자를 냈다. 그때부터 상황은 악화일로를 걸었다. 카를의 가장 큰 적, 쉴레이만 대제와 프랑수아 1세가 이미 1536년에 공식적 동맹을 체결하고 그의 취약한 영토에 연합 공격을 가하고 있었다. 1542년에 황제가 중부 유럽에서 오스만 제국과 맞선 전투(괴츠 폰 베를리힝엔의 중기병 부대가 참가한)는 값비싼 대실패로 끝났다. 그는 1540년대 후반에 독일 왕자들의 개신교 슈말칼덴 동맹Protestant Schmalkaldic League을 물리칠 수 있었지만, 더 이상의 영광은 없었다. 전쟁은 점점 더 길고 비용이 많이 들게 되었고, 자원이 고갈된 황제는 연이어 닥치는 위기에 대처하기 위하여 동분서주했다.

심신이 피폐해진 카를은 1555년에 왕위를 포기했다. 그는 독일의 책임을 동생 페르디난드에게, 스페인과 네덜란드는 아들 필립에게 넘겼다. 이제 돌출한 턱에 수염이 덮이고 수십 년 동안의 스트레스로 수척해진 얼굴의 황제는 삶의 마지막 3년을 스페인의 안락한 수도원에서 보냈다. 그는 자신의 삶에서 많은 부분을 차지한 이탈리아 전쟁이 끝나는 것을 보지 못했다. 오스만 제국과의 투쟁은 수십 년 동안 계속되면서, 지중해와 중부 유럽에서 타올랐다. 카를이 사랑했던 저지대 국가에서는, 그가 사망한 10년 뒤에 반란이 일어나서 80년 동안 간헐적으로 계속된 전쟁이 시작되었다.

카를은 가장 재능있는 인물은 아니었지만, 어리석지도 않았다. 관찰자 대부분은 그가 근면한 일꾼이며 완전한 무능함을 나타내는 일을 한 적이 드물다는 데 동의했다. 그에게도 무자비한 구석이 있었지만, 그것은 당시의 통치자들에게 꼭 필요한 성향이었다. 당시의 귀족층 사이에서 그의 용감성, 무술과 사냥에 대한 헌신, 자신과 자신의 권리 주장의 정당성에 대한 믿음은 모두 지극히 평범한 것이었다. 탁월함에 대해서 그를 비난한 사람은 아무도 없었고, 지적 탁월함은 그가 속한 계층의 구성원이 추구하는 바가 아니었다.

보편적 통치에 대한 카를의 모든 원대한 계획과 열망은 결국 무산되었지만, 그렇다고 그가 실패자였다는 말은 아니다. 그는 오르막 빙판을 타려고 시도하고 실패했다. 아무리 재능이 뛰어난 통치자라도 카를이 직면하던 모든 도전에 대처할 수는 없었을 것이다. 그는 오스만 제국에 맞선 기독교 유럽의 통합을 이루고, 독일과 그 너머의 종교개혁가들을 제압하거나 그들과 타협하고, 아메리카 대륙에서 사악하고 이기적인 행동을 벌인 부하들을 감독하고, 이탈리아 문제와 더 나아가 합스부르크—프랑스 분쟁에 관한 장기적 합의에 도달했다.

그런 의미에서 카를 5세는 이 시기의 유럽 전체에 대하여, 할 수 있었던 일과 없었던 일을 구체화하는 상징적 대리인의 역할을 한다. 국가의 기반, 금융 시스템, 인쇄된 글을 생산하고 전파하는 기술, 변혁적 군사 기술의 발전, 그리고 중요한 종교적 혁신. 세계는 말루쿠 제도에서 페루까지, 새로운 지평이 가득했다. 좋든 나쁘든, 그러나 항상 영향력 있는 방식으로 카를은 그 모두에 손을 댔다. 유럽의 최고급 사치품에 휩싸인 그의 손은 대부분 깨끗한 상태로 남았지만, 부하들의 손은 죄악과 피로 물들었다.

카를 5세의 당혹스러운 부침은 그의 시대 전반을 정의했다. 황제는 당시의 모든 중요한 추세를 구체화했다. 국가의 성장과 탐사 항해, 항해의 잠재적 폭력성과 화약 전쟁, 종교개혁의 출현, 그리고 무엇보다도 돈의 힘.

그와 동시에, 황제는 통합과 분열 모두를 대표했다. 궁극적으로 서유럽에서 이전이나 이후의 그 누구보다도 넓은 영토를 통치하고, 로마 제국 이후에 보편적 군주제에 대한 가장 큰 희망을 대표한 인물로서의 통합. 그리고 서유럽의 종교적 분열과 역사상 가장 오래 계속된 파괴적 전쟁을 주재한 인물로서의 분열.

카를의 재임 기간과 이 시대 전반의 기저에는 끊어오르는 긴장이 있었다. 글로스터서의 양을 치는 들판에서 베네치아의 부산한 운하까지, 유럽인에게는 많은 공통점이 있었다. 그들의 교회는, 가장 낮은 교구 신부로부터 교황까지 올라가는, 단일한 계층구조의 (적어도 이론상으로는) 보편적 교회였다. 그들 각자의 정치 구조까지도, 여러 세기에 걸친 접촉과 교류를 통하여, 서로 간에 강한 유사성을 유지했다.

무엇보다도, 유럽인은 사업을 하는 방식에 대한 공통적 개념을 공유했다. 그들은 유사한 관점으로 돈, 신용, 투자, 그리고 이익에 접근했고, 거의 같은 도구를 채택했다. 알두스 마누티우스는 존 헤리티지의 언어인 영어를 한마디도 할 수 없었지만, 양모 상인의 장부, 거기에 기록된 내용, 그의 사업 방식을 완벽하게 이해했을 것이다. 괴츠 폰 베를리힝엔의 군사기업을 정의했던 신용의 약정과 지불 지연의 순환은 존 헤리티지에게, 용병의 슈바벤 방언은 알아들을 수 없더라도 대단히 익숙한 일이었다. 그들의 활동을 가능하게 한 틀과 관행, 그들이 거래하고, 돈을 빌리고, 임대하고, 투자하는 방식을 결정한 공통적 이해가 모든 곳에 있었다. 그들이 공유한 것에 비하면 업종이나 지역에 따른 차이는 중요하지 않았다.

이러한 유사성은 탐사 항해, 부상하는 국가와 국가 재정, 인쇄술, 화약 전쟁, 그리고 종교개혁 같은 이 시대의 중요한 과정이 급속하게 확산한 원동력이었다. 이사벨라와 페르디난드가 스페인의 전쟁 자금 조달을 위해서 장기 부채에 의존한 지 한 세대 만에 프랑스도 그 뒤를 따랐다. 제노바에서 태어나고 자란 크리스토퍼 콜럼버스는, 세비야의 부유한 상인과 카스티야와 아라곤의 궁정 재무관리와 공감할 수 있는, 상업적 투자의 언어를 사용했다. 야코프 푸거의 대리인들은 리스본, 안트베르펜, 그리고 베네치아에서 엄청난 수익을 올렸다. 존 헤리티지의 양모는 저지대 국가에서 직조된 후에 이탈리아에서 의복으로 완성되어, 밀라노의 장인이 입은 망토에서 맥주집의 술값을 치르는 글로스터셔의 양치기까지 연결되는 거래의 그물망을 낳았다. 이 시대의 중요한 과정들이 그토록 빠르게 자리를 잡고 멀리까지 확산한 것은, 그런 과정의 대가를 지불하는 메커니즘이 이미 서유럽 전역에 전파되었기 때문이었다.

그러나 이러한 경제적 관행이 유럽을 하나로 묶었다면, 그 결과는 유럽을 완전히 갈라놓았다.

보편적 제국에 대한 카를의 꿈은 호전적인 국가들이 끊임없이 벌이는 파괴적인 화약 전쟁의 현실에 직면하여 산산조각이 났다. 새로운 금융 메커니즘은 그 모든 전쟁의 비용을 대는 새로운 방법을 찾아내고, 세대를 이어가며 폭력을 지속시켰다. 유럽 전역에 생겨난 인쇄소는 즉시, 쉽게 접할 수 있는 학습의 새로운 시대로 대륙을 통합하지는 못했다. 대신에 종교적 논쟁이 가장 수익성 높은 상품으로 판명되면서, 종교개혁의 집단적 소요에 동력을 제공했다. 아메리카 대륙에서 수백만 명이 사망하고, 전 세계적으로 무수히 많은 사람이 궁핍 상태에 빠지고, 칼과 총을 겨눈 상태로 수행되는 야만적인 해양 무역이 인도양에 등장한 것은 탐사 항해의 직접적 결과였다. 이 모든 변혁 과정이 16세기 초반의 수십 년에 집중되었다. 전례 없는 혼란과 대격변의 시대, 유럽 대륙과 전 세계의 모습을 바꿔놓은 시간이었다.

이 시대는 서유럽의 지배가 시작되는 것을 목격하지 못했다. 유라시아의 이 특정한 지역에서는 오스만 제국이 가장 강력한 국가였다. 쉴레이만의 넘쳐흐르는 흑자 재정과 비교하면 카를 5세의 만성적인 적자가 우습게 보인다. 황제가 로마를 약탈한 군대에게 급료를 지급할 자금을 찾아내지 못한 것은 비엔나 성벽에 대한 마지막 공격을 위하여 예니체리 한 사람당 1,000아카의 상여금을 제공한 쉴레이만과 극명한 대조를 이룬다. 그것은 가난한 스페인 장창병의 6개월치 급료를 넘는 금액이었다. 카를이 찾아낼 엄두도 내지 못한 돈이 술탄에게는 푼돈이었다.

그러나 이 결정적인 40년은 유럽의 세계 지배에 필수적인 토대를 마련했다. 3세기 안에 카를의 후계자들—그리고 경쟁자들—은 세계의 대부분 지역을 완전히 통제하게 된다. 1490년에는 상상할 수 없었던, 그러한 미래의 흐릿한 윤곽에 초점이 맞춰지기 시작했다.

1530년에 변화가 멈춘 것은 아니지만, 우리는 이후 수 세기 동안의 대다수 중요한 발전의 근원을 콜럼버스의 첫 번째 원정과 로마의 약탈 사이의 파란만장한 시기에서 찾을 수 있다. 주로 푸거 회사의 복잡한 금융 활동과 안트베르펜을 향신료의 환적지로 삼은 포르투갈인의 결정에 힘입어, 북해가 세계의 경제적 중심으로 등장한 것도 분명히 이 시기에 일어난 일이었다. 정확한 본거지는 안트베르펜에서 암스테르담과 런던으로 이동했지만, 북해는 이후 4세기 동안 세계적 금융의 중심지로 남아 있었다. 유통 및 양도가 가능한 환어음에서 주식회사에 이르기까지 모든 것이, 제1차 세계대전의 격변기에 마침내 대서양을 건너 월스트리트로 가기 전에, 개척된 것도 이곳이었다.[1]

이것이 저지대 국가와 영국의, 오늘날에도 여전히 우리의 세계를 정의하는 대분기의 중요한 선행자인, '소분기'의 뿌리였다. 소분기는, 북부 저지대 국가—오늘날의 네덜란드—가 스페인의 합스부르크 통치에서 벗어나 네덜란드 공화국이 되는, 네덜란드 반란Dutch Revolt과 함께 진행되었다. 이 반란은 1500년을 전후한 수십 년 동안에 결실을 맺은 합스부르크가의 왕조적 책략 및 종교개혁에 따른 종교적 혼란에서 비롯되었다.

종교개혁에 따른 종교적 분열이나 1490년과 1530년 사이에 확산한 국가 및 재정 역량의 극적인 증가가 없이 수십 년에 걸친 30년 전쟁(1618~48년)의 대격변을 상상하기는 불가능하다. 30년전쟁은, 이탈리아 전쟁에서 자리를 잡은 국가 재정이라는 도구에 의하여 모든 비용이 지불된, 유럽의 왕조 경쟁에 따른 한 세기에 걸친 분파적 폭력의 논리적 정점이었다. 30년전쟁의 시대는 이후 17세기 및 18세기의, 끊임없는 유럽의 내부 갈등과 진정한 글로벌 제국 탄생의 중추가 된 재정군사 국가에 자리를 내주었다. 재정군사 국가는 19세기로 접어들면서 산업혁명을 낳고 본격적인 대분기가 나타나도록 한 재료가 혼합된 스튜였다.

이 거대한 상부구조는 21세기에도 여전히 우뚝 솟아 있다. 모든 곳에 그 유산이 있다. 인도에서 행해지는 크리켓 경기, 남아프리카 공화국의 아파르트헤이트 이후post-apartheid 진실과 화해 위원회truth and reconciliation commissions, 나바호 자치국Navajo Nation의 암석 사막지대에서 풀을 뜯는 양 떼, 일본의 샐러리맨 문화, 그리고 북극의 종말론적인 환경 악화. 이 모든 것이 멀게만 보이는 이 시대에 마련된 토대에서 자라났다.

이 이야기의 중심에는 자본이 있다. 총구나 장창 앞에 선 병사들은 급료를 요구했다. 리스본, 암스테르담, 그리고 런던에서 향신료가 풍부한 인도양의 항구나 설탕을 생산하는 카리브해의 섬으로 향하는 항해는 값비싼 벤처사업이었다. 모든 것에는 비용이 있었고, 유럽의 독특한 이점은 자원이나 어떤 문화적 천재성보다는 마침맞게 특정한 순간에 특정한 목적에 도움이 된 경제적 관행에 있었다. 이 40년 동안에 유럽인은 모든 것에 있는 비용을 지불할 방법을 찾아내는 능력이 탁월했다.

세계사의 지각변동을 일으킨 이 시기에 유럽인은 엄청난 대가를 치렀고, 다른 지역에서 그들과 마주친 사람들은 더욱 크나큰 대가를 치렀다. 보수를 받지 못한 병사와 종교적 적대감이 결합하여 로마의 거리에 높이 쌓인 시체 무더기는 네덜란드 반란과 30년전쟁이 초래할 참상의 맛보기에 불과했다. 카나리아제도와 서아프리카로 향한 포르투갈인의 초기 항해에서 수천 명이 강제로 노예가 된 것은 훨씬 더 상품화된 인간 수백만 명이 끔찍한 상황에서 대서양을 가로질러 운송될 미래의 전조였다.

회계 장부는 언뜻 보기에 무미건조하고 생명이 없는 것처럼 보인다. 열과 행으로 기록된 숫자들, 초심자는 이해할 수 없는 난해한 표기법 체계. 이러한 겉보기의 무미건조함은 환상이다. 장부는, 점점 더 21세기의 삶을 정의하는, 스프레드시트의 끝없는 흐름이기 때문이다. 그 숫자, 날짜, 짧은 설명 뒤에는 실제 사건과 실제 사람들이 있다. 실려 와서 팔린 인간의 삶을 기록한 리스본 상인의 문서는 인간의 고통을 자산으로 바꿔 놓았다. 란츠크네히트의 급여 담당자는 칼끝에서 발휘된 폭력의 대가로 지불된 급료를 기록했다. 지역의 양모 상인은 이전 주인들을 몰아낸 초원에서 풀을 뜯는 양 떼를 등록했다. 은행업자는 어렴풋이 보이는 대포의 포신 밑에서 확보한 비단과 향신료에 힘입어 수익을 얻은 해외 항해의 투자를 기록했다.

결론적으로, 이들 장부는 잉크가 아니라 피로 기록되었다.

THE VERGE

감사의 말

엄청난 수의 사람이 없었다면 이 책이 나올 수 없었을 것이다. 나는 그들 모두에게 감사하고, 내 삶에 그들이 있다는 것이 믿기 힘든 행운이라고 생각한다.

나는 여러 해 동안 〈역사의 조류Tides of History〉와 함께한 모든 청취자에게 감사의 빚을 지고 있다. 여러분 덕분에, 나의 관심사인 15세기 및 16세기의 에피소드를 하나씩 탐구할 수 있었다. 청취자의 무한한 호기심, 여러분의 통찰력 있는 질문과 끝없는 지원은 나에게 너무도 큰 의미가 있었다.

주디스 베넷Judith Bennet은 중세 후기, 경제사 및 사회사, 그리고 강의를 기획하는 방법을 소개했다. 뎁 하크니스Deb Hakness는 초기 근대성과 서사의 예술로 나를 안내했다. 두 분 모두에게 영원히 감사할 것이다. 대학원에서 받은 그들의 가르침은 작가와 역사가로서 내 삶의 기반이 되었다.

436 · 창발의 시대

훌륭한 역사가이며 TV 진행자일 뿐만 아니라 좋은 친구인 댄 존스Dan Jones는 도서 제안서를 쓰는 과정을 이끌어주었다. 마찬가지로, 나의 에이전트 윌리엄 캘러한William Callahan과 편집자 레이첼 캠버리Rachel Kambury는 이 책의 모든 것을 더 좋게 만들어 주었다. 그녀와 함께한 작업은 내 글쓰기 인생에서 가장 큰 즐거움의 하나였다.

좋은 친구를 만나기란 너무 어렵다. 그러나 과분하게도 나에게는 좋은 친구가 많이 있다. 환상적인 역사가이자 그보다 더 나은 사람인 키스 플라이머스Keith Pluymers는 이 책의 모든 단계에 관여했다. 내가 아는 최고의 작가 알브로 런디Albro Lundy는 믿기 힘들 정도로 통찰력 있는 해설자이자 공명판이었다. 에두아르도 아리뇨 데 라 루비아Eduardo Ariño de la Rubia와 J. 이테달리Eatedali는 최고의 조언을 제공하여, 어려운 시기에 내가 제정신을 유지하도록 했다.

무엇보다도, 가족에게 감사한다. 부모님은 나의 어린 시절부터, 모든 박물관, 전쟁터, 서점의 방문을 포함하여, 실제 역사를 공부하는 길을 너무도 친절하고 관대하게 지원해주셨다. 끊임없는 기쁨의 원천인 아이들에게는, 일상적으로 반복된 "아빠는 지금 글 쓰는 중이야"라는 말을 미안하게 생각한다. 내 아내는 그저 최고다. 나는 매일 당신과 함께 할 수 있음이 너무도 벅차다.

THE VERGE

참고 문헌

Abu-Lughod, *Janet L. Before European Hegemony: The World System, A.D. 1250–1350*. Oxford: Oxford University Press, 1989.

Ágoston, Gábor. *Guns for the Sultan: Military Power and the Weapons Industry in the Ottoman Empire*. Cambridge, UK: Cambridge University Press, 2005.

Aland, Kurt, ed. *Martin Luther's Ninety-Five Theses: With the Pertinent Documents from the History of the Reformation*. St. Louis: Concordia Publishing, 1967.

Andreau, Jean. *Banking and Business in the Roman World*. Cambridge, UK: Cambridge University Press, 1999.

Aram, Bethany. *Juana the Mad: Sovereignty and Dynasty in Renaissance Europe*. Baltimore: Johns Hopkins University Press, 2005.

———. *La reina Juana: Gobierno, piedad y dinastía*. Madrid: Marcial Pons, 2001.

Asch, Ronald G. "Monarchy in Western and Central Europe," pp. 355–83 in Hamish Scott, ed., *The Oxford Handbook of Early Modern European History*, 1350–1750. Vol. 2, *Cultures and Power*. Oxford: Oxford University Press, 2015.

Aston, T. H., ed. *The Brenner Debate: Agrarian Class Structure and Economic Development in Pre-Industrial Europe.* Cambridge, UK: Cambridge University Press, 1987.

Ayton, Andrew, and J. L. Price, eds. *The Medieval Military Revolution: State, Society, and Military Change in Medieval and Early Modern Europe.* New York: St. Martin's Press, 1995.

Babinger, Franz. *Mehmed the Conqueror and His Time.* Edited by William C. Hickman. Translated by Ralph Manheim. Princeton, NJ: Princeton University Press, 1978 (original German ed. 1953).

Bagchi, David. "Luther's *Ninety-Five Theses* and the Contemporary Criticism of Indulgences," pp. 331–56 in R. N. Swanson, ed., *Promissory Notes on the Treasury of Merits: Indulgences in Late Medieval Europe.* Leiden: Brill, 2006.

Bailey, Mark, and Stephen Rigby, eds. *Town and Countryside in the Age of the Black Death: Essays in Honour of John Hatcher.* Turnhout, Belgium: Brepols, 2011.

Barron, Caroline. *London in the Later Middle Ages: Government and People, 1200–1500.* Oxford: Oxford University Press, 2005.

Baumann, Reinhard. *Georg von Frundsberg: Der Vater der Landsknechte und Feldhauptmann von Tirol.* Munich: Süddeutsscher Verlag, 1984.

Belich, James. *Replenishing the Earth: The Settler Revolution and the Rise of the Angloworld.* Oxford: Oxford University Press, 2009.

Benecke, Gerhard. *Maximilian I, 1459–1519: An Analytical Biography.* London: Routledge, 1982.

Benedictow, Ole J. *The Black Death, 1346–1353: The Complete History.* Woodbridge, UK: Boydell Press, 2004.

Bergier, Jean-François. "From the Fifteenth Century in Italy to the Sixteenth Century in Germany: A New Banking Concept?," pp. 105–29 in *The Dawn of Modern Banking.* New Haven, CT: Yale University Press, 1979.

Berlichingen, Götz von. *Götz von Berlichingen: The Autobiography of a 16th-Century German Knight.* Translated Dirk Rottgardt. West Chester, OH: The Nafziger Collection, 2014.

———. *Mein Fehd und Handlungen*. Edited by Helgard Ulmschneider. Sigmaringen, Germany: Thorbecke, 1981.

Blickle, Peter. *The Revolution of 1525: The German Peasants' War from a New Perspective*. Baltimore: Johns Hopkins University Press, 1981.

Bonney, Richard, ed. *Economic Systems and State Finance*. Oxford: Clarendon Press, 1995.

Bowd, Stephen D. *Renaissance Mass Murder: Civilians and Soldiers During the Italian Wars*. Oxford: Oxford University Press, 2019.

Brandi, Karl. *The Emperor Charles V: The Growth and Destiny of a Man and of a World-Empire*. Translated by C. V. Wedgwood. London: Jonathan Cape, 1965.

Braudel, Fernand. *Civilization and Capitalism, 15th–18th Century: The Structures of Everyday Life: The Limits of the Possible*. Translated by Sian Reynolds. Berkeley and Los Angeles: University of California Press, 1992 (1st ed. 1981).

———. *The Perspective of the World*. Translated by Sian Reynolds. Berkeley and Los Angeles: University of California Press, 1992 (1st ed. 1982).

———. *The Wheels of Commerce*. Translated by Sian Reynolds. Berkeley and Los Angeles: University of California Press, 1992 (1st ed. 1982).

Brecht, Martin. *Martin Luther: His Road to Reformation, 1483–1521*. Minneapolis: Fortress Press, 1985.

Britnell, Richard H. *The Commercialisation of English Society, 1000–1500*. Cambridge, UK: Cambridge University Press, 1993.

Britnell, Richard, and Ben Dobbs, eds. *Agriculture and Rural Society After the Black Death: Common Themes and Regional Variations*. Hatfield, UK: University of Hertfordshire Press, 2008.

Cameron, Euan. "Dissent and Heresy," pp. 3–21 in R. Po-chia Hsia, ed., *A Companion to the Reformation World*. Malden, MA: Blackwell, 2004.

Campbell, Bruce M. S. *The Great Transition: Climate, Disease, and Society in the Late-Medieval World*. Cambridge, UK: Cambridge University Press, 2016.

Capoccia, Giovanni. "Critical Junctures," pp. 89–106 in Orfeo Fioretos, Tulia G. Falleti, and Adam Sheingate, eds., *The Oxford Handbook of Historical Institutionalism*. Oxford: Oxford University Press, 2016.

Carpenter, Christine. *The Wars of the Roses: Politics and the Constitution in England, c. 1437–1509*. Cambridge, UK: Cambridge University Press, 1997.

Carus-Wilson, Eleonora Mary, and Olive Coleman. *England's Export Trade, 1275–1547*. Oxford: Clarendon Press, 1963.

Casale, Giancarlo. *The Ottoman Age of Exploration*. Oxford: Oxford University Press, 2010.

Chaudhuri, K. N. *Trade and Civilisation in the Indian Ocean: An Economic History from the Rise of Islam to 1750*. Cambridge, UK: Cambridge University Press, 1985.

Çipa, H. Erdem. *The Making of Selim: Succession, Legitimacy, and Memory in the Early Modern Ottoman World*. Bloomington: Indiana University Press, 2017.

Clemons, G. Scott. "Pressing Business: The Economics of the Aldine Press," pp. 11–24 in Natale Vacalebre, ed., *Five Centuries Later. Aldus Manutius: Culture, Typography and Philology*. Milan: Biblioteca Ambrosiana, 2019.

Clot, André. *Suleiman the Magnificent*. Translated by Matthew J. Reisz. London: Saki, 2005 (original French ed. 1989).

Crosby, Alfred W. *The Measure of Reality: Quantification and Western Society, 1250–1600*. Cambridge, UK: Cambridge University Press, 1997.

Crouzet-Pavan, Elisabeth. "Toward an Ecological Understanding of the Myth of Venice," pp. 39–64 in John Martin and Dennis Romano, eds., *Venice Reconsidered: The History and Civilization of an Italian City-State, 1297–1797*. Baltimore: Johns Hopkins University Press, 2000.

Crowley, Roger. *Conquerors: How Portugal Forged the First Global Empire*. New York: Random House, 2015.

Davies, Martin. *Aldus Manutius: Printer and Publisher of Renaissance Venice*. Malibu, CA: J. Paul Getty Museum, 1995.

De la Rosa Olivera, Leopoldo. "Francisco de Riberol y la colonia genovesa en Canarias." *Anuario de Estudios Atlanticos* 18 (1972): 61–129.

De las Casas, Bartolomé. *The* Diario *of Christopher Columbus's First Voyage to America, 1492–1493*. Translated by Oliver Dunn and James E. Kelly Jr. Norman: University of Oklahoma Press, 1989.

De Roover, Raymond. *The Rise and Decline of the Medici Bank, 1397–1494*. New York: Norton, 1966.

Desan, Christine. *Making Money: Coin, Currency, and the Coming of Capitalism*. Oxford: Oxford University Press, 2014.

De Valera, Diego. *Memorial de diversas hazañas*. Edited by Juan de Mata Carriazo. Madrid: Espasa-Calpe, 1941.

De Zurara, Gomes Eanes. *Chronicle of the Discovery and Conquest of Guinea*. Edited and translated by Sir Charles Raymond Beazley and Edgar Prestage. London: Hakluyt Society, 1896.

Dimmock, Spencer. *The Origin of Capitalism in England, 1400–1600*. Leiden: Brill, 2014.

Disney, A. R. *A History of Portugal and the Portuguese Empire*. Vol. 2, The Portuguese Empire. Cambridge, UK: Cambridge University Press, 2009.

Duffy, Christopher. *Siege Warfare: The Fortress in the Early Modern World, 1494–1660*. London: Routledge & Kegan Paul, 1979.

Dyer, Christopher. *An Age of Transition? Economy and Society in the Later Middle Ages*. Oxford: Oxford University Press, 2005.

———. *A Country Merchant, 1495–1520: Trading and Farming at the End of the Middle Ages*. Oxford: Oxford University Press, 2012.

Edwards, John. *"España es Diferente"?* Indulgences and the Spiritual Economy in Late Medieval Spain," pp. 147–68 in R. N. Swanson, ed., *Promissory Notes on the Treasury of Merits: Indulgences in Late Medieval Europe*. Leiden: Brill, 2006.

———. *Torquemada and the Inquisitors*. Stroud, UK: Tempus, 2005.

Edwards, Mark U. *Printing, Propaganda, and Martin Luther*. Minneapolis: Fortress Press, 1994.

Ehrenberg, Richard. *Capital and Finance in the Age of the Renaissance: A Study of the Fuggers, and Their Connections*. Translated by H. M. Lucas. New York: Harcourt, 1928.

Eisenstein, Elizabeth. *The Printing Press as an Agent of Change*. Cambridge, UK: Cambridge University Press, 1980.

Eisermann, Falk. "The Indulgence as a Media Event: Developments in Communication Through Broadsides in the Fifteenth Century," pp. 309–30 in R. N. Swanson, ed., *Promissory Notes on the Treasury of Merits: Indulgences in Late Medieval Europe*. Leiden: Brill, 2006.

Elbl, Ivana. "The King's Business in Africa: Decisions and Strategies of the Portuguese Crown," pp. 89–118 in Lawrin Armstrong, Ivana Elbl, and Martin M. Elbl, eds., *Money, Markets and Trade in Late Medieval Europe: Essays in Honour of John H. A. Munro*. Leiden: Brill, 2013.

Elgger, Carl von. *Kriegswesen und Kriegskunst der schweizerischen Eidgenossen im XIV., XV. und XVI. Jahrhundert*. Lucerne: Militärisches Verlagsbureau, 1873.

Elliott, J. H. "A Europe of Composite Monarchies." *Past and Present* 137 (1992): 48–71.

Epstein, Steven. *Genoa and the Genoese, 958–1528*. Chapel Hill: University of North Carolina Press, 1996.

Erasmus, Desiderius. *Colloquies*. Vol. 1. Translated by Craig R. Thompson. Toronto: University of Toronto Press, 1997.

Erikson, Erik. *Young Man Luther: A Study in Psychoanalysis and History*. New York: Norton, 1958.

Espinosa, Aurelio. *The Empire of the Cities: Emperor Charles V, the Comunero Revolt, and the Transformation of the Spanish System*. Leiden: Brill, 2009.

Faroqhi, Suraiya. *The Ottoman Empire and the World Around It*. London: I. B. Tauris, 2007.

Fernández- Armesto, Felipe. *Before Columbus: Exploration and Colonization from the Mediterranean to the Atlantic, 1229–1492*. Philadelphia: University of Pennsylvania Press, 1987.

———. *Columbus*. Oxford: Oxford University Press, 1991.

———. "La financiación de la conquista de las islas Canarias durante el reinado de los Reyes Católicos." *Anuario de Estudios Atlánticos 28* (1982): 343–78.

Ferreira, Susannah Humble. *The Crown, the Court, and the Casa da Índia: Political Centralization in Portugal, 1479–1521*. Leiden: Brill, 2015.

Flint, Valerie. *The Imaginative Landscape of Christopher Columbus.* Princeton, NJ: Princeton University Press, 1992.

Francisco, Adam. *Martin Luther and Islam: A Study in Sixteenth-Century Polemics and Apologetics.* Leiden: Brill, 2007.

Freedman, Paul. *Out of the East: Spices and the Medieval Imagination.* New Haven, CT: Yale University Press, 2009.

Füssel, Stephan. *Gutenberg and the Impact of Printing.* Translated by Douglas Martin. Aldershot, UK: Ashgate, 2003.

Geffcken, Peter. "Jakob Fuggers frühe Jahre," pp. 4–7 in Martin Kluger, ed., *Jakob Fugger (1459–1525): Sein Leben in Bildern.* Augsburg: Context-Medien und - Verlag, 2009.

Gerulaitis, Leonardas Vytautas. *Printing and Publishing in Fifteenth-Century Venice.* Chicago: American Library Association, 1976.

Ghosh, Shami. "Rural Economies and Transitions to Capitalism: Germany and England Compared (c.1200–1800)." *Journal of Agrarian Change* 16, no. 2 (2016): 255–90.

Goffman, Daniel. *The Ottoman Empire and Early Modern Europe.* Cambridge, UK: Cambridge University Press, 2002.

Goldthwaite, Paul. *The Economy of Renaissance Florence.* Baltimore: Johns Hopkins University Press, 2011.

Gordon, Bruce. "Conciliarism in Late Mediaeval Europe," pp. 31–50 in Andrew Pettegree, ed., *The Reformation World.* London: Routledge, 2000.

Granovetter, Mark. "The Impact of Social Structure on Economic Outcomes." *Journal of Economic Perspectives* 19, no. 1 (2005): 33–50.

Green, Toby. *A Fistful of Shells: West Africa from the Rise of the Slave Trade to the Age of Revolution.* Chicago: University of Chicago Press, 2019.

Greif, Avner. *Institutions and the Path to the Modern Economy: Lessons from Medieval Trade.* Cambridge, UK: Cambridge University Press, 2006.

Grendler, Paul F. *Schooling in Renaissance Italy: Literacy and Learning, 1300–1600.* Baltimore: Johns Hopkins University Press, 1989.

Gritsch, Eric W. *Thomas Müntzer: A Tragedy of Errors.* Minneapolis: Fortress

Press, 1989.

Guardiola-Griffiths, Cristina. *Legitimizing the Queen: Propaganda and Ideology in the Reign of Isabel I of Castile*. Lewisburg, PA: Bucknell University Press, 2011.

Häberlein, Mark. *The Fuggers of Augsburg: Pursuing Wealth and Honor in Renaissance Germany*. Charlottesville: University of Virginia Press, 2012.

Hall, Bert. *Weapons and Warfare in Renaissance Europe*. Baltimore: Johns Hopkins University Press, 1997.

Hanawalt, Barbara. *The Wealth of Wives: Women, Law, and Economy in Late Medieval London*. Oxford: Oxford University Press, 2007.

Harreld, Donald J. *High Germans in the Low Countries: German Merchants and Commerce in Golden Age Antwerp*. Leiden: Brill, 2004.

Harris, Ron. *Going the Distance: Eurasian Trade and the Rise of the Business Corporation, 1400–1700*. Princeton, NJ: Princeton University Press, 2020.

Headley, John M. *The Emperor and His Chancellor: A Study of the Imperial Chancellery Under Gattinara*. Cambridge, UK: Cambridge University Press, 1983.

Hess, Andrew. "The Ottoman Conquest of Egypt and the Beginning of the Sixteenth-Century World War." *International Journal of Middle East Studies* 4, no. 1 (January 1973): 55–76.

Hirsch, Rudolf. *Printing, Selling and Reading, 1450–1550*. Wiesbaden: Otto Harrassowitz, 1967.

Hoffman, Philip T. *Why Did Europe Conquer the World?* Princeton, NJ: Princeton University Press, 2015.

Hook, Judith. *The Sack of Rome: 1527*. 2nd ed. New York: Palgrave Macmillan, 2004.

Howell, Martha C. *Commerce Before Capitalism in Europe, 1300–1600*. Cambridge, UK: Cambridge University Press, 2010.

Hunt, Edwin S., and James M. Murray. *A History of Business in Medieval Europe, 1200–1550*. Cambridge, UK: Cambridge University Press, 2010.

Imber, Colin. *The Ottoman Empire: The Structure of Power, 1300–1650*. 2nd ed.

New York: Palgrave Macmillan, 2009.

Inalcik, Halil. *An Economic and Social History of the Ottoman Empire*. Vol. 1, 1300–1600. Cambridge, UK: Cambridge University Press, 1994.

Jacob, Frank, and Gilmar Visoni-Alonzo. *The Military Revolution in Early Modern Europe: A Revision*. London: Palgrave Pivot, 2016.

Jacobs, C. M., trans. *Works of Martin Luther: With Introduction and Notes*. Vol. 1. Philadelphia: Holman, 1915.

Kaebler, Lutz. "Max Weber and Usury," pp. 59–86 in Lawrin Armstrong, Ivana Elbl, and Martin M. Elbl, eds., *Money, Markets and Trade in Late Medieval Europe: Essays in Honour of John H. A. Munro*. Leiden: Brill, 2013.

Kaeuper, Richard. *Medieval Chivalry*. Cambridge, UK: Cambridge University Press, 2016.

———. *War, Justice, and Public Order: England and France in the Later Middle Ages*. Oxford: Clarendon Press, 1988.

Kafadar, Cemal. *Between Two Worlds: The Construction of the Ottoman State*. Berkeley: University of California Press, 1995.

Kamen, Henry. *The Spanish Inquisition: A Historical Revision*. New Haven, CT: Yale University Press, 1997.

Kapr, Albert. *Gutenberg: The Man and His Invention*. Translated by Douglas Martin. Aldershot, UK: Scolar Press, 1996.

Kastritis, Dimitris J. *The Sons of Bayezid: Empire Building and Representation in the Ottoman Civil War of 1402–1413*. Leiden: Brill, 2007.

Kleinschmidt, Harald. *Charles V: The World Emperor*. Stroud, UK: Sutton, 2004.

Knecht, R. J. *Renaissance Warrior and Patron: The Reign of Francis I*. Cambridge, UK: Cambridge University Press, 1994.

Koenigsberger, H. G. "*Dominium Regale or Dominium Politicum et Regale*: Monarchies and Parliaments in Early Modern Europe," pp. 1–26 in H. G. Koenigsberger, *Politicians and Virtuosi: Essays in Early Modern History*. London: Hambledon, 1986.

Kowaleski, Maryanne. *Local Markets and Regional Trade in Medieval Exeter*. Cambridge, UK: Cambridge University Press, 1995.

Ladero Quesada, Miguel Ángel. *La Haciendia Real de Castilla, 1369–1504*. Madrid: Real Academia de la Historia, 2009.

Lane, Frederic C. *Venice: A Maritime Republic*. Baltimore: Johns Hopkins University Press, 1973.

Le Goff, Jacques. "The Usurer and Purgatory," pp. 25–52 in *The Dawn of Modern Banking*. New Haven, CT: Yale University Press, 1979.

L'Héritier, Maxime, and Florian Téreygeol. "From Copper to Silver: Understanding the *Saigerprozess* Through Experimental Liquation and Drying." *Historical Metallurgy* 44, no. 2 (2010): 136–52.

Liss, Peggy K. "Isabel, Myth and History," pp. 57–78 in David A. Boruchoff, ed., *Isabel la Católica, Queen of Castile: Critical Essays*. New York: Palgrave Macmillan, 2003.

———. *Isabel the Queen: Life and Times*. 2nd ed. Philadelphia: University of Pennsylvania Press, 2004.

Lopez, Robert S. *The Commercial Revolution of the Middle Ages, 950–1350*. Cambridge, UK: Cambridge University Press, 1976.

———. "The Dawn of Medieval Banking," pp. 1–24 in *The Dawn of Modern Banking*. New Haven, CT: Yale University Press, 1979.

Lowry, Heath W. *The Nature of the Early Ottoman State*. Albany: State University of New York Press, 2003.

Lowry, Martin. *Nicholas Jenson and the Rise of Venetian Publishing in Renaissance Europe*. Oxford: Basil Blackwell, 1991.

———. *The World of Aldus Manutius: Business and Scholarship in Renaissance Venice*. Ithaca, NY: Cornell University Press, 1979.

MacCulloch, Diarmaid. *The Reformation: A History*. New York: Penguin, 2003.

Mahoney, James, Khairunnisa Mohamedali, and Christopher Nguyen. "Causality and Time in Historical Institutionalism," pp. 71–88 in Orfeo Fioretos, Tulia G. Falleti, and Adam Sheingate, eds., *The Oxford Handbook of Historical Institutionalism*. Oxford: Oxford University Press, 2016.

Mallett, Michael. *Mercenaries and Their Masters: Warfare in Renaissance Italy*. 2nd ed. Barnsley, UK: Pen & Sword Military, 2009.

Mallett, Michael, and Christine Shaw. *The Italian Wars, 1494–1559: War, State and Society in Early Modern Europe*. New York: Routledge, 2012.

Mann, Nicholas. "The Origins of Humanism," pp. 1–19 in Jill Kraye, ed., *The Cambridge Companion to Renaissance Humanism*. Cambridge, UK: Cambridge University Press, 1996.

Marius, Richard. *Martin Luther: The Christian Between God and Death*. Cambridge, MA: Belknap, 1999.

Marshall, Richard K. *The Local Merchants of Prato: Small Entrepreneurs in the Late Medieval Economy*. Baltimore: Johns Hopkins University Press, 1999.

McCormick, Michael. *Origins of the European Economy: Communications and Commerce, AD 300–900*. Cambridge, UK: Cambridge University Press, 2001.

McGrath, Alister E. *The Intellectual Origins of the European Reformation*. 2nd ed. Malden, MA: Blackwell, 2004.

Merriman, Roger Bigelow. *Suleiman the Magnificent, 1520–1566*. Cambridge, MA: Harvard University Press, 1944.

Mokyr, Joel. *A Culture of Growth: The Origins of the Modern Economy*. Princeton, NJ: Princeton University Press, 2016.

Morris, Ian. *Why the West Rules—For Now: The Patterns of History, and What They Reveal About the Future*. New York: Farrar, Straus & Giroux, 2010.

Muldrew, Craig. *The Economy of Obligation: The Culture of Credit and Social Obligation in Early Modern England*. New York: St. Martin's Press, 1998.

Munro, John. "The Monetary Origins of the 'Price Revolution': South German Silver-Mining, Merchant-Banking, and Venetian Commerce, 1470–1540." University of Toronto working paper, 2003.

Nauert, Charles G. *Humanism and the Culture of Renaissance Europe*. Cambridge, UK: Cambridge University Press, 1995.

Newitt, Malyn. *A History of Portuguese Overseas Expansion, 1400–1668*. New York: Routledge, 2005.

Nightingale, P. "Monetary Contraction and Mercantile Credit in Later Medieval England." *Economic History Review* 43 (1990): 560–75.

Nossov, Konstantin, and Brian Delf. *The Fortress of Rhodes 1309–1522*. Oxford:

Osprey, 2010.

Oberman, Heiko. *Luther: Man Between God and the Devil*. New Haven, CT: Yale University Press, 1989.

O'Callaghan, Joseph F. *The Gibraltar Crusade: Castile and the Battle for the Strait*. Philadelphia: University of Pennsylvania Press, 2011.

———. *The Last Crusade in the West: Castile and the Conquest of Granada*. Philadelphia: University of Pennsylvania Press, 2014.

———. *Reconquest and Crusade in Medieval Spain*. Philadelphia: University of Pennsylvania Press, 2003.

Ocker, Christopher. *Luther, Conflict, and Christendom*. Cambridge, UK: Cambridge University Press, 2018.

Ogilvie, Sheilagh. *Institutions and European Trade: Merchant Guilds, 1000–1800*. Cambridge, UK: Cambridge University Press, 2011.

Oldland, John. *The English Woollen Industry, c.1200–c.1560*. New York: Routledge, 2019.

Oliva Herrer, Hipólito Rafael. "Interpreting Large-Scale Revolts: Some Evidence from the War of the Communities of Castile," pp. 330–48 in Justine Firnhaber-Baker and Dirk Schoenaers, eds., *The Routledge History Handbook of Medieval Revolts*. New York: Routledge, 2017.

Oro, José García. *El Cardenal Cisneros: Vida y impresas*. 2 vols. Madrid: Biblioteca de Autores Cristianos, 1992–93.

Özbaran, Salih. "Ottoman Naval Policy in the South," pp. 55–70 in Metin Kunt and Christine Woodhead, eds., *Süleyman the Magnificent and His Age: The Ottoman Empire in the Early Modern World*. London: Longman, 1995.

Pálffy, Géza. *The Kingdom of Hungary and the Habsburg Monarchy in the Sixteenth Century*. Translated by Thomas J. DeKornfeld and Helen D. DeKornfeld. New York: Columbia University Press, 2009.

Pamuk, S̟evket. "In the Absence of Domestic Currency: Debased European Coinage in the Seventeenth-Century Ottoman Empire." *Journal of Economic History* 57, no. 2 (June 1997): 345–66.

Parker, Geoffrey. *Emperor: A New Life of Charles V*. New Haven, CT: Yale

University Press, 2019.

———. *The Military Revolution: Military Innovation and the Rise of the West, 1500–1800*. 2nd ed. Cambridge, UK: Cambridge University Press, 1996.

Parrott, David. *The Business of War: Military Enterprise and Military Innovation in Early Modern Europe*. Cambridge, UK: Cambridge University Press, 2012.

Perjés, Géza. *The Fall of the Medieval Kingdom of Hungary: Mohács 1526– Buda 1541*. Vol. 26 of War and Society in East Central Europe. New York: Columbia University Press, 1989.

Pettegree, Andrew. *The Book in the Renaissance*. New Haven, CT: Yale University Press, 2010.

———. *Brand Luther: 1517, Printing, and the Making of the Reformation*. New York: Penguin, 2015.

———. *The Invention of News: How the World Came to Know About Itself*. New Haven, CT: Yale University Press, 2014.

Pike, Ruth. *Enterprise and Adventure: The Genoese in Seville and the Opening of the New World*. Ithaca, NY: Cornell University Press, 1966.

Pomeranz, Kenneth. *The Great Divergence: China, Europe, and the Making of the Modern World Economy*. Princeton, NJ: Princeton University Press, 2000.

Poos, L. R. *A Rural Society After the Black Death: Essex 1350–1525*. Cambridge, UK: Cambridge University Press, 1991.

Potter, David. *Renaissance France at War*. Woodbridge, UK: Boydell Press, 2008.

Preda, Alex. "Legitimacy and Status Groups in Financial Markets." *British Journal of Sociology* 56, no. 3 (2005): 451–71.

Redlich, Fritz. *The German Military Enterpriser and His Work Force: A Study in European Economic and Social History*. Vol. 1. Wiesbaden: Franz Steiner Verlag, 1964.

Reeve, Michael D. "Classical Scholarship," pp. 20–46 in Jill Kraye, ed., *The Cambridge Companion to Renaissance Humanism*. Cambridge, UK: Cambridge University Press, 1996.

Reston, James. *Defenders of the Faith: Christianity and Islam Battle for the Soul of Europe, 1520–1536*. New York: Penguin, 2009.

Rex, Richard. "Humanism," pp. 51–71 in Andrew Pettegree, ed., *The Reformation World*. London: Routledge, 2000.

Rogers, Clifford J., ed. *The Military Revolution Debate: Readings on the Military Transformation of Early Modern Europe*. Boulder, CO: Westview Press, 1995.

————. "The Military Revolution of the Hundred Years War," pp. 55–93 in Clifford J. Rogers, ed., *The Military Revolution Debate: Readings on the Military Transformation of Early Modern Europe*. Boulder, CO: Westview Press, 1995.

Roper, Lyndal. *Martin Luther: Renegade and Prophet*. New York: Random House, 2016.

Rösch, Gerhard. "The *Serrata* of the Great Council and Venetian Society, 1286– 1323," pp. 67–88 in John Martin and Dennis Romano, eds., *Venice Reconsidered: The History and Civilization of an Italian City-State, 1297–1797*. Baltimore: Johns Hopkins University Press, 2000.

Roth, Norman. *Conversos, Inquisition, and the Expulsion of the Jews from Spain*. Madison: University of Wisconsin Press, 1995.

Ruggiero, Guido. *The Renaissance in Italy: A Social and Cultural History of the Rinascimento*. Cambridge, UK: Cambridge University Press, 2015.

Ruiz, Teofilo R. *Crisis and Continuity: Land and Town in Late Medieval Castile*. Philadelphia: University of Pennsylvania Press, 1994.

Rummel, Erika. *Jiménez de Cisneros: On the Threshold of Spain's Golden Age*. Tempe: Arizona Center for Medieval and Renaissance Studies, 1999.

Russell, Peter. *Prince Henry "the Navigator": A Life*. New Haven, CT: Yale University Press, 2000.

Saak, Eric Leland. *Luther and the Reformation of the Later Middle Ages*. Cambridge, MA: Cambridge University Press, 2017.

Safley, Thomas Max. *Family Firms and Merchant Capitalism in Early Modern Europe: The Business, Bankruptcy, and Resilience of the Höchstetters of Augsburg*. New York: Routledge, 2020.

Şahin, Kaya. *Empire and Power in the Reign of Süleyman: Narrating the*

Sixteenth-Century Ottoman World. Cambridge, UK: Cambridge University Press, 2013.

Scheidel, Walter. *Escape from Rome: The Failure of Empire and the Road to Prosperity*. Princeton, NJ: Princeton University Press, 2019.

Scott, Jonathan. *How the Old World Ended: The Anglo-Dutch-American Revolution, 1500–1800*. New Haven, CT: Yale University Press, 2019.

Scott, Tom. *Thomas Müntzer: Theology and Revolution in the German Reformation*. New York: St. Martin's Press, 1989.

Scott, Tom, and Bob Scribner, eds. *The German Peasants' War: A History in Documents*. New York: Humanities Books, 1991.

Shaffern, Robert W. "The Medieval Theology of Indulgences," pp. 37–64 in R. N. Swanson, ed., *Promissory Notes on the Treasury of Merits: Indulgences in Late Medieval Europe*. Leiden: Brill, 2006.

Shepard, Alexandra. *Accounting for Oneself: Worth, Status, and the Social Order in Early Modern England*. Oxford: Oxford University Press, 2015.

Sherer, Idan. *Warriors for a Living: The Experience of the Spanish Infantry During the Italian Wars, 1494–1559*. Leiden: Brill, 2017.

Silver, Larry. *Marketing Maximilian: The Visual Ideology of a Holy Roman Emperor*. Princeton, NJ: Princeton University Press, 2008.

Simonsfeld, Henry. *Der Fondaco dei Tedeschi in Venedig und die deutsch-venetianischen Handelsbeziehungen*. Stuttgart: Cotta, 1887.

Spruyt, Hendrik. *The Sovereign State and Its Competitors: An Analysis of Systems Change*. Princeton, NJ: Princeton University Press, 1994.

Spufford, Peter. *Money and Its Use in Medieval Europe*. Cambridge, UK: Cambridge University Press, 1988.

———. *Power and Profit: The Merchant in Medieval Europe*. London: Thames & Hudson, 2002.

Stasavage, David. *States of Credit: Size, Power, and the Development of European Polities*. Princeton, NJ: Princeton University Press, 2011.

Stayer, James M. "The German Peasants' War and the Rural Reformation," pp. 127–45 in Andrew Pettegree, ed., *The Reformation World*. London:

Routledge, 2000.

Stein, Robert. *Magnanimous Dukes and Rising States: The Unification of the Burgundian Netherlands, 1380–1480*. Oxford: Oxford University Press, 2017.

Steinmetz, Greg. *The Richest Man Who Ever Lived: The Life and Times of Jacob Fugger*. New York: Simon & Schuster, 2015.

Strayer, Joseph R. *On the Medieval Origins of the Modern State*. Princeton, NJ: Princeton University Press, 1970.

Strieder, Jacob. *Jacob Fugger the Rich*. New York: Adelphi Press, 1931.

Studer, Roman. *The Great Divergence Reconsidered: Europe, India, and the Rise of Global Economic Power*. Cambridge, UK: Cambridge University Press, 2015.

Subrahmanyam, Sanjay. *The Career and Legend of Vasco da Gama*. Cambridge, UK: Cambridge University Press, 1997.

Swanson, R. N. "The Pre-Reformation Church," pp. 9–30 in Andrew Pettegree, ed., *The Reformation World*. London: Routledge, 2000.

Taylor, Larissa. "Society and Piety," pp. 22–36 in R. Po-chia Hsia, ed., *A Companion to the Reformation World*. Malden, MA: Blackwell, 2004.

Thomas, Hugh. *Conquest: Montezuma, Cortés, and the Fall of Old Mexico*. New York: Touchstone, 1993.

Thrupp, Sylvia L. *The Merchant Class of Medieval London, 1300–1500*. Ann Arbor: University of Michigan Press, 1948.

Tilly, Charles. *Coercion, Capital, and European States, AD 990–1992*. Malden, MA: Blackwell, 1992.

———. *The Formation of National States in Western Europe*. Princeton, NJ: Princeton University Press, 1975.

Tooze, Adam. *The Deluge: The Great War, America and the Remaking of the Global Order, 1916–1931*. New York: Viking, 2014.

Tracy, James D. *Emperor Charles V, Impresario of War: Campaign Strategy, International Finance, and Domestic Politics*. Cambridge, UK: Cambridge University Press, 2002.

Trim, David J. B., ed. *The Chivalric Ethos and the Development of Military Professionalism*. Leiden: Brill, 2003.

Usher, Abbott Payson. *The Early History of Deposit Banking in Mediterranean Europe*. Cambridge, MA: Harvard University Press, 1943.

Val Valdivieso, María Isabel del. "Isabel, *Infanta* and Princess of Castile," pp. 41–56 in David A. Boruchoff, ed., *Isabel la Católica, Queen of Castile: Critical Essays*. New York: Palgrave Macmillan, 2003.

Van der Wee, Herman. The Growth of the Antwerp Market and the European Economy, 1400s-1600s. The Hague: Nijhoff, 1963.

Van Doosselaere, Quentin. *Commercial Agreements and Social Dynamics in Medieval Genoa*. Cambridge, UK: Cambridge University Press, 2009.

Varela, Consuelo. *Colón y los Florentinos*. Madrid: Alianza, 1989.

Vaughan, Richard. *Charles the Bold*. Woodbridge, UK: Boydell Press, 2002 (1st ed. 1973).

Verlinden, Charles. "The Italian Colony of Lisbon and the Development of Portuguese Metropolitan and Colonial Economy," pp. 98–113 in Charles Verlinden, *The Beginnings of Modern Colonization*. Ithaca, NY: Cornell University Press, 1970.

―――. "A Precursor of Columbus: The Fleming Ferdinand van Olmen," pp. 181–95 in Charles Verlinden, *The Beginnings of Modern Colonization*. Ithaca, NY: Cornell University Press, 1970.

Watts, John. *The Making of Polities: Europe, 1300–1500*. Cambridge, UK: Cambridge University Press, 2009.

Weissberger, Barbara F. *Isabel Rules: Constructing Queenship, Wielding Power*. Minneapolis: University of Minnesota Press, 2004.

Wickham, Chris. *Framing the Early Middle Ages*. Oxford: Oxford University Press, 2005.

Williams, Ann. "Mediterranean Conflict," pp. 39–54 in Metin Kunt and Christine Woodhead, eds., *Süleyman the Magnificent and His Age: The Ottoman Empire in the Early Modern World*. London: Longman, 1995.

Wilson, Peter. *The Thirty Years War: Europe's Tragedy*. Cambridge, MA: Harvard University Press, 2011.

Wood, Diana. *Medieval Economic Thought*. Cambridge, UK: Cambridge

University Press, 2002.

Woodhead, Christine. "Perspectives on Süleyman," pp. 164–90 in Metin Kunt and Christine Woodhead, eds., *Süleyman the Magnificent and His Age: The Ottoman Empire in the Early Modern World*. London: Longman, 1995.

Wyman, Patrick (host). "Interview: Historian Christopher Dyer on Peasants and the Medieval Economy." *Tides of History*, September 27, 2018.

Zmora, Hillay. *The Feud in Early Modern Germany*. Cambridge, UK: Cambridge University Press, 2011.

―――. *State and Nobility in Early Modern Germany: The Knightly Feud in Franconia, 1440–1567*. Cambridge, UK: Cambridge University Press, 2003.

돈과 통화에 관한 메모

1   Peter Spufford, *Money and Its Use in Medieval Europe* (Cambridge, UK: Cambridge University Press, 1988), pp. 291–93 and 400–414.

2   Martha C. Howell, *Commerce Before Capitalism in Europe*, 1300–1600 (Cambridge, UK: Cambridge University Press, 2010), pp. 303–6.

3   Idan Sherer, *Warriors for a Living: The Experience of the Spanish Infantry During the Italian Wars*, 1494–1559 (Leiden: Brill, 2017), p. 25.

4   Paul Goldthwaite, *The Economy of Renaissance Florence* (Baltimore: Johns Hopkins University Press, 2011), p. 613.

서론

1. Judith Hook, *The Sack of Rome: 1527*, 2nd ed. (New York: Palgrave Macmillan, 2004), pp. 161–66.

2. Quoted in Hook, *Sack of Rome*, p. 163.

3. Quoted in Hook, *Sack of Rome*, p. 167, and see pp. 166–76; Kenneth Gouwens, *Remembering the Renaissance: Humanist Narratives of the Sack*

of Rome (Leiden: Brill, 1998), pp. xvii–xix and 1–5.

4 변방으로서의 유럽에 대해서는 Janet L. Abu-Lughod, *Before European Hegemony: The World System*, A.D. 1250–1350 (Oxford: Oxford University Press, 1989) 참조.

5 다극화 시스템에 대해서는 Walter Scheidel, *Escape from Rome: The Failure of Empire and the Road to Prosperity* (Princeton, NJ: Princeton University Press, 2019), 대분기에 관해서는 Ian Morris, *Why the West Rules—For Now: The Patterns of History, and What They Reveal About the Future* (New York: Farrar,Straus & Giroux, 2010), 문화에 대해서는 Joel Mokyr, *A Culture of Growth: The Origins of the Modern Economy* (Princeton, NJ: Princeton University Press, 2016), 영국-네덜란드에 대해서는 Jonathan Scott, *How the Old World Ended: The Anglo-Dutch-American Revolution*, 1500-1800 (New Haven, CT: Yale University Press, 2019)와 James Belich, *Replenishing the Earth: The Settler Revolution and the Rise of the Angloworld* (Oxford: Oxford University Press, 2009), 중국은 Kenneth Pomeranz, *The Great Divergence: China, Europe, and the Making of the Modern World Economy* (Princeton, NJ: Princeton University Press, 2000), 군사(military)에 대해서는 Philip T. Hoffman, *Why Did Europe Conquer the World?* (Princeton, NJ: Princeton University Press, 2015), 인도와 시장에 대해서는 Roman Studer, *The Great Divergence Reconsidered: Europe, India, and the Rise of Global Economic Power* (Cambridge, UK:Cambridge University Press, 2015)를 참조하라. 이상은 최근의 몇몇 연구일 뿐이고, 훨씬 더 많은 자료가 존재한다.

6 사회 구조를 대규모로 리모델링한 장기적 과정에 관한 고전적 문헌은 Fernand Braudel의 3권 시리즈 *Civilization and Capitalism, 15th–18th Century: The Structures of Everyday Life, The Limits of the Possible*, trans. Sian Reynolds (Berkeley and Los Angeles: University of California Press, 1992 [1st ed. 1981]); *The Wheels of Commerce*, trans. Sian Reynolds (Berkeley and Los Angeles: University of California Press, 1992 [1st ed. 1982]); and *The Perspective of the World*, trans. Sian Reynolds (Berkeley and Los Angeles: University of California Press, 1992 [1st ed. 1982])를 참조.

7 Avner Greif, *Institutions and the Path to the Modern Economy: Lessons From*

Medieval Trade (Cambridge, UK: Cambridge University Press, 2006), especially pp. 14–23; Sheilagh Ogilvie, Institutions and European Trade: Merchant Guilds, 1000–1800 (Cambridge, UK: Cambridge University Press, 2011), especially pp. 414–33.

8   Bruce M. S. Campbell, *The Great Transition: Climate, Disease, and Society in the Late-Medieval World* (Cambridge, UK: Cambridge University Press, 2016).

9   기본적으로 Craig Muldrew, *The Economy of Obligation: The Culture of Credit and Social Obligation in Early Modern England* (New York: St. Martin's Press, 1998), pp. 1–3을 참조. 멀드류(Muldrew)의 주장은 그의 영국 사례연구보다 훨씬 더 광범위하게 적용된다. Thomas Max Safley, *Family Firms and Merchant Capitalism in Early Modern Europe: The Business, Bankruptcy, and Resilience of the Hochstetters of Augsburg* (New York: Routledge, 2020)와 Alexandra Shepard, *Accounting for Oneself: Worth, Status, and the Social Order in Early Modern England* (Oxford: Oxford University Press, 2015)도 참조하라. 보다 일반적인 시장과 사회 네트워크에 대해서는 Mark Granovetter, "The Impact of Social Structure on Economic Outcomes," *Journal of Economic Perspectives* 19, no. 1 (2005): 33–50 과 Alex Preda, "Legitimacy and Status Groups in Financial Markets," *British Journal of Sociology* 56, no. 3 (2005): 451–71 를 참조.

10 Greif, *Institutions and the Path to the Modern Economy*, pp. 338–49; see also Ron Harris, *Going the Distance: Eurasian Trade and the Rise of the Business Corporation*, 1400–1700 (Princeton, NJ: Princeton University Press, 2020), pp. 173–233.

11 관행의 이동에 대한 이론적 틀은 Harris, *Going the Distance*, pp. 57–62, 유럽 전역의 신용 체계(credit regime)와 영국의 극단적인 우위(prevalence)에 대해서는 Christine Desan, *Making Money: Coin, Currency, and the Coming of Capitalism* (Oxford: Oxford University Press, 2014), pp. 205–30, 소규모 이탈리아 시장에서 신용의 중심성에 대해서는 Richard K. Marshall, *The Local Merchants of Prato: Small Entrepreneurs in the Late Medieval Economy* (Baltimore: Johns Hopkins University Press, 1999), pp. 71–100을 참조하라.

12 Peter Spufford, *Money and Its Use in Medieval Europe* (Cambridge: Cambridge

University Press, 1988), 특히 pp. 339–62 참조. 주화의 부족과 그에 따른 신용의 부족에 대해서는 Desan, *Making Money*, p. 206을 참조하라.

13 Stephen D. Bowd, *Renaissance Mass Murder: Civilians and Soldiers During the Italian Wars* (Oxford: Oxford University Press, 2019), table on p. 6.

14 개념의 소개는 James Mahoney, Khairunnisa Mohamedali, and Christopher Nguyen, "Causality and Time in Historical Institutionalism," pp. 71–88 in Orfeo Fioretos, Tulia G. Falleti, and Adam Sheingate, eds., *The Oxford Handbook of Historical Institutionalism* (Oxford: Oxford University Press, 2016), 특히 pp. 77–87과 Giovanni Capoccia, "Critical Junctures," pp. 89–106 in Fioretos, Falleti, and Sheingate eds., *The Oxford Handbook of Historical Institutionalism* 참조하라.

1장: 크리스토퍼 콜럼버스와 탐험

1 Bartolome de las Casas, *The Diario of Christopher Columbus's First Voyage to America*, 1492–1493, trans. Oliver Dunn and James E. Kelly Jr. (Norman: University of Oklahoma Press, 1989), pp. 391–93.

2 Felipe Fernández-Armesto, *Before Columbus: Exploration and Colonization from the Mediterranean to the Atlantic*, 1229–1492 (Philadelphia: University of Pennsylvania Press, 1987), pp. 151–202.

3 Peter Russell, *Prince Henry "the Navigator": A Life* (New Haven, CT: Yale University Press, 2000).

4 Russell, *Prince Henry*, pp. 73–74.

5 Russell, *Prince Henry*, p. 84.

6 서부 아프리카의 금 무역에 대해서는 Toby Green, *A Fistful of Shells: West Africa from the Rise of the Slave Trade to the Age of Revolution* (Chicago: University of Chicago Press, 2019), pp. 31–67 참조.

7 Green, *A Fistful of Shells*, pp. 37–59.

8 Malyn Newitt, *A History of Portuguese Overseas Expansion*, 1400–1668 (New York: Routledge, 2005), pp. 26–32.

9 Gomes Eanes de Zurara, *Chronicle of the Discovery and Conquest of*

Guinea, ed. and trans. Sir Charles Raymond Beazley and Edgar Prestage (London: Hakluyt Society, 1896), p. 6.

10 Ivana Elbl, "The King's Business in Africa: Decisions and Strategies of the Portuguese Crown," pp. 89–118 in Lawrin Armstrong, Ivana Elbl, and Martin M. Elbl, eds., *Money, Markets and Trade in Late Medieval Europe: Essays in Honour of John H. A. Munro* (Leiden: Brill, 2013), pp. 106–7.

11 Charles Verlinden, "The Italian Colony of Lisbon and the Development of Portuguese Metropolitan and Colonial Economy," pp. 98–113 in Verlinden, *The Beginnings of Modern Colonization* (Ithaca, NY: Cornell University Press, 1970), p. 104. See also A. R. Disney, *A History of Portugal and the Portuguese Empire*, vol. 2, *The Portuguese Empire* (Cambridge, UK: Cambridge University Press, 2009), pp. 33–34.

12 Quentin van Doosselaere, *Commercial Agreements and Social Dynamics in Medieval Genoa* (Cambridge, UK: Cambridge University Press, 2009).

13 Steven Epstein, *Genoa and the Genoese*, 958–1528 (Chapel Hill: University of North Carolina Press, 1996), pp. 242–62.

14 Fernández-Armesto, *Before Columbus*, pp. 105–20; see also Ruth Pike, *Enterprise and Adventure: The Genoese in Seville and the Opening of the New World* (Ithaca, NY: Cornell University Press, 1966), pp. 1–19.

15 Felipe Fernández-Armesto, *Columbus* (Oxford: Oxford University Press, 1991), pp. 1–7. Quote cited in ibid., p. 5.

16 Quote cited in Fernández-Armesto, *Columbus*, p. 5.

17 이사벨라와 페르디난드, 그리고 카스티야 왕위계승 전쟁에 관해서는 Peggy K. Liss, *Isabel the Queen: Life and Times*, 2nd ed. (Philadelphia: University of Pennsylvania Press, 2004), pp. 115–65 참조.

18 Newitt, *A History of Portuguese Overseas Expansion*, pp. 39–41.

19 Consuelo Varela, *Colón y los Florentinos* (Madrid: Alianza, 1989), pp. 25–26.

20 Valerie Flint, *The Imaginative Landscape of Christopher Columbus* (Princeton, NJ: Princeton University Press, 1992), pp. 44–46 and 66–67.

21 Fernández-Armesto, *Columbus*, pp. 33–43; Flint, Imaginative Landscape, pp. 43–78.

22. Newitt, *A History of Portuguese Overseas Expansion*, pp. 44–48; more generally, Susannah Humble Ferreira, *The Crown, the Court, and the Casa da Índia: Political Centralization in Portugal*, 1479–1521 (Leiden: Brill, 2015).

23 Disney, *A History of Portugal and the Portuguese Empire*, pp. 35–37.

24 Paul Freedman, *Out of the East: Spices and the Medieval Imagination* (New Haven, CT: Yale University Press, 2009).

25 반 올멘과 그가 콜럼버스에게 영향을 미쳤을 가능성에 대해서는 Charles Verlinden, "A Precursor of Columbus: The Fleming Ferdinand van Olmen," pp. 181–95 in Verlinden, *The Beginnings of Modern Colonization* 참조.

26 Fernández-Armesto, *Columbus*, p. 54.

27 Fernandez-Armesto, *Columbus*, pp. 54–65 참조. 카나리아제도에 관해서는 Felipe Fernandez-Armesto, "La financiacion de la conquista de las islas Canarias durante el reinado de los Reyes Catolicos," *Anuario de Estudios Atlanticos* 28 (1982): 343–78, 리바롤로에 대해서는 Leopoldo de la Rosa Olivera, "Francisco de Riberol y a colonia genovesa en Canarias," *Anuario de Estudios Atlanticos* 18 (1972): 61–129를 참조하라.

28 Liss, *Isabel the Queen*, pp. 325–26.

29 Fernández-Armesto, *Columbus*, pp. 61–63; Pike, Enterprise and Adventure, p. 3.

30 Quoted in Fernández-Armesto, *Columbus*, p. 93.

31 Liss, *Isabel the Queen*, p. 326 참조. 1492년 초의 통행권(콜럼버스와 왕실의 제휴를 설명하는)에만 종교적 목적이 언급된다.

32 Sanjay Subrahmanyam, *The Career and Legend of Vasco da Gama* (Cambridge, UK: Cambridge University Press, 1997), pp. 47–54.

33 Newitt, *A History of Portuguese Overseas Expansion*, pp. 46–52; on the Marchionni, see also Paul Goldthwaite, *The Economy of Renaissance Florence* (Baltimore: Johns Hopkins University Press, 2011), pp. 155–60.

34 Subrahmanyam, *The Career and Legend of Vasco da Gama*, pp. 54–57.

35 다 가마의 첫 번째 항해에 관해서는 Subrahmanyam, *The Career and Legend of Vasco da Gama*, pp. 79–163, 추정치는 Roger Crowley, *Conquerors: How Portugal Forged the First Global Empire* (New York: Random House,

2015), p. 130, 인도양의 전반적 상황에 대해서는 K. N. Chaudhuri, *Trade and Civilisation in the Indian Ocean: An Economic History from the Rise of Islam to 1750* (Cambridge, UK: Cambridge University Press, 1985), pp. 52–62를 참조하라.

36 Subrahmanyam, *Vasco da Gama*, pp. 181–84; Newitt, *A History of Portuguese Overseas Expansion*, pp. 66–70.

37 Thomé Lopes, cited in Crowley, *Conquerors*, pp. 108–9.

38 Quoted in Fernández-Armesto, *Columbus*, p. 138; on slavery and Columbus, see Epstein, *Genoa and the Genoese*, pp. 310–12.

39 Newitt, *A History of Portuguese Overseas Expansion*, pp. 68–70 and 99.

40 Elbl, "The King's Business in Africa," pp. 112–14.

41 Hugh Thomas, *Conquest: Montezuma, Cortés, and the Fall of Old Mexico* (New York: Touchstone, 1993), pp. 65–69.

2장: 카스티야의 이사벨라와 국가의 부상

1 이 사건은 Diego de Valera, *Memorial de diversas hazanas*, ed. Juan de Mata Carriazo (Madrid: Espasa-Calpe, 1941), cap. 36 에 기록되었다.

2 De Valera, *Memorial*, trans. and quoted in Peggy K. Liss, *Isabel the Queen: Life and Times* (Philadelphia: University of Pennsylvania Press, 2004), pp. 47–48.

3 이 설명의 유용한 개요는 John Watts, *The Making of Polities: Europe, 300-1500* (Cambridge, UK: Cambridge University Press, 2009), pp. 23–33 과 Ronald G. Asch, "Monarchy in Western and Central Europe," pp. 355–83 in Hamish Scott, ed., *The Oxford Handbook of Early Modern European History*, vol. 2, *Cultures and Power* (Oxford: Oxford University Press, 2015) 참조. 고전적 참고 문헌은 Joseph R. Strayer, *On the Medieval Origins of the Modern State* (Princeton, NJ: Princeton University Press, 1970) 와 Charles Tilly, *The Formation of National States in Western Europe* (Princeton, NJ: Princeton University Press, 1975) 이다.

4 Watts, *The Making of Polities*, pp. 29–32 and 376ff.

5 Hendrik Spruyt, *The Sovereign State and Its Competitors: An Analysis of Systems Change* (Princeton, NJ: Princeton University Press, 1994).

6   Liss, *Isabel the Queen*, pp. 11–25 and 37–50; María Isabel del Val Valdivieso, "Isabel, *Infanta* and Princess of Castile," pp. 41–56 in David A. Boruchoff, ed., *Isabel la Católica, Queen of Castile: Critical Essays* (New York: Palgrave Macmillan, 2003).

7   Liss, *Isabel the Queen*, p. 54, 그녀의 집사 곤살로 차콘(Golzalo Chacón)에게 보낸 편지에서 인용.

8   J. H. Elliott, "A Europe of Composite Monarchies," *Past and Present* 137 (1992): 48–71; H. G. Koenigsberger, "*Dominium Regale or Dominium Politicum et Regale*: Monarchies and Parliaments in Early Modern Europe," pp. 1–26 in H. G. Koenigsberger, *Politicians and Virtuosi: Essays in Early Modern History* (London: Hambledon, 1986).

9   Liss, *Isabel the Queen*, pp. 58–62; letter to Enrique quoted on p. 61.

10 Liss, *Isabel the Queen*, pp. 62–67; letter to Enrique quoted on p. 65.

11 Richard Kaeuper, *War, Justice, and Public Order: England and France in the Later Middle Ages* (Oxford: Clarendon Press, 1988).

12 See Watts, *The Making of Polities*, pp. 340–52.

13 Liss, *Isabel the Queen*, pp. 105–8 참조. 이사벨과 정당성에 대해서는 Cristina Guardiola-Griffiths, *Legitimizing the Queen: Propaganda and Ideology in the Reign of Isabel I of Castile* (Lewisburg, PA: Bucknell University Press, 2011); Barbara F. Weissberger, *Isabel Rules: Constructing Queenship, Wielding Power* (Minneapolis: University of Minnesota Press, 2004)를 참조하라.

14 Liss, *Isabel the Queen*, pp. 113–15.

15 Liss, *Isabel the Queen*, 202–6.

16 Charles Tilly, *Coercion, Capital, and European States, AD 990–1992* (Malden, MA: Blackwell, 1992), pp. 82–90; for the quote, Tilly, *The Formation of National States in Western Europe*, p. 42.

17 Joseph F. O'Callaghan, *Reconquest and Crusade in Medieval Spain* (Philadelphia: University of Pennsylvania Press, 2003), pp. 3–8.

18 Joseph F. O'Callaghan, *The Gibraltar Crusade: Castile and the Battle for the Strait* (Philadelphia: University of Pennsylvania Press, 2011).

19 Liss, *Isabel the Queen*, pp. 101–9; Peggy K. Liss, "Isabel, Myth and History,"

pp. 57–78 in Boruchoff, ed., *Isabel la Católica*.

20 Quoted in Liss, *Isabel the Queen*, p. 212.

21 Quoted in Joseph F. O'Callaghan, *The Last Crusade in the West: Castile and the Conquest of Granada* (Philadelphia: University of Pennsylvania Press, 2014), p. 127.

22 O'Callaghan, *The Last Crusade in the West*, p. 134.

23 O'Callaghan, *The Last Crusade in the West*, pp. 142–45 and 184–95.

24 See, e.g., Christine Carpenter, *The Wars of the Roses: Politics and theConstitution in England, c. 1437–1509* (Cambridge, UK: Cambridge University Press, 1997), pp. 104–5.

25 Robert Stein, *Magnanimous Dukes and Rising States: The Unification of the Burgundian Netherlands, 1380–1480* (Oxford: Oxford University Press, 2017), pp. 226–54.

26 Miguel Ángel Ladero Quesada, La Haciendia Real de Castilla, 1369–1504 (Madrid: Real Academia de la Historia, 2009), pp. 233–40; O'Callaghan, *The Last Crusade in the West*, pp. 222–24.

27 Liss, *Isabel the Queen*, p. 247.

28 O'Callaghan, *The Last Crusade in the West*, pp. 220–25.

29 바르디와 페루치에 관해서는 Edwin S. Hunt and James M. Murray, *A History of Business in Medieval Europe, 1200–1550* (Cambridge, UK: Cambridge University Press, 2010), pp. 116–21, 메디치가에 대해서는 Raymond de Roover, *The Rise and Decline of the Medici Bank, 1397–1494* (New York: Norton, 1966), pp. 346–57을 참조하라.

30 Liss, *Isabel the Queen*, pp. 250–53.

31 David Stasavage, *States of Credit: Size, Power, and the Development of European Polities* (Princeton: Princeton University Press, 2011), pp. 9–38.

32 Richard Bonney, ed., *Economic Systems and State Finance* (Oxford: Clarendon Press, 1995).

33 Liss, *Isabel the Queen*, p. 258.

34 Liss, *Isabel the Queen*, pp. 101–9, 177–96, and 278–79; Norman Roth, *Conversos, Inquisition, and the Expulsion of the Jews from Spain* (Madison:

University of Wisconsin Press, 1995); Henry Kamen, *The Spanish Inquisition: A Historical Revision* (New Haven, CT: Yale University Press, 1997); John Edwards, *Torquemada and the Inquisitors* (Stroud, UK: Tempus, 2005).

35 Liss, *Isabel the Queen*, pp. 396–99.

3장: 야코프 푸거와 은행업

1 Quoted in Greg Steinmetz, *The Richest Man Who Ever Lived: The Life and Times of Jacob Fugger* (New York: Simon & Schuster, 2015), p. xiii.

2 Jean Andreau, *Banking and Business in the Roman World* (Cambridge, UK: Cambridge University Press, 1999); Chris Wickham, *Framing the Early Middle Ages* (Oxford: Oxford University Press, 2005), pp. 693–831; Michael McCormick, *Origins of the European Economy: Communications and Commerce*, AD 300–900(Cambridge, UK: Cambridge University Press, 2001), pp. 27–122.

3 Robert S. Lopez, *The Commercial Revolution of the Middle Ages, 950–1350* (Cambridge, UK: Cambridge University Press, 1976).

4 Robert S. Lopez, "The Dawn of Medieval Banking," pp. 1–24 in *The Dawn of Modern Banking* (New Haven, CT: Yale University Press, 1979); see also Abbott Payson Usher, *The Early History of Deposit Banking in Mediterranean Europe* (Cambridge, MA: Harvard University Press, 1943, especially pp. 110–20.

5 Raymond de Roover, *The Rise and Decline of the Medici Bank*, 1397–1494(New York: Norton, 1966).

6 Quoted in Lutz Kaebler, "Max Weber and Usury," pp. 59–86 in Lawrin Armstrong, Ivana Elbl, and Martin M. Elbl, eds., *Money, Markets and Trade in Late Medieval Europe: Essays in Honour of John H. A. Munro* (Leiden: Brill, 2013), p. 87.

7 고리대금 금지에 관해서는 de Roover, *The Rise and Decline of the Medici Bank*, pp. 10–12; Jacques Le Goff, "The Usurer and Purgatory," pp. 25–52 in *The Dawn of Modern Banking*; Kaebler, "Max Weber and Usury," pp. 79–86; Diana Wood, *Medieval Economic Thought* (Cambridge, UK: Cambridge

University Press, 2002), pp. 181–205 참조.

8   Mark Häberlein, *The Fuggers of Augsburg: Pursuing Wealth and Honor in Renaissance Germany* (Charlottesville: University of Virginia Press, 2012), pp. 22–25; Jean-François Bergier, "From the Fifteenth Century in Italy to the Sixteenth Century in Germany: A New Banking Concept?," pp. 105–29 in *The Dawn of Modern Banking*.

9   Paul Goldthwaite, *The Economy of Renaissance Florence* (Baltimore: Johns Hopkins University Press, 2011), pp. 37ff.

10 Häberlein, *The Fuggers of Augsburg*, pp. 9–12.

11 비교 자료로는 Barbara Hanawalt, *The Wealth of Wives: Women, Law, and Economy in Late Medieval London* (Oxford: Oxford University Press, 2007) 참조.

12 Häberlein, *The Fuggers of Augsburg*, pp. 29–30, and Peter Geffcken, "Jakob Fuggers frühe Jahre," pp. 4–7 in Martin Kluger, ed., *Jakob Fugger (1459–1525): Sein Leben in Bildern* (Augsburg: Context-Medien und -Verlag, 2009).

13 On the Fondaco, see Henry Simonsfeld, *Der Fondaco dei Tedeschi in Venedig und die deutsch-venetianischen Handelsbeziehungen* (Stuttgart: Cotta, 1887), pp. 61–62.

14 Jacob Strieder, *Jacob Fugger the Rich* (New York: Adelphi Press, 1931), pp. 15–19; quote on p. 16, from Schwarz's famous costume book.

15 Häberlein, *The Fuggers of Augsburg*, pp. 35–36.

16 Strieder, *Jacob Fugger the Rich*, pp. 18–19.

17 Strieder, *Jacob Fugger the Rich*, pp. 16–17.

18 Quoted in Richard Ehrenberg, *Capital and Finance in the Age of theRenaissance: A Study of the Fuggers, and Their Connections*, trans. H. M. Lucas (New York: Harcourt, 1928), p. 60.

19 막시밀리안의 선전 인쇄물 사용에 대해서는 Larry Silver, *Marketing Maximilian: The Visual Ideology of a Holy Roman Emperor* (Princeton, NJ: Princeton University Press, 2008), 막시밀리안에 관한 전반적 설명은 Gerhard Benecke, *Maximilian I, 1459–1519: An Analytical Biography* (London: Routledge, 1982) 참조.

20 Häberlein, *The Fuggers of Augsburg*, pp. 36–37.

21 Ehrenberg, *Capital and Finance in the Age of the Renaissance*, p. 67.

22 Maxime L'Héritier and Florian Téreygeol, "From Copper to Silver: Understandingthe *Saigerprozess* Through Experimental Liquation and Drying," *Historical Metallurgy* 44, no. 2 (2010): 136–52.

23 John Munro, "The Monetary Origins of the 'Price Revolution': South German Silver-Mining, Merchant-Banking, and Venetian Commerce, 1470–1540," University of Toronto working paper, 2003, pp. 10–12.

24 Häberlein, *The Fuggers of Augsburg*, p. 58.

25 Häberlein, *The Fuggers of Augsburg*, pp. 40–45; on commerce and information flows, see Andrew Pettegree, *The Invention of News: How the World Came to Know About Itself* (New Haven, CT: Yale University Press, 2014), pp. 40–57.

26 Häberlein, *The Fuggers of Augsburg*, pp. 44 and 53; on the Fuggers in Antwerp, see Donald J. Harreld, *High Germans in the Low Countries: German Merchants and Commerce in Golden Age Antwerp* (Leiden: Brill, 2004), pp. 131–33.

27 Häberlein, *The Fuggers of Augsburg*, pp. 31–35; quoted in Strieder, Jacob Fugger the Rich, pp. 192–93.

28 Häberlein, *The Fuggers of Augsburg*, pp. 20–21 and 58–59.

29 Ehrenberg, *Capital and Finance in the Age of the Renaissance*, pp. 137–55.

30 Ehrenberg, *Capital and Finance in the Age of the Renaissance*, pp. 151–52; Häberlein, *The Fuggers of Augsburg*, pp. 40 and 60–62.

31 안트베르펜에 대해서는 Herman van der Wee, *The Growth of the Antwerp Market and the European Economy, 1400s–1600s* (The Hague: Nijhoff, 1963), 특히 pp. 89–142와 Harreld, High Germans in the Low Countries, pp. 17–39 참조.

32 Quoted in Strieder, *Jacob Fugger the Rich*, pp. 207–8.

33 Häberlein, *The Fuggers of Augsburg*, pp. 45–49.

34 Michael Mallett and Christine Shaw, *The Italian Wars, 1494–1559: War, State and Society in Early Modern Europe* (New York: Routledge, 2012), pp. 85–136; Häberlein, *The Fuggers of Augsburg*.

35 On the Frescobaldi, see Ehrenberg, *Capital and Finance*, p. 71; quoted in Strieder, Jacob Fugger the Rich, p. 202.

36 Ehrenberg, *Capital and Finance in the Age of the Renaissance*, p. 74.

37 Ehrenberg, *Capital and Finance in the Age of the Renaissance*, pp. 74–79; Häberlein, The Fuggers of Augsburg, pp. 64–65.

38 Ehrenberg, *Capital and Finance in the Age of the Renaissance*, p. 80.

39 Steinmetz, *The Richest Man Who Ever Lived*, pp. 227–30.

40 Ehrenberg, *Capital and Finance in the Age of the Renaissance*, pp. 83–86; Häberlein, *The Fuggers of Augsburg*, p. 67.

4장: 괴츠 폰 베를리힝엔과 군사 혁명

1 Götz von Berlichingen, *Götz von Berlichingen: The Autobiography of a 16th-Century German Knight*, trans. Dirk Rottgardt (West Chester, OH: The Nafziger Collection, 2014), p. 21; Götz von Berlichingen, *Mein Fehd und Handlungen*, ed. Helgard Ulmschneider (Sigmaringen, Germany: Thorbecke, 1981).

2 기본적으로 Geoffrey Parker, *The Military Revolution: Military Innovation and the Rise of the West*, 1500–1800, 2nd ed. (Cambridge, UK: Cambridge University Press, 1996), p. 1–2, 특히 155–76 참조. 전반적으로 다른 관점은 Frank Jacob and Gilmar Visoni-Alonzo, *The Military Revolution in Early Modern Europe: A Revision* (London: Palgrave Pivot, 2016)과 Clifford J. Rogers, ed., *The Military Revolution Debate: Readings on the Military Transformation of Early Modern Europe* (Boulder, CO: Westview Press, 1995), 30년전쟁에 관해서는 Peter Wilson, *The Thirty Years War: Europe's Tragedy* (Cambridge, MA: Harvard University Press, 2011), pp. 786ff 를 참조하라.

3 Clifford J. Rogers, "The Military Revolution of the Hundred Years War," pp. 55–93 in Rogers, ed., *The Military Revolution Debate*; Andrew Ayton and J. L. Price, eds., *The Medieval Military Revolution: State, Society, and Military Change in Medieval and Early Modern Europe* (New York: St. Martin's Press, 1995).

4 David Parrott, *The Business of War: Military Enterprise and Military Innovation in Early Modern Europe* (Cambridge, UK: Cambridge University

Press, 2012).

5 Berlichingen, *Autobiography*, p. 3.

6 Richard Kaeuper, *Medieval Chivalry* (Cambridge, UK: Cambridge University Press, 2016), pp. 155–207 and 353–83.

7 Berlichingen, *Autobiography*, p. 12; David J. B. Trim, ed., *The Chivalric Ethos and the Development of Military Professionalism* (Leiden: Brill, 2003).

8 Berlichingen, *Autobiography*, pp. 11–16.

9 Berlichingen, *Autobiography*, p. 12. Götz's three men-at-arms were contracted in a feud and took captive eleven rich peasants.

10 Berlichingen, *Autobiography*, pp. 19–21.

11 Berlichingen, *Autobiography*, pp. 22–23; Reinhard Baumann, *Georg von Frundsberg: Der Vater der Landsknechte und Feldhauptmann von Tirol* (Munich: Süddeutsscher Verlag, 1984), pp. 80–81.

12 Fritz Redlich, *The German Military Enterpriser and His Work Force: A Study in European Economic and Social History*, vol. 1 (Wiesbaden: Franz Steiner Verlag, 1964), pp. 8–13과 18–29 참조. 영국의 유지방식에 대해서는 Christine Carpenter's summary of the literature in *The Wars of the Roses: Politics and the Constitution in England, c.1437–1509* (Cambridge, UK: Cambridge University Press, 1997), pp. 16–26, 이탈리아와 콘도타에 관해서는 기본적으로 Michael Mallett, *Mercenaries and Their Masters: Warfare in Renaissance Italy*, 2nd ed. (Barnsley, UK: Pen & Sword Military, 2009), pp. 76–87를 참조하라.

13 용병 시장에 관해서는 Parrott, *The Business of War*, pp. 29–3과 40–69 참조.

14 Berlichingen, *Autobiography*, pp. 42–44.

15 콘도티에리에 대해서는 Mallett, *Mercenaries and Their Masters*, pp. 146–206 참조.

16 Carl von Elgger, *Kriegswesen und Kriegskunst der schweizerischen Eidgenossen im XIV., XV. und XVI. Jahrhundert* (Luzern: Militärisches Verlagsbureau, 1873); Parrott, *The Business of War*, pp. 46–47.

17 스위스에서 샤를의 실패에 관해서는 Richard Vaughan, *Charles the Bold* (Woodbridge, UK: Boydell Press, 2002 [1st ed. 1973]), pp. 292–93, 360–97, 426–32 와 David Potter, *Renaissance France at War* (Woodbridge, UK: Boydell Press,

2008), pp. 125–31 그리고 Parrott, *The Business of War*, pp. 48–54 참조.

18 Parrott, *The Business of War*, pp. 54–62.

19 Berlichingen, *Autobiography*, p. 21 and p. 5, e.g.

20 Berlichingen, *Autobiography*, pp. 20, 30, and 36.

21 화승총의 기원에 대해서는 Bert Hall, *Weapons and Warfare in Renaissance Europe* (Baltimore: Johns Hopkins University Press, 1997), pp. 95–100 참조.

22 체리뇰라 전투는 Michael Mallett and Christine Shaw, *The Italian Wars, 1494–1559: War, State and Society in Early Modern Europe* (New York: Routledge, 2012), pp. 4–66, 이론의 여지가 있는 중요성과 화승총의 채택에 관해서는 Hall, *Weapons and Warfare in Renaissance Europe*, pp. 167–71 참조. 규칙을 입증한 예외는 1513년에 영국과 스코틀랜드 사이에서 벌어진 플로든 전투(Battle of Flodden)이다.

23 Parker, *The Military Revolution*, pp. 8–16; Christopher Duffy, *Siege Warfare: The Fortress in the Early Modern World, 1494–1660* (London: Routledge & Kegan Paul, 1979), pp. 1–22.

24 Berlichingen, *Autobiography*, pp. 33–37.

25 다툼에 관해서는 Hillay Zmora, *State and Nobility in Early Modern Germany: The Knightly Feud in Franconia, 1440–1567* (Cambridge, UK: Cambridge University Press, 2003)와 Hillay Zmora, *The Feud in Early Modern Germany* (Cambridge, UK: Cambridge University Press, 2011) 참조.

26 Baumann, *Georg von Frundsberg*, pp. 180–98.

27 농민전쟁 참여에 관한 괴츠의 설명은 Berlichingen, *Autobiography*, pp. 57–68 참조. 그는 무엇이었든 자신이 농민전쟁에서 한 행동만이 아니라 과거의 행동 전체가 장기적 투옥으로 이어졌다고 분명히 말한다.

28 Berlichingen, *Autobiography*, p. 72.

5장: 알두스 마누티우스와 인쇄술

1 Elizabeth Eisenstein, *The Printing Press as an Agent of Change* (Cambridge, UK: Cambridge University Press, 1980).

2 Andrew Pettegree, *The Book in the Renaissance* (New Haven, CT: Yale

University Press, 2010), pp. 7–20.

3   Stephan Füssel, *Gutenberg and the Impact of Printing*, trans. Douglas
Martin (Aldershot, UK: Ashgate, 2003), pp. 10–13; Albert Kapr, *Gutenberg: The
Man and his Invention*, trans. Douglas Martin (Aldershot, UK: Scolar Press,
1996), pp. 29–73.

4   구텐베르크 성서에 관해서는 Fussel, *Gutenberg and the Impact of Printing*,
pp. 18–25, 51–52와 Pettegree, *The Book in the Renaissance*, pp. 23–29 참조.

5   Pettegree, *The Book in the Renaissance*, pp. 32–33 and 45–50.

6   베네치아에 관해서는 기본적으로 Frederic C. Lane, *Venice: A Maritime
Republic* (Baltimore: Johns Hopkins University Press, 1973), pp. 136–53과
224–49, Elisabeth Crouzet-Pavan, "Toward an Ecological Understanding of
the Myth of Venice," pp. 39–64 in John Martin and Dennis Romano, eds.,
*Venice Reconsidered: The History and Civilization of an Italian City-State,
1297–1797* (Baltimore: Johns Hopkins University Press, 2000), Gerhard Rosch,
"The *Serrata* of the Great Council and Venetian Society, 1286–1323," pp.
67–88 in Martin and Romano, eds., *Venice Reconsidered* 를 참조하라. 베네치
아의 메디치가에 대해서는 Raymond de Roover, *The Rise and Decline of the
Medici Bank, 1397–1494* (New York: Norton, 1966), pp. 240–53 참조.

7   베네치아의 초창기 인쇄업의 배경에 관해서는 Martin Lowry, *Nicholas Jenson
and the Rise of Venetian Publishing in Renaissance Europe* (Oxford: Basil
Blackwell, 1991), pp. 49–71과 Leonardas Vytautas Gerulaitis, *Printing and
Publishing in Fifteenth-Century Venice* (Chicago: American Library Association,
1976), pp. 1–30. 참조.

8   1473년의 충돌에 관해서는 Gerulaitis, *Printing and Publishing in
Fifteenth-Century Venice*, p. 23 참조.

9   Martin Lowry, *The World of Aldus Manutius: Business and Scholarship in
Renaissance Venice* (Ithaca, NY: Cornell University Press, 1979), p. 52.

10 Lowry, *The World of Aldus Manutius*, pp. 52–64.

11 르네상스의 복잡성에 관한 개요는 Guido Ruggiero, *The Renaissance in Italy:
A Social and Cultural History of the Rinascimento* (Cambridge, UK: Cambridge
University Press, 2015), pp. 6–18 참조.

12 Charles G. Nauert, *Humanism and the Culture of Renaissance Europe* (Cambridge, UK: Cambridge University Press, 1995), pp. 8–13; Nicholas Mann, "The Origins of Humanism," pp. 1–19 in Jill Kraye, ed., *The Cambridge Companion to Renaissance Humanism* (Cambridge, UK: Cambridge University Press, 1996); Michael D. Reeve, "Classical Scholarship," pp. 20–46 in Kraye, ed., The Cambridge Companion to Renaissance Humanism.

13 Nauert, *Humanism and the Culture of Renaissance Europe*, pp. 26–35; Ruggiero, *The Renaissance in Italy*, pp. 15–18 and 229–49.

14 Paul F. Grendler, *Schooling in Renaissance Italy: Literacy and Learning, 1300–1600* (Baltimore: Johns Hopkins University Press, 1989); Vergerio quoted on p. 118, and see more generally pp. 111–41.

15 Lowry, *The World of Aldus Manutius*, pp. 58–66; quoted on p. 66.

16 Quoted in Lowry, *The World of Aldus Manutius*, p. 59.

17 Desiderius Erasmus, *Colloquies*, vol. 1, trans. Craig R. Thompson (Toronto: University of Toronto Press, 1997), pp. 979–91; Lowry, *The World of Aldus Manutius*, pp. 76–83.

18 Lowry, *The World of Aldus Manutius*, pp. 80–86.

19 G. Scott Clemons, "Pressing Business: The Economics of the Aldine Press," pp. 11–24 in Natale Vacalebre, ed., *Five Centuries Later. Aldus Manutius: Culture, Typography and Philology* (Milan: Biblioteca Ambrosiana, 2019); Rudolf Hirsch, *Printing, Selling and Reading, 1450–1550* (Wiesbaden: Otto Harrassowitz, 1967).

20 Lowry, *The World of Aldus Manutius*, pp. 110-15; Clemons, "Pressing Business," pp. 15–17.

21 Lowry, *The World of Aldus Manutius*, pp. 115–16; Clemons, "Pressing Business," p. 17.

22 Lowry, *The World of Aldus Manutius*, pp. 137–46.

23 Hirsch, *Printing, Selling and Reading*, pp. 128–29.

24 Pettegree, *The Book in the Renaissance*, pp. 58–62; Lowry, *The World of Aldus Manutius*, pp. 78, 113, 125, and 147–67.

25 Lowry, *The World of Aldus Manutius*, pp. 98–100.

26 Lowry, *The World of Aldus Manutius*, pp. 257–90.

27 Pettegree, *The Book in the Renaissance*, pp. 65–82.

28 에라스무스 자신이 이야기한 사건의 자세한 설명은 Martin Davies, *Aldus Manutius: Printer and Publisher of Renaissance Venice* (Malibu, CA: J. Paul Getty Museum, 1995), p. 58 을 참조하라.

29 Hirsch, *Printing, Selling and Reading*, p. 105; Andrew Pettegree, *The Invention of News: How the World Came to Know About Itself* (New Haven, CT: Yale University Press, 2014).

6장: 존 헤리티지와 일상의 자본주의

1 존 헤리티지 관한 중요한 연구는 Christopher Dyer, *A Country Merchant, 1495–1520: Trading and Farming at the End of the Middle Ages* (Oxford: Oxford University Press, 2012)이다. Patrick Wyman, host, "Interview: Historian Christopher Dyer on Peasants and the Medieval Economy," *Tides of History*, September 27, 2018도 참조하라.

2 전염병에 관해서는 기본적으로 Ole J. Benedictow, *The Black Death, 1346–1353: The Complete History* (Woodbridge, UK: Boydell Press, 2004), Bruce M. S. Campbell, *The Great Transition: Climate, Disease and Society in the Late-Medieval World* (Cambridge, UK: Cambridge University Press, 2016), 특히 pp. 267–331을 참조하라. 헤리티지가 살았던 지역의 버려진 마을에 대해서는 Dyer, A Country Merchant, pp. 230–31 참조.

3 Campbell, *The Great Transition*, pp. 30–133.

4 Campbell, *The Great Transition*, pp. 355–63.

5 On these processes, see L. R. Poos, *A Rural Society After the Black Death: Essex 1350–1525* (Cambridge, UK: Cambridge University Press, 1991); Richard Britnell and Ben Dobbs, eds., *Agriculture and Rural Society after the Black Death: Common Themes and Regional Variations* (Hatfield, UK: University of Hertfordshire Press, 2008); Mark Bailey and Stephen Rigby, eds., *Town and Countryside in the Age of the Black Death: Essays in Honour of John Hatcher* (Turnhout, Belgium: Brepols, 2011); Christopher Dyer, *An Age of Transition?*

Economy and Society in the Later Middle Ages (Oxford: Oxford University Press, 2005).

6 Dyer, *A Country Merchant*, pp. 25–27.

7 Dyer, *A Country Merchant*, p. 29.

8 Dyer, *A Country Merchant*, pp. 29–33.

9 Dyer, *A Country Merchant*, p. 34.

10 브레너 논쟁(Brenner debate)으로 알려진 이 싸움에 관해서는 T. H. Aston, ed., *The Brenner Debate: Agrarian Class Structure and Economic Development in Pre-Industrial Europe* (Cambridge, UK: Cambridge University Press, 1987), Spencer Dimmock, *The Origin of Capitalism in England, 1400–1600* (Leiden: Brill, 2014), Shami Ghosh, "Rural Economies and Transitions to Capitalism: Germany and England Compared (c.1200–1800)," *Journal of Agrarian Change* 16, no. 2 (2016): 255–90, Dyer, An Age of Transition, pp. 66–85 참조.

11 Dyer, *A Country Merchant*, pp. v–vi and 90; Wyman, "Interview: Historian Christopher Dyer." 참조. 유사하게 희귀한 자료로는 Richard K. Marshall, *The Local Merchants of Prato: Small Entrepreneurs in the Late Medieval Economy* (Baltimore: Johns Hopkins University Press, 1999)를 참조하라.

12 이 시기에 대두된 부기의 필요성에 관해서는 Alfred W. Crosby, *The Measure of Reality: Quantification and Western Society, 1250–1600* (Cambridge, UK: Cambridge University Press, 1997), pp. 199–224, 메디치가의 방식에 대해서는 Raymond de Roover, *The Rise and Decline of the Medici Bank, 1397–1494* (New York: Norton, 1966), pp. 96–100을 참조하라.

13 Recorded in Dyer, *A Country Merchant*, p. 226.

14 Dyer, *A Country Merchant*, pp. 91–99; quote on p. 93.

15 Dyer, *A Country Merchant*, pp. 17–18; Eleonora Mary Carus-Wilson and Olive Coleman, *England's Export Trade*, 1275–1547 (Oxford: Clarendon Press, 1963), pp. 48–72; John Oldland, *The English Woollen Industry, c.1200–c.1560* (New York: Routledge, 2019), especially pp. 215–36.

16 Dyer, *A Country Merchant*, pp. 100–107.

17 Dyer, *A Country Merchant*, pp. 117–20.

18 기본적으로 Richard H. Britnell, *The Commercialisation of English Society*,

1000–1500 (Cambridge, UK: Cambridge University Press, 1993) 참조. 또한 영국의 상업화에 관한 다소 덜하지만 여전히 낙관적인 평가는 Dyer, *An Age of Transition*, pp. 173–210을 참조하라.

19 Maryanne Kowaleski, *Local Markets and Regional Trade in Medieval Exeter* (Cambridge, UK: Cambridge University Press, 1995), pp. 328–30, for a summation of the overall arguments.

20 Sylvia L. Thrupp, *The Merchant Class of Medieval London*, 1300–1500 (Ann Arbor: University of Michigan Press, 1948), 특히 pp. 4–52 참조. 상인 길드에 관해서는 기본적으로 Sheilagh Ogilvie, *Institutions and European Trade: Merchant Guilds, 1000–1800* (Cambridge, UK: Cambridge University Press, 2011)와 Peter Spufford, *Power and Profit: The Merchant in Medieval Europe* (London: Thames & Hudson, 2002)를 참조하라. 런던에 대해서는 Caroline Barron, *London in the Later Middle Ages: Government and People, 1200–1500* (Oxford: Oxford University Press, 2005) 참조.

21 Teofilo F. Ruiz, *Crisis and Continuity: Land and Town in Late Medieval Castile* (Philadelphia: University of Pennsylvania Press, 1994) 참조. 이 시기 상업의 부상에 관한 보다 일반적인 설명은 Martha C. Howell, *Commerce Before Capitalism in Europe, 1300–1600* (Cambridge, UK: Cambridge University Press, 2010)을 참조하라.

22 See Craig Mulgrew, *The Economy of Obligation: The Culture of Credit and Social Relations in Early Modern England* (Houndmills, UK: Palgrave, 1998), especially pp. 95ff.; Howell, *Commerce*, pp. 24–29 and 70–78; P. Nightingale, "Monetary Contraction and Mercantile Credit in Later Medieval England," *Economic History Review* 43 (1990): 560–75.

23 Dyer, *A Country Merchant*, pp. 35–39 and 129–31.

7장: 마르틴 루터, 인쇄술, 그리고 교회의 파괴

1 루터가 실제로 성당 문에 95개 논제를 게시했는지에 대하여 많은 의문이 제기되었지만, 일반적 관행—성당 문은 비텐베르크의 비공식 게시판이었다—이었을 그런 일이 일어나지 않았다고 의심할만한 이유는 없다. 이 토픽에 관한 논쟁

의 요약은 Andrew Pettegree, *Brand Luther: 1517, Printing, and the Making of the Reformation* (New York: Penguin, 2015), pp. 70–72, 자세한 설명은 Kurt Aland, ed., *Martin Luther's Ninety-Five Theses: With the Pertinent Documents from the History of the Reformation* (St. Louis: Concordia Publishing, 1967), p. 62 를 참조하라.

2 C. M. Jacobs, trans., *Works of Martin Luther: With Introduction and Notes*, vol. 1 (Philadelphia: Holman, 1915), p. 27.

3 Pettegree, *Brand Luther*, pp. 73–75; Martin Brecht, *Martin Luther: His Road to Reformation, 1483–1521* (Minneapolis: Fortress Press, 1985), pp. 190–221; Heiko Oberman, *Luther: Man Between God and the Devil* (New Haven, CT: Yale University Press, 1989), pp. 192–97.

4 루터의 초기 생애에 관하여 단순한 설명부터 복잡한 심리분석적 전기까지 수많은 문헌이 있지만, 최근의 주요 작품에는 Lyndal Roper, *Martin Luther: Renegade and Prophet* (New York: Random House, 2016), pp. 3–36, Oberman, *Luther*, pp. 82–115, Brecht, *Martin Luther*, pp. 1–50, Richard Marius, *Martin Luther: The Christian Between God and Death* (Cambridge, MA: Belknap, 1999), pp. 19–42 이 포함된다. 이제는 신빙성을 잃었으나 여전히 종종 도발적인 심리분석적 접근법은 Erik Erikson, *Young Man Luther: A Study in Psychoanalysis and History* (New York: Norton, 1958), pp. 13–97를 참조하라.

5 Roper, *Martin Luther*, pp. 16–17.

6 수도원의 루터에 관해서는 Roper, *Martin Luther*, pp. 37–62; Brecht, Martin Luther, pp. 51–82 참조.

7 루터 시대의 교회에 대해서는 Diarmaid MacCulloch, *The Reformation: A History* (New York: Penguin, 2003), pp. 3–52, R. N. Swanson, "The Pre-Reformation Church," pp. 9–30 in Andrew Pettegree, ed., *The Reformation World* (London: Routledge, 2000), Alister E. McGrath, *The Intellectual Origins of the European Reformation*, 2nd ed. (Malden, MA: Blackwell, 2004), pp. 11–33, Larissa Taylor, "Society and Piety," pp. 22–36 in R. Po-chia Hsia, ed., *A Companion to the Reformation World* (Malden, MA: Blackwell, 2004) 참조.

8 종교개혁에 관해서는 Bruce Gordon, "Conciliarism in Late Mediaeval Europe," pp. 31–50 in Pettegree, ed., *The Reformation World*, Richard Rex,

"Humanism," pp. 51–71 in Pettegree, ed., *The Reformation World*; Eric Leland Saak, *Luther and the Reformation of the Later Middle Ages* (Cambridge, MA: Cambridge University Press, 2017), 특히 pp. 11–63, Euan Cameron, "Dissent and Heresy," pp. 3–21 in Hsia, ed., A *Companion to the Reformation World* 참조.

9 면죄부의 신학적 기반은 Robert W. Shaffern, "The Medieval Theology of Indulgences," pp. 37–64 in R. N. Swanson, ed., *Promissory Notes on the Treasury of Merits: Indulgences in Late Medieval Europe* (Leiden: Brill, 2006), 스페인의 면죄부에 대해서는 John Edwards, "Espana es Diferente"? Indulgences and the Spiritual Economy in Late Medieval Spain," pp. 147–68 in Swanson, ed., Promissory Notes; Pettegree, Brand Luther, pp. 54–64 참조.

10 면죄부 캠페인에 대해서는 Pettegree, *Brand Luther*, pp. 63–67 참조.

11 Pettegree, *Brand Luther*, pp. 56–66; Falk Eisermann, "The Indulgence as a Media Event: Developments in Communication through Broadsides in the Fifteenth Century," pp. 309–30 in Swanson, ed., *Promissory Notes*; David Bagchi, "Luther's *Ninety-Five Theses* and the Contemporary Criticism of Indulgences," pp. 331–56 in Swanson, ed., Promissory Notes.

12 Pettegree, *Brand Luther*, pp. 105–9 참조. 이는 기본적으로 Andrew Pettegree in Brand Luther에 속하는 가장 발전된 형태의 요점이다. Mark U. Edwards Jr., *Printing, Propaganda, and Martin Luther* (Minneapolis: Fortress Press, 1994)와 pp. 2–4.의 노트도 참조하라.

13 이러한 공방에 대해서는 Pettegree, *Brand Luther*, pp. 78–83 참조.

14 Pettegree, *Brand Luther*, pp. 104–31; Edwards, *Printing, Propaganda, and Martin Luther*, pp. 14–37.

15 Pettegree, *Brand Luther*, pp. 11–14.

16 Pettegree, *Brand Luther*, pp. 157–63.

17 Pettegree, *Brand Luther*, p. 136 에서 인용. 보름스 회의에 관한 보다 일반적인 설명은 Roper, *Martin Luther*, pp. 160–82, Brecht, Martin Luther, pp. 448–76 을 참조하라.

18 Quoted in Pettegree, *Brand Luther*, pp. 210–11.

19 Edwards, *Printing, Propaganda, and Martin Luther*, pp. 14–28; Pettegree, *Brand Luther*, pp. 206–10.

20 Quoted in Roper, *Martin Luther*, p. 223.

21 뮌처에 관해서는 기본적으로 Eric W. Gritsch, *Thomas Muntzer: A Tragedy of Errors* (Minneapolis: Fortress Press, 1989), Tom Scott, Thomas Muntzer: Theology and Revolution in the German Reformation (New York: St. Martin's Press, 1989)를 참조하라.

22 Quoted in Roper, *Martin Luther*, p. 253.

23 Quoted James M. Stayer, "The German Peasants' War and the Rural Reformation," pp. 127–45, p. 131에서 인용. 농민전쟁에 관해서는 Tom Scott and Bob Scribner, eds., The German Peasants' War: A History in Documents (New York: Humanities Books, 1991), Peter Blickle, *The Revolution of 1525: The German Peasants' War from a New Perspective* (Baltimore: Johns Hopkins University Press, 1981)를 참조하라.

24 Quoted in Stayer, "The German Peasants' War and the Rural Reformation," pp. 129–30.

25 Quoted in Pettegree, *Brand Luther*, p. 242.

26 루터의 개인적 영향력이라는 미묘한 질문에 관해서는 예컨대 Christopher Ocker, *Luther, Conflict, and Christendom* (Cambridge, UK: Cambridge University Press, 2018)를 참조하라.

8장: 쉴레이만 대제와 오스만 제국

1 근본적으로 "유럽의" 오스만 제국에 대해서는 Daniel Goffman, *The Ottoman Empire and Early Modern Europe* (Cambridge, UK: Cambridge University Press, 2002) 참조.

2 오스만 제국의 초창기 뿌리에 관해서는 Cemal Kafadar, *Between Two Worlds: The Construction of the Ottoman State* (Berkeley: University of California Press, 1995), Heath W. Lowry, *The Nature of the Early Ottoman State* (Albany: State University of New York Press, 2003), Colin Imber, *The Ottoman Empire: The Structure of Power, 1300–1650*, 2nd ed. (New York: Palgrave Macmillan, 2009), pp. 3–24 참조.

3 앙카라의 패배와 그 여파에 관해서는 Dimitris J. Kastritis, *The Sons of Bayezid:*

Empire Building and Representation in the Ottoman Civil War of 1402–1413 (Leiden: Brill, 2007) 참조.

4 메흐메트의 통치에 관한 표준적 설명은 Franz Babinger, *Mehmed the Conqueror and His Time*, ed. William C. Hickman, trans. Ralph Manheim (Princeton, NJ: Princeton University Press, 1978 [orig. German ed. 1953]) 참조.

5 아들에게 남긴 셀림의 유산에 대해서는 Kaya S"Cahin, *Empire and Power in the Reign of Suleyman: Narrating the Sixteenth-Century Ottoman World* (Cambridge, UK: Cambridge University Press, 2013), pp. 27–34, Andrew Hess, "The Ottoman Conquest of Egypt and the Beginning of the Sixteenth-Century World War," *International Journal of Middle East Studies* 4, no. 1 (January 1973): 55–76 참조.

6 Quoted in Roger Bigelow Merriman, *Suleiman the Magnificent, 1520–1566* (Cambridge, MA: Harvard University Press, 1944), p. 37.

7 셀림의 즉위에 관해서는 H. Erdem Cipa, *The Making of Selim: Succession, Legitimacy, and Memory in the Early Modern Ottoman World* (Bloomington: Indiana University Press, 2017), pp. 29–61 참조.

8 Quoted in André Clot, *Suleiman the Magnificent*, trans. Matthew J. Reisz (London: Saki, 2005 [orig. French ed. 1989]), p. 30.

9 베오그라드 전투에 관해서는 Clot, *Suleiman the Magnificent*, pp. 37–38, Merriman, *Suleiman the Magnificent*, pp. 56–58 참조.

10 Konstantin Nossov and Brian Delf, *The Fortress of Rhodes 1309–1522* (Oxford: Osprey, 2010).

11 Quoted in Clot, *Suleiman the Magnificent*, p. 55.

12 Quoted in James Reston Jr., *Defenders of the Faith: Christianity and Islam Battle for the Soul of Europe, 1520–1536* (New York: Penguin, 2009), p. 171.

13 합스부르크 왕조와 헝가리의 초기 관계에 대해서는 Geza Palffy, *The Kingdom of Hungary and the Habsburg Monarchy in the Sixteenth Century*, trans. Thomas J. DeKornfeld and Helen D. DeKornfeld (New York: Columbia University Press, 2009), pp. 17–51 참조.

14 Clot, *Suleiman the Magnificent*, p. 58 에서 인용. 전투에 대한 추가적 논의 는 Merriman, *Suleiman the Magnificent*, pp. 87–93, Reston, *Defenders of*

the Faith, pp. 186–94, Geza Perjes, *The Fall of the Medieval Kingdom of Hungary, Mohacs 1526–Buda 1541*, vol. 26 of *War and Society in East Central Europe* (New York: Columbia University Press, 1989), pp. 225–65 참조.

15 비엔나 포위전에 관해서는 Clot, *Suleiman the Magnificent*, pp. 64–68, Merriman, *Suleiman the Magnificent*, pp. 103–8 참조.

16 Ann Williams, "Mediterranean Conflict," pp. 39–54 in Metin Kunt and Christine Woodhead, eds., *Süleyman the Magnificent and His Age: The Ottoman Empire in the Early Modern World* (London: Longman, 1995); Giancarlo Casale, *The Ottoman Age of Exploration* (Oxford: Oxford University Press, 2010); Salih Özbaran, "Ottoman Naval Policy in the South," pp. 55–70 in Kunt and Woodhead, eds., *Süleyman the Magnificent and His Age*.

17 Halil Inalcik, *An Economic and Social History of the Ottoman Empire*, vol. 1, 1300–1600 (Cambridge, UK: Cambridge University Press, 1994), pp. 55–74, and for these figures, pp. 98–99; S¸evket Pamuk, "In the Absence of Domestic Currency: Debased European Coinage in the Seventeenth-Century Ottoman Empire," *Journal of Economic History* 57, no. 2 (June 1997): 345–66, pp. 354–55. Pamuk's figure for that budget year differs, but seems to be a misprint.

18 Gábor Ágoston, *Guns for the Sultan: Military Power and the Weapons Industry in the Ottoman Empire* (Cambridge, UK: Cambridge University Press, 2005), pp. 70 and 96–127; Suraiya Faroqhi, *The Ottoman Empire and the World Around It* (London: I. B. Tauris, 2007), pp. 98–118; quote cited in Adam Francisco, *Martin Luther and Islam: A Study in Sixteenth-Century Polemics and Apologetics* (Leiden: Brill, 2007), p. 86.

19 쉴레이만의 이미지에 대해서는 Christine Woodhead, "Perspectives on Suleyman," pp. 164–90 in Kunt and Woodhead, eds., *Suleyman the Magnificent and His Age* 참조.

9장: 카를 5세와 보편적 통치

1 카를의 스페인 도착에 관해서는 Karl Brandi, *The Emperor Charles V:*

The Growth and Destiny of a Man and of a World-Empire, trans. C. V. Wedgwood (London: Jonathan Cape, 1965), pp. 78–80, Geoffrey Parker, *Emperor: A New Life of Charles V* (New Haven, CT: Yale University Press, 2019), pp. 75–77 참조.

2   Benecke, *Maximilian*, pp. 31–45.

3   심각하게 역기능적인 트라스타마라 가문의 역학에 관해서는 예컨대 Parker, Emperor, pp. 51–56을 참조하라.

4   후아나에 대해서는 기본적으로 Bethany Aram, *La reina Juana: Gobierno, piedad y dinastia* (Madrid: Marcial Pons, 2001)와 Bethany Aram, *Juana the Mad: Sovereignty and Dynasty in Renaissance Europe* (Baltimore: Johns Hopkins University Press, 2005) 참조.

5   Parker, *Emperor*, p. 68.

6   Parker, *Emperor*, pp. 68–69.

7   최근의 여러 주장과는 달리, 카를이 새 할머니(stepgrandmother) 제르멘 드 푸아 (Germaine de Foix)와 사생아를 낳았다고 생각할 이유는 없다. 결정적인 반박은 Parker, *Emperor*, pp. 545–46 참조.

8   Quoted in Parker, *Emperor*, p. 70.

9   시스네로스에 관해서는 기본적으로 Jose Garcia Oro, *El Cardenal Cisneros: Vida y impresas*, 2 vols. (Madrid: Biblioteca de Autores Cristianos, 1992–93), Erika Rummel, *Jimenez de Cisneros: On the Threshold of Spain's Golden Age* (Tempe: Arizona Center for Medieval and Renaissance Studies, 1999) 를 참조하라. 편지는 Rummel, *Jimenez de Cisneros*, p. 85에서 인용.

10   이 여행에 관해서는 Parker, *Emperor*, pp. 76–79, Brandi, *The Emperor Charles V*, pp. 80–81 참조.

11   이들 사건에 대해서는 Parker, *Emperor*, pp. 81–83과 Brandi, *The Emperor Charles V*, pp. 81–83 참조.

12   Quoted in Parker, *Emperor*, p. 87.

13   Quoted in Parker, *Emperor*, p. 89. More generally, see Parker, *Emperor*, pp. 87–94; Brandi, *The Emperor Charles V*, pp. 99–112.

14   Quoted in Parker, *Emperor*, pp. 89–90.

15   Quoted in Parker, *Emperor*, p. 91.

16 보편적 통치권의 이상에 관해서는 John M. Headley, *The Emperor and His Chancellor: A Study of the Imperial Chancellery Under Gattinara* (Cambridge, UK: Cambridge University Press, 1983), 특히 pp. 10–12와 p. 10의 인용 참조. Harald Kleinschmidt, *Charles V: The World Emperor* (Stroud, UK: Sutton, 2004), pp. 81–89.도 참조하라.

17 코무네로 반란에서 후아나의 역할에 대해서는 Aram, *Juana the Mad*, pp. 123–28, 반란에 관해서는 Aurelio Espinosa, *The Empire of the Cities: Emperor Charles V, the Comunero Revolt, and the Transformation of the Spanish System* (Leiden: Brill, 2009), pp. 65–82, Hipolito Rafael Oliva Herrer, "Interpreting Large-Scale Revolts: Some Evidence from the War of the Communities of Castile," pp. 330–48 in Justine Firnhaber-Baker and Dirk Schoenaers, eds., *The Routledge History Handbook of Medieval Revolts* (New York: Routledge, 2017)를 참조.

18 James D. Tracy, *Emperor Charles V, Impresario of War: Campaign Strategy, International Finance, and Domestic Politics* (Cambridge, UK: Cambridge UniversityPress, 2002), pp. 20–28; Wim Blockmans, *Emperor Charles V, 1500–1558*, pp. 25–45.

19 Parker, *Emperor*, pp. 148–51.

20 Parker, *Emperor*, pp. 153–62; R. J. Knecht, *Renaissance Warrior and Patron: The Reign of Francis I* (Cambridge, UK: Cambridge University Press, 1994), pp. 218–36.

21 카를과 농민전쟁에 대해서는 Parker, *Emperor*, p. 194 참조.

22 Knecht, *Renaissance Warrior and Patron*, pp. 239–56.

23 Quoted in Parker, *Emperor*, pp. 167–68.

24 8장 참조.

25 On which see Judith Hook, *The Sack of Rome: 1527*, 2nd ed. (New York: Palgrave Macmillan, 2004), pp. 107–80.

26 Parker, *Emperor*, pp. 342–58.

27 Hugh Thomas, *Conquest: Montezuma, Cortés, and the Fall of Old Mexico* (New York: Touchstone, 1993), pp. 65–69.

28 Thomas, *Conquest*, pp. 260–62.

29 멕시코 정복에 관해서는 Thomas, *Conquest* 참조.

30 Quoted in Parker, *Emperor*, p. 355; see pp. 355–57.

31 이들 사건에 관해서는 Parker, *Emperor*, pp. 237–43, Brandi, *The Emperor Charles V*, pp. 365–71 참조.

32 재정적 상황에 대해서는 기본적으로 Tracy, *Emperor Charles V, Impresario of War*, pp. 154–57 참조.

33 Parker, *Emperor*, pp. 246–47.

결론

1 Adam Tooze, *The Deluge: The Great War, America and the Remaking of the Global Order, 1916–1931* (New York: Viking, 2014).